스크린을 횡단하는 글로벌 문화

심진호 · 著

에듀컨텐츠·휴피아
Educontents·Huepia

머리말

< 스크린을 횡단하는 글로벌 문화 >

본교의 선택과목으로 개설된 여러 교양 강좌 중에서 영화 관련 교과목은 코로나19로 인해 힘든 시기를 포함해서 지난 몇 년간 학부생들에게 남다른 관심과 가장 높은 강의 만족도를 받아 오고 있다. 무엇보다 다양한 장르를 넘나들며 다채로운 글로벌 문화를 간접 체험할 기회를 제공하는 최고의 교육 도구로서 영화는 학생들의 깊은 공감을 불러일으키며 교수-학생 간의 친밀한 소통과 활발한 상호작용을 이끌어 내는 텍스트로 자리매김하고 있다. 이에 부응하여 최근 몇 권의 영화 관련 저서의 출간을 통해 필자는 인문학적 지식과 더불어 영화 속 배경과 장소에서 직접 겪었던 고유한 문화적 체험이 여러 학부생과 일반인들에게 있어 시, 칠자로 이루어진 텍스트에서는 쉽사리 집할 수 없는 다양한 흥밋거리와 더불어 새로운 자기 발전을 위한 동기부여에 큰 역할을 하고 있음을 깨닫고 있다.

흥미진진한 글로벌 요리, 패션, 건축, 미술, 음악, 춤 등을 망라한 예술 콘텐츠가 가득한 영화는 국제화 시대 대학생들에게 매우 효율적인 멀티미디어 교육 매체라고 할 수 있다. 필자는 수년간의 강의를 바탕으로 2021~2022년 교양과목 공모전 선정, 2023~2024년 신설된 강좌인 <전쟁영화로 읽는 세계사>, <영화에게 영화를 묻다>, <스크린으로 떠나는 서양 문화여행>, <애니메이션과 셰어 감성> 등을 위해 흥미롭고 참신한 저서 개발에 착수해 왔다. 『MZ세대를 위한 영화로 읽는 현대 문화』와 『전쟁영화로 읽는 세계사』, 『영화로 떠나는 의식주 인문학』, 『애니메이션과 영화의 탈경계성』 등은 그 대표적 결과물이다.

이런 연장선에서 본 저서 <스크린을 횡단하는 글로벌 문화>에서 필자는 바즈 루어만(Baz Luhrmann) 감독의 영화 <위대한 개츠비>(*The Great Gatsby*)에서부터 일본 영화 특유의 감성이 짙게 배어있는 <냉정과 열정 사이>(*Between Calm And Passion*)를 포함하여 2020년 11월 세계 최대 온라인 동영상 서비스(OTT) 넷플릭스를 통해 상영된 론 하워드(Ron Howard) 감독의 최신 영화 <힐빌리의 노래>(*Hillbilly Elegy*)에 이르기까지 다채로운 글로벌 문화와 더불어 인문학적 사유를 더해주는 2000년대 이후 상영된 작품성 있는 영화들을 다룬다. 이를 통해 동·서양의 다양한 국가들의 문화와 예술을 살펴봄으로써, MZ세대 학부생은 물론 일반인들에게 새로운 경험과 창의적 사고 확장의 기회를 제공하고자 한다.

이 책은 총 2부 14장으로 구성되어 있다. 제1부에서는 20세기 미국을 대표하는 작가 F. 스콧 피츠제럴드(F. Scott Fitzgerald)가 1925년에 발표한 동명의 소설을 바탕으로 재즈 음악, 찰스턴 춤(Charleston dance), 자동차 등을 특징으로 하는 1920년대 미국의 급격한 경제 성장 이면에 자리 잡은 상류층의 도덕적 타락과 부패를 탁월하게 담아낸 영화 <위대한 개츠비>에서부터 <어톤먼트>(*Atonement*), <더 리더: 책 읽어주는 남자>(*The Reader*), <어크로스 더 유니버스>(*Across The Universe*), <이브 생 로랑>(*Yves Saint Laurent*), <보헤미안 랩소디>(*Bohemian Rhapsody*)를 다룬다. 재즈 시대의 화려함을 보여주는 뉴욕 상류층들의 퇴폐적인 향락 문화와 '플래퍼'(flappers) 그리고 아메리칸드림의 허상, 13세 소녀의 과도한 상상력으로 인해 파국을 맞게 되는 청춘남녀의 애절한 러브스토리, '비틀즈'(The Beatles)의 히트곡 33곡을 바탕으로 영국과 미국을 가로지르는 청춘남녀의 우정과 사랑 및 1960년대 히피 문화와 베트남전 반전 시위, 20세기 후반 패션계를 평정했던 전설적인 패션 디자이너 이브 생 로랑의 예술적 생애와 작품, 영국의 전설적인 락 밴드 '퀸'과 성소수자 프레디 머큐리의 명곡들을 포함하여 일본의 고유한 온천 문화와 수많은 기괴하고 우스꽝스러운 형상의 요괴와 토속신들을 통해 공포와 웃음을 특징으로 하는 그로테스크 미학의 정수를 담아낸 일본 지브리 스튜디오를 대표하는 미야자키 하야오 감독의 걸작 <센과 치히로의 행방불명>(*Spirited Away*)까지 다루었다.

제2부에서는 이탈리아의 유서 깊은 도시 피렌체(Firenze)를 배경으로 10년이라는 긴 시간 동안 서로를 잊지 못하는 두 연인의 운명적인 사랑을 담아낸 일본 영화 <냉정과 열정 사이>에서부터 <악마는 프라다를 입는다>(*The Devil Wears Prada*), <미드나잇 인 파리>(*Midnight In Paris*), <아메리칸 셰프>(*Chef*), <블라인드 사이드>(*The Blind Side*), <아메리칸 스나이퍼>(*American Sniper*) 등 세계적인 명품 브랜드와 대중소비문화 그리고 '칙릿' 장르의 상호매체성, 2010년 현재의 삶에 만족을 느끼지 못하는 남자 주인공의 1920년대의 파리 여행과 당대에 활동했던 작가와 예술가들, 푸드트럭과 다채로운 미국 스트리트 푸드 및 뉴올리언스(New Orleans), 오스틴(Austin) 등 미국 남부의 고유한 음식 문화, 인종과 계층의 차이를 뛰어넘어 백인 새어머니와 새로운 가족이라는 결연관계를 통해 최고의

NFL 선수가 된 흑인 소년의 실화, 9.11 테러의 여파로 발생한 아프가니스탄 전쟁과 이라크 전쟁을 역사적 배경으로 미군 역사상 최고의 스나이퍼 크리스 카일(Chris Kyle)의 영웅적 행위와 전쟁 후유증을 포함해, 애팔라치아 산맥 서부에 위치한 주들, 즉 켄터키, 오하이오, 펜실베이니아의 러스트 벨트(rust belt) 지역에 사는 가난하고 소외된 백인 하층민을 지칭하는 은어(slang)를 의미하는 힐빌리(Hillbilly)에서 태어나 빈곤과 무너져 가는 가족의 위기를 벗어나 공화당의 오하이오주 상원의원에 당선됨으로써 인간 승리의 표본이 된 J.D. 밴스의 동명 자전적 회고록에 바탕을 둔 영화 <힐빌리의 노래>까지 다루었다.

<스크린을 횡단하는 글로벌 문화>는 글로벌 시대의 새로운 교육 환경에 부합하는 시의성 있는 교육 강좌로서 대학생들이 진지하게 세계의 역사를 더욱 새롭게 경험하는 흥미로운 기회를 제공할 것이다. 세대를 초월하여 현재까지도 꾸준히 MZ세대의 깊은 감동과 공감을 끌어내는 <위대한 개츠비>와 <악마는 프라다를 입는다>와 같은 영화에서 볼 수 있듯이, 이 책에 수록된 대부분의 영화는 나날이 부각되는 비주얼 컬쳐 시대에 부응하는 감각적인 미장센과 감성을 자극하는 배경음악 및 당대의 패션 트렌드 등을 담아냄으로써 강렬한 임팩트를 선사한다. 이 책을 통해 MZ세대 대학생들은 물론 일반인들이 다양한 글로벌 문화와 인문학적 사유를 더해주는 영화들을 통해 세계사에 대한 지식과 교양을 더 쌓아나가는 데 있어서 많은 도움이 되길 진심으로 바란다. 끝으로 이 책이 출간되기까지 교정 작업에 참여하여 큰 도움을 준 신라대 학생들과 도서출판 에듀컨텐츠휴피아의 이상열 대표를 비롯한 임직원 여러분께 감사의 말씀을 전하고자 한다.

2024년 여름
심 진 호 씀

목 차

Part 1_

제1장. <위대한 개츠비>: 아메리칸 드림의 허상과 상류층의 비인간성 ·················· 3

제2장. <어톤먼트>: 소녀의 망상이 초래한 비극적 사랑과 속죄 행위 ·················· 27

제3장. <더 리더>: 독일 현대사와 나치 범죄에 대한 단죄 ························· 49

제4장. <어크로스 더 유니버스>: 1960년대 히피 문화와 베트남전 반전 운동 ········· 67

제5장. <이브 생 로랑>: 천재 패션 디자이너의 예술적 비전과 열정 ··················· 81

제6장. <보헤미안 랩소디>: 프레디 머큐리와 그룹 '퀸' ··························· 99

제7장. <센과 치히로의 행방불명>: 그로테스크 미학과 환상성 ····················· 117

Part 2_

제8장. <냉정과 열정 사이>: 피렌체의 장소성과 두 연인의 애틋한 러브스토리 ··· 137

제9장. <악마는 프라다를 입는다>: 대중소비문화와 '칙릿' 장르의 상호매체성 ······ 157

제10장. <미드나잇 인 파리>: 1920년대 파리로의 시간여행과 예술가들 ············· 175

제11장. <아메리칸 셰프>: 푸드트럭과 미국 음식문화 ·························· 193

제12장. <블라인드 사이드>: 새로운 가족과 가족애가 만든 NFL 스타 ············· 209

제13장. <아메리칸 스나이퍼>: 스나이퍼의 역사와 미국의 영웅주의 ·················· 231

제14장. <힐빌리의 노래>: 가난한 백인 하층민과 교육의 중요성 ····················· 251

_저자소개

심진호(Shim, Jin-Ho)

영남대학교 영어영문학과를 졸업하고 미국 델라웨어대학교(Univ. of Delaware) 대학원에서 석사, 대구가톨릭대학교 대학원에서 박사학위를 받았다. 현재 신라대학교 교양과정대학 교수로 재직하고 있으며, 한국현대영미시학회 편집위원, 19세기영어권문학회 편집이사, 새한영어영문학회 편집이사, 한국영미어문학회 출판이사, 신영어영문학회 대외협력이사 및 학술이사 등으로 활동하고 있다. 활발한 학술활동과 더불어 문화공간 '해사랑'과 '시네바움' 등에서 일반 대중들을 위한 인문학 강좌를 기획 및 강의하고 있다.

주요 논저로 「윌리엄 칼로스 윌리엄즈와 찰스 디무스의 상호텍스트성 연구」, 「월트 휘트먼과 토머스 에이킨스의 사진적 사실주의」, 「소설과 영화 *Cold Mountain*에 나타난 상호매체성」, 「"민주적 공간": 월트 휘트먼과 랜드스케이프 건축 미학」, 「The Machine Avant-garde in the Poetry of William Carlos Williams」, 「Designing the "Great City": Walt Whitman's Vision as an Urban Planner」, 「데이빗 린치의 컬트 무비와 '추': <광란의 사랑>을 중심으로」, 「시와 애니메이션의 상호매체성 연구: 영화 『울부짖음』을 중심으로」, 『스크린 영어』, 『월트 휘트먼과 융합적 상상력』, 『윌리엄 칼로스 윌리엄즈의 예술적 상상력과 통섭』, 『미국 문화 영화로 읽기』, 『MZ세대를 위한 영화로 읽는 현대 문화』, 『영화로 떠나는 의식주 인문학』, 『애니메이션과 영화의 탈경계성』 외 다수가 있다.

스크린을 횡단하는
글로벌 문화

에듀컨텐츠·휴피아

제 1 장

<위대한 개츠비>
: 아메리칸 드림의 허상과 상류층의 비인간성

스크린을 횡단하는 글로벌 문화

2013년 칸(Cannes)영화제 개막작으로 선정되면서 큰 관심을 불러 모았던 바즈 루어만(Baz Luhrmann, 1962~) 감독의 영화 〈위대한 개츠비〉(*The Great Gatsby*)는 20세기 미국을 대표하는 작가 F. 스콧 피츠제럴드(F. Scott Fitzgerald, 1896~1940)가 1925년에 발표한 동명의 소설을 각색한 작품이다. 원작 소설을 충실하게 재현하기 위해 루어만 감독은 1920년대 사진과 영화, 일러스트나 드로잉 작품 등 방대한 자료를 수집했다. 나아가 루어만 감독과 제작팀은 원작 소설은 물론 피츠제럴드의 다른 작품들도 치밀하게 분석하였다. "특히 피츠제럴드의 초기 소설 『트리말키오』(*Trimalchio*)에서 상당한 부분을 인용하고 있는데, 이는 로마 시대의 소설 『사티리콘』(*Satyricon*)에서 영감을 받아 쓴 작품이다. 루어만 감독은 닉(Nick Carraway, 작품 속의 화자이면서 또 하나의 주인공으로 개츠비 못지않은 주요한 역할을 하는 인물)의 해설 형식을 원용해서 소설 내용을 활자로 스크린에 옮기는 고전적인 연출기법까지 활용하며 원작을 존중하려는 노력을 보였다"(최선화 183)[1].

소설 『위대한 개츠비』는 제1차 세계대전 이후의 1920년대의 재즈 시대를 배경으로 한다. 이 시기는 전쟁을 겪고 살아남았다는 기쁨과 동시에 인류 역사상 가장 끔찍했던 "전쟁의 참상과 수많은 젊은이들의 죽음을 목격하고 나서 밀려오는 깊은 회의와 허무감이 교차하던 시대임과 동시에, 사람들이 기존에 품고 있던 가치관이 붕괴되고 쾌락의 추구가 촉진되었으며, 방황하던 젊은 세대들이 잃어버린 자아를 찾으려다 도리어 환멸을 느끼고 당시의 유행 음악인 재즈에 몰두하게 된 시기이기도 하다"(한애경 155)[2].

피츠제럴드의 소설 『낙원의 이편』과 『위대한 개츠비』

재즈 음악, 찰스턴 춤(Charleston dance, 1920년대 미국에서 시작된 매혹적인 춤으로 미국 출신으로 프랑스에서 활동한 배우 겸 댄서로 활동했던 조세핀 베이커(Josephine Baker)에 의해 유럽에도 널리 퍼지게 되었다. 이 춤은 재즈 음악에 맞춰 춤추는 것이 특징으로, 아름다운 곡선을 그리며 발을 움직이고 몸을 흔드는 독특한 스타일을 지니고 있음), 자동차 등을 특징으로 하는 1920년대는 급격한 경제 성장으로 인해 엄청난 부를 축적했지만, 그 이면에는 도덕적 타락과 부패가 자리 잡고 있었다. 화려하지만 그 속에 숨은 탐욕과 이기심, 정신적 공허함은 이 시기의 시대적 특징이라 할 수 있다.

F. 스콧 피츠제럴드는 1896년 미국 미네소타주 세인트폴(Saint Paul)에서 태어났다. 프린스턴 대학교 재학 시절 제1차 세계대전이 발발하자 입대해 복무했고 제대 후 잠시 광고회사에 다녔다. 피츠제럴드는 1920년에 발표한 자전적 소설인 『낙원의 이편』(*This Side of Paradise*)의 눈부신 성공으로 대중적 인기와 경제적 여유를 얻게 되었다. 가난하다는 이유로 약혼을 취소해야만 했던 피츠제럴드는 『낙원의 이편』의 성공으로 마침내 젤다(Zelda)와 결혼하게 되었다. 1925년 『위대한 개츠비』를 발표했지만, 피츠제럴드는 술에 탐닉하고 아내 젤다는 서서히 정신병 증세를 일으키면서 불행해지기 시작했다. 장편 『밤은 부드러워』(*Tender is the Night*, 1934)를 비롯해 단편 160여 편을 남기고 1940년 심장마비로

---

[1] 최선화. 「『위대한 개츠비』-소설에서 영화로」. 『현대영미어문학』 31.4 (2013): 179-202.
[2] 한애경. 「잭 클레이톤 감독의 <위대한 개츠비>와 '미국의 꿈'」. 『근대영미소설』 7.4 (2010): 153-74.

제1장. <위대한 개츠비>: 아메리칸 드림의 허상과 상류층의 비인간성

사망했다.

디지털 네트워크 및 AI 시대로의 전환이 나날이 가속화되고 있는 오늘날 문학적 변주에 의한 특정한 상황의 산물로서 문학 작품, 특히 소설의 영화화는 매체학적으로 문학의 확장이라는 실천적 단초의 역할까지 맡게 되었다. 이런 점에서 "문학의 영화화는 글 안에서 추상적인 이미지를 영화 속에서 공간 구성과 서사 전달 표현 방법 요소, 시점 등 구체적인 이미지로 표현시켜 전달해 줌으로써 대중에게 훨씬 빠르게 작품의 주제와 내용을 파악시켜 주며, 이는 인문학적으로도 문학의 가치를 높여준다는 점에서 매우 의미 있는 매체 전환으로 인정받고"(김세희·최인순 39)[3] 있는 것은 주지의 사실이다.

『낙원의 이편』에 나타난 '플래퍼'

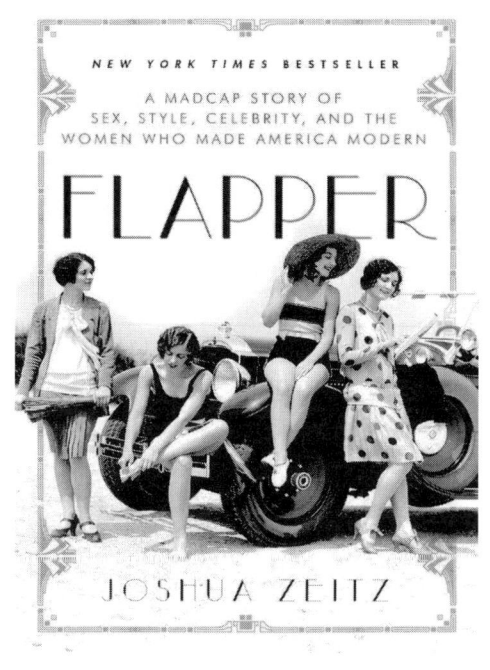

피츠제럴드는 1920년대 미국 사회의 전체적인 변화의 소용돌이 속에서 하나의 충격적인 문화 현상으로 기성 사회에 충격을 준 그러한 젊은 여성들을 '플래퍼'(Flapper)라 불렀다. '플래퍼'의 사전적 의미는 '퍼덕거리며 날려는 어린 새'(a young bird flapping its wings while learning to fly)를 의미한다. 롱맨(Longman) 사전에서는 짧은 드레스를 입고 단발머리를 하며 새로운 이상을 가지고 있는 모던하고 스타일리시한 패션을 선보인 젊은 여성으로 설명한다.

"플래퍼라는 용어는 1700년대 중반 영국에서 플래퍼가 날개를 퍼덕거리는 소리를 흉내 낸 의성어로 이제 막 나는 법을 배우려는 새끼 야생 오리라는 뜻으로 쓰였으며, 아직 성숙한 여성으로 성장하기 전의 뭔가 어색해 보이는 젊은 여성들을 지칭하는 용어로 처음 사용되있다. 1800년대 중반에는 머리를 빗으로 묶지 않고 길게 늘어뜨려 바람에 휘날리게 하는 여자라는 뜻으로 쓰이다가, 20세기 초쯤 프랑스에서 짧은 치마에 단발머리를 한 길거리 창녀를 부르는 말로 의미가 달라졌다. 제1차 세계대전 후 미국에서 다른 의미로 10세 후반의 자유분방한 젊은 여성들을 총칭하는 고유명사가 되었다"(이정임 4)[4].

---

[3] 김세희·최인순. 「색채 상징성을 통한 문학과 영화의 융합 연구: 『위대한 개츠비』를 중심으로」. 『한국과학예술융합학회』 22 (2015): 35-45.

[4] 이정임. 『피츠제럴드 소설에 나타난 "플래퍼"의 재현 양상: 『낙원의 이편』, 『플래퍼와 철

피츠제럴드는 또한 이러한 새로운 변화의 움직임을 직접 목격하고 경험한 살아있는 증인으로서 그것이 지닌 명암을 고스란히 자신의 소설 속에 기록으로 남겼다. 이런 점에서 비평가 마이즈너(Arthur Mizener)는 "피츠제럴드의 작품은 작가 자신이 살아온 시대가 사실적으로 재현된 살아있는 소설"5)이라고 지적한다. 무엇보다 피츠제럴드의 첫 장편소설 『낙원의 이편』에는 이런 플래퍼의 모습이 자세히 묘사되어 있다. 『낙원의 이편』은 그가 작가로서 확고한 입지를 굳히게 한 의미가 깊은 작품이다. 당시 23세인 피츠제럴드는 이 소설을 출판하여 마침내 대성공을 이루었다.

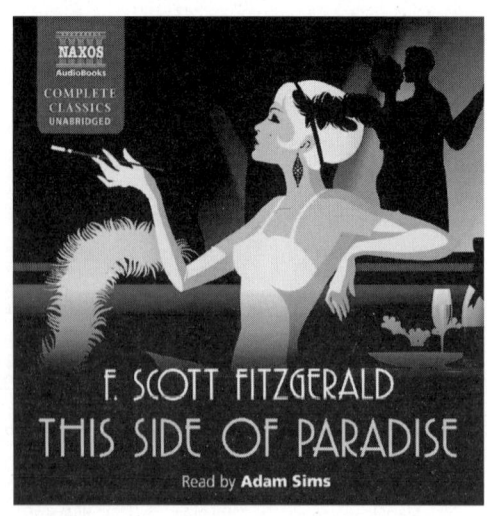

소설 『낙원의 이편』은 피츠제럴드의 초기 작품임에도 불구하고 전후 미국의 새로운 젊은 세대가 직면하고 있는 문제들을 진지하고 사실적으로 다루고 있어서 당시 독자들에게 호소력이 있었다. 피츠제럴드는 이 소설에서 당시 미국의 문화적 현상이었던 플래퍼들의 다양한 양상을 작품 속의 여성 인물들을 통해 섬세하고 생동적으로 재현한다. 『낙원의 이편』은 남자 주인공은 애모리(Amory Blaine)이며, 그가 미네아폴리스(Minneapolis)에서 동부 코네티컷(Connecticut)주의 세인트 레지스(St Regis) 예비학교를 거쳐 프린스턴(Princeton) 대학에 입학하면서 시작된다.

"샌더슨 (Rena Sanderson)에 의하면, 『낙원의 이편』은 플래퍼와 플래퍼에 반응하는 남성을 탐구한다"(149)6). 애모리는 당시 플래퍼 이미지를 가진 이자벨(Isabelle Borgé), 클라라(Clara), 로잘린(Rosalind Connage), 엘리너(Eleanor) 등과 교제한다. 그들은 당시 유행한 플래퍼의 유형으로 구시대의 인습을 거부하며 현대적인 사고방식을 가지고 자유로운 행동을 하는 여성들이다. 그들은 이전 시대의 여성들에게 볼 수 있었던 가정적이고 순종적인 여성 이미지를 거부한다. 그들 중에서 로잘린은 애모리가 가장 사랑한 여주인공이다. 피츠제럴드는 로잘린에게 플래퍼의 전형인 자신의 아내 젤다의 이미지를 투영시켜 소설에 재현한다.

피츠제럴드는 애모리를 통해서 당시 미국 사회에 새롭게 등장한 플래퍼들의 섹슈얼리티(sexuality)에 대한 개방적인 태도를 부각한다. 클레어의 대담한 행동에 당혹해 하는 애모리를 통해서 당시 젊은 남성들은 플래퍼의 "선구자"(Sanderson 145)로서 이전에 유행했던 "깁슨 걸"(Gibson girl)에 대한 환상을 여전히 가지고 있음을 알 수 있다.

학자』와 『위대한 개츠비』를 중심으로』. 계명대학교 대학원 박사논문. 2018.
5) Mizener, Arthur. "Introduction." *F. Scott Fitzgerald: A Collection of Critical Essays*. Englewood Cliffs: Prentice-Hall, 1969. 1-10
6) Sanderson, Rena. "Women in Fitzgerald's Fiction". *The Cambridge Companion to F. Scott Fitzgerald*. New York: Cambridge UP, 2002. 143-63.

제1장. <위대한 개츠비>: 아메리칸 드림의 허상과 상류층의 비인간성

'플래퍼'와 '깁슨 걸' 룩

"깁슨 걸들은 전통적인 가치를 중요시하면서도 테니스와 골프 등 스포츠를 즐기는 활동적인 여성의 모습으로 발랄한 이미지를 가진 여성들이었다. 깁슨 걸들은 긴 머리를 하고, 긴 드레스를 입은 우아하고 아름다운 신여성으로 1890년경부터 미국의 전형적인 여성상으로 사랑을 받았다. 헬드(John Held)는 깁슨 걸이 1890년대를 대표했다면 1920년대를 대표하는 여성 유형은 플래퍼라고 명시한다 (Banner 149)[7]. 깁슨 걸들이 건강하고 활동적이며 전통적인 여성상의 이미지를 추구했다면 플래퍼들은 그에 반해 파격적인 외모의 변신과 섹슈얼리티에 자유분방하고 개방적이었다"(이정임 16).

피츠제럴드는 1919년에서 1929년으로 규정되는 재즈 시대에 현대화를 경험하기 시작한 젊은 세대들, 특히 플래퍼들의 모습을 『낙원의 이편』에서 사실적이고 섬세하게 재현한다. 피츠제럴드는 당시 젊은 세대들 사이에서 대대적으로 유행한 "페팅 파티"(Petting parties)를 언급하면서 이전 시대에서는 쉽게 목격할 수 없었던 젊은 여성들의 대담해진 섹슈얼리티에 대해 다음과 같이 묘사한다. "애모리는 심지어 자신의 기억 속에서조차 불가능할 짓을 예사로 하는 소녀들을 목격했다…. 도덕적으로 빗장을 풀어놓은 것으로 보였다. 하지만 뉴욕과 시카고 사이의 도시들이 젊은이들의 거대한 음모 지대(juvenile intrigue)가 된 것을 눈으로 확인하고 나서 애모리는 페팅 파티가 얼마나 넓게 퍼졌는지 실감했다." (『낙원의 이편』 55)[8]

<위대한 개츠비>: 소설과 영화의 상호매체성

2013년 바즈 루어만의 영화가 발표되기 이전에 피츠제럴드의 소설 『위대한 개츠비』는 이미 동명의 타이틀로 3번의 영화(1926년, 1949년, 1974년)와 오페라(1999), TV 영화(2000)로 제작되었다. 『위대한 개츠비』가 여러 번 영화화된 이유는 스토리가 단순한 데 비해 다양한 해석이 가능했기 때문이다. 바즈 루어만은 이미 <댄싱 히어로>(*Dancing Hero*)와 <물랑 루즈>(*Moulin Rouge!*)를 연출하였는데, <위대한

---

7) Banner, Lois W. *Women in Mordern America; a Brief History*. New York: Harcourt , 1974.
8) F. 스콧 피츠제럴드. 『낙원의 이편』. 이화연 옮김. 서울: 펭귄클래식코리아. 2011.

개츠비〉에서 제1차 세계대전 이후 호황을 누리는 미국 사회의 이중성, 사람의 욕망과 그 욕망의 심연에 자리한 인간의 이기심을 설득력 있게 그려내고 있다. 이런 점에서 마크 애덤스(Mark Adams)는 "스콧 피츠제럴드의 고전문학을 대작으로 각색한 이 영화는 운명적인 사랑을 그린 세련된 이야기로 우아하고 매우 낭만적인 볼거리를 제공한다. 그리고 수수께끼 같은 제이 개츠비를 레오나르도 디카프리오가 멋지게 연기하고 있다. 매우 특별한 볼거리를 제공했던 〈물랑 루즈〉와 〈로미오와 줄리엣〉을 연출했던 감독 바즈 루어먼에게서 예견했듯이, '재즈 시대'이야기가 뛰어나게 만들어져 정서적인 요소들과 멜로드라마로 가득 채워졌다. 하지만 제작 열정이 지나쳐 스토리를 무력하게 한 면도 있다"(Adams n.p.)[9]라고 지적한다.

소설과 영화 〈위대한 개츠비〉의 배경이 되는 뉴욕은 콜라주 같은 형상을 보여준다. 뉴욕은 미국 동부의 대명사로 등장하는데, 미국 중서부, 서부와는 차별화되는 도시로 언급된다. 중서부의 도시들이 세계의 중심지로서의 활약을 마치고 시들해지고 있는 반면, 제1차 세계대전이 끝난 후 전후의 열기와 거기서 얻은 부로 인해 매우 시끌벅적한 1922년의 뉴욕은 이제 미국과 세계의 중심 도시가 되고 있다. 여기서 미국의 동부와 중서부/서부의 지리적 차이는 상당한 의미를 갖는데, 개츠비(Jay Gatsby), 데이지(Daisy Buchanan), 톰(Tom Buchanan), 닉(Nick Carraway)은 모두 전통과 보수, 생산의 개념이 강한 중서부에서 동부인 뉴욕으로 이주해 온 사람들이기 때문이다.

1920년대 뉴욕은 『위대한 개츠비』라는 텍스트 속에서 콜라주 혹은 몽타주와 같은 지형학적 형상을 보여준다. 우선, 텍스트 속에서 뉴욕은 지리적으로 미국 동부 지역의 대명사로 등장하는데, 미국 중서부나 서부 지역과는 차별화되는 도시로서의 모습이 언급된다. 중서부의 도시들이 한창 세계의 중심지로서의 활약을 마치고 시들해지고 있는 반면, "튜턴족의 때늦은 이동 작업"(9)으로 명명되는 제1차 세계대전이 끝난 후 전후의 열기와 거기서 얻은 부로 인해 매우 시끌벅적한 1922년의 뉴욕은 이제 미국과 세계의 중심 도시가 되고 있다. 여기서 미국의 동부와 중서부의 지리적 차이는 상당한 의미를 안고 있다.

데이지와 톰은 시카고를 떠나 더 큰 도시인 뉴욕으로 왔는데, 그들이 시카고를 떠난 이유는 톰이 바람을 피워 시카고 전역에 소문이 났기에 더 이상 그곳에 살 수 없었기 때문이다. 그리고 가난하다는 이유로 자신을 차버린 이상형의 여자 때문에 수단과 방법을 가리지 않고 부자가 된 몽상가 개츠비는 자신이 욕망하는 여자를 되찾기 위해 역시 뉴욕에 왔다. "1920년대 뉴욕은 바로 직전까지도 대도시로서 빛을 발하던 시카고보다 훨씬 더 큰 메트로폴리탄(Metropolitan)으로, 무수히 많은 거주민들을 보유하는 것은 물론 이에 따른 다채로운 일들이 벌어지는 곳이 되었다. 이는 톰이 여자 문제로 그가 있던 지역에 금세 소문이 퍼지는 바람에 뉴욕으로 이주하는 것에서 암시되듯, 뉴욕은 로스앤젤레스, 샌프란시스코, 시카고보다 훨씬 더 큰 도시로 익명성이라는 거대도시의 특성이 있는 곳이다. 또한 미국과 세계 경제의 요충지이며, 이로 인해 경제적 성장을 통한 미국인의 꿈을 실현하기 좋은 곳이다"(윤명옥 66-67)[10].

영화로 만들어진 고전급 소설들 가운데 피츠제럴드가 1925년에 발표한 『위대한 개츠비』만큼

---

[9] Adams. Mark. "A beautiful and Evocative Story of Doomed Love: Leonardo DiCaprio is in Terrific Form in *The Great Gatsby.*" *The Daily Mirror*, May 15, 2013. n.p.

[10] 윤명옥. 「콜라주 혹은 몽타주로서의 1920년대 도시 뉴욕의 정체성-『위대한 개츠비』 속 지리적 환경과 도시의 거주민을 중심으로」. 『도시인문학연구』 6.2 (2014): 59-111.

제1장. <위대한 개츠비>: 아메리칸 드림의 허상과 상류층의 비인간성

현재까지도 전 세계적으로 독자들에게 꾸준히 주목받는 작품은 많지 않다. 일찍이 1974년에 로버트 레드포드와 미아 패로 주연으로 스크린에 옮겨진 이후, 2001년(토비 스티븐스와 미라 소르비노)과 2013년(레오나르도 디카프리오와 캐리 멀리건)에 영화로 제작되었다. 1974년 잭 클레이튼(Jack Clayton) 감독이 연출한 <위대한 개츠비>에서 개츠비는 원작의 개츠비처럼 자신의 이상을 이루기 위해서 많은 노력을 기울여 경제적 성공을 이룬 인물이기는 하지만, 원작과는 다르게 미래를 위한 과거의 관계 회복이 아니라 데이지를 과거의 모습에 고정시키고, 그러한 모습을 현재의 데이지에게서 찾고자 한다는 점에서 과거지향적이라는 한계를 지닌다는 평가를 받고 있다. "또한, 액자식 서술구조가 무시된 1974년 영화에서 이러한 각색은 감독의 의도적인 연출이라 여겨질 수 있기에, 과거지향적인 개츠비는 원작의 주제 재현에 필연적으로 문제를 야기할 수밖에 없으며, 영화의 주제 형성이 단순히 원작의 주제 재현에 있지 않음을 짐작할 수 있게 만든다"(신영철 17)[11]).

2001년 로버트 마코비츠(Robert Markowitz) 감독이 연출한 <위대한 개츠비>는 원작의 주요 인물에 대한 캐릭터와 시대정신 및 사건의 상징성 및 공간적 설정을 훌륭하게 형상화하지 못함으로써 원작에 내포한 메시지를 재현하는 데 성공하지 못했다는 평가를 받고 있다. "구체적으로 당대의 물질 만능주의와 쾌락주의, 사회 계급에 의한 사회 구조적 모순, 자본주의의 역기능, 및 빈부 격차의 심화 등이 재현될 수 없었고, 당대를 살아가는 사람들의 쾌락을 추구하는 공허한 삶의 모습 및 비도덕적인 모습들이 제대로 재현되지 못하였다. 캐릭터와 시대정신의 재현에 실패한 영화에 남는 것은 결국 원작을 기반으로 한 플롯과 등장인물들의 관계뿐이며, 여기에 가해진 마코비츠 감독의 각색은 2001년 영화가 숍 오페라(Soap Opera, 미국판 막장 드라마를 의미함)처럼 보이도록 만들었다"(신영철 70)는 비판을 받기도 했었다.

롱아일랜드의 웨스트 에그와 이스트 에그

소설 『위대한 개츠비』 속 1인칭 관찰자 시점의 화자인 닉은 이렇게 말한다: "이것이 동부와 서부의 다른 점이었다. 그곳에서의 저녁 시간은 실망을 주는 예감이 하염없이 밀려오거나, 순간 그 자체가 긴장된 두려움 속에서 저녁의 끝을 향해 한 단계 한 단계씩 급히 지나가 버리게 마련이었다"(19). 중서부 출신에 중서부의 가치관을 지닌 닉의 추억 속에서 중서부는 "자신의 진정한 모습에 대해 말로 표현을 하지는 못하지만, 그것을 의식하고, 그 공기 속으로 분간하지 못할 만큼 녹아 들어가는 곳"(19)이다. 하지만 동부의 뉴욕은 이와 다르다. 뉴욕은 실망과 공허감이 밀려오는 저녁이 있는 곳이다. 그것은 모든 것이 그럭저럭 끝나가는 실망스러운 저녁이다. 이것이 바로 서부의 도시와는 매우 다른 동부 뉴욕의 특징이다. 서부에서는 저녁이 비록 실망스럽지만, 끊임없이 뭔가를 기대하거나, 아니면 순간순간의 긴장된 두려움 속에서 쫓기는 듯한 단계에서 다른 단계로 결말을 향해 치닫게 마련인 시간이다. 이런 이유에서 닉은 개츠비의 비극을 겪은 후 뉴욕을 떠나 고향으로 돌아간다.

---

11) 신영철. 「영화 텍스트에 표현된 『위대한 개츠비』의 주제 해석 양상」. 성균관대학교 대학원 석사논문. 2018.

스크린을 횡단하는 글로벌 문화

『위대한 개츠비』의 주요 인물들이 사는 곳은 뉴욕 중에서도 뉴욕 시내에서 정동 쪽으로 30킬로미터 떨어져 있는 떠들썩하고 길쭉한 섬, "거대한 달걀 모양의 지대"(11)로 명명되는 웨스트 에그(West Egg)와 이스트 에그(East Egg)로 구성된 롱아일랜드(Long Island)다. 이 지명들은 작가가 창조해 낸 가상의 지명으로, 계란 모양의 지형 두 개가 쌍둥이처럼 바다를 사이에 두고 동서로 자리하고 있는 형상을 이룬다. 『위대한 개츠비』는 중서부 출신의 채권 중개인 닉이 뉴욕의 롱아일랜드의 웨스트 에그에 있는 집으로 이사를 오면서 시작된다. 이곳은 신흥부자들(new money)이 많이 살고 있는 동네다. 신흥 부자는 여러 대에 걸쳐 물려 내려온 재산을 소유한 사람이 아니라 자신의 대에 큰 돈을 번 사람이다.

여러 대에 걸쳐 부를 세습 받은 전통적인 부자(old money)는 웨스트 에그보다 뉴욕 시내에서 더 멀리 떨어진 이스트 에그에 산다. 개츠비가 웨스트 에그에 살고, 톰과 데이지는 이스트 에그에 사는 것은 바로 이런 이유에서다. 그리고 웨스트 에그에서 뉴욕으로 가는 중간쯤에 자동차 도로가 철로 쪽으로 합해져 뻗어 나가다가 어느 황량한 곳에 이르러 좁아지면서 끝이 나는데, 그곳에 바로 '재의 계곡'(valley of ashes)이 있다. 뉴욕 시내와 롱아일랜드 사이에 있어 롱아일랜드에서 맨해튼으로 가기 위해서는 꼭 거쳐야 하는 이곳은 속이 텅 비어있는 재가 여러 가지 기괴한 형상을 재현하는, 석탄재 같은 사람들이 쓰레기를 처리하는 쓰레기 매립지다. '재의 계곡'은 소설 속에서 다음과 같이 묘사된다.

"웨스트 에그와 뉴욕 시내 중간쯤에는 황량한 지역을 피해 가기 위해 차도가 철로와 만나 400미터 정도 나란히 달리는 곳이 있다. 이곳이 바로 재의 계곡이다. 재가 밀처럼 자라 산마루와 언덕과 기괴한 정원을 이루는 환상적인 농장 말이다. 재는 이곳에서 집과 굴뚝 그리고 굴뚝에서 피어오르는 연기 모양을 하고 있다가, 안간힘을 쓰며 마침내 회백색 사람 모양이 되어 희뿌연 공기 속에 어렴풋이 움직인다 싶으면 벌써 땅바닥에 무너져 내린다. 그러면 즉시 회백색 사람들이 납으로 만든 삽을 들고 몰려 올라가 앞을 내다 볼 수 없는 구름을 휘저어 놓는다. 그러면 그들이 하는 아리송한 작업도 시야에서 모두 사라져 버리고 만다." (『위대한 개츠비』 44)[12]

---

[12] F. 스콧 피츠제럴드. 『위대한 개츠비』. 김욱동 옮김. 서울: 민음사. 2003.

제1장. <위대한 개츠비>: 아메리칸 드림의 허상과 상류층의 비인간성

사실 웨스트 에그는 뉴욕주 롱아일랜드(Long Island) 초입에 있는 그레이트 넥(Great Neck)이고, 이스트 에그는 그곳에서 만(bay) 건너편에 있는 포트 워싱턴(Port Washington)이다. 그리고 피츠제럴드는 이 작품을 쓰면서 웨스트 에그에 해당하는 그레이트 넥의 게이트웨이 드라이브 6번지에 살았다. 이런 이유로 문학 비평가들은 웨스트 에그와 이스트 에그가 각각 롱아일랜드의 그레이트 넥과 포트 워싱턴을 바탕으로 만들어졌을 것으로 추정한다.

오프닝 시퀀스: 웨스트 에그로 이사 온 닉과 개츠비의 만남

2013년 칸(Cannes)영화제 개막작으로 선정된 영화 <위대한 개츠비>는 큰 관심을 불러 모았던 작품이다. 이 영화는 <로미오+줄리엣>(*Romeo + Juliet*, 1996), <물랑 루즈>(*Moulin Rouge!*, 2001), <오스트레일리아>(*Australia*, 2008), <엘비스>(*Elvis*, 2022) 등의 영화로 '비주얼의 제왕'이라는 타이틀을 받게 된 바즈 루어만 감독이 연출한 작품이다. 1920년대 미국 '재즈 시대의 왕자'라는 별명으로 유명한 피츠제럴드의 동명 소설을 바탕으로 한 영화 <위대한 개츠비>는 바즈 루어만 감독 이전에 이미 여러 차례 영화화되었다. 1926년 무성영화에서 워너 백스터(Warner Baxter), 1949년 앨런 래드(Alan Ladd), 1974년 로버트 레드포드, 2001년 토비 스티븐스(Toby Stephens) 등 당대 명배우를 개츠비로 내세워 4번이나 의욕적으로 영화화되었지만, 소설의 매력적이고도 감지해 내기 어려운 감정까지 충실하게 담아내지는 못했다.

『뉴욕타임스』(*New York Times*)가 2000년대 이전에 영화화된 3편의 작품들 중 "아주 성공적인 영화는 하나도 없다"(Adams n.p.)라고 논평한 것에서 알 수 있듯이, 모두 큰 성공을 거두지는 못했다. 루어만은 원작 소설을 충실하게 영화화하려는 의지를 가졌었는지에 대한 질문을 받고, "소설 전체 내용을 다루려면 7시간이 넘게 걸리기 때문에 두 시간여 정도에서 등장인물들 간의 대화가 한 방향으로 진행되는 선형구조로 초점을 맞추어 소설에 충실해지려 노력했다"(최선화 182)라고 밝혔다. <위대한 개츠비>의 전반부에서 루어만 감독은 개츠비의 성(castle)같은 저택에서 열리는 호화스러운 파티에 집중하면서 자신의 특징적인 화려한 비주얼을 유감없이 선보인다. 2001년에 발표한 전작 <물랑 루즈>의 속편을 노렸나 싶을 정도로 현란한 춤과 음악, 쇼걸들의 현대적인 무대, 감각적인 영상 및 스타일리시한 연출은 관람객들을 매료시키기에 충분하다. 지금도 루어만의 과거 작품들인 <댄싱 히어로>와 <물랑 루즈>를 따라잡으려고 애쓰는 TV 프로그램들, 이를테면 <댄싱 위드 더 스타스>(*Dancing with the Stars*)와 <글리>(*Glee*) 등이 존재하기 때문에 이 분위기는 새로운 <위대한 개츠비>에 매우 부합되는 것처럼 보인다.

요컨대, <위대한 개츠비>는 피츠제럴드의 재즈 시대 연인들을 재포장해 현대 셀러브리티(Celebrity) 세계를 빗댄 작품이라 할 수 있다. "제가 보기에 개츠비와 데이지의 관계는 엘리자베스 테일러와 리처드 버튼 같은 유명인사들의 위험한 관계와 비슷한 것 같아요"라고 루어만은 말했다. "개츠비는 자신의 유명세 때문에 괴롭습니다. 셀러브리티 가십과 신문들이 새로운 발명품이라는 걸 기억하세요. 셀러브리티는 20년대에 탄생했고, 피츠제럴드는 그것에 매혹됐습니다"(『보그』, 2016). 영화 <물랑 루즈>로 오스카

의상상을 수상했던 루어만의 아내이자 의상 디자이너인 캐서린 마틴(Catherine Martin)은 〈위대한 개츠비〉를 위해 미우치아 프라다(Miuccia Prada)와 손을 잡고 40여 가지 '룩'(look)을 탄생시켰다. 여기에는 열렬한 갈채를 받은 데이지 역을 맡은 배우 케리 멀리건의 파티 드레스도 포함돼 있다. 메탈 고리들로 연결된 크리스털 물방울이 반짝이는 샹들리에 드레스로, 2010년 프라다 봄 컬렉션에 등장했던 룩에서 영감을 얻은 것이다. 나아가 제이지(Jay-Z)가 프로듀싱한 〈위대한 개츠비〉의 오리지널 사운드 트랙(OST)은 플로렌스 앤 더 머신(Florence and the Machine), 라나 델 레이(Lana Del Rey), 더 엑스엑스(The xx)등이 부른 재즈, 랩, 팝을 총망라하고 있다.

영화의 오프닝은 증권 관련 일에 종사하는 내레이터인 닉(토비 맥과이어 분)의 플래시백을 통해 시작한다. 닉은 온화하고 인내심 있으며 개방적 성향을 지녔기에 누구나 그에게 비밀을 털어놓고 싶어하는 인물이다. 관람객이 오프닝부터 내레이터로 등장하는 닉에게 신뢰를 보내는 것은 상징, 비유 또는 개인적인 회상을 통해 그가 제공하는 정보 대부분이 다른 등장인물들이 중요한 결정을 하는 데 도움을 주기 때문이다. 미네소타(Minnesota)주 출신의 닉은 비록 물질적으로는 풍요롭지 못하지만, 타락하지 않은 도덕적 순수성과 청교주의 가치관을 지닌 인물이다.

〈위대한 개츠비〉: 소설에서 영화로

〈위대한 개츠비〉의 오프닝에서 '퍼킨스 요양소'(The Perskins Sanatarium)에서 자신의 담당 의사와 상담하는 닉은 플래시백을 통해 발 빠르고 쾌락을 추구하는 뉴욕 생활에 끌리면서 그런 생활이 복잡하면서 동시에 파괴적이었음을 고백한다. 닉은 자신을 정직한 부류의 인물로 생각하지만 실은 그렇지 못한 면도 보이는데, 이것은 그의 주변에 있는 위선과 속물근성으로 가득한 인물들 사이에서 그만 예외일 수 없기 때문이다. 성별과 빈부를 떠나 인간은 천성적으로 부정직하고 이기적이자 위선적이고 파괴적이라는 전제에서 보면 닉도 그와 같은 부류일 수밖에 없다.

원작 소설에서 닉은 개츠비가 죽은 후에, 물질적 부만을 추구하는 도시 생활을 청산하고 전통적 도덕 가치에 토대를 둔 한가한 생활을 되찾으려 고향으로 돌아가는 데 반해, 영화의 오프닝은 닉이 뉴욕 생활의 후유증으로 극도의 불안 증세를 보여 요양소에 수용되어 담당 의사에게 과거를 회상하며 이야기하는 것으로 시작한다. 영화의 오프닝은 어두컴컴한 밤바다 위에서 초록 불빛이 빛나는 장면으로 시작한다. 바즈 루어만 감독은 부둣가에 깜빡깜빡 빛나는 초록 불빛을 비추는 등대를 푸른 빛 밤하늘 분위기와 함께 연출하고 화면 중심에 담아냄으로써 관객에게 '초록 불빛'이라는 색채의 상징성을 강조한다. 그러고 나서 영화의 화자(narrator)로 등장하는 닉이 '퍼킨스 요양소'에서 의사와 상담하는 모습을 보여준다.

원작 소설에 묘사된 것처럼 닉은 개츠비에 관한 기본적 정보와 인간성을 보이스오버(voice over)를 통해 전해준다. "그는 내가 만났던 사람들 중에서 가장 희망에 가득 찬 사람이었어요. 그리고 아마 그 정도로 희망에 가득 찬 사람을 다시 만나기는 힘들 거예요. 그에게서는 뭔가가 있었어요. 예민함과 같은. 그는 10,000마일 밖의 지진을 감지하는 기계들 중의 하나인 것 같다고 느껴질 정도로요." 닉은 개츠비가

제1장. <위대한 개츠비>: 아메리칸 드림의 허상과 상류층의 비인간성

원작에서처럼 희망에 가득 찬 사람이며, 아주 작은 희망조차도 느낄 수 있을 정도로 예민한 감수성을 갖고 있는 사람이라고 진술하면서 그가 당대의 다른 사람들과 다른 특별함을 가지고 있던 사람임을 강조한다. 닉은 중서부 출신의 부유한 집안 출신의 남자로 성인이 되어 예일대학교를 졸업했으며, 제1차 세계 대전에 참전한 참전용사이기도 하다. 1922년 봄, 닉은 주식채권업에서 일하기 위해 미국 서부에 있는 뉴욕주 롱아일랜드의 웨스트 에그로 이사간다.

닉은 롱 아일랜드만 건너편 전통적인 상류층 거주지역인 이스트 에그에 살고 있는 데이지(Daisy)와 톰 뷰캐넌(Tom Buchanan) 부부를 방문한다. 데이지는 닉의 6촌이고, 톰은 대학 시절의 친구이다. 톰과 데이지는 프랑스를 비롯해 부유한 사람들이 사는 곳과 폴로를 즐길 수 있는 곳을 찾아 끊임없이 이동하고 여행하며 살아왔다. 톰과 데이지는 1/4마일의 거리에 있는 해변까지 정원이 뻗어있는 식민지 시대 양식의 화려한 저택에 거처를 정하고 있었다. 톰은 30세의 미식축구 선수 출신으로 거만하며 정서가 불안정하고 거친데다 화를 잘 내는 성격의 소유자이다. 그는 친구인 닉에게도 위압적으로 대한다. 닉과 톰이 거실에 들어갔을 때 데이지는 조던 베이커(Jordan Baker)라는 여자 골프선수와 함께 있었다. 데이지는 매혹적인 음성과 밝은 눈빛의 미인이었다. 조던은 날씬하고 곧은 몸매와 "창백하고 매력적이며 불만스러운" 얼굴을 가지고 있었다.

영화의 오프닝에서 닉이 데이지와 조던을 만나는 순간은 매우 감각적인 영상으로 재현된다. 화면 속에 가득 찬 휘날리고 있는 하얀색 커튼과 천장 위에서 반짝이는 고급스러운 샹들리에, 커튼을 통해 형상화된 바람과 그러한 커튼의 결을 움켜쥐려는 듯 하늘거리는 조던과 데이지의 손 및 그녀들의 웃음소리는 원작의 내용을 잘 함축적으로 형상화하고 있다. 특히, 조던에 대한 연출은 이전에 영화화된 <위대한 개츠비>와 비교해 볼 때, 조던 역으로 분한 호주 국적의 배우 엘리자베스 데비키(Elizabeth Debicki, 1990~)의 훌륭한 연기력과 감독의 섬세한 연출을 통해 가장 원작의 조던답게 재현되었다는 평가를 받고 있다. 영화에서 조던은 원작에서 묘사된 것처럼, "마치 금방이라도 떨어질 것 같은 물건을 턱 위에 올려놓고 균형을 잡고 있는 것 같은 모습으로 등장"(신영철 73)한다.

현실적인 대안으로 톰과 결혼한 데이지

원작 소설에서 닉은 톰의 안내로 톰과 데이지가 사는 만(bay)이 내려다보이는 화려한 저택을 둘러보다가 거실에 들어와서 데이지를 마주하는데, 그녀의 "눈부신 광채"는 다음과 같이 묘사되어 있다.

> "두 사람 모두 흰 드레스를 입고 있었는데 마치 집 근처를 잠깐 날아다니다 들어오기라도 한 것처럼 잔물결을 일으키며 펄럭이고 있었다. 나는 커튼이 휘날리며 내는 찰싹거리는 소리와 벽에 걸린 그림이 달그락거리며 내는 신음 소리를 들으며 잠시 서 있었음에 틀림없다. 두 여자 중 젊은 쪽은 처음 보는 사람이었다. 긴 의자의 맨 끝까지 몸을 쭉 뻗은 채 꼼짝도 하지 않고 누워 있었다… 다른 쪽은 데이지로 그녀는 의자에서 일어서려고 했다. 그녀는 진지한 표정으로 몸을 굽혔다가 좀 어리벙벙하지만 매력적인 웃음을 살짝 지었고, 그래서 나 역시

웃으며 방 안쪽으로 들어갔다. 나는 다시 나지막하고 떨리는 목소리로 나에게 이런저런 질문을 던지기 시작한 친척 여동생을 바라보았다. 그녀의 음성은 마치 다시는 연주되지 못할 음정을 배열해 놓은 것처럼 높낮이에 따라 귀를 오르락내리락하게 만드는 그런 목소리였다. 반짝이는 두 눈이며 정열적으로 빛나는 입, 눈부신 광채 때문에 그녀의 얼굴은 슬프면서도 사랑스럽게 보였다. 그러나 그녀의 목소리에는 그녀를 사랑해 본 남자라면 좀처럼 잊기 힘든 어떤 흥분이 깃들어 있었다." (『위대한 개츠비』 25-27)

데이지는 목소리에 돈의 냄새를 풍기며 모든 잣대를 돈과 부에 맞추어 일상사를 처리해 나가는 인물이다. 그녀가 이러한 인생관을 갖게 된 이유는 태어날 때부터 그녀는 부자였기 때문이다. 데이지를 떠올릴 때 가장 먼저 생각나는 것이 돈이며, 그녀의 외모에서 풍기는 이미지 또한 돈과 관련된 이미지이다. 데이지는 곧 돈의 이미지라는 등식을 피츠제럴드는 다음과 같이 묘사한다. "'그녀의 목소리는 돈으로 가득 차 있어요.' 갑자기 그가 말했다. 바로 그것이었다. 전에는 미처 깨닫지 못했던 것이었다. 데이지의 목소리는 돈으로 가득 차 있었다. 그 안에서 높아졌다 낮아졌다 하는 그 끝없는 매력, 그 딸랑거리는 소리, 그 심벌즈 같은 노랫소리…. 하얀 궁전 저 높은 곳에 임금님의 따님이, 그 황금의 아가씨가…." (『위대한 개츠비』 171)

하지만 개츠비와의 첫사랑을 가슴에 묻은 채 공허함을 화려한 물질로 채우기 위해 지극히 현실적인 대안으로 톰과 결혼을 한 데이지는 불안한 생활의 연속이 된다. 톰은 자신의 잘못에 대해 무감각할 뿐만 아니라 자신의 언행이 타인에게 미치는 결과에 대해서도 책임의식이 전혀 없다. 그의 무책임성은 결혼 후 데이지가 첫 딸을 출산할 때 한 시간도 되지 않았는데 그 자리에 없었다는 것만 봐도 충분히 짐작할 수 있다. 이러한 현상은 톰에 국한된 것은 아니고 당시 부유한 상류층의 특징으로 이들은 처음부터 물질주의와 이상주의의 조화 속에 이루어진 미국의 꿈에 대해 아무런 개념이 없는 부류이다. 단지 그들의 조상이 물려준 재산과 부를 이용해 과시적 소비만 일삼을 뿐, 상류사회의 일원으로서 사회에 대하여 느끼는 도덕적 책임감, 소위 "노블레스 오블리주"(Noblesse oblige, 프랑스어로 '귀족은 의무를 갖는다'를 의미함)에는 조금도 관심을 두지 않는다. 톰의 또 다른 특징 중의 하나는 그가 인종차별주의자이면서 동시에 계급 차별주의자라는 점이다. 저녁 식사를 끝내고 석양을 바라보며 톰이 데이지와 나누는 이야기 속에서 이런 사실을 충분히 감지해 낼 수 있다.

"'글쎄, 모두 과학적인 책들이라니까.' 톰이 조바심 나는 듯 그녀를 쳐다보면서 다시 주장했다. '이 친구는 모든 것을 다 파헤쳐 놓았어. 지배 인종인 우리 백인이 정신을 바짝 차려야 한다는 거야. 만일 그렇지 않으면 다른 종족이 이 세계를 제패하게 될 거라는 거지'…. '이 책에서 말하고 있는 것은 우리가 북유럽 인종이라는 거야. 나도 당신도 또 당신도, 그리고….' 그는 아주 잠깐 망설이더니 고개를 끄덕이며 데이지까지 포함시켰고, 그러자 그녀는 나에게 다시 눈짓을 보냈다. 그리고 문명을 이루는 것들은 모두 우리가 만들어낸 거야…. 아, 과학과 예술 같은 것들 전부 다 말이지. 이제 내 말 알아듣겠어?" (『위대한 개츠비』 27)

제1장. <위대한 개츠비>: 아메리칸 드림의 허상과 상류층의 비인간성

또한, 닉은 미래에 대한 예민한 감수성을 갖고 있는 개츠비가 선착장 맞은편에 빛나고 있는 초록 불빛을 잡으려는 듯이 손을 뻗고 있는 모습을 상세히 묘사한다.

> "15미터 떨어진 곳에서 한 사람의 모습이 옆집의 그림자 속에서 나타난 두 손을 찌른 채 은빛 후춧가루를 뿌려 놓은 듯한 별들을 바라보고 있는 게 아닌가. 한가로워 보이는 동작과 잔디를 굳게 딛고 서 있는 안정된 자세로 미뤄 보아, 이 지역의 하늘 중 어디까지가 자기 몫의 하늘인지 살펴보려고 나온 개츠비임을 알 수 있었다…. 그는 이상한 방식으로 어두운 바다를 향해 두 팔을 뻗었는데, 나와 멀리 떨어져 있기는 했지만, 그는 확실히 부르르 몸을 떨고 있었다. 그래서 나도 모르게 바다 쪽을 바라보았다. 저 멀리, 부두의 맨 끝자락에 있는 것이 틀림없는 단 하나의 초록색 불빛이 작게 반짝이는 것을 빼고는 아무것도 보이지 않았다. 내가 다시 돌아다보았을 때 개츠비는 이미 사라진 뒤였다. 나는 어수선한 어둠 속에서 또다시 혼자가 되었다." (『위대한 개츠비』 42-43)

루어만 감독은 원작 소설에서처럼 개츠비의 목표가 초록 불빛의 성취에 있는 것과 같은 인상을 탁월하게 형상화한다. '초록 불빛'을 효과적으로 재현하기 위해 심리적 색채감의 자극을 불러일으켰으며, 녹색의 심리적 연상은 작품의 문학적 성격을 파악하는 단서 역할을 한다. 영화가 진행되면서 녹색은 관객에게 지속적으로 노출되고 있다. 반복적 노출을 통한 상징과 연상의 효과는 원작에서 강조하는 미국의 꿈을 상징하는 초록 불빛이라는 서사적 의미를 시각적 이미지로 극대화시켜 우리에게 감각적으로 전달해 준다.

재의 계곡과 T. J. 에클버그 박사의 눈

원작 소설에서 재의 계곡과 T. J. 에클버그 박사의 눈 그리고 이곳에서 화자가 톰 뷰캐넌의 정부(mistress)를 만나는 장면은 다음과 같이 묘사되어 있다.

> "웨스트 에그와 뉴욕의 중간쯤에 놓인 자동차 도로는 철길과 급하게 합류해서는 그 옆을 따라 4분의 1마일 가량을 달리는데, 어떤 황량한 지대를 피해가기 위해서다. 이곳이 재의 계곡이다 산등성이의 언덕과 기괴한 정원으로 재들이 밀쳐짐 증가해 생긴 터무니없는 농가…. 하지만 그 잿빛 대지와 그 위를 끊임없이 떠도는 음산한 먼지의 발작 위로, 사람들은 잠시 후 T. J. 에클버그 박사의 눈을 지각한다. T. J. 에클버그 박사의 그 눈은 푸르고 거대하다—그것의 홍채는 1야드 높이에 있다. 그것들은 얼굴이 아닌, 그러나 그 대신 존재하지 않는 코에 가로질러진 거대한 황색 안경으로 내다보고 있다. 재의 계곡은 한편으로 작고 더러운 강에 의해 둘러싸여 있었고, 그래서 바지선이 통과하도록 도개교가 올라갈 때면, 기차를 기다리는 승객들은 반시간 남짓 그 음울한 경관을 지켜볼 수 있었다. 거기에서는

언제나 적어도 1분간은 정거했는데, 내가 처음으로 톰 뷰캐넌의 정부를 만나게 된 것도 그 때문이다." (『위대한 개츠비』 75-77)

재의 계곡은 미국의 1920년대 재즈 시대 물질만능의 어두운 면을 나타낸다. 또한 전통적인 신이 그 어두운 세계를 제대로 비추지 못하고 있는 신이 죽은 시대에 광고판 에클버그 박사의 거대한 눈이 재의 계곡을 비추고 있다. 모더니즘적인 '황무지'를 잘 보여주는 재의 골짜기 위에 현대판 신의 자리를 차지한 광고판의 우화는 현대사회의 볼모성을 여실히 보여준다. 중요한 점은 상업주의의 극단을 보여주고 물질주의의 세태를 정확히 반영한 에클버그 박사의 구절에서 "장엄한 쓰레기 골짜기"(solemn dumping ground)라는 표현이다. 독일 철학자 칸트(Immanuel Kant, 1724~1804)의 "숭고한 장엄함이 압도적이고 경이로운 대상을 마주할 때 인식 주관에서 발생하는 사유의 측면이라면 현대의 거대한 광고판과 그 아래 거대한 쓰레기장을 숭고적 '장엄한' 대상으로 제시하고 있기 때문이다. 개츠비의 삶의 은유, 요컨대 그의 위대함과 연관된 '장엄함'과 그의 불법적이고 비도덕적인 사업이 현대판 '쓰레기장'과 어울린다"(김영호 13)[13]. 에클버그 박사의 '거대한 노란' 안경은 현대판 황금 자본을 상징하며, '잿빛 땅과 그 위를 끝없이 떠도는 황량한 먼지의 소용돌이, 그 위의'(above the gray land and the spasms of bleak dust which drift endlessly over it, 26) 시선이 상업주의의 "거대함"을 나타낸다.

머틀과의 만남과 퇴폐 파티

닉은 톰을 따라 재의 계곡에 있는 한 정비소에 들러 그곳에서 톰의 정부 머틀을 만난다. 원작 소설에는 머틀에 대한 외모가 자세히 묘사되어 있다.

"그[톰]가 정부를 가지고 있다는 사실은 그가 알려진 어느 곳에서나 강조되었다. 그의 지인들은 그가 그녀와 함께 잘 알려진 레스토랑에 나타나서는 그녀를 테이블에 남겨 두고는 어슬렁거리며 지나가다, 그가 아는 누군가와 농담을 지껄이는 사실에 화를 냈다. 나는 그녀를 보고 싶다는 호기심에도 불구하고 그녀를 만날 생각은 추호도 없었다. 하지만 나는 만났던 것이다. 나는 어느 날 오후 기차로 톰 뷰캐넌과 함께 뉴욕에 가게 되었고, 우리가 그 잿더미에 의해 멈추게 되었을 때 그는 벌떡 일어나 내 팔을 움켜쥐고는, 그야말로 강제로 나를 객차에서 끌어내렸다. '우리 내리자구.' 그는 고집했다. '나는 자네가 내 여자를 만나 보길 원하네'…. 그때 계단에서 발소리가 들려왔고, 곧 다소 풍만한 여성의 자태가 사무실 문으로부터 빛을 차단했다. 그녀는 삼십대 중반이었고, 어느 정도 통통한, 하지만 일부 여성이나 그럴 수 있을 것 같은 풍만한 살집을 관능적으로 지니고 있었다. 그녀의 얼굴은 짙은 청색의 물방울 무늬가

---

[13] 김영호. 「개츠비의 '위대함': 『위대한 개츠비』에 나타난 숭고와 시뮬라크르」. 『비교문학』 74 (2018): 5-41.

제1장. <위대한 개츠비>: 아메리칸 드림의 허상과 상류층의 비인간성

있는 엷은 비단 그레이프 드레스 위에서 아름답다거나 빛이 난다거나 하는 면은 없었지만, 마치 온몸의 신격이 계속해서 타오를 것 같은, 당장 그녀에 관해 인지할 수 있는 활력이 있었다." (『위대한 개츠비』 81-82)

닉과 톰은 머틀의 여동생 아파트로 간다. 머틀의 연락을 받고 그녀의 여동생 캐서린(Catherine), 상업사진작가 맥키(McKee)와 맥키의 부인 등이 아파트에 모여서 술을 마시며 대화한다. 머틀은 톰을 뉴욕 지하철에서 처음 만나 사랑하게 되었다고 말한다. 자정쯤 되어서 머틀이 데이지의 이름을 부를 권리가 있는지에 대해 톰과 머틀이 언쟁을 시작한다. 흥분한 톰이 머틀의 코를 손바닥으로 갈겨서 머틀의 코에서 피가 쏟아진다(그림 1). 술에 취해 잠이 들었던 사람들이 깨어나고 한바탕 소동이 벌어진다.

개츠비의 대저택에서 열리는 광란의 파티

개츠비 대저택에서 주말마다 열리는 광란의 파티는 전후의 경기 호황과 절정에 이른 '아메리칸 드림'과 대공황 직전의 고조된 불안감을 잘 표현하고 있다. 허황한 꿈을 쫓는 '1920년대의 재즈' 분위기와 현대의 물질만능을 비판하는 힙합(hip-hop)은 묘한 접합을 이룬다. 카메라는 재즈에 맞춰 대저택에서 침대 위로 셔츠를 집어 던지는 개츠비의 환희, 강 건너 초록 불빛을 향해 손을 내뻗는 개츠비의 열망, 재의 골짜기에 등장하는 때에 찌든 노동자의 고통, 질주하는 차를 향해 뛰어드는 숨겨진 애인의 절박한 내면 등을 탁월하게 담아낸다.

(그림 1) (그림 2)

개츠비의 대저택에서는 여름밤 내내 흥겨운 음악과 웃음소리가 들썩인다. 밤마다 화려한 파티가 열리는 것이다(그림 2). 파티에는 초대받지 않는 사람도 왔다. 닉은 개츠비가 직접 보낸 사람으로부터 정중한 어조의 초대장을 받는다. 파티에서 닉은 이전에 톰의 집에서 잠깐 인사를 나누었던 조던 베이커를 만난다. 닉과 조던은 개츠비를 찾으려고 다니다가 서재 안으로 들어가게 된다. 서재에는 올빼미 모양의 안경을 쓴 건장한 남자가 있었다. 그는 서재에 있는 책들은 모두 진본이라며 놀라워한다.

파티의 하이라이트인 불꽃놀이 직전, 닉에게 한 남자가 다가와 "당신 얼굴이 낯익은데, 전쟁 때 제3부대에 있지 않았나?"라고 질문하자, 닉은 "네, 9대대였죠"라고 대답한다. 닉은 초대장을 보여주면서 자신이 바로 옆집에 살지만, 아직 개츠비 씨를 보지 못했다고 말한다. 이에 그 남자는 "난 7대대였네"라고 말한 후에 뒤돌아서서 자신이 바로 개츠비라고 밝힌다. 잠시 후 닉은 조던과 함께 개츠비와 이야기를 나누게 된다. 개츠비는 '영원한 세계를 향하고 있는 것' 같은 미소로서 닉을 바라본다. 닉에게 개츠비는 30세를 조금 넘긴 듯하며 언행이 대단히 신중하다는 인상을 주었다. 개츠비가 사라진 뒤에 조던은 닉에게 개츠비가 옥스퍼드대 출신이라지만 믿을 수 없다고 말한다.

개츠비의 파티는 흥겨운 음악과 춤으로 분위기가 무르익고 불꽃놀이를 통해서 절정에 이른다. 폭죽은 화려하고 아름다운 광경을 만들어 내지만, 그 시간은 굉장히 짧으며 그 불꽃이 다 타들어 가버리고 나면 먼지가 되어 나부끼고 아무것도 남기지 않는다. 루어만 감독은 개츠비 파티의 화려함과 폭죽 장면을 연속으로 보여주면서 "쾌락주의적 삶 속에서 공허함을 간직한 채 살아가는 상류층의 삶뿐만 아니라 원작에서 묘사된 개츠비의 주변을 맴도는 먼지의 이미지를 중의적으로 잘 연출해 냈다. 이는 터틀턴(James. W. Tuttleton)이 지적한 원작에 영속성을 부여하는 시적인 문체와 상징성을 21세기 현대시대의 예술적 기법과 결합시켜 루어만 감독만의 방식으로 연출했다는 측면에서 소설의 영화화의 좋은 예라 칭할 만하다"(신영철 82). 닉은 조던과 자주 만나며 그녀에게 호의적인 감정을 가지게 된다. 조던은 골프 챔피언이기에 그녀를 모르는 사람이 없을 정도였다. 하지만 닉은 조던이 첫 토너먼트에서 속임수를 써서 말썽이 있었다는 것을 알게 된다. 이후 닉은 그녀가 렌터카를 빗속에 방치하고도 그것에 대해 거짓말하는 것을 목격한다. 조던은 자신의 결함을 숨기기 위해 똑똑한 남자를 본능적으로 피한다. 그녀는 치유가 불가능할 정도로 정직함과는 거리가 먼 인물이다.

어느 일요일 오전, 개츠비의 파티에 온 세상 사람들이 다 모여들었다. 꽃이 만발한 정원 잔디밭에서 칵테일을 마시며 젊은 여인들은 "개츠비는 주류 밀매업자이에요"라고 말한다. 닉은 낡은 일정표(time-table)의 여백에 그해 여름 개츠비의 파티에 참석한 수많은 사람들의 명단을 살펴보고 쓰기 시작한다.

함께 드라이브를 떠난 개츠비와 닉

7월 하순 어느 날 아침 개츠비의 화려하고 럭셔리한 외양의 고급 자동차가 닉의 집 앞에 멈춘다. 개츠비는 집 밖으로 나온 닉을 보자 함께 점심을 하자고 말하고, 둘은 곧 드라이브에 나선다. 흥미로운 점은 원작 소설에서 개츠비가 타고 온 자동차가 노란색 롤스로이스라고 묘사한 데 반해, 영화에서 개츠비가 몰고 나서는 자동차는 롤스로이스가 아니라 1932년 미국의 듀센버그(Duesenberg)사에서 출시한 '모델 SJ'라는 사실이다(그림 3).

평소 과묵하고 절도 있는 모습을 보이던 개츠비는 운전대를 잡더니 "터보차저 엔진을 달았지!"라며 한껏 뽐내며 질주하기 시작한다. 개츠비는 듀센버그를 몰면서 길 위에서 신호도 무시한 채 앞서가던

제1장. <위대한 개츠비>: 아메리칸 드림의 허상과 상류층의 비인간성

차들을 마음껏 휘저어 댔다. 롤스로이스, 부가티와 함께 20세기를 수놓은 '3대 명차'로 손꼽히는 듀센버그는 독일에서 미국으로 이주한 프레데릭과 오거스트(Frederick & August) 듀센버그 형제가 1913년 세운 고급 자동차 회사다. 6,882cc 엔진에 300마력에 가까운 힘을 내는 거대한 차는 당시 오스카 트로피와 함께 할리우드 배우가 가져야 할 '두 가지'로 꼽혔다. 그러나 개츠비의 운명이 그랬던 것처럼, 듀센버그의 명성도 프레데릭의 교통사고와 불황이 겹치면서 끝나고 말았다.

개츠비는 닉을 점심에 초대한다. 차 안에서 개츠비는 닉에게 자신에 관한 몇 가지 사실을 말한다. 그는 중서부의 부유한 집에 태어나서 젊은 시절 유럽을 여행했고 유럽 전선에서 용맹을 떨쳐 소령까지 진급하고 훈장까지 받았으며 집안의 전통에 따라 옥스포드에서 교육을 받았다고 말한다. <위대한 개츠비>의 중반부에 개츠비가 자신의 자동차에 닉을 태워 드라이브하는 장면은 당대 부유층을 중심으로 융성하기 시작한 대중 문화의 한 측면으로서 자동차 문화를 함축적으로 보여준다. 미국에서 자동차 산업은 피츠제럴드가 살았던 1900년대 초반에 폭발적인 성장을 겪었다. 미국의 자동차 생산량은 1900년대에 4,000대에서 10년 만에 187,000대로 4배 넘게 증가했다. 1913년 헨리 포드(Henry Ford)가 자동차 생산조립라인을 도입한 이후로 미국의 자동차 시대를 가져온 차라는 평가를 들었던 '포드 모델 T'(Ford Model T)의 생산량은 1914년에 270,000대로 폭주했다. 폭발적인 국내 생산량을 바탕으로 1920년대에 미국의 자동차 산업은 전 세계 자동차 생산량의 80% 이상을 주도하게 되었다(Rae 33-34)[14].

(그림 3)   (그림 4)

"자동차 산업의 성장은 사람들의 일상생활에도 변화를 가져왔다. 또 다른 대표적인 근대적 교통 기관인 열차와 달리 자동차는 개인의 속도나 편의성에 맞추어 사적이고 은밀한 이동 수단을 제공하였다. 자농자로 인해 먼 거리를 비교적 수월하게 이동할 수 있게 되었고, 자동차는 다양한 레저문화의 융성을 불러왔다. 신시아 데텔바흐(Cynthia Dettelbach)가 '미국에서 자동차는 상상을 빚어낸다'(In America, the automobile shapes the imagination, 97)[15]고 주목한 것처럼 자동차는 근대 미국의 정체성을

---

14) Rae, Patricia, Ed. *Modernism and Mourning*. Lewisburg: Bucknell UP, 2007.
15) Dettelbach, Cynthia. *In the Driver's Seat: The Automobile in American Literature and Popular Culture*. Westport: Greenwood P, 1976.

형성하는 데 핵심적인 역할을 해왔다"(우효경 36)[16]. 이런 점에서 피츠제럴드의 『위대한 개츠비』는 1920년대 새롭게 대중문화의 요소로 자리 잡은 자동차와 그로 인해 변화된 삶의 양상을 탁월하게 묘사한 소설로 평가받고 있다.

퀸즈보로 다리와 마천루로 가득한 맨해튼

드라이브에 나선 직후 개츠비는 닉에게 "나에 대한 자네의 의견은 어떤가?"라고 질문한다. 곧이어 개츠비는 제1차 세계대전에 참전하고 용맹을 떨친 사실을 강조하며 몬테네그로 정부에서 받은 훈장과 옥스퍼드 시절 학우들과 같이 있는 사진도 보여준다. 닉은 개츠비의 과거에 대한 의구심을 떨쳐버리게 된다. 개츠비는 조던 베이커가 '이 문제'에 대해 닉에게 말해주기로 약속했다고 말한다. 닉은 '이 문제'가 무엇인지 궁금하게 생각한다. 개츠비의 차가 재의 계곡을 지나갈 때 윌슨 부인이 주유하고 있는 모습이 보인다. 이어서 그들이 탄 자동차가 퀸즈보로(Queensboro) 다리에 진입하고, 카메라는 이 다리 위를 달리는 자동차의 모습을 원거리에서 담아낸다(그림 4). 이 장면에서 보여주는 마천루가 즐비한 맨해튼의 모습은 옛날 신세계에 최초로 건너온 유럽인들이 미래에 대해 기대하였던 '모든 신비와 아름다운 희망'을 그대로 보여주고 있다.

닉은 출신배경이 밝혀지지 않은 개츠비가 자신의 손에 넣지 못한 데이지를 되찾기 위해 모든 것을 바치는 순애보를 가까이서 목격하고 그의 진정성에 감동한다. 이웃한 중세 성을 방불케 하는 호화저택에서 사는 개츠비에게 관심을 두게 된 닉은 그곳에 초대받아 차츰 그의 일상으로 깊숙이 빠져들면서 데이지를 되찾으려는 그의 행동을 예의주시하게 된다. 그래서 그는 개츠비의 데이지에 대한 가장 순수하고 숭고한 사랑을 어렵잖게 감지할 수 있게 된다. "데이지의 하얀 얼굴이 가까이 다가오자, 그의 심장은 더욱더 빨리 뛰기 시작했다. 그는 이 여자에게 키스하고 나며, 말로 형용할 수 없는 그의 비전들이 곧 사라질, 그녀의 호흡에 영원히 결부되고, 그의 마음은 이제 신의 마음과도 같이, 개츠비는 유희와 장난의 세계에 머물 수 없게 될 것을 알았다."(『위대한 개츠비』 118)

영화에서 닉은 자신이 적극적으로 사건 전개에 개입하지 않는 일인칭 관찰자 시점에서 사건을 묘사해 간다. 여러 면으로 미루어 보면, 루어만 감독의 접근방식은 닉을 등장인물이라기보다 장치로 삼는다. 닉 역을 맡은 토비 맥과이어는 소심하면서도 다정해 보이지만, 자신이 보는 것만 믿는 인물로서 일단 결심한 일은 과감하게 실행한다. 개츠비는 레스토랑에서 닉에게 울프심(Wolfshiem)이라는 유대인 사업가를 소개한다. 울프심은 오래전에 그의 친구인 로젠탈(Rosy Rosenthal)이 갱들에게 살해당한 일을 자세하게 이야기한다. 개츠비가 전화를 받기 위해 자리를 뜬 사이에 울프심은 전쟁 직후에 개츠비와 알게 되었다며 개츠비는 언행이 정중한 신사이며, 특히 여자에 관해서는 관심이 없는 것처럼 보인다고 말한다. 개츠비는 나중에 닉에게 울프심이 대담한 도박사라고 알려준다. 톰도 레스토랑에 와 있었기에 닉은 톰에게 개츠비를 소개한다. 닉과 톰이 대화를 나누고 있는 동안에 개츠비는 사라진다.

---

16) 우효경. 「부주의한 운전수들: 『위대한 개츠비』에 나타난 자동차와 여성」. 『미국소설』 25.2 (2018): 33-55.

제1장. <위대한 개츠비>: 아메리칸 드림의 허상과 상류층의 비인간성

닉의 집에서 개츠비와 데이지의 재회

1917년 10월 어느 날 플라자 호텔(the Plaza Hotel)의 티-가든(tea-garden)에서 조던은 '이 문제'를 닉에게 말한다. 조던과 데이지는 루이즈빌(Louisville)에서 자랐다. 데이지는 18세로 조던보다 두 살 위였다. 데이지의 집은 루이즈빌에서 가장 거대한 잔디 정원을 가질 만큼 부유했다. 데이지는 하얀 드레스를 입고 하얀 무개차를 타고 다녔다. 데이지는 모든 청년들, 특히 인근 군부대의 장교들로부터 데이트 신청 전화가 끊이지 않을 만큼 뛰어난 미모였다. 원작 소설에서 조던은 개츠비와 데이지의 사랑과 이별 그리고 데이지의 결혼에 대해 다음과 같이 묘사한다.

> "그게 1917년의 일이었어요. 그 이듬해 내게도 남자친구가 몇 사람 생겼고, 골프 시합에 나가기 시작하면서 데이지를 자주 만나지 못했어요. 그녀가 어울리는 사람들은 꼭 그녀보다 약간 나이가 많았어요. 그런데, 이상한 소문이 돌기 시작했죠. 어느 겨울밤, 데이지가 해외로 파견되는 한 군인을 배웅하러 뉴욕으로 가려고 가방을 챙기다가 어머니한테 들켰다는 거예요. 뉴욕에 가지 못하게 된 그녀는 몇 주일 동안 집안 식구들하고는 말도 하지 않았대요…. 하지만 이듬해 가을이 되자 데이지는 다시 평소와 마찬가지로 명랑해졌어요. 세계 대전이 끝난 뒤 사교계에 데뷔하더니 2월에 뉴올리언스 출신 남자와 약혼했다는 얘기가 있었죠. 그런데 6월이 되자 데이지는 시카고의 톰 뷰캐넌과 결혼했어요." (『위대한 개츠비』 112)

개츠비는 닉으로 하여금 데이지를 닉의 집에 초대하도록 해달라고 조던에게 부탁한다. 개츠비는 데이지가 닉의 집에서 자신의 집을 바라보기를 원하고 그녀와의 재회를 위해 닉의 거실을 온통 아름다운 꽃으로 꾸민다. 한편, 닉과 조던은 개츠비와 데이지가 서로 재회할 수 있게 계획하려는 과정에서 더욱 친밀한 관계를 맺으면서 서로에 대한 사랑의 감정을 느낀다.

데이지가 닉의 집을 방문하는 날은 많은 비가 내렸지만, 그녀가 거실 안으로 들어가자 엄청나게 많은 꽃이 자신의 앞으로 보내진 것을 보고 개츠비가 자신을 사랑한다고 느낀다. 개츠비는 데이지보다 먼저 와서 그녀를 기다렸지만, 5년 만의 만남에 긴장해서 그녀가 방 안으로 들어오기 직전 비가 내리는 바깥으로 나간다. 잠시 후 문을 두드리는 소리가 들리고 닉이 문을 열자 비에 흠뻑 젖은 개츠비가 서 있다. 개츠비는 거실 안으로 들어와서 함께 차를 마시지만, 오랜만에 재회한 데이지 앞에서 '어린애처럼' 당황해한다. 데이지 역시 긴장감을 숨기지 못하면서 그들 사이에는 어색한 분위기가 형성되는데, 닉은 그들을 남겨 두고 정원으로 나온다.

닉이 다시 거실로 들어오자 개츠비의 얼굴은 환하게 빛나고 있었다. 개츠비는 닉과 데이지를 데리고 자기 저택으로 가서 집안을 안내한다. 개츠비는 저택 앞의 바다 위에 떠 있는 휴식처로 데려가 그녀가 골프 연습하는 것을 도와주고, 닉은 그들의 곁에서 최신형 카메라로 그들이 즐거워하는 모습을 담아낸다. 그런 후, 개츠비는 그녀를 집안으로 데려와 화려하고 럭셔리한 실내를 둘러보며 감탄하는 데이지를 보면서 즐거워한다. 개츠비는 그녀에게 많은 재산을 물려받았지만, 전쟁의 혼란 속에서 재산을 거의 상실하고 석유와 의약품 사업으로 돈을 모았다고 말한다.

개츠비의 책상이 놓여 있는 벽에는 댄 코디(Dan Cody)라는 노인의 커다란 사진이 걸려 있다. 개츠비는 이 사람은 자기의 옛 친구이며 지금은 고인이 되었다고 말한다. 개츠비는 식객(boarder)인 클리스프링거(Klipspringer)에게 피아노를 억지로 치게 한다. 닉이 개츠비와 데이지에게 작별 인사를 할 때에 개츠비가 현재 행복의 질에 관해서 약간의 의심이라도 생긴 듯 그의 얼굴에 곤혹스러운 표정'이 서려 있는 것을 보게 된다.

뺑소니 사고로 죽게 된 머틀과 드러난 진실

위선과 속물근성 그리고 끊임없이 세속적 욕망에 탐닉한 톰과 데이지는 도덕적 마비 상태에 빠진 부도덕하고 후안무치한 부유층의 전형이다. 데이지도 자신의 정체성을 이해하지 못하는 개츠비를 파괴하는 면에서 톰과 같은 부류다. 한편, 개츠비와 데이지의 은밀한 사랑이 차츰 깊어지면서 개츠비는 그녀를 위해 자신의 고급 자동차 '듀센버그 SJ'로 운전연습을 해주다가 예상치 못한 사고를 내고 파국을 맞이한다. 데이지가 거리에서 톰의 정부인 머틀을 차로 치어 죽게 만든 것이다.

데이지가 상류계급 여성으로서 무기력한 객체이자 값비싼 자동차처럼 남성이 욕망하는 대상으로 그려지는 반면, 머틀은 노동계급 여성으로서 좀 더 적극적으로 자동차를 욕망하는 모습을 보여준다. 원작 소설에서 머틀은 유일하게 대중교통을 이용하는 노동계급의 여성인 동시에 자동차에 투영되는 그의 허영적인 면모를 엿볼 수 있는 인물이기도 하다. 또한 자동차를 소유하지 못한 머틀은 가장 이동성에 제약을 받는 인물임에도 불구하고, 대중교통을 이용해 활발히 이동하는 여성 인물이기도 하다. 중요한 점은 머틀의 적극적인 이동은 그녀의 성적 방종 및 도덕적 타락과도 연결되어 있다는 사실이다. 톰의 내연녀로서 머틀은 자신의 가정에 정주하기를 거부하고 상류층 사회로의 이동을 갈망한다.

머틀은 차를 직접 소유하거나 운전하고 싶어 하기보다는 자동차가 상징하는 사회적 계층의 이동을 욕망하는 인물이다. 톰과 불륜 관계에 있는 머틀은 톰이 뉴욕으로 몰고 가던 차 안에 있던 조던을 데이지로 오해하여 질투한다. "머틀이 자신이 소유하지 못한 고급 차를 질투 어린 눈으로 바라보는 시선은 자동차를 소유하고 싶은 욕망이 아니라 톰의 옆에 탄 아내의 자리를 차지하고 싶어 하는 욕망이다. 데이지와 머틀이 자동차를 대하는 방식은 그녀들이 속한 계급에 따라 다른 양상을 보이지만, 소설은 자동차를 향한 여성의 욕망을 부정적이고 위험한 성적 방종으로 연결시킨다는 사실에서 두 인물들 간의 공통점을 찾을 수 있다. 데이지와 머틀은 공통적으로 가부장제에 의해 자신들의 기동성을 억압받는 인물들이다"(우효경 46).

데이지가 몰았던 차에 머틀이 치여 즉사하자 아내를 잃어 슬퍼하는 윌슨에게 톰은 자신과 머틀의 불륜 관계가 탄로 나는 것이 두려워 개츠비가 그 죄를 뒤집어쓰도록 충동질한다. 톰은 비극적인 교통사고로 인해 아내의 죽음을 슬퍼하는 윌슨에게 살인을 교사하는 사악한 인간성을 드러낸다. 이런 비극적인 현장을 목격한 닉은 개츠비가 자동차 사고를 내고 뺑소니를 쳤다고 오해한다. 자동차 사고를 목격한 후, 닉은 톰의 집에 도착하지만, 안에 들어가기를 거부한다. 옆에 있던 조던이 아직 9시 30분밖에 되지

제1장. <위대한 개츠비>: 아메리칸 드림의 허상과 상류층의 비인간성

않았으니 안에 들어가자고 말하자, "아뇨. 저는 질렸어요, 모든 사람에게"라고 대답하며 그녀의 제안을 뿌리친다. 닉은 자동차 사고로 머틀이 죽었음을 현장에서 목격했음에도 아무 상관 없다는 듯 사랑 타령만 하는 조던에게서 역겨움과 함께 상류층의 부도덕과 위선을 몸소 체험한다.

데이지가 연루된 자동차 사고 이후 그렇게 친하게 지냈던 데이지를 위로해 줄 생각은 조금도 하지 않고 자기 안위만을 생각하며 톰의 집을 나와 거처를 옮기는 조던을 보면서 닉은 깊은 실망과 함께 분노가 치밀어 그녀와의 관계를 청산하려 한다. 잠시 후, 톰의 집 바깥에 있는 닉을 향해 개츠비가 은밀히 오라고 손짓한다. 닉은 뺑소니 사고를 내고 도주한 개츠비를 마주하고 화를 내지만, 곧 이 사건의 진실을 알게 된다. 개츠비는 교통사고를 낸 데이지를 보호하기 위해 죄를 뒤집어쓴 것이다. 그리고 나서 개츠비는 제1차 세계대전 중 자신과 데이지가 어떻게 이별하게 되었는지를 회상하며 닉에게 이야기한다. 원작 소설에서 이 장면은 다음같이 묘사된다.

"휴전 뒤 그는 빨리 귀국하려고 미친 듯이 서둘렀지만, 무슨 행정 착오나 오해가 있었는지 옥스퍼드로 파견되고 말았다. 그는 이제 걱정하기 시작했다. 데이지의 편지에 신경질적인 절망 같은 것이 배어 있었기 때문이다…. 데이지는 어렸고, 그녀의 인위적인 세계는 난초 향과 쾌활하고 명랑한 속물근성 냄새로 가득했으며, 삶의 비애와 암시를 새로운 곡조에 담아 그해의 리듬을 연주하려는 오케스트라를 생각나게 했다…. 계절이 바뀌었고 데이지는 또다시 이 황혼의 세계 속에서 돌아다니기 시작했다. 그녀는 하루에도 대여섯 번씩 대여섯 명의 사내들과 데이트를 했고, 새벽녘이 되어서야 이브닝드레스에 달린 구슬과 시폰이 침대 옆 방바닥에서 시들어 가는 난초 사이에 뒤엉키도록 내버려 둔 채 꾸벅꾸벅 졸곤 했다. 그러는 동안에도 줄곧 그녀의 마음 속에서는 뭔가 결단을 내려야 한다는 절박한 소리가 아우성치고 있었다. 그녀는 자기 삶이 지금 당장 어떤 형태를 갖추기를 바랐다. 그런데 그 결단은 어떤 힘에 의해 이루어져야 했다. 사랑, 돈 또는 의심할 여지가 없는 현실적인 이유 같은 것에 의해서 말이다. 그런데 그러한 것이 바로 그때 그녀가 손만 뻗으면 닿을 곳에 가까이 있었던 것이다. 그 힘이라는 것은 봄이 무르익어 갈 무렵 톰 뷰캐넌이 출현하면서 구체적인 모습을 드러냈다."
(『위대한 개츠비』 210-11)

엔딩 시퀀스: 개츠비의 부조리한 죽음

조던은 닉과 헤어지기 전 마지막 만남에서도 원래의 성격을 못 버리고, 둘 사이가 깨진 원인을 자신을 부주의한 운전자로 간주한 닉에게 있다고 주장한다. 닉은 30세라는 나이가 가져다 주는 성숙함으로 조던에 대한 호기심 어린 애정을 접는다. 한편, 톰의 거짓말로 인해 윌슨은 자기 아내를 죽게 하고 뺑소니를 친 그 노란색 자동차의 소유주를 개츠비로 오해하며 그에 대한 복수를 준비한다.

톰은 개츠비가 어디 사는지 윌슨에게 알려준 후, 데이지와 함께 멀리 여행을 떠날 준비를 했다. 이때 개츠비는 수영장에서 수영하면서 데이지의 전화를 기다리고 있다. 마침내 그렇게 기다리던 전화벨이

울리고, 개츠비는 그 전화가 데이지한테서 온 것으로 생각하고 기뻐하면서 물속 밖으로 나온다. 바로 그 순간 윌슨이 은밀하게 뒤에서 다가와 총을 쏘았고, 총알은 개츠비의 심장을 관통한다. 개츠비는 부조리한 죽음을 맞이하였고, 총을 쏜 윌슨은 멀리 떨어지지 않은 곳 잔디 위에서 자살한다.

개츠비가 죽은 후 닉은 장례식을 준비하면서 세상의 무정함을 뼈저리게 느낀다. 개츠비가 살아 있을 때 열렸던 파티에는 너나 할 것 없이 관심을 보이던 무리들이 장례식에 참석하라는 연락은 모두 외면한다. 닉은 이러한 비정한 세태를 실감하며 개츠비의 편을 드는 사람이 자신밖에 없다는 것을 깨닫는다.

"나는 개츠비 편이라는 것과, 그리고 나 혼자뿐이라는 것을 발견했다. 내가 웨스트 에그로, 그 파국의 소식을 전화로 알리는 순간부터 그에 관한 모든 추측과 실제적인 의문들이 나를 통해 문의되었다. 처음에 나는 놀랍고 혼란스러웠다. 그때, 그는 그의 집에 누워서 움직이지도 숨을 쉬지도 말을 하지도 못하고 있었기에 시간을 더해 가면서 내가 책임을 져야 한다는 생각이 점점 커졌는데, 달리 이해관계가 있는 사람이 아무도 없었기 때문이다—말하자면 이해관계란 모든 사람들이 종국에 갖는 어떤 막연한 권리로서의 진지한 개인적인 관심을 의미한다. 우리가 그를 발견한 지 30분이 지나 나는 주저 없이 데이지에게 전화했다. 그러나 그녀와 톰은 그날 오후 함께 짐을 챙겨서 일찍감치 떠나고 없었다." (『위대한 개츠비』 473)[17]

닉은 장례식에서 개츠비의 아버지와 함께 다른 사람들이 오기를 기다린다. 두 시간 정도를 기다린 후 시작된 장례식에 뒤늦게 참석한 사람은 개츠비의 서재에서 책들을 들여다보며 개츠비의 실체를 알아낸 올빼미 눈의 남자이다. 진실을 바라볼 수 있는 올빼미 눈으로 개츠비가 진정으로 원하던 것은 부와 쾌락이 아니라 순수한 이상의 실현이었음을 그는 알았던 것이다. 쓸쓸한 장례식에서 닉은 데이지를 떠올린다. 조전도 꽃 한 송이도 보내지 않았지만, 그는 데이지를 원망하지 않는다. 정신적인 성숙함을 갖춘 닉에게 데이지는 미성숙한 어른이었기 때문이다. 개츠비를 죽게 한 직접적인 원인을 제공한 톰 역시 닉에게는 미숙한 자로만 보인다.

동부의 부도덕하고 비인간적인 물질주의를 체득함으로써 "세속적 성공을 갈망해 온 닉은 개츠비의 죽음을 통해 동부에서의 삶은 무의미하다는 것을 깨닫는다. 닉의 이러한 의식의 변화는 단순한 가치관의 변화가 아니라 정신적 성숙을 의미한다. 젊은 시절 그가 겪었던 모든 일들은 그에게 젊은 시절의 미숙한 판단에 대한 자책감을 주었을 뿐만 아니라 고향의 의미를 진정으로 되새기는 계기를 마련해 준다"(탁병기 72)[18]. 닉은 서른 살이라는 나이가 주는 무게감을 느끼고 지나간 삶을 되돌아봄으로써 자기 성찰을 이루는 경지에 도달한 것이다. 마침내 닉은 그 옛날 신대륙 탐험 시대에 네덜란드 선원의 눈에 비친 "초록 불빛"이 "해가 갈수록 우리 앞에서 가치를 잃어 가는 그 절정의 미래"라는 사실과 더불어 우리 인간은 "조류를 거스르는 배처럼, 끊임없이 과거로 밀쳐지고" 있음에도 불구하고 계속해서 '앞으로 나아가야 함'을 간파하는 것으로 영화는 끝난다.

---

17) F. 스콧 피츠제럴드. 『위대한 개츠비』. 이정서 옮김. 서울: 새움. 2019.
18) 탁병기. 『왜곡된 "미국의 꿈": 위대한 개츠비에 나타난 등장인물들의 성격연구』. 서울시립대학교 대학원 석사논문. 2010.

제1장. <위대한 개츠비>: 아메리칸 드림의 허상과 상류층의 비인간성

"그리고 나는 그 오래되고 알려지지 않은 세계에 대해 곰곰이 생각하면서 처음으로 데이지 집 포구의 끝에서 초록 불빛을 찾아냈을 때의 개츠비의 놀라움을 생각했다. 그는 이 푸른 잔디밭으로 먼 길을 왔고, 그의 꿈은 아주 가까워서 그것을 붙잡는 데 거의 실패하지 않을 거라고 여겼을 것임에 틀림없다. 그는 알지 못했다. 그것은 이미 그의 너머에, 그 도시 너머 광대한 어둠 속 어딘가, 공화국의 어두운 들판이 발 아래서 굴러가던 그곳에 있었다는 것을. 개츠비는 초록 불빛을, 해가 갈수록 우리 앞에서 가치를 잃어 가는 그 절정의 미래를 믿었었다. 그것은 그때 우리를 피해갔지만, 그것은 문제가 아니었다…. 그러고 나서 어느 날 좋은 아침—그리하여 우리는 나아갈 것이다, 조류를 거스르는 배처럼, 끊임없이 과거로 밀쳐지면서." (『위대한 개츠비』 523)

스크린을 횡단하는 글로벌 문화

그룹 액티비티 및 에세이 주제

1. 영화 <위대한 개츠비>는 미국 작가 F. 스콧 피츠제럴드의 소설을 각색한 작품이다. 기존의 영화화된 <위대한 개츠비>와 구별되는 바즈 루어만 감독의 영화가 지닌 독창성이 무엇인지를 기술해 보자.

2. 소설 『위대한 개츠비』의 일부분을 읽고 원작과 영화의 공통점 및 차이점에 대해 살펴보자. 루어만 감독은 원작 소설을 어떻게 창의적으로 형상화하고 있는지 토론하고 그 내용을 정리해 보자.

3. <위대한 개츠비>에는 '재즈 시대'의 화려함을 보여주는 뉴욕 상류층들의 퇴폐적인 향락 문화와 더불어 당시 미국의 문화적 현상으로 기성세대에 충격을 준 젊은 여성들을 의미하는 플래퍼들을 보여준다. 플래퍼를 중심으로 <위대한 개츠비> 속에 투영된 작가 피츠제럴드의 삶과 그의 작품 세계에 대해 토의해 보자.

4. <위대한 개츠비>에서 가장 인상적인 장면은 무엇이고 그렇게 생각한 이유를 적어보자.

5. 루어만 감독은 영화에서 재즈 시대에 걸맞은 색채 이미지, 의상 및 음악을 탁월하게 형상화하고 있다. 영화 속에서 재즈 시대를 상징하는 색채, 의상, 음악에 대해 토론하고 그 내용을 정리해 보자.

6. <위대한 개츠비>의 오프닝 시퀀스에서 보여주는 만의 건너편에서 비치는 초록 불빛은 더 많은 물질적 부와 명성을 차지하고자 하는 주인공 개츠비의 세속적 욕망을 암시하는 상징이다. 소설과 영화에서 강조되는 아메리칸 드림이자 동시에 다의적인 상징을 지닌 초록 불빛에 대해 토의해 보자.

제 2 장

<어톤먼트>
: 소녀의 망상이 초래한 비극적 사랑과 속죄 행위

현재 활발하게 창작 활동을 하는 영국을 대표하는 작가 이언 매큐언(Ian McEwan, 1948~)은 영국 문단에서 가장 많은 주목과 비평을 한 몸에 받는 작가 중 한 명이다. 매큐언의 소설 『어톤먼트』(Atonement)가 2001년 출간되었을 때 평단에서는 이 소설을 '위대한 영국의 소설'이라고 극찬하였다. 이에 따라 매큐언은 대가의 반열에 오르게 되었다.

매큐언이 이와 같은 호평을 받는 이유는 그가 작품에서 강력한 '서사적 감정이입'(narrative empathy)의 내러티브를 원동력으로 삼고 있어 소설 독자에게 원초적인 즐거움을 선사하기 때문이다. 더욱이 매큐언은 생생한 문체를 통해 독자들로 하여금 직접 사건을 보고 체험하듯이 만들고 있다. 매큐언이 창조한 서사 속 허구의 세계에서 일어나는 일들은 물리적 세계에 존재하는 독자들에게 이 세계의 체험보다 더욱 선명하고 날카롭게 다가온다. 특히, 치밀하고 방대한 역사적 고증을 통해 현실감 있는 상황과 캐릭터를 그의 서사에서 구현한다. 이와 관련해 매트 리들리(Matt Riddley)는 매큐언의 서사에 등장하는 캐릭터들은 "외부 세계의 진실과 맺는 복잡한 관계"를 보여줌으로써 독자들에게 자아 성찰을 하도록 이끌어 준다고 평가했다"(1)[1]라고 주장한다.

매큐언 소설의 주요 특징과 영화화된 〈어톤먼트〉

소설 『어톤먼트』는 2001년 출간되자마자 부커상(Booker Prize)에 노미네이트 되는 등 평단의 폭발적인 찬사를 받은 것과 동시에 전 세계적인 상업적인 성공도 거두었다. 오늘날 이언 매큐언이 전 세계적으로 호평을 받는 이유는 그가 작품에서 강력한 '서사적 감정이입'(narrative empathy)의 내러티브를 원동력으로 삼고 있어 소설 독자에게 원초적인 즐거움을 선사하고, 생생한 문체를 통해 서사의 실감을 극대화하여 독자들로 하여금 직접 사건을 보고 체험하듯 만들기 때문이다.

매큐언의 소설 『어톤먼트』는 총 4부(3부와 에필로그)로 구성되어 있다. 에필로그에서는 1인칭으로 서술되었고, 본문은 모두 3인칭으로 서술되었다. 『어톤먼트』의 제1부에는 제2차 세계대전 전인 1935년 13세 소녀 브라이오니(Briony Tallis)가 자신의 거짓 증언으로 인해 평생 지울 수 없는 죄를 짓는 과정이 담겨 있고, 제2부에서는 1940년 브라이오니의 거짓 증언으로 파멸을 맞은 로비 터너(Robbie Turner)가 몇 년간 교도소에서 수감생활을 한 후에 전쟁터에 나가 고통받는 과정이 그려져 있다.

제3부에는 1940년 간호사가 된 브라이오니가 속죄를 위해 애쓰는 과정이 묘사된다. 나아가 제3부 결론의 장치와 에필로그에서 펼쳐지는 브라이오니의 충격적인 고백을 통해 독자들이 이제까지 읽은 것이 주인공이 몇십 년의 세월에 걸쳐 고쳐 쓴 소설이었다는 것을 깨닫게 된다. "제3부까지 집필을 마친 후 매큐언은 편집자에게 원고를 보여주면서 이 작품은 작가들이나 읽을 만한 책, 상상력의 위력에 관한 소설이라고 소개하며 큰 성공은 기대하기 어려울 것이고 만 오천 부만 팔려도 바랄 게 없겠다고 말했다. 그러나 원고를 다 읽는 편집자는, 에필로그를 아직 보지도 못한 상태에서도, 이 소설은 문학적인 요소가

---

1) Riddley, Matt. "Foreword: Ian McEwan and the Rational Mind". Ed. Sebastian Groes. *Ian McEwan: Contemporary Critical Perspectives*. New York: Continuum, 2009.

제2장. <어톤먼트>: 소녀의 망상이 초래한 비극적 사랑과 속죄 행위

충분할 뿐 아니라 대중 독자를 사로잡는 3대 요소, 즉 제2차 세계대전과 시골 저택과 러브스토리가 다 녹아있는 작품이니 엄청난 흥행작이 될 것임을 알아보고 일사천리로 출간을 준비했다"(한정아 541)[2]).

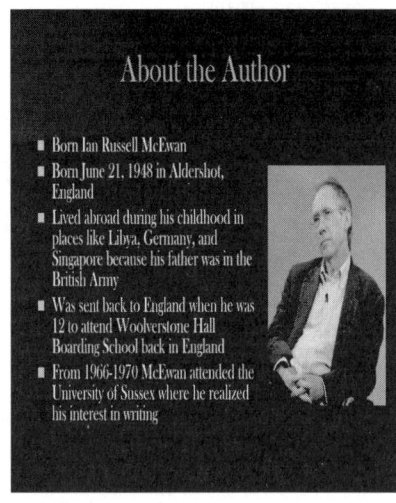

매큐언은 데뷔작인 『첫사랑, 마지막 의례들』(First Love, Last Rites, 1975)로 서머셋 모음상(Somerset Maugham Award)을 수상하며 문단에 등단했다. 그의 초기작 『시멘트 가든』(The Cement Garden, 1978), 『가내 제작품』(Homemade, 1975), 『타인들의 위로』(The Comfort of Strangers, 1981)에서는 사회로부터 고립되어 타자와의 소통이 불가능한 캐릭터들의 병든 심리상태에 초점을 맞추었다. 작품 초기에 매큐언은 자신의 소설에 대해 이렇게 말하고 있다. "나는 죄와 벌의 문제를 다루는 도덕주의자가 아니다. 내가 관심을 가지는 문제는 인물들의 무의식 세계이며… 내적 자아와 외적 자아 사이의 괴리 현상이 어떻게 나타나는 가이다." 그의 말처럼 그의 초기작에서 매큐언은 "사회의 규범 안에서 수용될 수 없는 인간의 무의식 속의 욕망과 갈등에 대해 묘사하고 시멘트벽의 장막을 쳐놓은 듯 자기 지시적인 폐쇄 공간에서 캐릭터를 그리고 있다. 이러한 요소들로 인하여 영국 문단에서는 그를 '엽기적인 이언'이라고 불렀다"(허윤정 2)[3]).

매큐언은 그의 작품에서 생동감 있는 표현을 통해 폭력성의 문제를 역사적 관점으로 조망하고 있으며 타인에 대한 공감적 감정이입이야말로 폭력과 무자비한 태도를 저지할 수 있는 하나의 방편이며 윤리적 주체를 확립할 수 있는 대책이라고 믿는다. 매큐언은 2001년 9월 11일, 테러로 인해 팍스 아메리카나(Pax Americana)의 영광이 무너진 사태에 대해 『가디언』(The Guardian)지와의 인터뷰에서 자기 생각을 언급했다. "타인들의 마음속에 자기 자신을 대입시켜 보는 것이 감정이입(empathy)의 본질이다. 이러한 것은 공간의 기제이다.… 만약 비행기 납치범들이 상상력을 발휘하여 승객들의 생각과 느낌 속으로 들어갈 수 있었다면, 이런 일을 끝내 진행하지 못했을 것이다. 일단 자신이 희생자의 마음속에 들어가 본다면 잔인해지기란 어렵다. 자기 자신이 아닌 타자가 된다는 것이 어떤지를 상상해 보는 것이야말로 인간성의 핵심이다. 그것은 동정심(compassion)의 본질이고, 도덕성의 시작이다"(『가디언』 n.p.)[4]).

매큐언의 지적대로 "희생자의 마음속에 들어가면 잔혹해지는 것은 어렵다"라는 말이 명시하듯,

---

[2] 한정아 옮김. 『속죄』. 서울: 문학동네. 2023.
[3] 허윤정. 『공감적 상상력과 상상의 글쓰기를 통한 인간성 회복: 이언 매큐언의 「속죄」를 중심으로』. 경성대학교 대학원 석사논문. 2012.
[4] McEwan. Ian. "Only love and then oblivion. Love was all they had to set against their murderers." *The Guradian*. 2001.

스크린을 횡단하는 글로벌 문화

'감정이입의 인간 능력'(human capacity for empathy)과 '공감적 상상력'(sympathetic imagination)을 통해서 타자에 대한 이해와 인정이 가능하게 되는 것이다. 매큐언은 『어톤먼트』의 서문(Foreward)을 19세기 영국을 대표하는 여성 작가 제인 오스틴(Jane Austen)의 『노생거 수도원』(*Northanger Abbey*)의 인용으로 장식했다. 이 제사(epigraph, 문학 작품이나, 논문 등의 글 등에서 시작하는 부분에 인용하는 문구나 인용문, 시 등을 의미)는 내용적인 측면에서는 단순히 브라이오니가 앞으로 저지르게 될 죄에 대한 복선(foreshadowing)을 보여주는 것이지만 매큐언이 『어톤먼트』에서 도덕적이고 엄격한 빅토리아 시대의 소설가인 제인 오스틴을 끌어온 것은 의미 있는 시도라 할 수 있다.

"몰런드양, 당신이 품어온 의심이 얼마나 무서운 것인가를 생각해 보세요. 도대체 무슨 근거로 그런 판단을 내린 겁니까? 우리가 살고 있는 이 나라와 이 시대를 생각해 보세요. 우리는 영국 사람입니다. 게다가 기독교인이지요. 제발 당신 주변에서 일어나는 일을 똑바로 보고 이해하고 판단해 주세요. 그런 잔혹 행위를 해도 된다고 교육받은 적이 있습니까? 법이 그런 것을 묵인해 주고 있나요? 사람들 간에 직접적인 왕래나 서신 교환이 잦은 이 나라에서, 남의 눈을 피할 길 없는 이 나라에서 도로와 신문 덕분에 세상에 비밀이란 남아있지 않게 된 이 나라에서 그런 잔혹 행위가 비밀로 남을 수 있다고 생각했습니까? 몰란드양, 도대체 무슨 생각을 하셨던 겁니까? 그들은 어느새 복도 끝에 다다라 있었다. 그녀는 수치심에 눈물을 흘리며 자기 방으로 뛰어 들어갔다." (『어톤먼트』 7)[5]

이 인용문은 오스틴의 『노생거 수도원』의 순수하고 공상하기를 좋아하는 주인공 캐서린(Catherine Morland)이 틸니(Tilney) 장군을 '푸른 수염' 같이 아내를 살해한 것으로 의심하자 연인 헨리(Henry)가 그녀를 질책하는 장면이다. 캐서린의 망상은 다행히도 헨리에 의해 저지당하고, 그녀는 이를 통해 한층 더 성숙해져 결국, 행복한 결말을 맞는다.

매큐언은 『어톤먼트』의 등장인물을 구상하던 과정에서 『노생거 수도원』의 캐서린 몰런드의 캐릭터를 빌려왔다. 과도한 상상력과 편협한 시각으로 주변을 곤경에 빠뜨리는 브라이오니의 인물 설정은 캐서린을 강하게 연상시킨다. 제인 오스틴의 『노생거 수도원』의 여주인공 캐서린은 고딕소설이 주는 기쁨에 너무나도 충만한 소녀였기에 완전히 결백한 한 남자를 가장 끔찍한 일을 저지를 수 있는 사람으로 상상하여 그녀 주변을 대혼란에 빠트리고 만다. "여러 해 동안 나는 캐서린에게서 일어나는 과정을 반향할 수 있는 남자 주인공 혹은 여자 주인공을 어떻게 만들어 낼 수 있는지를 궁리해 왔다. 그러나 한 걸음 더 나아가, 범죄가 아닌 속죄의 과정에 주목하면서 스토리텔링을 통해 글쓰기를 그렇게 하였다고 나는 말해야만 할 것이다"(Wells, 102)[6].

매큐언은 "자기 자신보다는 다른 사람이 되어보는 것이 어떤 것인지를 상상하는 것이 바로 인간애의

---

[5] 이언 매큐언. 『속죄』. 한정아 옮김. 서울: 문학동네. 2023.
[6] Wells, Juliette. "Shades of Austen in Ian McEwan's *Atonement*." *Persuasions*. 30 (2008): 101-12.

제2장. <어톤먼트>: 소녀의 망상이 초래한 비극적 사랑과 속죄 행위

핵심"이라고 주장한다. 소설 『어톤먼트』에서 매큐언은 "소설가에게 속죄란 불가능하고 불필요한 것이지만, 그럼에도 불구하고 속죄를 위해 브라이오니가 로비와 세실리아의 삶을 행복한 결말로 소설 안에서 종결짓기 위해 노력하는 것을 보여준다. 이러한 브라이오니의 시도는 작가 매큐언의 공감적 상상력과 맞닿아 있다"(허윤정 61).

<어톤먼트> 속 로비의 시련과 '덩케르크 철수작전'

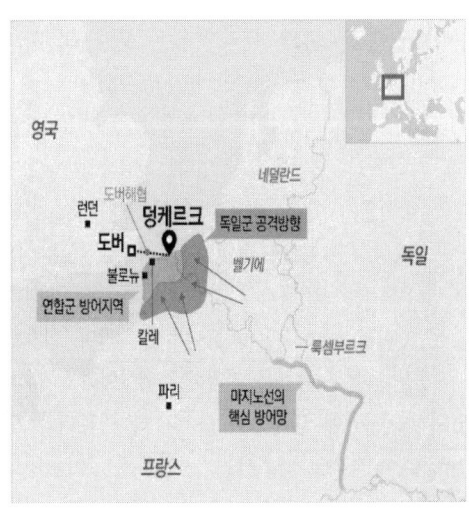

민간인을 포함하여 약 338,000명의 군인을 구출했던 덩케르크 철수(Dunkirk evacuation, 작전명 다이나모)는 223척의 군함과 664척의 민간인 선박이 동원되어 역사에서 유래를 찾아보기 힘든 대형 작전이었다. 2017년 크리스토퍼 놀란(Christopher Nolan, 1970~) 감독이 연출한 영화 <덩케르크>(*Dunkirk*)에서도 나오듯이 벨기에 동북부 지역의 방어선이 무너지자, 이미 항구의 남쪽에 주둔한 기갑부대를 포함해서 남북에서 서쪽으로 밀어 오는 방법으로 포위해 오는 상황은 연합군 측이 전멸할 직전임을 의미했다.

"영국과 프랑스 군대의 지휘관들은 대검과 도랑에 의존했던 제1차 세계대전의 경험을 떠올렸을지 모르지만, 독일군은 이미 효과적으로 훈련을 받은 상태에 있었기 때문에 연합군 측의 피해는 가히 치명적인 수준이었다. 덩케르크는 중화기와 폭격에 속수무책이었고, 6월 4일 독일군이 그곳에 들어갔을 때는 완전히 잿더미가 되어 있었다. 또한 지치고 병든 상태로 영국 원정대(BEF)가 귀환한 후의 물적 피해는 대단했다. 덩케르크 해안에 버리고 온 창고와 장비는 놔두고라도 해군 구축함 6척, 소해정 3척, 수송선 8척과 200척의 작은 선박들이 침몰했고, 그 정도만큼의 선박들이 피해를 보았다. 사상자는 영국이 68,000명, 프랑스 290,000명이 사망했고, 이 이상의 사람들이 행방불명 또는 포로로 잡혔다." (정병곤 104)[7]

1940년 5월 26일에서 6월 4일까지 9일 동안 33만 명이 넘는 대인원이 무사하게 영국으로 철수할 수 있게 되었다. 물론 이 과정에 마지막 날까지 프랑스군 4만 명은 엄호하며 버텼고, 그런 연유로 그들 모두 포로가 되었다. 하지만, 처칠은 생존자의 수를 30,000명, 램지(Ramsay) 제독은 45,000명으로 예상했던

---

[7] 정병곤. 「덩케르크 철수작전에 대한 의문점과 민주평화 이념」. 『민주평화연구』 1.1 (2018): 97-116.

것에 비해 무려 330,000명의 병력이 안전하게 귀국하게 된 결과는 역설적으로 영국 측의 승리라고 말할 만하다.

독일의 구데리안(Heinz Guderian) 장군은 "우리가 덩케르크에서 모든 영국 원정군을 포로로 잡았더라면 전쟁이 어떻게 끝나게 되었을지 아무도 모른다"라고 말하면서 아쉬움을 토로했다(정병곤 106). 즉 덩케르크 철수작전이 없었더라면 25만 명에 이르는 영국 군인들이 포로로 잡혀있는 한 처칠을 항복하지 않을 수 없었을 것이다. 지금도 많은 역사가들이 의문스러워하는 것은 9일 동안 그 수많은 인원이 그래도 거센 바다를 헤치며 수송되는 동안 히틀러와 독일군은 대대적인 공격을 하지 못했다는 점이다. 히틀러가 괴링(Hermann Goring)이 지휘하는 공군력에 그 일을 맡긴 것은 기갑부대의 기동력이 심각하게 훼손되었기 때문일 소지가 다분하다. 여기에 해변에서 희망을 버리지 않은 군인들의 사투와 얼마 되지 않은 영국과 프랑스 수비대들의 희생적인 저항이 더해졌기 때문이라고 평가되고 있다.

덩케르크 작전은 "많은 민간인들의 전쟁 참여를 공식화한 것이어서 자신들이 결정할 수 없는 상황에 내몰린 존재들이지만, 나라의 위기를 극복하기 위해 누구든지 헌신할 수 있다는 애국심을 보여준 사건이다. 여기에 더하여 민주 평화 이념에 정반대인 파시즘에 대한 혐오감 역시 군인뿐만 아니라 민간인들을 용감하게 만들어 준 동기가 된다"(정병곤 111). 덩케르크 작전을 모티프로 삼은 영화 〈덩케르크〉(2017)가 가진 가치는 국적을 초월한 것이기 때문에 진주만 폭격과 이오섬 전투 그리고 디데이 등 대신 덩케르크 작전에 별다른 관심을 가지지 않았던 미국인들 사이에서도 이제는 많이 회자되고 있다." 『타임』지와의 인터뷰에서 놀란은 영화의 "제작 배경을 숨은 영웅들을 기억하기 위함이라고 말하고, 이전에는 보편적으로 알려진 한 사건으로만 인식되었던 이 사건에 많은 사료를 더 하여 토미와 도슨 그리고 파리어와 같은 등장인물을 생각했다"(Berman 40)[8]라고 말했다. 자카렉은 "이 영화를 액션물이지만, 하나의 탑승물이라고도 불리며, 그 이유가 강력하고 참혹한 장면이 곳곳에 있기 때문에 처음부터 끝까지 극적인 긴장감을 놓치지 않도록 의도되었다"(Zachareck 39)[9]는 놀란 감독의 말을 전하고 있다.

소설과 영화 속 로비가 체험한 덩케르크 철수작전

흥미롭게도 소설과 영화 〈어톤먼트〉에는 로비와 2명의 낙오병이 철수 명령을 받고 덩케르크 해변으로 향하면서 겪는 전쟁의 참혹함이 매우 사실적으로 묘사되어 있다. 특히 매큐언은 『어톤먼트』의 제2부 전체를 덩케르크 철수작전에 할애하며 하루빨리 세실리아에게 돌아가려는 로비를 통해 당시 덩케르크에 고립된 수십만 명의 영국군이 겪어야 했던 참담한 상황을 생생하게 전달한다.

---

8) Berman. Eliza. "Christopher Nolan's Great War." *Time* July 31, (2017): 39-40.
9) Zachareck. Stephanie. "Christopher Nolan Turns One of World War Ⅱ's Most Dramatic Events Into A Cinematic Masterpiece." *Time* July 31, (2017): 39-40.

제2장. <어톤먼트>: 소녀의 망상이 초래한 비극적 사랑과 속죄 행위

브라이오니의 거짓 증언으로 인해 교도소에서 약 3년 6개월 동안 감금당한 후, 로비는 영국군에 소속되어 프랑스 북부에 배치된다. 하지만 얼마 후 독일군의 침공으로 영국군과 프랑스군은 철수를 위해 덩케르크 해변으로 철수해야 했다. 로비는 이 과정에서 독일군의 포격으로 인해 입게 된 현재의 육체적 상처를 교도소에서 보냈던 비참한 과거와 병치시킨다.

"상처는 오른쪽 옆구리, 흉곽 바로 아래에 작은 동전 크기로 나 있었다. 어제 말라붙은 피를 씻어내서 그런지 그렇게 심각해 보이진 않았다. 주변은 벌겋게 변해 있었지만, 많이 붓진 않았다. 그러나 그 안에 무언가 있었다. 걸을 때마다 그것이 움직이는 게 느껴졌다. 아마도 파편일 것이었다…. 지칠 대로 지쳤는데도 잠이 오지 않았다. 상처 부위에서 느껴지는 불안한 맥박이 규칙적으로 상처를 옥죄는 것 같았다. 3년 6개월 동안 이런 밤을 견뎌냈다. 잠들지 못하고 뒤척이며, 사라진 자신의 청년기와 한때는 자신의 것이었던 사라진 삶을 생각하며, 새벽과 쓰레기 같은 음식, 헛되이 보낼 또 하루를 기다리며 3년 6개월의 밤을 지새웠다. 그 비참한 하루하루를 어떻게 견뎌냈는지 지금 생각해 봐도 놀라웠다…. 한 나라와 문명이 몰락의 위기를 맞고 있는 이곳, 다른 패잔병들과 함께 헛간에 숨어들어 새우잠을 자는 지금 이곳에 있는 것이 나았다. 그리고 여기에는 희망이 있었다. *기다릴게. 돌아와.* 아무리 희박하다 해도 돌아갈 수 있는 가능성이 있었다. 그녀의 마지막 편지와 새 주소가 주머니 속에 들어 있었다. 이것이 바로 그가 생존해야 할 이유였고, 급강하폭격기가 독수리처럼 맴돌며 먹이를 기다리는 주요 도로에서 무슨 수를 쓰시라도 벗어나야 하는 이유이기도 했다." (『어톤먼드』 279-94)

부상으로 인해 정신이 혼란스러운 상태에서도 *"기다릴게. 돌아와"*라는 세실리아의 말을 되새기며 자신을 기다리는 사랑하는 그녀에게 돌아가기 위해 로비는 전쟁을 지나며 걷고 또 걸어간다. 본국으로 돌아가기 위해 수많은 죽음을 넘어서 도착한 해변은 "성시의 한 장면"을 연상시킨다. 마치 종말 앞에 와있는 광경을 보는 것 같다. 영화 <어톤먼트>가 보여주는 해변의 장면은 낮게 드리운 음울한 잿빛 하늘과 수많은 지친 병사들이 무질서하게 군집해 있는 암울한 광경이다. 해변에는 퇴각 행렬이 더 이상 나아갈 수 없어 기약 없이 배를 기다리는 수십만 군인들이 난장판을 이루고 있다. 배는 보이지 않고 언제 올지 알 수 없다. 설령 배가 도착해도 적군의 포격으로 침몰하거나 30만 명의 병사 중 자신이 그 배를 탈 수 있을지도 모르는 상황이다. 카메라는 덩케르크 해변에 모인 다양한 병사들의 모습을 롱테이크(Long take)로 담아낸다.

"이들은 큰 그림 속의 작은 부분에 지나지 않았다. 대다수가 정처 없이 해변을 배회하고 있었다. 얼마 전 슈투카(Stuka, 독일 공군의 급강하폭격기)의 폭격으로 생겨난 부상자들 주위에 대여섯 명의 군인이 모여 있었다. 인간과 마찬가지로 방향을 잃은 포병대 소속의 말 대여섯 마리가 물가를 따라 달렸다. 군인 몇 명은 포경선을 다시 똑바로 뒤집으려 하고 있었다. 옷을 벗어 던지고 수영하는 군인들도 있었다. 바닷가 동쪽에서는 축구 경기가 한창이었고, 같은 방향에서 여럿이 함께 부르는 찬송가 소리가 희미하게 들렸다가 사라졌다…. 엉망으로 술에 취한 군인 몇 명은 야외 음악당 옆 잔디밭에 사지를 쭉 뻗고 곯아떨어져 있었다. 혼자 일광욕을 하는 남자도 보였다. 바다, 해변, 유흥가 중 어디로 갈 것인지 선택하기는 어렵지 않았다. 두 상병은 이미 그곳을 향해 걷고 있었다. 갈증 때문에 결정이 쉬웠다." (『어톤먼트』 358-59)

〈어톤먼트〉: 소설에서 영화로

영화 〈어톤먼트〉는 원작 소설에서 다루고 있는 주인공 13세 소녀 브라이오니의 과도한 상상력으로 인해 파국을 맞게 되는 청춘남녀인 로비(Robbie, 제임스 맥어보이 분)와 세실리아(Cecilia, 키이라 나이틀리 분)를 중심으로, 각각의 등장인물들이 처한 문제를 어떻게 해결해 나가는지에 초점을 두었다.

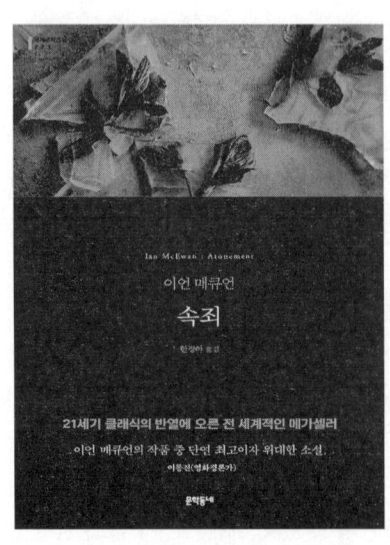

각색 의도가 여기에 초점을 맞추게 된 것은 소설의 서사에서 다루고 있는 여러 인간관계의 문제 가운데 가장 핵심적인 인간관계가 로비와 세실리아의 로맨스, 즉 청춘남녀의 애잔한 로맨스의 문제라고 판단했기 때문이라 할 수 있다. 하지만 영화의 서사가 처음부터 끝까지 초점을 맞추고 있는 인물은 로맨스의 중심에 있는 남녀인 세실리아와 로비가 아니라 두 사람을 지켜보는 관찰자의 입장에 있는 브라이오니(시얼샤 로넌 분)라는 13세 소녀라는 사실은 중요하다.

영화 〈어톤먼트〉의 원작자는 영국 출신의 소설가 이언 매큐언으로 2001년 발표한 동명의 소설에서 상상과 진실의 상관관계, 즉 실제 일어난 일을 다르게 보고 해석한 과도한 상상이 가져올 수 있는 비극을 조명하고 있다. 영화는 원작 소설의 큰 줄거리를 따라가지만, 각색 과정에서 상당한 차이점을 보여준다. 즉, 소설은 고백의 서사를 구축하기에 그 주체인 브라이오니가 중심에 위치하는 데 반해, 영화 〈어톤먼트〉는 로비와 세실리아의 러브스토리가 부각된다. 여기서 결국 조

제2장. <어톤먼트>: 소녀의 망상이 초래한 비극적 사랑과 속죄 행위

라이트 감독이 원작을 어떻게 이해했으며 매체의 변화에 의해 변주되는 독창적인 영상 미학을 볼 수 있다. "하지만 매체가 바뀌면서 원작에서 집중하였던 브라이오니의 서사의 기능이 축소된 것은 아니다. 오히려 브라이오니의 서사가 가져오는 '안타까움'이라는 감정이 세실리아와 로비의 러브스토리를 더욱 강조했다는 느낌을 받는다"(윤수인 570)[10].

전체 4부(3부와 에필로그)로 구성된 매큐언의 소설 『어톤먼트』는 예술가 소설과 성장 소설의 장르적 특성이 있을 뿐만 아니라 고백의 서사를 구축하며 메타픽션(meta-fiction, '소설 속의 소설', '만화 속의 만화', '영화 속의 영화'처럼 작품 속에 있는 작품 즉 극중극을 중점적으로 다루는 것)의 면모를 드러내고 있다. 소설에서 브라이오니의 심리와 배경 설명에 해당하는 방대한 정보량을 압축하여 영상으로 옮기는 데 큰 역할을 한 은유적인 영상 표현들, 즉 미장센, 프레이밍, 조명, 색의 이용은 주목할 필요가 있다. 이런 점에서 "분석할 표현 방법들이 왜 사용되었는지를 파악하기 위해서는 주인공이자 영화 속에서 소설 『어톤먼트』를 쓴 저자인 브라이오니의 시각을 이해해야 하는 것이 중요하다.

『어톤먼트』는 예술가 소설, 성장 소설, 고백의 서사 및 메타픽션으로 평가받고 있다. 소설의 서술자는 작가 지망생인 브라이오니에게 밀착하여 브라이오니를 통해 소설론을 펼친다. 1부에서 13세인 브라이오니를 통해, 3부에서 18세인 브라이오니를 통해 그리고 마지막 에필로그에서 77세인 노작가 브라이오니가 직접 일인칭 서술자로 등장하여 소설 쓰기에 관해 이야기할 뿐만 아니라 허구 속 허구까지 언급하여 변형된 액자 구성을 취한다. 나아가 영화 끝에서 알게 되는 진실, "즉 사실과 허구의 괴리, 허구의 소설을 쓸 수밖에 없었던 브라이오니의 갈등과 고통의 흔적들이 영화 전체에 영상 표현 과정을 통해 드러나 있다는 것을 인식할 수 있다"(윤수인 570). 영화는 브라이오니가 실제로 겪은 사건과 브라이오니의 소설에서 각색된 부분이 공존한다. 조 라이트 감독은 각색된 부분 혹은 나중에 그녀의 소설에 크게 영향을 끼친 사건이나 인물을 강조하고 싶었던 것으로 보인다.

영화의 오프닝과 마찬가지로 소설의 서두는 작가가 되려는 사춘기 소녀 브라이오니에 대한 묘사로 시작한다.

> "브라이오니는 세상의 질서를 유지하는 열망을 가진 아이였다. 언니 세실리아의 방은 펼쳐진 채 여기저기 흩어진 책들과 아무렇게나 널린 옷들, 여기저기 나뒹구는 침구, 담배꽁초가 수북이 쌓인 재떨이로 어지럽기 짝이 없었지만, 브라이오니의 방은 정돈의 신이 사는 말끔하고 성스러운 신전 같았다… 브라이오니는 탈리스가에 사는 유일한 어린아이였던 데다가 탈리스가 저택은 마을에서 떨어져 있었기 때문에 적어도 긴 여름방학 동안에는 또래 여자애들과 속달 거리면서 어린애다운 음모를 꾸밀 기회기 기의 없었다. 브라이오니가 첫 소설을 쓴 것은 열한 살 때였다. 대여섯 가지 옛날이야기를 모방한 그 작품은 나중에야 깨달은 것이지만 독자의 경외감을 불러일으킬 만한 통찰력이라곤 찾아볼 수 없는 수준이었다. 그러나 이 서투른 첫 작품을 써내려 가면서 브라이오니는 상상력이야말로 비밀의 원천임을 알게 되었다." (『어톤먼트』 15-17)

---

10) 윤수인. 「영화 <어톤먼트>에 나타난 영상표현방법」. 『한국콘텐츠학회 논문지』 16.9 (2016): 369-79.

작가를 꿈꾸는 브라이오니의 망상

영화의 오프닝은 1935년 여름 영국의 한 상류층 가문 출신의 13세 소녀 브라이오니 탈리스(Briony Tallis)가 자기 방에서 원고를 타이핑하는 것으로 시작한다. 작가를 꿈꾸는 브라이오니에게는 장성한 오빠 리언(Leon)과 언니 세실리아가 있다. 브라이오니는 글쓰기를 좋아하며 소질도 있었다. 하루는 도시에 나가 있던 오빠 리언이 오랜만에 집으로 돌아왔다. 브라이오니는 식구들과의 저녁 식사 시간에 오빠의 귀가를 기념하여 자신이 직접 쓴 대본으로 연극을 하기로 하였다. 그날 낮, 브라이오니는 직접 연출도 맡아 집에 머무르던 사촌들에게 연기를 하게 하려고 연습을 주도한다. 그러나 사촌들은 이내 연극 연습에 싫증을 내고 쉬어야겠다며 나가버린다.

사촌들은 브라이오니와 비슷한 또래의 쌍둥이 형제와 그들의 누나 롤라(Lola Quincey)로 부모님의 이혼 탓에 브라이오니의 가족과 함께 지내고 있었다. 마침, 브라이오니는 연습하던 방의 창 너머로 정원의 분수에 서 있는 언니 세실리아와 가정부의 아들 로비(Robbie)를 목격한다. 로비는 의대를 졸업하고 집으로 돌아와 지내면서 탈리스 집안의 저택에서 정원 일을 돕고 있었다. 세실리아와 로비는 대학을 갓 졸업한 또래였다. 최근에 그들은 무언가 알 수 없는 이유로 소원해져 거의 대화를 나누지 않고 있는 상태다. 화창한 어느 날 오후 분수대 앞에서 두 사람은 말다툼을 하는 것 같았는데, 세실리아가 갑자기 겉옷을 벗어 던지고 속옷 차림으로 분수대 안으로 들어갔다. 브라이오니는 이 장면을 우연히 자기 방의 창문을 통해 지켜보면서 자기만의 상상력에 빠진다. 이처럼 영화 〈어톤먼트〉의 오프닝에서 조 라이트 감독은 먼저 브라이오니의 시점 쇼트로 그녀가 본 것만을 본 그대로 제시하며, 같은 장면을 한 번 더 세실리아와 로비의 시점 쇼트로 재현한다. 그래서 "관객은 브라이오니가 오해하게 되는 과정을 알게 되며 브라이오니의 오해에도 나름의 개연성이 있다는 것을 깨닫게 된다. 이는 브라이오니가 오해와 오만에서 기인한 잘못된 증언을 하게 된 것이 브라이오니가 악인이어서가 아님을 영화적인 방식으로 관객에게 호소하는 중요한 장치가 된다"(이채원 623)[11].

"도대체 언니를 마음대로 움직일 수 있는 힘이 그의 어디에 숨어 있었던 것일까? 공갈을 했을까? 아니면 협박? 브라이오니는 두 손을 얼굴로 가져가며 창가에서 조금 물러섰다. 눈을 감아야 한다고. 언니가 모욕당하는 장면을 보지 말아야 한다고 생각했다. 그러나 놀라운 일이 계속 벌어져서 그럴 수가 없었다. 다행히 속옷은 벗지 않은 세실리아가 분수대로 들어가 허리까지 오는 물속에 서더니 곧 코를 쥐고 물밑으로 사라졌다. 이제 눈에 들어오는 것은 로비와 자갈 위에 벗어놓은 세실리아의 옷. 그 너머의 고요한 정원, 그리고 저 멀리 있는 푸른 언덕뿐이었다…. 브라이오니는 벽에 기대서서 고개를 숙이고 놀이방 바닥을 노려보았지만, 아무것도 눈에 들어오지 않았다. 조금 전 목격한 것이 사실은 자신만을 위해 마련된 연극이며, 자신만을 위해 신비의 포장지에 싸인 특별한 교훈이라고 상상력을 발휘하고 싶은 충동을

---

11) 이채원. 「자의식적 소설에서 멜로드라마로의 변형: <어톤먼트>가 보여주는 각색의 세계」. 『문학과 영상』 15.3 (2014): 609-37.

제2장. <어톤먼트>: 소녀의 망상이 초래한 비극적 사랑과 속죄 행위

느꼈다." (『어톤먼트』 64-66)

서로를 향한 로비와 세실리아의 사랑

로비는 분수대 사건 후, 자기 방으로 돌아와 그때의 장면을 계속 생각한다. 분수대 앞에 서 있던 속옷 차림 세실리아의 아름다운 육체를 떠올리며 그녀에 대한 자신의 속마음을 다음과 같이 고백한다.

> "밖에서 돌아온 후 그는 한 시간이 넘도록 욕조에 앉아 끓는 피와 생각으로 미지근한 물을 데우고 있었다. 천장의 채광창을 통해 보이는 네모난 하늘이 노란색에서 오렌지색으로 바뀌어 가는 동안 그는 익숙지 않은 느낌을 헤집어 검토하며 어떤 기억으로 자꾸 돌아가고 있었다. 지겹거나 싫증 나는 것은 하나도 없었다. 오히려 어쩌다 사소한 무언가가 하나 더 떠오를 때면 물속에 잠긴 복부 근육이 느닷없이 경직되곤 했다. 팔 위쪽에 맺힌 물방울. 브래지어에 수놓인 데이지꽃. 그녀의 가슴은 소담했고, 그 사이는 넓었다. 브래지어 끈에 가려 반만 보이던 등에 난 작은 점. 그녀가 분수대에서 올라올 때 속바지가 가려주어야 했던 삼각형의 어둠을 보았다. 젖어 있었다. 그는 보고 또 보았다. 골반뼈 때문에 삼각형으로 도드라져 보이던 그 검은 곳. 잘록한 허리. 놀라울 정도로 하얀 살결. 치마를 집으려고 허리를 굽혔을 때 무심코 들어 올린 발에는, 엄지부터 시작해 점점 작아지는 사랑스러운 발가락에는 흙이 묻어 있었다. 허벅지에 난 작은 동전만 한 또 다른 점과 종아리의 연보랏빛 점. 그것은 딸기 모양의 혈관종이었다. 흠이 아니었다. 아름다운 장신구 같았다." (『어톤먼트』 120)

분수대에서의 사건의 진실은 이렇게 드러났지만, 브라이오니가 자기 방의 창문을 통해 엿본 어른의 세계란 창문 안에 갇혀있던 벌처럼 제한되고 한정된 시각으로 본 세계에 불과했다. 이렇게 영화는 브라이오니의 시점이 아닌 로비와 세실리아의 시점에서 분수대 장면을 다시 보여줌으로써 관객들에게 브라이오니의 오해의 개연성을 설득력 있게 전개한다.

부유한 탈리스(Tallis) 가문의 주인집 딸인 세실리아와 가정부의 아들 로비는 어려서부터 친구로 지냈다. 그들은 집을 떠나 같은 캠브리지 대학에 다녔으며 졸업하고 잠시 집에 돌아와 있는 상태다. 로비는 대학을 수석으로 졸업하고 자신이 원하는 의대 진학을 앞둔 전도유망한 청년이다. 그는 미래에 대한 희망과 자신감으로 밝았으며 계급으로 인한 열등감이나 엘리트의 거만함도 보이지 않는다. 반면, 세실리아는 졸업 후 자신의 진로에 대해 아직 정하지 않은 상태다. 안락하지만 지루하고 정체된 듯한 느낌과 함께 독립에 대한 심리적 압박감과 자신이 진정으로 원하는 미래를 향한 출구를 찾지 못한 초조함이 엿보인다.

어려서부터 소꿉친구였던 세실리아와 로비는 대학에 들어간 후 사이가 소원해져 있다. 서로 거리를 두면서 이야기를 나누는 것도 어색한 사이가 되어 버렸다. 그들의 소원한 관계는 결국 서로를 향한 사랑의 감정 때문인데, 이것은 분수대 사건과 로비의 편지로 입증되었다. 그날 오후, 세실리아의 오빠인 리언이 초콜릿 공장을 운영하는 집안의 아들 폴 마샬과 함께 돌아온다. 세실리아와 다투고 집에 돌아온 로비는 타자기로 세실리아에게 사과 편지를 쓴다. 로비는 자신의 진심을 담은 편지를 쓰고 버리기를 반복하다가 문득 "달콤하고 젖은 네 음부(cunt)에 키스하는 꿈을 꿨다"라는 음담패설이 문구를 타이핑한다. 하지만 이런 음담패설이 너무 심하다고 생각했는지 로비는 웃음을 지으면서 다시 진지한 사과의 편지를 쓰기 시작하고, 편지가 완성되자 봉투에 넣는다.

>"마침내 로비는 자세를 바로 하고 종이 한 장을 타자기에 끼워 넣었다. 뒤에 묵지를 넣는 것도 잊지 않았다. 날짜와 인사말을 쓰고 나서 곧바로 자신의 '서투르고 경솔한 행동'에 대해 의례적인 사과의 말을 치다가 문득 손을 멈추었다. 감정 표현을 해야 하나? 한다면 어느 정도까지?…. 그는 십오 분 넘게 초안을 수정하여 새 종이로 갈아 끼우고 완성본을 쳤다. 본론은 이런 내용이었다. '맨 발로 너희 집을 활보하고 다니고, 골동품 꽃병까지 깨뜨렸으니 네가 날 미쳤다고 해도 할 말이 없어. 사실 난 요즘 네가 있는 자리에서 자꾸 경솔한 행동을 하게 되고 나 자신이 바보처럼 느껴져. 시, 더위 탓으로 돌릴 수 없다는 건 나도 알아! 용서해 주겠니? 로비.' 그러고는 의자에 등을 기대고 앉아 공상에 빠졌다. 무슨 일인지 요즘 해부학 책에서 자주 펼쳐지는 페이지를 생각하다가 갑자기 격한 충동에 사로잡혀 타이핑을 시작했다. '꿈속에서 난 너의 음부(cunt)에, 너의 그 달콤하고 젖은 그곳에 키스해. 상상 속에서 난 하루 종일 너와 사랑을 나눠.'" (『어톤먼트』 129-30)

특히, 이 장면에서 주목할 부분은 카메라가 로비가 세실리아에게 사과 및 자신의 사랑 감정을 담은 내용의 편지를 타이핑하는 동안 세실리아의 모습도 교차하여 보여준다는 사실이다. 자코모 푸치니(Giacomo Puccini, 1858~1924)의 오페라 〈라 보엠〉(*La Bohème*) 중 「오 사랑스런 아가씨」("O Soave Fanciulla")가 축음기를 통해 흘러나오는 가운데, 카메라는 로비와 세실리아를 교차해서 보여주면서 서로에 대한 애정을 매우 섬세하고 감각적으로 담아낸다. 세실리아는 화장대에 앉아 거울을 쳐다보며 무언가 생각에 잠겨있다. 그녀는 당일 저녁 만찬에 입을 옷을 고르는데, 우아함과 강렬함을 드러내는 녹색 실크 드레스를 고른다. 세실리아가 선택한 녹색 실크 드레스는 가슴 깊은 곳에서 자신도 모르게 로비를 의식하고 또한 사랑하고 있음을 은유적으로 표현하는 의복이라 할 수 있다.

편지를 끝낸 로비는 그 편지를 봉투에 넣은 후 리언이 초대한 저녁 식사 자리에 참석하기 위해 저택으로 향한다. 로비는 저택으로 가는 길에 우연히 놀고 있는 브라이오니를 만난다. 순간 그는 자신이 직접 편지를 세실리아에게 전하는 것보다 브라이오니가 전하는 것이 좋다고 생각하고 편지를 내밀며 언니에게 전해달라고 부탁한다. 브라이오니는 그렇게 하겠다고 말하고 편지를 받아 재빨리 저택으로 달려간다. 브라이오니가 편지를 받고 멀리 달려가는 것을 본 직후 로비는 문득 편지가 바뀐 것을 깨닫고, 황급하게 브라이오니를 향해 목청껏 외친다. 세실리아에 대한 자신의 속마음을 고백한 편지와 음담패설이 섞인 편지가 바뀐 것이다.

제2장. <어톤먼트>: 소녀의 망상이 초래한 비극적 사랑과 속죄 행위

잘못 전해진 로비의 편지와 브라이오니의 오해

호기심이 강한 브라이오니는 로비가 자신을 다급하게 부르는 목소리를 듣고도 멈추지 않고 달려가 편지를 뜯어본다. 편지 내용 중 "음부에 키스하는 꿈을 꿨다"는 문구를 보고 브라이오니가 경악하며 망상에 사로잡히는 장면(그림 1)은 원작 소설에서는 다음과 같이 묘사되어 있다.

(그림 1)

(그림 2)

"브라이오니는 그 단어(cunt)가 머릿속에서 발음되지 않도록 애를 썼지만 헛수고였다. 그것은 브라이오니의 머릿속을 맴돌면서 음란하게 춤추고 있었다. 활자화된 악마가 모호하고 암시적인 철자 순서 바꾸기 놀이를 하며 머릿속을 떠나지 않았다. 당연한 일이지만 브라이오니는 한 번도 그 단어를 본 적이 없었고, 일부 철자를 별표로 처리한 것조차 본 적이 없었다. 그녀 앞에서는 누구도 그런 단어가 있다는 언급조차 하지 않았고, 그 단어가 의미하는 신체 부위에 대해서 말하는 사람은 더욱 없었다…. 브라이오니는 현관홀 중앙에 서서 부끄러운 짓이라는 사실도 잊은 채 남의 편지를 읽어 내려가면서 그 거친 문체의 글 속에 담긴 위험을 즉각적으로 감지했다. 더 이상 단순화할 수 없을 정도로 이간적인 혹은 남성적인 무언가가 가족의 질서와 평화를 위협하고 있었다. 브라이오니는 자신이 언니를 도와주지 않으면 모두 고통을 받을 것이라고 생각했다." (『어톤먼트』 169-70)

편지를 먼저 읽어 본 브라이오니는 봉투를 어디엔가 떨어트린 채 언니에게 전해주고, 세실리아는 그의 편지를 읽으면서 자신도 로비와 같은 감정을 느끼고 있음을 깨닫는다. 하지만 편지를 읽어가던 중 음담패설의 문구를 발견하고 브라이오니에게 봉투는 어디로 갔느냐고 다그쳤으나, 브라이오니는 아무 말도 없이 세실리아를 뿌리치고 자기 방으로 가버린다.

"처음에는 단순한 한마디가 세실리아의 머릿속을 계속 맴돌았다. 그랬구나, 그랬구나. 어떻게 그것을 눈치채지 못했을까? 모든 것이 다 설명되었다. 오늘 하루, 지난 몇 주, 어린 시절,

그리고 평생의 시간이. 이제 모든 것이 분명했다. 그 이유가 아니라면 옷 하나 고르는 데 왜 그토록 오랜 시간이 걸렸으며, 꽃병을 두고 왜 다투었으며, 왜 모든 것이 달라 보였겠는가? 그리고 왜 떠날 수 없을 것 같은 기분이 들었겠는가? 무엇이 그렇게 그녀의 눈을 가리고 둔하게 만들었을까? 몇 초가 흘렀고, 편지를 계속 노려보고 있으면 안 될 것 같은 생각이 들었다. 그래서 다시 접는데 문득 떠오르는 생각이 있었다. 이런 편지가 봉인도 안 된 채 전해졌을 리가 없었다. 그녀는 동생을 돌아보았다. 리언이 그 애를 달래주고 있었다. 세실리아는 리언의 옆으로 돌아가 브라이오니의 얼굴을 마주하고 섰다. '브라이오니? 브라이오니, 너 이거 읽었어?' 그러나 브라이오니는 오빠의 제안에 새된 목소리로 반응하며 그의 품 안에서 몸을 배배 꼬더니 언니에게서 얼굴을 돌려 오빠의 재킷 속에 얼굴을 반쯤 묻어버렸다." (『어톤먼트』 166-67)

편지 봉투의 출처를 캐묻는 언니의 요청을 뿌리치고 자기 방에 온 브라이오니는 연극이 무산된 것 때문에 자신의 눈치를 보며 찾아온 롤라에게 비밀이라고 하면서 로비가 쓴 편지 내용에 대해 말한다. 그사이 로비가 세실리아의 저택에 당도하였다. 로비는 마중 나온 세실리아를 보자마자 편지를 잘못 보냈다고 사과한다. 세실리아는 로비를 서재로 데리고 가서 이제까지 둘 사이의 관계가 소원했고 알 수 없는 이유로 화를 냈던 것은 사랑의 감정 때문인 것 같다고 고백한다. 로비와 세실리아는 서로에 대한 마음을 확인하고 육체적 관계를 맺는다. 바로 이 순간 브라이오니는 서재에서 인기척을 느끼고 안으로 들어갔다가 성관계를 맺는 두 사람을 발견한다. 브라이오니에게 들키자 세실리아와 로비는 옷매무새를 가다듬고 저녁 식사 자리에 온다.

그런데, 저녁 만찬이 시작되는 중 마침 쌍둥이 형제가 가출하겠다는 편지만 남기고 사라져 온 식구가 형제를 찾아 나서는 소동이 벌어졌다. 브라이오니도 손전등을 들고 찾아 나섰다가 정원에서 어떤 남자에게 성폭행당하는 롤라를 발견하였다. 브라이오니는 어둠 속에서 롤라를 성폭행한 범인의 얼굴을 온전히 확인하지는 못했지만, 그날 오후 분수대 앞의 로비를 성적 학대자로 오인했기 때문에 그녀의 상상력과 이런 성범죄가 결합하여 로비를 범인으로 지목하게 된다. 브라이오니는 자신이 희미하게 본 것을 마치 사실인 것처럼 진술한다.

브라이오니의 거짓 증언과 누명을 쓴 로비의 시련

브라이오니는 자신의 거짓말이 얼마나 큰 파장을 불러일으킬지에 대해서는 관심이 없다. 이 사건을 조사하러 온 경찰과 집안 어른들에게 브라이오니의 망상에서 비롯된 거짓 진술은 타인이 자기 자신처럼 소중한 존재라는 인식을 하지 못함으로써 발생한다. 브라이오니의 거짓 진술로 인해 로비는 강간범이라는 누명을 쓰고 교도소에 수감된다. 로비의 누명과 이어진 교도소 수감은 전적으로 브라이오니 때문은 아니다. 그녀의 생각을 지지해 준 다른 사람들, 즉 탈리스가의 사람들과의 공모가 있었기에 가능한

제2장. <어톤먼트>: 소녀의 망상이 초래한 비극적 사랑과 속죄 행위

일이었다.

브라이오니의 어머니인 에밀리 탈리스(Emily Tallis)는 언제나 모든 것을 덮어두려고만 한다. "그 시대의 여성들이 흔히 그랬듯 그녀의 인생은 전적으로 남편에게 의존적이다. 그녀는 남편 잭(Jack)이 가정부의 총명한 아들 로비의 후견인으로서 캠브리지 대학의 학비를 지원하는 사실에 엄청난 불만을 토로하며 '사물의 자연스런 질서를 어지럽히는 것'(142)이라며 반대한다. 잭의 자선은 사실 노블레스 오블리주(Nobless Oblige)를 실천하기 위함이 아니라 로비를 지원하는 것을 공공연하게 보여줌으로써 명성을 얻고 위신을 유지하기 위한 속물근성에서 비롯된 행위인 것이다. 에밀리는 잭의 못마땅한 행위와 불합리한 가부장적 제도, 그리고 남편과의 불화 등으로 억압된 그녀의 분노와 증오를 자신의 계급을 위협하는 로비를 통해 무언의 폭력으로 표출한다"(허윤정 16).

전쟁의 시작과 로비와 세실리아의 애잔한 사랑

브라이오니가 거짓 진술을 하는 동안 로비는 쌍둥이 형제들을 찾아서 집으로 돌아온다. 로비는 집으로 돌아오자마자 경찰들에 의해 체포되었다(그림 2). 몇 년간의 교도소 생활 후, 로비는 전쟁에 참전하면 교도소를 나갈 수 있다는 제안을 수락하여 군인이 된다. 그리고 프랑스로 파병을 가기 6개월 전에 종군 간호사가 되어 자신을 찾아온 세실리아와 만난다. 서로 헤어진 지 4년이 지난 후 각각 종군 간호사와 프랑스에 파병될 병사의 복장을 한 세실리아와 로비는 카페에서 재회한다. 세실리아는 로비에게 커피를 타 주며 왼손으로 그의 오른손을 붙잡으면서 그에 대한 변함없는 사랑의 감정을 전한다(그림 3).

(그림 3)　　　　　　　　　　　(그림 4)

그들의 대화에서 로비는 누명을 쓰고 1935년 11월 교도소에 감금당한 이래 세실리아가 가족과의 인연을 끊었다는 사실을 알아차린다. 로비가 체포되기 직전 저녁 만찬을 위한 초록색 드레스를 입었던 세실리아의 모습과 대조적으로 군복을 입은 로비와 재회한 세실리아가 입은 간호사복과 같은 의상은 소품조차 장황한 설명을 함축적으로 보여주는 영화 언어의 힘이다. 우아한 초록색 드레스에서

-- 41

간호사복으로의 변화는 세실리아가 속물근성으로 가득한 상류사회를 버리고 당당하게 독립했음을 상징한다. 나아가 간호사 복장의 세실리아는 이제 로비와 같은 계급이 되기를 선택했음도 시사한다. 1시간도 채 되지 않은 짧은 재회에서 로비와 세실리아는 다음 휴가 때의 만남에서는 하얀 판자벽에 파란 창틀이 있는 해변에 있는 별장에서 함께 지내기로 약속하고 아쉬운 작별의 키스를 나눈다(그림 4).

〈어톤먼트〉의 중반부에 로비가 프랑스 북부에서 다른 2명의 낙오병과 함께 덩케르크로 향하는 도중 플래시백 기법을 통해 전쟁터에 참전하기 직전 세실리아와 재회했던 그날에 대해 회상하는 장면으로 담아냈다. 원작 소설에서는 영화에서 부재한 이 장면을 더욱 자세히 묘사하고 있다.

> "그녀는 이렇게 답장했다. 그들은 네게서 등을 돌렸어. 그들 모두, 심지어 아버지마저도. 그들이 너의 인생을 망쳐놓을 때 내 인생도 함께 망쳐놓은 거야. 그들은 어리석고 병적으로 흥분해 있던 어린 여자애의 증언을 믿기로 결정했어. 그 증언을 번복할 여지를 주지 않았으니까 그 애를 부추긴 거나 마찬가지고. 그 애가 겨우 열세 살 어린애였다는 건 나도 알아. 하지만 다시는 말을 섞고 싶지 않아. 다른 식구들이 한 짓도 절대로 용서할 수 없어. 인연을 끊고 나니까 그들의 어리석음 뒤에 숨어 있는 속물근성이 보이기 시작해. 엄마는 네가 최우등으로 졸업했다는 사실을 절대로 용서하지 못했어. 아버지는 일에만 빠져 있었고. 리언은 싱글벙글 웃으면서 아무하고 어울리는 줏대 없는 바보였지. 하드먼씨가 대니를 덮어주려고 하는데도 내 가족 중 누구 하나 경찰한테 대니를 심문해 보라고 말하지 않았어. 이미 너를 범인으로 단정 지었던 경찰 역시 일이 꼬이는 걸 원치 않았고." (『어톤먼트』 303-04)

덩케르크로 향하는 중 로비가 본 전쟁의 참혹함

로비는 전쟁터 가운데 프랑스로 배치되었지만, 부대가 퇴각하면서 떠돌다가 다른 2명의 낙오병과 만나 프랑스 북부 항구 도시 덩케르크로 간다. 그곳으로 가는 도중 로비는 수많은 죽음을 목격하는데, 영화에서는 숲속에서 교복을 입은 수많은 소녀들의 시신을 통해 전쟁의 공포와 비극을 함축적으로 보여준다. 소녀들의 죽음을 본 로비는 감정을 주체하지 못하고 눈물을 쏟아낸다.

로비는 세실리아와 새로운 삶을 시작하고 싶었다. 그것이 전쟁에서 살아남아야 하는 이유였다. **"돌아와요, 내게 돌아와요"**라고 간청하는 세실리아의 말은 목숨을 보전하여 돌아가야 하는 이유였다. 살아서 돌아

제2장. <어톤먼트>: 소녀의 망상이 초래한 비극적 사랑과 속죄 행위

가려는 로비의 간절한 바람은 세실리아에게 쓴 편지에서 드러나는데, 영화에서는 로비의 보이스오버를 통해 들려준다.

"사랑하는 세실리아, 이야기는 다시 시작할 수 있어. 그날 저녁 걸으며 생각한 게 하나 있어. 난 다시 될 거야. 황혼의 서리 공원을 걸어오던 멋진 신사복에 약속된 미래로 거들먹거리던 순수한 열정으로 도서실에서 당신과 사랑을 나눴던 그 남자로. 이야기는 다시 시작할 수 있어. 난 돌아갈 거야. 당신을 찾아 당신을 사랑하고 당신과 결혼하고 치욕 없이 살 거야."

하지만, 이런 로비의 간절한 염원은 그의 몸에 있는 상처로 인해 점점 현실에서 멀어져 간다. 로비의 가슴에는 폭탄 파편으로 인한 흉터가 선명한데, 이 부상은 나중에 패혈증으로 이어져 로비를 죽에 이르게 한다.

덩케르크 철수작전에 합류한 로비

천신만고 끝에 덩케르크에 도착했지만, 그곳에는 수십만 명의 영국군과 프랑스 군인들이 뒤섞여 영국으로 철수하기 위해 배를 기다리고, 하늘에서는 쉴 새 없이 독일군 전투기가 공습을 가하는 등 혼란과 재앙에 직면해 있다. 영국 정부는 전략적으로 프랑스에서 철수한다는 공식 입장을 표명했지만, 군인들을 나르기 위한 배는 턱없이 부족했기에 로비와 동료 군인들은 무작정 기다릴 수밖에 없었다.

"해변을 직접 볼 때까지는 그랬다. 사실 그는 전군이 절멸할 위기에 처해서도 돌에 흰 페인트를 칠할 수 있는 저주받을 군인정신이라면 결국에는 승리할 것이라고 생각했었다. 그는 이제 눈앞에 펼쳐진 혼란스러운 움직임에 질서를 부여하려고 애썼고, 거의 성공했다. 집합소, 임시변통으로 만든 책상 앞에 앉아 있는 육군 준위들 고무도장과 화물 꼬리표. 대기 중인 배에 밧줄로 쳐놓은 통로, 바락바락 고함을 치는 병장들, 이동 매점 주위에 길게 늘어선 줄. 이제 개인이 애쓸 필요가 없었다. 지난 며칠 동안 그는 무의식중에 바로 이런 해변을 꿈꾸며 걸어 왔었다. 그러나 그와 상병들이 바라보고 있는 실제 해변은 이제까지 보아온 상황과 별반 다르지 않았다. 이곳은 혼란의 최종 목적지였다. 직접 눈으로 확인하니 모든 것이 분명해졌다. 퇴각 행렬이 더 이상 나아갈 수 없어 이렇게 된 것이었다." (『어톤먼트』 357-58)

덩케르크 철수작전에서 로비의 회상과 재회의 열망

로비가 덩케르크에 도착하여 철수작전의 순서를 기다리는 동안 세실리아는 로비에게 보내는 편지에서 브라이오니가 대학에 진학하지 않고 간호사가 되기로 했다는 소식을 전하며, 이제야 자기가 어떤 짓을 했는지 알게 되었다고 실토했음을 전한다. 한편, 폭탄 파편으로 가슴에 부상을 입은 로비는 제때 치료를 받지 못하면서 상처가 패혈증으로 악화되어 점점 기력을 잃어간다.

"그는 그녀가 기다리고 있다는 게 얼마나 행복한 일인지를 실감했다. 수학 공식 같다고? 웃기지도 않는다. *기다릴게!* 라는 말은 그의 목숨과도 같았다. 그것은 그가 살아남으려고 애써온 유일한 이유였다. 그 말은 다른 남자들은 쳐다보지도 않겠다는 약속의 말이기도 했다. *오직 너만을. 돌아와.* 그는 밑창이 얇은 구두를 통해 전해지던 자갈길의 느낌을, 지금도 생생한 그 느낌을 기억했고, 손목에 채워진 수갑의 차가운 감촉도 기억했다. 경찰차 옆에 멈춰 섰던 경감과 그는 그녀가 뛰어오는 소리를 듣고 돌아서서 그녀를 바라보았다. 그 짙은 녹색의 이브닝드레스를 어떻게 잊을 수 있을까? 엉덩이의 굴곡을 그대로 보여주는, 달리기 어렵던 그 옷을, 그녀의 아름다운 어깨를 그대로 드러내 보여주던 그 옷을 어떻게 잊을 수 있을까?"
(『어톤먼트』 380-81)

로비의 부상 악화와 환영

로비는 오랫동안 갈증과 통증으로 너무 지치고 힘든 상태에 있다. 지금 그에게는 돌아간다는 것, 기다린다는 것은 너무나 힘겨운 일이었다. 영화에서는 마실 것을 찾아 들어간 건물 안에서 영화가 상영되는 장면이 나온다. 연인이 키스하는 장면은 로비의 힘겨운 과제를 일깨워 주고 있다. 대형 스크린 앞에 서 있는 로비는 과제를 수행하기엔 너무 지쳐 보인다. 게다가 몸에 난 상처가 패혈증으로 악화하면서 서서히 죽음의 그림자가 드리워진다. 영화의 후반부 나오는 로비의 환영 장면은 패혈증으로 몸의 상태가 극도로 악화한 로비의 내면을 보여주는 장치이다. 로비는 동료 네틀을 두고 한 여자를 따라 건물 안으로 들어간다. 그곳에서 엄마처럼 생긴 여자는 로비의 군화를 벗기고 그의 발을 씻겨준다. 그는 따뜻한 이곳에서 이대로 그냥 머물고 싶어진다. 그러나 그에게는 꼭 돌아가야 할 이유가 있다. 로비는 여자에게 말한다. "난 돌아가야 해요. 그녀와 약속했어요, 모든 걸 바로 잡아야 해요. 그녀는 나를 사랑해요. 기다리고 있어요."

바깥에서 다시 포격 소리가 들리자 로비는 황급히 뛰쳐나온다. 현실에서 군화를 벗은 로비를 보고 동료 네틀은 놀라서 묻는다. "군화는 어쨌어?" 쇠약해진 그의 몸은 계속해서 로비를 환영과 잠에 빠지게 만들고, 그의 영혼은 생의 마지막 여행을 한다. 그는 1935년 그해 여름 세실리아와 사랑에 빠진 행복한 순간으로 돌아가기를 꿈꾸면서 '만약 이러했다면'(what if~)이라는 상상을 한다. "아아, 꽃병이 깨지지 않았더라면, 편지가 브라이오니의 손에 들어가지 않았더라면, 음부(cunt)라는 단어를 쓰지 않았더라면…." 영화는 이러한 로비의 염원을 플래시백으로 담아낸다.

제2장. <어톤먼트>: 소녀의 망상이 초래한 비극적 사랑과 속죄 행위

종군 간호사로서 브라이오니의 속죄 행위

이제 18세의 여성으로 성장한 브라이오니는 철이 들면서 자신의 망상과 어리석음으로 로비와 세실리아의 삶을 망쳤음을 깨달았다. 브라이오니는 자기가 한 짓은 절대 용서받을 수 없는 끔찍한 죄라는 것을 인식하게 되었다. 그녀는 참회하고 속죄하고자 했다. 자신의 보장된 미래를 버리고 안락한 삶을 포기했다. 그 대신 브라이오니는 종군 간호사가 되어 몸의 고단함과 불편함을 감수하고 가족과 단절된 삶을 선택함으로써 자신의 죄에 대해 속죄하고자 했다. 정신의 자유로움이나 자율이 아니라 구속과 복종과 짜인 일과에 자신을 집어넣음으로써 속죄하고자 했다. 그러나 그 모든 희생에도 불구하고 이미 일어난 일을 돌이켜 놓을 수는 없다. 자기 연민이 밀려올 때는 칼처럼 자신을 내리쳐 더욱 엄격히 일과 규율 속에 몰아넣었다. 그러한 삶이 어찌 제대로 된 삶이겠는가. 그녀는 그러한 것이 소용없으리라는 생각이 떠오를 때면 두려움과 절망감이 엄습했다.

브라이오니는 "프랑스로 파병을 떠난 로비가 만약 죽기라도 한다면 이 모든 희생이 무슨 의미가 있을까? 자신이 아무리 힘들고 고통을 참으면서 속죄하더라도 그것이 로비에게 무슨 소용이 있을까?"를 자문하면서 다친 병사들이 병원에 들어오면 그중에서 로비를 찾으려고 노력한다. 종군 간호사로 일하면서 브라이오니는 마침내 타인의 고통에 점차 눈뜨기 시작한다. 어느 날 밤 브라이오니는 프랑스어를 말할 수 있기에 머리에 심한 상처를 입고 죽어가는 프랑스 병사 뤽의 간호를 요청받는다. 죽음을 목전에 둔 뤽과의 대화를 통해 브라이오니는 많은 충격을 받게 되고, 그녀의 심경에 많은 변화가 일어나게 된다. 뤽의 죽음을 통해 타인의 고통을 알게 된 브라이오니는 비로소 오만과 편견만이 지배하는 자신만의 성에서 벗어나 타인들이 살아가는 것보다 넓은 세상으로 발걸음을 내딛게 될 것이다. "이러한 도덕적 성장은 자신의 범죄로 희생된 로비 터너의 의식 속으로 침잠하여 타인인, 로비의 시각으로 전쟁의 참담함을 바라보게 함으로써 브라이오니로 하여금 타인의 고통에 한 걸음 더 다가갈 수 있게 만든다"(허윤정 59).

브라이오니의 죄의식과 상상 속의 속죄

브라이오니가 소설을 집필함으로써 세실리아와 로비가 시련을 극복하고 재회하는 해피엔딩을 보여주려 한 것은 그녀가 간호사로 수행하며 고통 속에 움부짖는 부상병들의 모습을 보며 도덕적으로 성장했기 때문이다. 이것은 자신으로부터 희생되었던 두 연인의 마음으로 다가가 그들의 감정과 아픔을 진심으로 공감하는 동정적인 상상력이 있었기에 가능한 것이었다. 서로 사랑하던 두 연인의 인생을 망친 것에 대한 속죄를 위해 종군 간호사가 된 18세의 브라이오니의 시선을 통해 로비와 세실리아의 짧지만 강렬한 만남이 재현된다.

이 시점에서 관객들은 영화의 타이틀이 브라이오니의 '속죄'이며, 두 연인이 결국 시련을 극복하고 해피엔딩으로 마무리될 것으로 예상한다. 그런데 그 두 연인의 애절한 만남과 짧은 순간의 행복조차

스크린을 횡단하는 글로벌 문화

브라이오니가 자기 소설에서 기술한 허구임을 에필로그에서 밝힌다. 『어톤먼트』의 마지막 장에서 저명한 작가가 된 브라이오니는 소설 속에서 세실리아와 로비가 실제로 죽었음을 독자들에게 알릴 필요가 없었음을 다음과 같이 고백한다.

"범죄가 있었다. 그러나 그 곁에는 사랑하는 두 사람도 있었다. 연인들과 그들을 위한 행복한, 결말 이것이 밤새도록 나를 잡고 놓아주지 않고 있다. 우리는 저 석양 속으로 노 저어갑니다. 불행한 반전, 「아라벨라의 시련」을 쓴 이후로 내가 그렇게 먼 길을 온 것은 아니라는 생각이 든다. 아니, 멀리 길을 둘러 가다가 서둘러 시작 지점으로 되돌아온 듯한 느낌이다. 내 연인들이 내가 그들 곁에서 멀어져 가는 동안 런던 남부의 지하철역 바깥의 인도에 나란히 서 있는 것으로 행복한 결말을 맞는 것은 이 마지막 원고뿐이다. 그전의 원고들은 모두 냉혹하기 짝이 없었다. 그러나 이제 나는 독자들에게 직접적으로든, 간접적으로든 로비 터너가 1940년 6월 1일 브레됭에서 패혈증으로 죽었다는 사실을, 혹은 세실리아가 같은 해 9월 밸럼 지하철역 폭격으로 죽었다는 사실을 알려야 할 이유를 알지 못한다. 그해에 내가 그들을 만난 적이 없다는 사실을…. 그런 일들이 어떻게 결말이 될 수 있겠는가? 그런 일들에서 독자가 희망이나 만족감을 얻을 수 있겠는가? 냉혹한 사실주의를 구현한다는 것을 빼면 그런 결말이 가져올 장점이란 과연 무엇인가?"(『어톤먼트』 531-32)

엔딩 시퀀스: 잔인한 진실과 브라이오니의 속죄 행위

사실 현실에서는 언니를 마주할 용기가 없어서 끝내 언니와의 관계를 회복하지 못했던 브라이오니는 소설을 통해 언니가 잃어버린 것들을 돌려주려 했다. 그것은 혈관성 치매로 점점 기억을 잃어가는 노년의 브라이오니가 망각과 절망에 맞서서 할 수 있는 마지막 속죄 행위였다. 그녀는 언니를 사랑했고 언니의 사랑을 사랑했다. 그녀는 언니의 진정한 사랑을 보고 깨닫기 시작했다. 이렇게 브라이오니는 13살에는 결코 이해하지 못했던 언니의 사랑, 위험한 암호와 수상한 기호로 주고받던 언니와 로비의 사랑, 용기와 열정으로 가득했던 그들의 이루어지지 못한 사랑에 대한 속죄를 위해 그들의 해피엔딩을 상상하면서 글을 쓴 것이다.

"내 글이 소설이 되기 위해 어떤 사건들과 어떤 사람들을 왜곡했는지 신경 쓰는 사람은 아무도 없을 것이다. 물론 '그런데, 실제로는 무슨 일이 있었습니까?' 하고 묻는 독자들이 언제나 있다는 것은 나도 잘 알고 있다. 대답은 간단하다. 연인들은 살아남아 행복하게 산다. 내 마지막 원고가 세상에 존재하는 유일한 원고가 된다면, 그렇게 된다면, 나의 충동적이고 운좋은 언니와 그녀의 의사 왕자님은 살아남아 행복하게 살게 되는 것이다. 지난 오십 구년 간 나를 괴롭혀 왔던 물음은 이것이다. 소설가가 결과를 결정하는 절대적인 힘을 가진 신과 같은 존재라면 그는 과연 어떻게 속죄할 수 있을까? 소설가가 의지하거나 화해할 수 있는, 혹은 그 소설가를 용서할 수 있는 존재는 없다. 소설가 바깥에는 아무도 없다. 소설가는 자신의 상상

제2장. <어톤먼트>: 소녀의 망상이 초래한 비극적 사랑과 속죄 행위

속에서 한계와 조건을 정한다. 신에게도 소설가에게도 속죄란 있을 수 없다. 비록, 그가 무신론자라고 해도 소설가에게 속죄란 언제나 불가능한 일이며, 중요한 사실은 그것이다. 오직 속죄를 위한 노력만이 존재할 뿐이다." (『어톤먼트』 532-33)

현실에서는 지은 죄를 되돌릴 수 없다. 현실에서 일어난 모든 것은 영원으로 기록될 것이다. 브라이오니는 소설을 통해 자신의 죄에 대해 속죄하고자 했다. 그것이 그녀가 생의 마지막에 행한 속죄였다. 그녀는 그것을 자신이 로비와 세실리아 두 연인에게 바치는 최고의 친절이라고 간주했다. 그래서 영화의 엔딩에서 브라이오니는 TV 인터뷰에서 다음과 같이 말한다. "언니와 로비는 결코 함께 할 시간을 가질 수 없었죠. 그렇게 서로를 갈망했고 그렇게 돼야 했었는데, 그렇게, 그 후로 난…. 그 후로 난 항상 내 잘못이라 생각했어요. 하지만, 그런 결말에서 독자가 무슨 희망이나 만족을 얻겠어요? 그래서, 그 책에서는 로비와 언니에게 실제 삶에선 그들이 잃었던 것을 주고 싶었어요. 난 이것을 나약함이나 회피로 생각하고 싶진 않아요. 최고의 친절이죠. 난 그들에게 행복을 준 거예요."

한정아는 소설 『어톤먼트』에 쏟아지는 찬사의 첫 번째 이유가 '감동적인 스토리와 예기치 않은 반전'(524)에 있다고 주장한다. 나아가 "박혜명은 '책의 맨 마지막 장의 몇 문장이 간단히 폭로하는 믿기지 않는 진실, 번역서로 510쪽에 달하는 앞의 모든 이야기를 뒤집는 충격, 로비와 세실리아의 사랑을 다시 처음부터, 아련히 돌이켜보게 만드는 설정이 속죄의 매력'(75)이라고 말한다. 그런데 여기서, 속죄의 결말 부분의 '반전'에 대한 놀라움과 찬사에 더해서, 그 놀라움과 찬사 때문에 간과해 버린 것을 분석할 필요가 있다. 이는 앞서 언급한 예술가 소설, 성장 소설, 고백의 서사 그리고 메타픽션이 만나는 지점에서 구축된 자의식적 소설의 미학적 특성 중 가장 주목해야 할 논점이기도 하다"(이채원 619-19).

원작 소설을 훌륭하게 구현한 영화의 엔딩 시퀀스에서 보여준 예상치 못한 '반전'을 담아낸 조 라이트 감독의 탁월한 카메라워크는 창의적인 미학적 성취라고 할 수 있다. 브라이오니의 서사 중심인 원작을 감성적인 러브스토리로 변주함으로써 관객들에게 깊은 인상을 선사하는 조 라이트 감독의 탁월한 연출과 영상 언어는 <어톤먼트>를 더욱 눈부신 예술 작품으로 승화시키고 있다.

그룹 액티비티 및 에세이 주제

1. 영화 <어톤먼트>는 현대 영국을 대표하는 작가 이언 매큐언의 동명 소설을 각색한 작품이다. 소설과 영화의 유사점과 차이점에 관해 토론하고 조 라이트 감독의 영화가 지닌 독창성이 무엇인지를 기술해 보자.

2. <어톤먼트>는 13세 소녀 브라이오니 망상과 거짓 진술로 인해 비극적인 사랑의 주인공이 된 두 연인의 애잔한 러브스토리를 담고 있다. 세실리아와 로비의 삶을 비극으로 몰아간 브라이오니가 속죄의 방법으로 택한 종군 간호사와 이후 성공한 작가로서의 삶에 대해 토의해 보자.

3. <어톤먼트>는 브라이오니의 거짓 진술과 제2차 세계대전의 발발로 인해 파국으로 치닫는 로비와 세실리아의 잔인한 운명을 보여준다. 영화의 중반부에서 보여주는 '덩케르크 철수' 장면과 전쟁으로 인해 죽음을 맞이하게 되는 로비와 세실리아의 비극적인 사랑에 관해 토론하고 그 내용을 정리해 보자.

4. <어톤먼트>에서 가장 인상적인 장면은 무엇이고 그렇게 생각한 이유를 적어보자.

5. 현대 영국을 대표하는 작가 이언 매큐언의 소설에 나타난 특징과 독창성은 무엇인가? 영화화된 이언 매큐언의 소설을 찾아 토론하고 그 내용을 정리해 보자.

6. 영화의 엔딩에서 베스트셀러 작가가 된 노년의 브라이오니는 "나는 소설 속에서 어떻게 해서든 그들에게서 속죄받고 구원받고 싶었다"라고 말하며 자신의 소설 속에서 로비와 세실리아의 사랑을 해피엔딩으로 윤색한다. 브라이오니의 참회가 그녀 자신과 독자들에게 용서받을 수 있을지 토의해 보자.

제 3 장

<더 리더>
: 독일 현대사와 나치 범죄에 대한 단죄

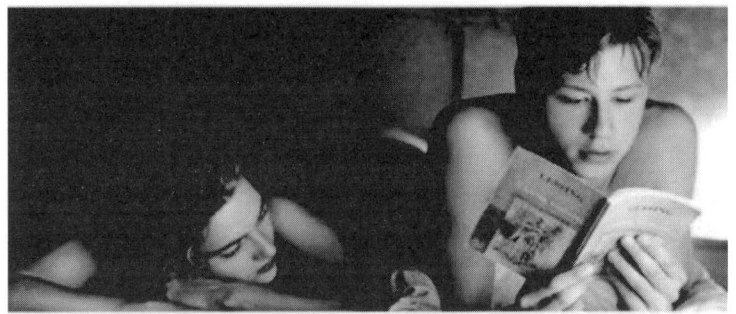

스크린을 횡단하는 글로벌 문화

2008년에 상영된 영화 〈더 리더: 책 읽어주는 남자〉(*The Reader*)는 스티븐 달드리(Stephen Daldry, 1961~) 감독이 연출한 작품으로 케이트 윈슬렛(Kate Winselet), 랄프 파인즈(Ralph Fiennes), 데이빗 크로스(David Kross)가 주연을 맡아 열연했다. 골든 글로브 작품상, 감독상, 각본상, 영국 아카데미 작품상, 감독상, 각색상, 촬영상 및 아카데미 작품상, 감독상, 각색상, 촬영상에 노미네이트 되는 등 세계적인 영화상을 수상한 빛나는 걸작이다. 특히, 주연을 맡은 케이트 윈슬렛은 이 영화에서 보여준 절정의 열연으로 영국 아카데미 여우주연상, 골든 글로브 여우조연상과 더불어 2009년 제81회 아카데미 여주연상을 수상하는 기염을 토했다. 또한, 마이클 역을 맡았던 데이빗 크로스와 랄프 파인즈는 2인 1역을 맡아 평생을 뒤흔든 운명적인 첫사랑의 애절한 아픔을 사실적으로 그려냈다.

2009년 개봉 당시 〈더 리더〉는 저명한 영화 평론가 로저 이버트(Roger Ebert)의 "최고의 영화"라는 평과 함께 "당신 인생에서 가장 고차원적인 영화 감상을 안겨줄 궁극의 경지에 다다른 영화, 어떤 기대도 이 영화가 주는 감정적인 충격을 막을 수 없다"(『뉴욕 옵서버』)라는 찬사를 이끌어냈다. 또한 "대담하고 예리하며 감동적이고 뜨거울 정도로 진실된 연기"(『타임』), "에로티시즘, 비밀, 죄의식에 관한, 성적인 자극과 도덕적 딜레마에 관한 흥미진진한 이야기"(『월스트리트 저널』) 등 배우들의 연기와 영화의 주제에 대한 호평이 뒤따랐다.

영화 〈더 리더〉는 『뉴욕타임스』, 『뉴스위크』, 『로스앤젤레스 타임스』 등 세계 유명 매체들이 작품성과 케이트 윈슬렛의 연기에 대한 호평을 쏟아내고 있다. 특히 『뉴욕 타임스』는 '걸작'(Masterpiece)이라는 리뷰를 실으며 영화에 대해 찬사를 아끼지 않았다. 이는 탄탄한 구성과 배우들의 파격적인 연기, 관객을 매료시키는 완벽한 연출력이 관객들과 평단의 만장일치로 지지를 받고 있는 것으로 풀이할 수 있다. 독일 작가 베른하르트 슐링크(Bernhard Schlink, 1944~)의 동명 소설을 영화화한 〈더 리더〉는 10대 소년 마이클과 30대 여자 한나의 짧지만, 격정적인 사랑을 그려낸 작품으로 한 여자로 인해 일생이 송두리째 흔들리는 한 남자의 운명적인 사랑을 담고 있다.

1959년에 발표한 소설 『양철북』(*Tin Drum*)으로 유명한 독일의 노벨문학상 수상 작가 귄터 그라스(Günter Grass, 1927~2015) 이후 현대 독일 작가 중 가장 많은 주목을 받고 있는 베른하르트 슐링크의 소설 『더 리더』(*The Reader*, 1997)는 제2차 세계대전과 홀로코스트(Holocaust, 제2차 세계대전 중 나치 독일이 자행한 유대인 대학살)를 배경으로 한다. 슐링크의 작품들에는 학술적 저작, 소설, 시뿐만 아니라 전기, 회고록, 수필, 영화, 그림, 만화 등 다양한 유형이 있다. 이것들은 인간이 만든 가장 암울한 시대를 살아가야 했던 사람들이 각자에게 주어진 환경과 여건에 대해 어떻게 대응하였는지, 또한 독자들에게 만약 당신이라면 그 상황에서 어떻게 대응했을지를 묻는다. 특히, 나치 강제수용소에서의 대량학살과 인종말살의 대명사가 된 '홀로코스트'를 목격하고 체험한 사람들이 울부짖으며 고발하는 내용과 장면들은 독자들로 하여금 인간이 될 수 있는 조건은 도대체 무엇인지 스스로 묻게 하고 그 답을 찾지 못해 좌절하게 한다.

제3장. <더 리더>: 독일 현대사와 나치 범죄에 대한 단죄

나치즘과 극단적인 인종말살 정책

주지하듯이 제1차 세계대전 이후 나타난 이탈리아의 파시즘과 독일의 나치즘, 일본의 군국주의의 공통분모는 전체주의(totalitarianism)라고 할 수 있다. 일반적으로 전체주의란 개인이나 개별 집단보다 사회 또는 국가 전체가 우월하다는 사상이나 원리를 바탕으로 국가가 사회 전체에 대해서 배타적으로 지배권을 행사하는 정치체제를 의미하며, 이러한 체제에서 국가는 절대적인 성격을 띤다.

국내의 세계사 교과서들의 전체주의에 관한 내용은 경제공황의 위기 상황에서 전체주의 국가가 대두했고, 전체주의 국가의 도발로 제2차 세계대전이 발발했다는 도식을 따르고 있다. 대체로 "우리나라 고등학교 세계사 교과서 3종에는 이탈리아의 파시즘 체제가 성립하게 된 배경을 첫째, 제1차 세계대전 후 식민지 경쟁에 대한 불만, 둘째, 경제위기로 인한 노동운동과 이로 인한 사회혼란, 셋째, 유산계급, 보수세력, 대중의 지지로 서술하고 있다. 파시즘 정권의 특징을 국가 지상주의, 군국주의, 팽창주의, 자유의 억압으로 구체적으로 설명하고 있다. 금성사 교과서의 경우에만 파시즘에 대해 이탈리아의 전체주의를 뜻하지만, 넓게는 나치즘까지 포함하여 전후에 생겨난 모든 전체주의를 총괄하는 뜻으로 사용된다고 정의하고 있다. 독일의 나치즘 성립 배경은 대공황으로 인한 경제상황의 악화에 있다고 서술하고 있으며, 히틀러의 나치스가 국민적 지지를 통해 정권을 장악했다고 서술한다. 또한, 나치즘이 극단적인 인종주의를 바탕으로 민족주의와 전체주의를 표방했으며, 공산당의 성장을 두려워한 자본가와 군부가 나치즘 체제를 지지했다고 서술하고 있다"(지희경 5)[1].

홀로코스트의 역사와 아우슈비츠 수용소

홀로코스트 가해자인 한나(Hanna Schmitz, 케이트 윈슬렛 분)의 이야기를 조명한 영화 <더 리더: 책 읽어주는 남자>는 독일 작가 베른하르트 슐링크가 1995년에 발표한 동명의 소설을 원작으로 한다. 슐링크는 이 소설에서 한나와 마이클(Michael Berg, 데이빗 크로스 분)을 통해 전쟁 이전 세대와 이후 세대 간의 관계와 세대 차이를 그리고자 했으며, 나치 과거가 몇몇 사람들을 법적으로 처벌해서 해결될 수 있는가 하는 문제를 제기한다. 이러한 문제 제기를 슐링크는 한나의 재판을 통해 형상화한다. 슐링크는 "한나와 미하엘(마이클)의 관계를 신세대와 구세대 간의 관계의 소통불가를 보여주는 메타포"(Schlink

---

[1] 지희경. 『영화를 이용한 전체주의 바로 알기-영화 『디 벨레』, 『더 리더: 책 읽어주는 남자』, 『타인의 삶』을 중심으로-』. 이화여자대학교 대학원 석사논문. 2011.

80)라고 설명한다.

스티븐 달드리의 영화 〈더 리더〉는 원작의 스토리라인을 충실히 따르면서 나치 세대와 전후 세대 간의 소통이 얼마나 어려운 일인가를 시각적으로 보여주는 데 주력한다. 영화는 '죽음의 행군'이라는 홀로코스트 역사를 다루지만, 당시의 상황을 시각적으로만 재현하지는 않는다. 끔찍했던 당시의 상황은 한나의 진술과 증인들의 진술을 통해 청각적으로 재현된다. 관객들은 이러한 진술을 토대로 하여 당시의 급박하고 절박했던 상황을 상상할 수 있게 된다. 명백히 〈더 리더〉의 여주인공 한나 역시 독일 현대사의 알레고리(allegory, 말하고자 하는 바를 그대로 드러내지 않고 다른 것에 빗대어 설명하는 방식을 의미함)이며, 일차적으로 홀로코스트에 직접적으로 연관된 세대의 다음 세대, 즉 마이클과 같은 '두 번째 세대의 죄'라는 문제를 조명하고 있다.

가해자 혹은 피해자로서 평범한 독일인

아이러니하게도 1990년대 광범위한 역사적 논쟁으로 나치 시대를 살았던 평범한 독일인들도 홀로코스트라는 '문명파괴'(Zivilisationsbruch)의 범죄로부터 결코 자유롭지 못하다는 사실이 자명해진 상황에서 2000년대에 들어와서 독일인들에게 자신들의 고통을 주제로 삼는 것으로 독일 기억문화의 전환이 나타나고 있는 점은 주목할 필요가 있다. 2000년대 들어서며 패전 후 동유럽 독일인들의 추방 문제를 다룬 귄터 그라스(Günter Grass, 1927~2015)의 『게걸음으로』(Crabwalk, 2002), 연합군의 공중폭격을 재구성한 역사가 요르그 프리드리히(Jörg Friedrich)의 『화염, 1940-1945 폭격전 당시 독일 1940-1945』(The Fire, 2002), 소련군의 베를린 점령 때 발생한 독일 여성들에 대한 집단강간을 조명한 익명의 일기, 마르타 힐러(Marta Hillers)의 전쟁일기 『베를린의 여인』(A Woman in Berlin, 2005) 등 독일인의 전쟁 트라우마를 주제로 한 책들이 속속들이 출판되었다. 이 작품들은 대중의 폭발적인 호응을 얻으며 기억의 초점은 가해자로서의 독일인에서 피해자(희생자)로서의 독일인으로 옮겨간다. 이렇게 형성된 담론은 '새로운 독일인 피해자 담론'이라는 명칭을 얻게 되었다.

이러한 현상에 대해 사회심리학자 벨처(Harald Welzer)는 홀로코스트와 나치 범죄에 관한 공식적 서사보다 상실, 피난, 희생 등 고난의 기억이 독일인의 "체감 역사"(Welzer 53)[2])에 더 가깝기 때문이라고 진단했다. "히틀러와 국가사회주의 정책에 대한 당시 독일인들의 광범위한 지지나 '평범한 독일인들'의 범죄행위가 학문적 연구를 통해 여실히 밝혀졌고 범죄 역사에 대한 인정과 반성적 태도가 공적인 영역에서는 이미 합의의 성격을 띠고 있음에도 불구하고 동시에 이러한 '역사적 사실'을 개인사 및 가족사에 편입시키는 데 여전히 많은 독일인들이 어려움을 겪고 있다는 사실이 아스만과 프레버트(Aleida Assmann & Ute Frevert 46)가 '가해자 기억'(Tätergedächtnis)이라고 정의한 독일 기억문화가 확립된 듯 보이는 시기에 분명해진 점은 많은 연구자들로 하여금 기억문화를 재평가하도록 하는 계기가 되기에

---

2) Welzer, Harald "Schön unscharf. Über die Konjunktur der Familien und Generationenromane." *Mittelweg* 36.1 (2004): 53-64

제3장. <더 리더>: 독일 현대사와 나치 범죄에 대한 단죄

충분하다"(우현아 150-51)3).

스티븐 달드리의 작품 세계

영국 출신의 영화감독 스티븐 달드리(Stephen David Daldry, 1960~)는 32살의 젊은 나이에 런던의 한 극장 예술감독으로 자신의 커리어를 시작한다. 고고한 영국 예술계에도 유난히 빛나 보였던 스티븐 달드리는 탁월한 연출력을 인정받아 40살의 늦깎이로 영화 연출에 입문한다. 이후 그는 로저 미첼(Roger Michell), 샘 멘데스(Sam Mendes)를 잇는 영국 연극계가 배출한 세계적인 영화감독이 되었다. 그의 초기작 〈빌리 엘리어트〉(Billy Elliot), 〈디 아워스〉(The Hours), 〈더 리더: 책 읽어주는 남자〉는 아카데미 감독상에 모두 이름을 올렸고, 무수한 이들이 그의 영화를 자신의 인생작으로 꼽곤 한다.

〈디 아워스〉는 낭만과 격정, 때로는 스산함으로 우리를 사로잡았던 영국의 여류 소설가 버지니아 울프(Virginia Woolf, 1882~1941)의 삶을 스크린에 되살린 영화다. 이 영화에서 니콜 키드먼은 1923년 소설『댈러웨이 부인』(Mrs. Dalloway)을 쓴 작가 버지니아 울프 역할을 맡아 그 섬세함과 예민함을 완벽히 소화해서 아카데미 여우주연상 수상의 영예를 안았다. 나아가 영화 〈트래쉬〉(Trash)는 2010년에 발표되어 전 세계 12개국 언어로 번역된 앤디 멀리건(Andy Mulligan)의 동명의 베스트셀러 소설을 원작으로 만들어진 작품이다. 국내에서는 '트래쉬'라는 단어의 뜻인 '쓰레기'라는 부적절한 느낌을 불러일으키는 뉘앙스 때문에『안녕, 베할라』라는 제목으로 번역되어 나왔다.

〈더 리더〉: 소설에서 영화로

소설『더 리더』는 2000년대 이후 발표된 독일 현대 문학 중 귄터 그라스의『게걸음으로』(2002)는 물론 제발트(W. G. Sebald)의『아우스터리츠』(Austerlitz, 2001), 우베 팀(Uwe Timm)의『내 형을 예로

---

3) 우현아. 「2000년대 이후 독일 기억문화—나치 과거의 '역사화'를 둘러싼 기억들의 충돌」.『독일문학』 65 (2024): 147-69.

스크린을 횡단하는 글로벌 문화

들어』(*Am Beispiel meines Bruders*, 2003)와 더불어 2세대 독일 홀로코스트 문학의 대표작으로 간주되고 있다(Kampmeyer 10)[4]. 제2차 세계대전, 특히 68학생 운동 이후부터 현재에 이르기까지 독일 사회의 가장 논쟁적인 주제 중의 하나가 홀로코스트라는 사실은 이론의 여지가 없을 것이다. "68 학생운동의 중요한 이슈 중의 하나가 아버지 세대가 저지른 홀로코스트 만행에 대한 비판이었음은 말할 것도 없고, 1980년대에 들어서도 미국 TV 미니 시리즈(1978)가 촉발시킨 역사가 논쟁(1986), 레이건 미국 대통령의 비트부르크 묘역 참배(1985)와 수정의 밤 50주년 기념행사(1988)를 계기로 홀로코스트에 대한 논쟁은 뜨거웠다. 그러다 독일통일과 더불어 소강상태에 접어든 듯하던 홀로코스트 논쟁은 90년대에 들어서도 영화 〈쉰들러 리스트〉(*Schindler's List*, 1993), 골드 하겐(D. J. Goldhagen)의 저서 『히틀러의 자발적 학살 집행자들』(*Hitler's Willing Executioners: Ordinary Germans and the Holocaust*, 1996), 나치 시대 독일군의 만행을 고발한 '나치 국방군 전시회'(1995-1997), 1998년 베를린 홀로코스트 추모관 건립 계획 등을 계기로 계속 이어졌다"(조현천 198)[5].

영화 〈더 리더〉는 현재 시점인 1995년의 아침으로 시작한다. 50대 중년의 변호사인 마이클(랄프 파인즈 분)은 사귀는 여자에게조차 자신의 속마음을 드러내지 않고 일정한 거리를 두고 살아간다. 그 문제로 아침부터 여자에게 원망을 들은 마이클은 저녁 일정을 묻는 여자의 질문에 딸을 만날 것이라고 대답하자, 여자는 딸 이야기는 처음 듣는다고 말한다.

영화의 오프닝에서 보여준 짧은 대화를 통해 알 수 있듯이, 마이클(미하엘)은 몇 년 전 아내와 이혼했고, 현재 변호사로 살아가고 있다. 카메라는 여자가 집을 나간 후 마이클이 창밖의 거리를 보다가 37년 전인 1958년에 경험했던 잊을 수 없는 소년 시절의 과거를 회상하는 모습을 플래시백을 통해 보여준다. 당시 15세 소년이었던 마이클은 전차를 타고 가던 때의 자신의 모습을 떠올린다. 1958년 비가 내리는 어느 날 마이클은 전차를 타고 학교에서 집으로 돌아가던 중 몸이 좋지 않아 전차에서 내려 길을 걷다가 길 한복판에서 심한 구토를 일으킨다. 다행히 그는 그 앞을 지나던 한나 슈미츠(Hanna Schmitz, 케이트 윈슬렛 분)라는 이름의 중년 여성의 도움을 받는다. 한나는 홀로 살아가는 36살의 여성으로

---

[4] Kampmeyer, Dieter. Trauma-Konfigurationen, Würzburg, 2014.
[5] 조현천. 「베른하르트 슐링크의 소설 『책 읽어주는 남자』에 나타난 비전형을 통한 진실탐구」. 『독일언어문학』 88 (2017): 185-202.

제3장. <더 리더>: 독일 현대사와 나치 범죄에 대한 단죄

검표원으로 일하고 있다. 마이클은 구토로 인해 우연히 한나가 살고 있는 어두운 회색 빛 세계로 발을 들여놓게 되면서 한나의 삶에 스며들기 시작한다. 마이클에 대한 한나의 영향은 여러 차례 물의 이미지를 통해 표현된다. 한나와 마이클이 우연히 만나는 첫 장면에서 한나는 절도 있는 동작으로 마이클의 구토물을 깨끗이 치워주고 집으로 데려다준다. 더러운 것을 청결하게 씻어주는 물은 마이클의 개인적 수치심을 지워 주는 매개체로 작용한다.

마이클과 한나의 육체적 사랑

한나는 마이클의 얼굴을 닦아주고 집에 바래다준다. 마이클은 성홍열에 걸려 3개월 동안 집에 누워있게 된다. 질병에서 회복한 후에 마이클은 고맙다는 인사를 하기 위해 꽃을 들고 한나를 찾아가는데, 그녀는 옷을 다림질하고 있다. 한나는 성홍열 때문에 책도 읽을 수 없어 지루했다고 말하는 마이클을 의미심장한 눈길로 쳐다본다.

마이클이 감사 인사를 전한 후에 떠나려고 하자, 한나는 같이 나가자면서 옷을 갈아입는 동안 잠시 기다리라고 말한다. 마이클은 옆방으로 가면서 한나가 스타킹을 신을 때의 모습을 훔쳐보다가 눈이 마주치자 당황하여 도망가 버린다. 마이클이 훔쳐본 스타킹을 신을 때의 관능적인 한나의 모습은 그의 마음에 불을 지펴 일주일 내내 그녀에 대한 생각을 떨쳐낼 수 없게 만든다. 이후 한나의 주위를 맴돌던 마이클이 마침내 그녀의 집을 다시 찾아온다. 한나는 아래층에서 석탄을 가져오라고 말하고 잠시 후 석탄으로 더러워진 마이클에게 목욕할 것을 권한다. 한나는 목욕을 마친 마이클의 몸을 타월로 말려주면서 그를 유혹하고, 그들은 처음으로 성관계를 맺는다(그림 1). 원작 소설에는 이 장면이 다음과 같이 묘사되어 있다.

> "나는 그녀 쪽으로 등을 향한 채 몸을 일으켜 욕조에서 나왔다. 그녀는 등 뒤에서 타월로 나를 머리부터 발끝까지 감싸고 문지르며 물기를 말려주었다. 그리고 나더니 그녀는 타월을 바닥에 떨어뜨렸다. 나는 감히 움직일 엄두를 내지 못했다. 그녀가 아주 가깝게 다가왔기 때문에 나는 나의 등에 그녀의 젖가슴을 그리고 나의 엉덩이에 그녀의 배를 느꼈다. 그녀 역시 알몸이었다. 그녀는 양팔로 나를 휘감았다. 한 손으로는 나의 가슴을, 다른 한 손으로는 빳빳해진 나의 성기를 어루만졌다. '바로 이것 때문에 너는 여기 온 거야?'…. 그녀는 웃으면서 양팔로 나의 목을 끌어안았다. 나도 그녀를 품에 안았다. 나는 두려웠다. 서로의 몸을 더듬는 것이. 키스가, 그리고 내가 혹시 그녀 마음에 들지 않으면 어쩌나, 내가 그녀를 만족시키지 못하면 어쩌나 하고. 그러나 잠깐 동안 서로를 끌어안은 채, 그녀 몸의 냄새를 맡고 그녀의 체온과 힘을 느끼고 나자, 모든 것은 자연스럽게 이루어졌다." (『더 리더』 28-29)[6]

---

[6] 베른하르트 슐링크. 『더 리더: 책 읽어주는 남자』. 김재혁 옮김. 서울: 이레. 2004.

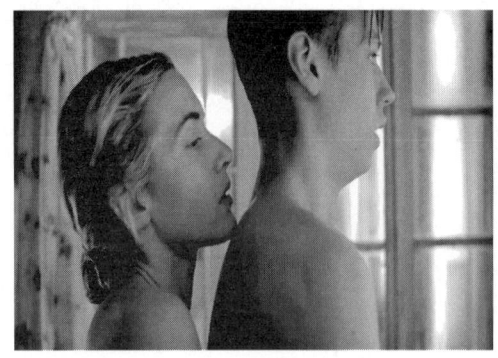

(그림 1)   (그림 2)

마이클과 한나의 사랑의 의식

한나와 첫 관계를 맺은 이후, 마이클은 거의 매일 학교를 마치고 한나의 집에 들러 사랑을 나누기 시작한다. 어느 날 한나는 마이클에게 학교에서 배운 책을 읽어 달라고 부탁한다. 마이클은 처음에는 책 읽기에 자신이 없어 했지만, 점차 능숙해졌고 책을 잘 읽는다는 한나의 칭찬에 한 번도 자신이 무엇을 잘한다고 생각해 본 적이 없는 그가 학교생활에서도 자신감을 가지게 된다. 얼마 후 한나와 마이클은 사소한 문제로 다투게 되지만, 둘은 곧 화해한다. 한나는 순서를 바꾸어 사랑 행위 이전에 책을 읽어달라고 마이클에게 부탁한다. 원작 소설에서는 마이클이 읽어주는 책 내용에 흠뻑 심취한 한나가 희열을 만끽하며 사랑을 불태우는 대목이 다음과 같이 묘사되어 있다.

> "내가 아플 동안 우리 반에서는 『에밀리아와 갈로티』와 『간계와 사랑』을 읽었는데, 얼마 후 감상문을 제출하도록 되어 있었다. 그래서 나는 이 두 작품을 읽어야 했다. 하지만 다른 일부터 먼저 끝내놓고 책을 읽으려 하면 언제나 시간이 너무 늦었다. 나는 피곤했고, 그나마 읽은 것도 다음 날에는 잘 생각이 나지 않았다. 그래서 나는 책들을 다시 한번 읽어야 했다. '그 책을 좀 읽어줘!' '직접 읽어요, 책을 갖다 줄 테니까.' '꼬마야, 넌 목소리가 예쁘잖니, 난 내가 직접 읽는 것보다 네가 읽어주는 것을 듣고 싶어.' '아이, 몰라요.'" 하지만 다음 날 그녀와 만났을 때 그녀에게 키스를 하려고 하자, 그녀는 몸을 뺐다. '그 전에 먼저 내게 책을 읽어줘야 해.' (『더 리더』 48-49)

한나와 마이클의 사랑은 육체적 사랑부터 시작했지만, 점차 사랑이라는 감정을 느끼게 된다. 그들의 사랑의 연결고리는 다름 아닌 책이었다. 한나는 섹스에 앞서 책을 읽어줄 것을 부탁하고, 마이클은 그녀를 위해 책을 읽어준다(그림 2). 이렇게 마이클은 한나가 행복해하는 것에 보람을 느꼈고 그녀에게 책을 읽어주는 것이 곧 자신의 성적 욕망을 충족시켜 주는 과정이었기에 한나에게 있어 '책 읽어주는 남자'가

제3장. <더 리더>: 독일 현대사와 나치 범죄에 대한 단죄

된 것이다.

"그녀는 진지했다. 나는 그녀가 나를 샤워실과 침대로 이끌기 전 반 시간가량 그녀에게 『에밀리아와 갈로티』를 읽어주어야 했다. 이제는 나도 샤워를 좋아하게 되었다. 내가 그녀의 집에 올 때 함께 가져온 욕망은 책을 읽어주다 보면 사라지고 말았다. 여러 등장인물들의 성격이 어느 정도 뚜렷이 드러나고 또 그들에게서 생동감이 느껴지도록 작품을 읽으려면 집중력이 꽤 필요했기 때문이다. 샤워를 하면서 욕망은 다시 살아났다. 책 읽어주기, 샤워, 사랑 행위 그러고 나서 잠시 같이 누워있기—이것이 우리 만남의 의식이 되었다." (『더 리더』 49)

한나와의 자전거 여행 그리고 긴 이별

어느 날 마이클은 자신이 수집하던 우표를 팔아서 한나와 자전거 여행을 떠난다. 그들은 음식점에 들러 식사를 하려고 한다. 한나는 음식점에서 메뉴를 읽지 못해 주저하는데, 마이클은 이를 눈치채지 못한다. 잠시 후 한나는 어느 교회에서 성가연습을 하는 아이들의 합창에 감격하여 눈물을 흘리고 마이클은 그녀의 아름다운 모습에 감동한다. 카메라는 다시 현재 시점으로 돌아와 중년이 된 마이클이 한나와 함께 할 때 쓴 시를 읽고 있는 장면을 담아낸다. 그는 변호사가 되었고 운전하면서 법원으로 향하는 중 한나가 성당에서 들으며 눈물짓던 그 성가를 듣는다. 이 장면에 이어 카메라는 다시 마이클이 한나와 이별했던 시점으로 돌아간다. 한나는 근무 실적이 우수하여 사무직으로 발령이 난다.

한편 마이클은 한나와 지내기 위해 학교가 끝나자마자 나와야 했고 친구들, 특히 여자 친구들과는 제대로 어울릴 수가 없었다. 마이클의 생일날 깜짝 파티를 준비한 친구들도 뿌리친 채 한나에게 가서 책을 읽는데 글을 몰라 사무직 근무를 할 수 없었던 한나가 책에 집중하지 못하고 괜스럽게 짜증을 낸다. 마이클 역시 자신의 생일조차 관심이 없는 한나에게 화를 내고 둘은 말다툼을 한다. 한나는 누구의 잘못도 아니라면서 마이클의 몸을 구석구석 정성껏 씻어준다. 한나의 행위는 이것이 마이클과 마지막이라는 것을 암시한다. 그녀는 눈물을 흘리며 사랑을 나눈 뒤 이제 친구들에게 돌아가 보라고 말한다. 다음날 친구들과 어울리다가 한나의 집에 들른 마이클은 한나가 이미 떠나고 없음을 알게 되고 그녀를 찾아 헤매지만 결국 찾지 못한다.

자전거 하이킹 시퀀스는 한나와 마이클이 함께 보내는 가장 행복한 시간을 담아낸다. 이 시퀀스에서 한나는 처음으로 밝은 색의 의상을 입고 환한 웃음을 보이며 행복해한다. 한나와 마이클은 우연히 오래된 교회에 들르게 되고, 그곳에서 한나는 아이들의 교회 성가대 연습 장면을 지켜보며 감동을 받아 눈물을 흘린다. 마이클은 그녀의 눈물 어린 표정의 의미를 이해하지 못하고 그녀를 향해 행복한 미소를 짓는다. 이 장면은 교회와 관련된 한나의 과거를 암시하면서 앞으로 닥칠 한나의 파국을 예감하게 한다.

이어지는 장면에서 카메라는 마이클이 계곡에 앉아 한나가 수영하는 모습을 지켜보면서 그녀에 관한 시를 쓰는 장면과 그 시를 읽으며 회상에 잠기는 현재의 마이클을 교차 편집으로 담아내며 현재의 마이클이 한나의 영향으로부터 벗어나지 못하고 있음을 암시한다. 다시 말해 마이클의 과거와 현재가

반복적으로 교차 편집되는 장면전환 방식은 전후 세대가 과거 세대의 역사에서 완전히 해방될 수 없음을 표현한다.

한나는 근무 실적이 우수하여 사무직으로 발령을 받지만, 자신이 문맹이라는 사실을 감추기 위해 마이클과의 이별을 결심한다. 한나는 마지막으로 엄청난 집중력을 보이며 마이클의 몸을 정성껏 씻어준다. "이 목욕 장면은 클로즈업과 풀 쇼트, 미디엄 쇼트 등 다양한 쇼트의 변화를 통해 마치 한나가 속죄 의식을 치르는 듯한 경건한 분위기를 연출한다. 카메라는 몸 씻기에 열중하는 한나의 심각한 표정을 클로즈업하며 앞으로 밝혀질 한나의 과거를 암시한다"(정동란 200)[7].

마이클과 이성 친구들과의 불편한 관계

한나와의 은밀한 관계를 통해 마이클이 자신감 있는 소년으로 성장해 가는 것과 대조적으로 마이클이 학교에서 맺는 교우관계, 특히 이성 친구들과의 관계는 자신의 속마음을 털어놓을 수 없기에 매우 불편하고 어렵다. 이것은 원작 소설에서 마이클의 이성 친구인 소피와의 대화를 통해 명백히 드러난다.

> "내가 나의 속을 완전히 보여주지 않았다는 것을 친구들이 눈치챈 것은 상황 개선에 도움이 되지 않았다. 어느 날 저녁 소피와 나는 집으로 돌아가던 중 뇌우를 만나 노이엔하임 벌판에서 어느 정자의 처마 밑으로 비를 피했다. 당시 그곳에는 아직 대학 건물들이 들어서지 않았으며 밭과 정원들이 있었다. 천둥과 번개가 치고 폭풍이 몰아치면서 주먹만 한 빗방울이 마구 쏟아졌다. 기온도 5도 정도는 떨어진 것 같았다. 우리는 추워서 덜덜 떨었다. 그때 나는 그녀를 두 팔로 끌어안아 주었다. '너 말야.' 그녀는 나를 쳐다보지 않고 쏟아지는 빗줄기를 응시했다. '왜?' '너 오랫동안 아팠지. 간염 때문에 말야. 너를 괴롭히는 게 바로 그거니? 넌 다시 전처럼 건강을 되찾지 못할까 봐 겁나니? 의사 선생님들이 무슨 말이라도 했니? 그래서 넌 매일 병원에 가서 피를 바꾸어 넣거나 주사를 맞아야 하니?' 한나를 병으로 생각하다니. 나는 부끄러웠다. 하지만 한나에 대해 이야기하는 것은 이제 더 어려워졌다. '아냐, 소피. 난 이제 아프지 않아. 내 간 기능 수치는 이제 정상이야. 1년 뒤에는 내가 원하면 술도 마실 수 있을 거야. 물론 난 그러고 싶진 않아. 나를 괴롭히는 건…' 나는 한나와 관련된 것, 그러니까 나를 괴롭히는 것에 대해서는 말하고 싶지 않았다." (『더 리더』 83-84)

[7) 정동란. 「영화 <더 리더>에 나타난 기억의 영상적 재현」. 『브레히트와 현대연극』 35 (2016): 193-209.

법대생이 된 마이클과 전범 재판의 피고인 한나

이어서 카메라는 한나와 마이클이 서로 헤어진 후 8년이 지난 1966년 어느 날, 마이클이 법대생이 되어 수업을 듣는 장면을 보여준다. 수업을 같이 듣는 여학생이 마이클에게 특별한 관심을 보이지만, 마이클은 관심을 보이지 않는다. 한 법대 교수님의 특별 세미나 수업을 듣는 마이클은 수업의 한 부분으로 유태인 학살 전범 재판에 방청객으로 가게 되고 거기서 나치 범죄자 중 한 명으로 재판을 받는 한나를 보게 된다(그림 3).

(그림 3)

(그림 4)

아우슈비츠 강제수용소 여자 감시원 중 한 명이었던 한나가 가스실 해당자 선별 작업을 한 혐의와 더불어 연합군의 폭격에 의해 여성 수감자들이 있었던 교회가 불탔을 때 문을 열어주지 않아 2명의 모녀를 제외하고 모두 불에 타 죽게 한 혐의로 기소되었다. 마이클은 법학도로서 담당 교수 및 교우들과 함께 이 재판을 참관하면서 우연히 '한나 슈미츠'라는 이름을 듣게 된 것이다.

나치 전범 재판은 아우슈비츠 수용소에서 일어났던 '죽음의 행군'과 관련된 홀로코스트 역사를 현재화한다. 당시 수용소 감시원이었던 한나는 살인을 방조했다는 피고인 자격으로 법정으로 소환된다. 법정은 과거의 역사를 현재로 소환하는 공간일 뿐 아니라 마이클과 한나가 재회하는 공간으로 기능한다. 재판이 진행되면서 서서히 한나의 과거 행각이 드러난다. 한나는 일자리가 필요해서 자발적으로 아우슈비츠 수용소에서 감시원으로 일했다고 말한다. 그리고 다른 피고인들은 모두 부정하지만, 한나는 수감자 중 아우슈비츠로 보내질 사람들을 선발하는 과정에 참여했고, 그것은 새로운 수감자를 받기 위해 어쩔 수 없는 일이었다고 해명한다(그림 4).

당시 수감자 중 유일하게 살아남은 유대인 모녀의 증언에 의해 한나를 포함하여 다른 5명의 피고인들도 참여했음이 밝혀진다. 특히, 한나는 다른 감시원들과 달리 여자아이들을 선발하여 돌봐주며 책을 읽게 한 다음 그들을 아우슈비츠로 보냈음이 밝혀진다. 한나와 함께 기소된 강제수용소 감시원이었던 사람들은 전형적인 나치 부역자들이다. 이들은 자신의 죄와 형량을 줄이기 위해 거짓말, 회피, 부인, 그리고 한나에게 죄를 뒤집어씌우기에 혈안이 된다. 말하자면, 이들은 죄를 짓고도 처벌을 모면하기 위해 다시 죄를 짓는 파렴치한 범죄자들이다. 한나가 과거 나치의 부역자로 일했으며 자신에게 한 것처럼 유대인 아이들에게 책을 읽게 했다는 사실을 알게 된 마이클은 괴로워한다. 영화에서는 한나가 방청석에 앉아있는 마이클의 존재를 알아차리지 못하는 것으로 재현되는 데 반해, 원작 소설에서는 한나가 마이클을 찾아낸 장면이 다음과 같이 묘사되어 있다.

"재판장은 그녀에게 진술을 보충하고 싶은지 물었다. 그녀는 앞으로 나오라는 말이 떨어질 때까지 기다리지 않았다. 그녀는 벌떡 일어서더니 방청석에서 그냥 말을 하기 시작했다. '그래요, 그녀는 애인들을 두고 있었어요. 언제나 젊고 연약하고 섬세하게 생긴 여자들이었어요. 그녀는 그들을 보호해 주고, 일을 하지 않아도 되도록 해주고, 잠자리도 좋은 곳을 내주었어요. 또 필요한 것을 갖다 주고, 다른 사람들보다 더 좋은 음식을 주었고, 밤이 되면 그들을 자기 방으로 불렀어요. 그리고 소녀들은 밤마다 무슨 일을 하는지 말해서는 안 되었어요. 그래서 우리는 그녀가 그 짓을 한다고 생각했어요…. 어느 날 한 소녀가 말을 해서 알게 되었어요. 소녀들은 그녀에게 책을 읽어주었던 거예요. 매일 밤마다. 매일 밤마다 말이에요.' 그녀는 자리에 앉았다. 한나가 등을 돌려 나를 쳐다보았다. 그녀의 시선은 나를 금방 찾아냈다. 그녀는 내가 그곳에 와 있다는 것을 줄곧 알고 있었던 것이다."(『더 리더』 124-25)

수치심을 숨기기 위한 한나의 거짓 진술

원작 소설의 1부와 2부 그리고 영화의 중반부에 이르기까지 한나를 지배하는 것은 문맹에 대한 수치심이었다. 한나는 문맹이라는 사실이 밝혀지는 것이 두려워 자신이 쓰지 않았던 보고서를 자신이 썼다고 거짓 진술을 하기에 이른다. 관람객들은 한나가 문맹이라는 사실은 그전에 어렴풋이 예감할 수 있었지만, 명시적으로는 소설과 영화의 중반부를 지나 드러난다. "한나는 글을 읽지도 쓰지도 못했다"(『더 리더』 141).

문맹에 대한 한나의 수치심이 과연 마이클과의 관계를 지배할 만큼, 한나 자신이 받지 않아도 되는 처벌도 감내해야 할 만큼 중요한 것이냐 하는 물음에 마이클은 계속 괴로워한다.

"회피하고, 방어하고, 숨기고, 위장하고 또 남에게 상처를 주는 행동의 근거가 되는 수치심에 대해서는 나 스스로도 잘 알고 있었다. 하지만 그렇다고 글을 읽지도 쓰지도 못한다는 한나의 수치심이 법정과 수용소에서 보여준 그녀의 행동에 대한 충분한 근거가 될 수 있을까?…. 한나의 동기가 자신의 정체가 드러나는 것에 대한 두려움이었다면, 그녀는 왜 해로울 것이 없는 문맹으로서의 정체 노출 대신에 범죄자로서의 끔찍한 정체 노출을 택했을까?"(『더 리더』 142-43)

제3장. <더 리더>: 독일 현대사와 나치 범죄에 대한 단죄

마이클은 마침내 한나가 열차 차장에서 사무직으로 승진하자 서류를 다루는 일이 두려워서, 아니 자신이 문맹이라는 사실이 드러나는 게 창피해서 나치 수용소 감시원으로 직장을 옮긴 이유를 뒤늦게 알게 되었다. 이렇게 한나는 자신의 가장 큰 치부와 수치심을 숨기기 위해 무기징역을 선택한 것이다. 마이클은 한나의 창피함을 지켜주기 위해서 재판장에게 그녀가 문맹이라는 사실을 이야기하지 않는다. "사람에게는 누구나 감추고 싶은 비밀이 있다. 한나에게 그것은 글을 읽고 쓰지 못한다는 사실이었고 창피한 감정을 숨기기 위해서 무기징역을 묵묵히 받아들인다. 사회생활이나 대인 관계에서 한나를 실제로 자극하는 것은 수치심의 발생적이고 심리적인 상태가 아니라 수치심에 대한 민감성이다. 그녀는 수치심의 가능성이나 위협에 대해 민감하게 반응함으로써, 타인 앞에 창피하게 노출되는 상황으로부터 자신을 보호하는 것이다"(정순국 231)[8].

카메라는 한나가 문맹에 대한 수치심을 숨기기 위해 주동자의 서명이 자신의 서명임을 인정한 순간 법정을 뛰쳐나가는 마이클의 뒷모습을 보여준다. 결국, 재판장은 5명의 피고인들에게 각각 징역 4년 3개월을 선고한 데 반해, 한나는 가중처벌을 받아 무기징역을 선고받는다. 마이클은 한나에게 내려진 판결의 부당함에 대해 침묵한 자신의 행동에 대한 죄의식에 사로잡힌다. 한나의 판결이 끝나고 돌아오는 열차 안에서 마이클은 한나에 대한 죄책감으로 괴로워한다.

수감 중인 한나에게 전달된 카세트테이프

마이클의 두 번째 '책 읽어주기'는 수감 중인 한나를 위해 책을 녹음해서 카세트테이프를 전달해 주는 방식으로 이루어진다. 한나가 수감된 이후, 국가고시에 합격했지만, 마이클은 남을 고발하고 변호하고 심판하는 법조인의 길을 포기하고 법제사 연구원이 된다. 한나의 사건 때문일 것이다. 한나가 수감된 지 8년 후부터 출소할 때까지 10년 동안 마이클은 다시 그녀에게 책 읽어주는 일을 한다.

중년이 된 마이클은 어린 딸과 함께 기차를 타고 어머니를 찾아가 자신이 이혼한 사실을 밝힌다. 자신의 옛날 물건을 뒤적이던 마이클은 수십 년 전에 한나에게 읽어주던 책을 발견한다. 마이클은 자신이 책 읽는 소리를 녹음하여 한나에게 보내기 시작한다. 마이클이 계속해서 보내주는 테이프를 들으며 행복해하던 한나는 마이클이 녹음해서 보내준 책을 빌리고 테이프를 들으면서 독학으로 글자를 익히기 시작한다. 교도소 소장에 따르면, 그녀는 마이클이 책을 읽어주는 것과 함께 읽기와 쓰기를 배웠다고 한다. 마이클이 녹음한 책을 빌려와 귀로 들으면서 한나는 단어 하나하나를 쫓아가며 글을 스스로 깨우치기 시작했다. 한나는 마이클에 대한 자신의 사랑을 실천하고 미안한 마음을 표현하는 것이 그녀가 이승에서 마지막 남은 과제임을 깨달았다.

---

[8] 정순국. 「『빌러비드』와 『더 리더』에 나타난 수치심의 사회적 역할」. 『스토리&이미지텔링』 25 (2023): 203-246.

스크린을 횡단하는 글로벌 문화

독학으로 문맹에서 탈피한 한나

마이클은 한나가 문자를 깨우치는 의미를 독일 철학자 칸트(Immanuel Kant, 1724~1804)처럼 말한다. "나는 그녀의 인사말을 읽고서 기쁨과 환희로 가득 찼다. '그녀가 글씨를 쓸 줄 안다, 그녀가 글씨를 쓸 줄 안다고!…'. 문맹은 미성년 상태를 의미한다. 한나는 읽고 쓰기를 배우겠다는 용기를 발휘함으로써 미성년에서 성년으로 가는 첫걸음을, 깨우침을 향한 첫걸음을 내디딘 것이었다. 나는 한나의 글씨체를 들여다보면서 그것을 쓰느라고 그녀가 얼마나 많은 힘을 소모하였으며 또 얼마나 투쟁을 해야 했을지 깨달았다."(『더 리더』 199)

오랜 세월에 걸쳐 수행되는 마이클의 두 번째 '책 읽어주기'를 통해 한나는 비로소 글을 깨치게 되고 자신을 둘러싼 역사적 진실을 대면하게 된다. 문맹에서 탈피한 한나는 여러 차례 마이클에게 편지를 보내며 소통에의 의지를 보이지만, 번번이 마이클로부터 거부당한다. "카메라는 한나의 편지 앞에서 뒤로 물러서는 마이클의 동작을 풀 쇼트로 보여준다. 이 장면은 마이클이 여전히 한나와 소통 의지가 없음을 시각화한다. 카메라는 한나가 보낸 편지들이 수북이 쌓인 채 편지함에 놓여 있는 것을 클로즈업하면서 답장을 거부하는 마이클을 보여준다. 그의 소통 거부는 나치 세대에 대해 이해하기를 전면적으로 거부한 전후세대의 심리를 대변한다"(정동란 205).

어느 날 구치소 직원으로부터 한나의 가석방과 출소에 따른 도움을 요청하는 연락을 받고, 마이클은 고민 끝에 한나를 찾아간다. 한나는 반가움에 손을 내밀지만, 마이클은 잠시 손을 잡을 뿐 출소 후 거처할 곳에 관한 이야기만 한다.

한나와의 만남과 한나의 자살

마이클이 과거 일에 대해서 생각하며 지냈는지 묻자, 마이클과 함께 지낼 때를 말하는 줄 알았던 한나는 그것이 아님을 알고 굳은 표정이 된다. 한나는 재판 전까지 그 일을 생각한 적이 없으며 사람들이 죽었다는 사실은 변하지 않기 때문에 자신이 어떻게 생각하는가는 중요하지 않다고 말한다. 그동안 무엇을 깨달았는지 모르겠다고 말하는 마이클에게 한나는 읽는 것을 깨우쳤다고 말한다.

"나는 한나와 연결되었다. '내일 우리가 어떻게 하면 좋을지 한번 생각해 봐요. 곧장 집으로 갈 건지. 아니면 숲이나 강가로 갈 건지 말이에요.' '생각해 볼게. 넌 여전히 엄청나게 계획을 잘 꾸미는구나, 그렇지 않니?' 그 말에 나는 화가 났다. 여자 친구들이 가끔 내게 자연스럽지 못하며 몸으로 움직이는 대신 너무 머리만 사용한다는 말을 할 때처럼 화가 났다. 그녀는 나의 침묵에서 내가 화가 났음을 알아차리고는 웃었다. '꼬마야, 언짢게 생각하지 마. 나쁜 뜻으로 그런 게 아냐.' 나는 한나를 벤치에서 늙은 여자의 모습으로 다시 만났다. 그녀는 정말 늙은 여자처럼 보였고 또 늙은 여자처럼 말했다. 하지만 나는 그녀의 목소리에는 전혀 주의를 기울이지 않았던 것이다. 그녀의 목소리는 여전히 아주 젊었다."(『더 리더』 214-15)

제3장. <더 리더>: 독일 현대사와 나치 범죄에 대한 단죄

다음 주에 그녀를 데리러 오겠다고 말한 후, 마이클이 떠나자 한나는 허탈감을 느끼며 눈물짓는다. 마이클을 만난 후, 한나는 출소 하루 전에 짐을 챙기지 않고 목을 매고 자살한다. 한나를 데리러 온 마이클은 교도소장으로부터 한나가 남긴 유언을 듣는다.

한나의 자살과 '악의 평범성' 개념의 연관성

상자에 담긴 돈과 은행에 있는 돈을 예전 화재에서 살아남은 유대인 소녀에게 전해준 후, 자신에게 안부를 전해달라는 한나의 마지막 부탁을 듣게 된 마이클은 울음을 터뜨린다.

"다음 날 아침 한나는 죽었다. 그녀는 동틀 녘에 목을 맸다. 교도소에 도착하자 나는 여자 교도소장에게 안내되었다… 그녀는 내게 지난번 전화 통화 내용과 일주일 전의 만남에 대해 물었다. 또 무언가 직감되거나 우려할 만한 것이 있었는지 물었다. 나는 그렇지 않다고 대답했다. 실제로 내가 무시해 버린 예감이나 우려할 만한 일은 없었다. '당신들 두 사람은 어떻게 알게 되었지요?' '우리는 시내의 같은 구역에 살았어요.' 그녀는 나를 뜯어보는 눈길로 쳐다보았다. 나는 무슨 말이든 더 덧붙이지 않을 수 없음을 알아차렸다. '우리는 이웃에 살면서 알게 되었고, 친구 사이가 되었지요. 그러다가 내가 대학생이었을 때 그녀가 선고를 받은 재판을 보게 되었습니다.' '당신은 왜 슈미츠 부인에게 카세트테이프를 보냈지요?' 나는 아무 말도 하지 않았다. '당신은 그녀가 글을 읽을 줄 모른다는 사실을 알고 있었지요, 그렇죠? 당신은 어디서 그 사실을 알았죠?' 나는 어깨를 으쓱해 보였다. 나는 한나와 나의 이야기가 그녀와 무슨 상관이 있는지 알 수 없었다. 나의 가슴과 목구멍에 눈물이 고여왔으며 목이 매어 말을 하지 못할까 봐 두려웠다. 나는 그 여자 앞에서 울고 싶지 않았다." (『더 리더』 215-16)

마이클은 교도소장으로부터 한나가 교도소에서 어떻게 살았는지를 전해 듣는다. 한나는 결백에 가까울 성노 청결을 유지하며 마치 수도원에 거주하는 수녀처럼 명상하듯 생활하면서도 도서관 운용비용 단축에 반대하여 단식투쟁을 하는 등 교도소의 인권과 복지를 개선하기 위해 투쟁하여 동료 수감자들로부터 존경을 받았나. 또한, 한나는 마이클이 보내준 카세트테이프를 맹인 수감자들을 위한 봉사단체에 빌려주기도 하였다.

한나가 생활한 감방에서 마이클은 프리모 레비(Primo Revi)와 엘리 위젤(Elie Wiesel)처럼 홀로코스트에서 살아남은 작가들의 작품들과 더불어 독일 태생의 유대인

정치철학자 한나 아렌트(Hannah Arendt, 1906~1975)가 쓴 『예루살렘의 아이히만』(*Eichmann in Jerusalem*) 등 홀로코스트에 관한 저서들이 꽂혀있는 것을 본다. 무엇보다 『예루살렘의 아이히만』은 '악의 평범성'(banality of evil)이라는 개념을 정의하고 있기 때문에 주목할 필요가 있다. 요컨대, '악의 평범성'은 한나 아렌트가 적극적으로 유대인 학살을 주도한 나치 독일 친위대의 장교 아돌프 아이히만의 양심사를 추적하고 분석하면서 제시한 개념으로, 당시 뉴욕 특파원이었던 아렌트가 1961년 예루살렘에서 열린 아돌프 아이히만에 대한 재판을 참관하고 난 후 1963년에 발표한 『예루살렘의 아이히만』이라는 책을 통해 제시한 핵심 개념이다. 악의 개념은 서양의 철학사에서 선과 악의 대립구도 속에서 도덕적·종교적 관점에서 논의되어 왔다. 그러나 한나 아렌트의 악의 개념은 이들과는 다른 악의 개념을 주장한다. 아렌트의 독창적인 악의 개념은 그녀의 저서 『예루살렘의 아이히만』에 등장하는 '악의 평범성'이란 개념에서 연유한다.

> "이 개념에 따르면 '말하는 데 무능력함'(inability to speak)과 '사유하는 데 무능력함'(inability to think)에 그 핵심 원인이 있다. 악의 평범성 개념을 등장시킨 배경에는 나치 시대 전범인 아돌프 아이히만(Adolf Eichmann)이 있다. 아렌트는 이스라엘에서 진행된 나치 전범 아이히만의 재판 과정에 참여하면서 '악의 평범성' 개념을 착안하게 된다. 그녀에 따르면, 정치에서는 행위(action)가 중요하다. 정치적 영역에서는 행위를 통하여 자신을 드러낸다. 행위는 곧 말로써 이루어진다. 우리는 행위를 통해 타인과 소통하고, 소통을 통해 더 나은 진리를 찾는 것이다. 그러나 정치적 행위의 무능력자는 자신의 언어로 자신의 생각을 표현할 수 없고, 자신을 드러내지 못했다. 자신을 표현할 수 있는 자신만의 언어가 없다는 것은 타인과의 소통을 어렵게 만든다. 그리고 타인과 소통할 수 없다는 것은 타인의 입장에서 생각하지 못함을 의미한다. 다시 말해, 아렌트의 입장에서 정치적으로 무능력한 사람은 '악'을 행하기가 쉬운 것이다. 악의 평범성 개념은 도덕적으로 문제가 없더라도, 정치적 능력의 부재로 인하여 악을 행할 수 있다는 의미를 함축한다." (육수하 1-2)[9]

한나가 자살하기 전에 그녀의 관심을 끈 이 책들은 그녀의 각성과 자기반성을 은유적으로 암시하고 있다. 말하자면 마이클은 교도소장으로부터 한나가 글을 깨친 후 강제수용소에 관한 저서들을 읽기 시작했으며, 자신이 과거에 저지른 행위에 대해 성찰했음을 알게 된다.

엔딩 시퀀스: 한나의 유언과 마이클의 고백

유대인 소녀를 만나기 위해 미국까지 찾아간 마이클은 이제 중년이 된 일리나 마서(Ilana Mather)를

---

9) 육수하. 『한나 아렌트의 '악의 평범성' 개념 고찰: 악의 정치적·도덕적 의미를 중심으로』. 경희대학교 대학원 석사논문. 2017.

제3장. <더 리더>: 독일 현대사와 나치 범죄에 대한 단죄

만나 처음으로 한나와 자신의 관계를 고백한다. 마이클은 한나의 뜻을 전하기 위해 그곳까지 올 수밖에 없었던 이유를 설명하기 위해 자신에게 한나가 어떤 존재인지를 말할 수밖에 없었다는 말을 전한다. 마이클은 일리나에게 한나가 문맹이었기에 부당하게 무기징역을 선고받았다는 사실을 이야기하지만, 그녀는 냉담한 태도를 보인다. 나치 범죄에 대한 이해나 용서에 대해 강하게 거부하는 일리나 앞에서 마이클은 눈물을 보인다.

    마이클은 한나의 유언과 함께 돈이 든 상자를 전하지만, 일리나는 유대인을 죽인 돈으로 유대인을 위해 쓸 수는 없다며 상자만 간직하겠다고 말한다. 일리나는 한나를 용서할 수 없지만, 한나의 돈이 담긴 빈 차통을 추억으로 간직한다. 마이클이 돌아간 뒤 카메라는 일리나의 방으로 줌인하며 일리나가 자신의 가족사진 곁에 놓아둔 한나의 차통을 클로즈업한다. 이 시퀀스는 홀로코스트의 죄를 용서할 수는 없어도 죄는 고백되어야 하며 고백을 통해서야 비로소 속죄가 이루어진다는 것을 시사한다. 마이클은 한나의 돈을 문맹 퇴치를 위해 기부하겠다고 밝히고, 일리나는 한나의 상자를 자신의 가족사진 옆에 둔다. 일리나를 방문한 뒤 마이클은 딸 줄리아와 함께 한나와의 추억이 담긴 교회를 찾아온다. 교회 뒤뜰 한나의 무덤 앞에서 마이클은 줄리아에게 한나에 관한 이야기를 들려주는 장면으로 영화는 끝난다.

    전후 세대인 줄리아에게 '고백하기'라는 형식을 통해 비극적인 과거와 화해하고 유대인으로 대변되는 타자에 대한 차별이 없는 조화로운 새로운 독일 사회를 구현하려는 마이클의 염원은 아직까지도 전쟁 범죄에 대해 사과하기를 거부하는 일본 정부와 비교된다. 현재도 여전히 과거의 전쟁 범죄를 반성하는 독일 정부의 책임 의식과 이런 진정한 자세야말로 유럽 통합을 가능하게 하는 외교적 원동력으로 작용했음을 독일인 마이클을 대표하여 암시적으로 보여주는 것이라 할 수 있다.

그룹 액티비티 및 에세이 주제

1. 영화 <더 리더>는 '홀로코스트에 대한 책임과 단죄'에 대한 주제를 내포하고 있다. 제2차 세계대전 중 발생한 홀로코스트의 의의와 나치 전범들에 관한 단죄의 역사를 기술해 보자.

2. 2008년 개봉한 영화 <더 리더>는 동명의 소설을 영화화한 작품이다. 소설과 영화의 유사점과 차이점에 대해 토론하고 그 내용을 정리해 보자.

3. 미성숙한 15세 청년 마이클과 중년 여성 한나의 육감적인 사랑은 윤리적 규범과 사회적 통념의 세상에서는 드러낼 수 없는 수치심으로 가득 찬 금기이며, 이는 후일 마이클이 결혼 생활을 정상적으로 할 수 없게 만든다. 이것에 대해 토의해 보자.

4. <더 리더>에서 가장 인상적인 장면은 무엇이고 그렇게 생각한 이유를 적어보자.

5. 베른하르트 슐링크의 소설 『더 리더』는 노벨문학상을 수상한 독일 작가 귄터 그라스 이래 가장 대중적이며 성공한 텍스트로 평가받고 있다. '홀로코스트'를 모티프로 한 다른 작가들의 작품과 구별되는 『더 리더』의 독창성에 대해 토의해 보자.

6. 문맹과 이에 대한 수치심으로 인해 한나는 범죄행위를 뒤집어쓴 채 20년 동안 수감되며 결국 자살로 생을 마감한다. 자신에게 주어진 감시원으로서 임무에 충실했던 나치 부역자 한나에 대한 단죄가 정의구현으로 간주될 수 있을지 토론하고 그 내용을 정리해 보자.

제 4 장

<어크로스 더 유니버스>
: 1960년대 히피 문화와 베트남전 반전 운동

스크린을 횡단하는 글로벌 문화

2007년에 개봉한 뮤지컬 영화 〈어크로스 더 유니버스〉(Across The Universe)는 비틀스(The Beatles)의 대표적인 노래 중 하나인 「어크로스 더 유니버스」("Across The Universe")의 제목을 그대로 따왔다. 이 영화는 멕시코를 대표하는 여류 화가 프리다 칼로(Frida Kahlo, 1907~1954)의 일생을 조명한 영화 〈프리다〉(Frida, 2002)로 우리에게 익숙한 여성 감독인 줄리 테이머(Julie Taymor, 1952~)가 연출했다. 〈어크로스 더 유니버스〉는 "비틀스의 노래만으로 독특한 뮤지컬 영화를 만들어 보고 싶었던" 줄리 테이머 감독의 기발한 상상력이 돋보이는 영화다. 이 영화는 다른 뮤지컬 영화와 차별성을 지닌다는 점에서 주목할 필요가 있다. 대부분의 뮤지컬 영화는 스토리를 먼저 만들고 사이사이에 음악을 삽입하는 방법으로 만드는 데 반해, 〈어크로스 더 유니버스〉는 노래 가사를 가지고 스토리로 만들었다. 말하자면 비틀즈의 히트곡 33곡의 가사를 통해 자유로운 스토리를 만들어 내고 거기에 맞추어 영화를 만들어 낸 것이다.

〈어크로스 더 유니버스〉는 여러 가지 면에서 2007년 국내 개봉 당시에 총 22여만의 관객을 기록한 아일랜드 영화 〈원스〉(Once)와 닮아있다. 〈어크로스 더 유니버스〉는 국내 개봉에 앞서 미국에서 개봉되었을 때 관객과 평단의 찬사를 얻어냈다. 이 영화는 비틀즈가 활동했던 1960년대를 배경으로 미국 청년들의 각양각색의 삶을 감각적으로 담아냈을 뿐 아니라 영화 내내 비틀즈의 히트곡 33곡이 흘러나오기에 마치 뮤직비디오를 보는 듯하다. 개봉 첫 주 23개 스크린으로 시작했으나, 5주 차를 넘어서며 1,000여 개 관으로 확대 개봉하며 극장에서만 총 2천4백만 달러의 수익을 벌어들였다. 뿐만 아니라 영화 평점 사이트 IMDB 관객 평점에서도 〈드림걸스〉(Dreamgirls), 〈시카고〉(Chicago) 등의 대작 뮤지컬 영화들보다 더 높은 평가를 받았다.

〈어크로스 더 유니버스〉는 관객들뿐 아니라 평론가들의 뜨거운 찬사를 얻었다. 『시카고 선 타임즈』(Chicago Sun-Times)의 평론가 로저 에버트(Roger Ebert)가 별 넷 만점을 주며 "최첨단 영상화 기법, 마음이 따뜻해지는 공연, 1960년대 역사 및 비틀즈의 노래의 대담한 결합"이라 평했다. 그는 줄리 테이머 감독을 "창의적 안무가"(inventive choreographer)로 간주했다. 『뉴욕타임즈』(The New York Times)의 스티븐 홀든(Stephen Holden) 역시 만점을 주며 "영화 중반부 어디쯤에서 나도 모르게 〈어크로스 더 유니버스〉에 마음이 사로잡혔다. 영화를 사랑한다는 것은 누군가와 사랑에 빠지는 것과 같다"라며 이 영화에 대한 깊은 애정을 피력했다. 나아가 『시애틀 포스트』(Seattle Post-Intelligencer)의 윌리엄 아놀드(William Arnold)로부터 "날카롭고, 매우 야심 찬 뮤지컬 서사극"이라는 호평을 받았다.

주크박스 뮤지컬의 역사와 〈맘마미아!〉

'주크박스 뮤지컬'(Jukebox Musical)이란 동전 등을 넣고 좋아하는 곡목이 있는 레코드를 울리는 자동전축을 말하는 '주크박스'(jukebox)와 뮤지컬을 결합한 합성어이다. 한마디로 '주크박스 뮤지컬'이란 기존의 가요나 팝송으로 만든 뮤지컬을 의미한다. 주크박스 뮤지컬이 본격적으로 등장하기 시작한 것은 2000년대 이후지만 21세기 브로드웨이 뮤지컬의 주요한 흐름 중 하나이기도 하다. 우리에게 익숙한 대표적인 주크박스 뮤지컬로는 스웨덴 그룹 아바(ABBA)의 히트곡 22곡으로 만든 〈맘마미아!〉(Mamma Mia!)가 있

제4장. <어크로스 더 유니버스>: 1960년대 히피 문화와 베트남전 반전 운동

다. 그 외에도 <위윌락유>(*We Will Rock You*, 2002), <올슉업>(*All Shook Up*, 2005), <저지 보이스>(*Jersey Boys*, 2006), <락 오브 에이지>(*Rock of Ages*, 2006), <아메리칸 이디엇>(*American Idiot*, 2009) 등이 있다. 이외에도 밥 딜런, 마이클 잭슨, 프랭크 시나트라, 캐롤 킹 등 <맘마미아!> 이후 브로드웨이에서는 한 해에 한두 작품은 한 시대를 풍미한 가수들의 노래로 만든 주크박스 뮤지컬이 등장했다. 국내에서도 <행진! 와이키키 브라더스>, <매직 카펫 라이드>, <동물원>, <광화문 연가> 등의 주크박스 뮤지컬이 공연되기도 했다.

  흔히 주크박스 뮤지컬의 초기 흥행작으로 1952년 진 켈리가 출연한 뮤지컬 영화 <사랑은 비를 타고>(*Singing in The Rain*)을 언급한다. 이 영화는 흥미롭게도 기존에 발표된 유명한 음악들을 재구성해 극적인 변화를 거쳐 활용한 작품이었다. 영화 제목과 동명의 노래 「사랑은 비를 타고」("Singing in The Rain")은 1929년 할리우드의 레뷔(revue, 특정 주제를 가진 버라이어티 쇼. 춤과 노래, 시사 풍자 등을 엮어 구성한 가벼운 촌극을 의미함)에 사용되었던 곡이었다. 또한 「당신은 내 행운의 별」("You Are My Lucky Star") 역시 1935년 영화 <브로드웨이 멜로디>(*The Broadway Melody*)에 삽입된 노래였다. <사랑은 비를 타고>에 사용된 많은 곡이 이미 인기를 끌던 노래들이었다. 이처럼 주크박스 뮤지컬은 무대보다 영상에서 먼저 각광을 받았다. <사랑은 비를 타고>는 이러한 형식의 초기 작품으로 대표적인 사례라 할 수 있다. 하지만 시간상으로 따진다면 이보다 앞서 1930년에 소개된 <걸 크레이지>(*Girl Crazy*)야말로 조지 거슈윈과 아이라 거슈윈 형제의 노래를 모아 만든 전형적인 주크박스 뮤지컬이었다. 그러나 <걸 크레이지>가 주크박스 뮤지컬의 효시로 보기엔 그 이전부터 이와 유사한 형태의 작품들이 많았다.

  무엇보다 주크박스 뮤지컬이라는 명칭은 <맘마미아!>의 성공 이후 일반화되었다. <맘마미아!>는 1970~1980년대 절정의 인기를 구가했던 스웨덴 출신의 혼성 그룹 아바의 음악들을 근간으로 하고 있다. <맘마미아!>는 1975년 그룹 차트 정상을 차지했던 아바의 노래 제목인 「맘마미아」("Mamma Mia")에서 공연 제목을 따왔다. 그리고 「댄싱 퀸」("Dancing Queen"), 「쌩큐 포 더 뮤직」("Thank You for the Music"), 「머니, 머니, 머니」("Money, Money, Money"), 「불레부」("Voulez Vous"), 「나에겐 꿈이 있어요」('I Have A Dream), 「에스 오 에스」("S.O.S"), 「승자가 모든 걸 가져가지」("The Winner Takes It All") 등 아바의 히트곡 22곡으로 뮤지컬을 구성하였다. 뮤지컬 <맘마미아!>는 전 세계 50개의 프로덕션에서 16개의 언어로 공연되었다. 그뿐만 아니라 6천5백만 명 이상의 관객이 <맘마미아!>를 관람했고 30억 파운드(약 4조 4,900억 원) 이상 티켓 판매량을 올린 메가 히트(Mega Hit) 뮤지컬이다. 2004년 1월 17일 국내에서 처음으로 공연된 이 작품은 2016년 공연까지 12년간 서울 포함 33개 지역에서 1,622회 공연, 195만여 관객을 동원했다.

  이처럼 주크박스 뮤지컬은 특히 2000년대 이후 더욱 급속하게 확산됐다. 이는 2008년에 개봉한 영화 <맘마미아>가 상업 극장가에서 대규모 흥행을 기록한 여파이기도 하다. 메릴 스트립(Meryl Streep), 아만다 사이프리드(Amanda Seyfried), 피어스 브로스넌(Pierce Brosnan) 등을 전면에 내세운 영화로도 제작돼 세계적인 흥행을 기록하기도 했다. 개봉 당시 총 4,554,785명의 누적 관객 수를 기록했다.

스크린을 횡단하는 글로벌 문화

비틀즈의 노래로 구성된 〈어크로스 더 유니버스〉

〈어크로스 더 유니버스〉의 줄거리는 1960년대에 일세를 풍미했던 영국의 록 그룹 비틀스(The Beatles) 노래 33곡을 바탕으로 하고 있다. 영화는 비틀스가 활동했던 1960년대를 배경으로 두 남녀 주드(Jude, 짐 스터지스 분)와 루시(Lucy, 에반 레이첼 우드 분)로 대표되는 영국과 미국 청춘남녀의 삶을 보여준다. 베트남 전쟁이 한창이던 1960년대 반전의 기운 속에 로큰롤(Rock and Roll)과 히피(Hippie, 1960년대 중후반부터 1970년대 초반까지 미국을 위시한 서양권에서 10~30대 위주로 발생한 하나의 문화풍조 및 그것을 따르는 사람들의 총칭)가 전 세계 젊은이들을 매료시켰던 격동기에 주드와 루시는 각각 영국 리버풀(Liverpool)과 미국 뉴저지(New Jersey)주에서 살았다. 영화의 오프닝 시퀀스에서 비틀즈의 고향 리버풀의 해변에 혼자 앉아 있는 주드가 관객들을 응시하면서 노래를 부르는데, 이 노래가 바로 비틀즈의 「그녀」("Girl")이다.

> 내 곁에 온 그녀에 대해서 내 이야길 들어줄 사람 없나요?
> 그녀는 당신이 아주 원할 그런 타입이고, 그것이 당신을 섭섭하게 합니다.
> 아직도 단 하루도 후회하진 않습니다. 아 그녀! 그녀!
> 내가 온통 그녀를 떠나려고 생각할 땐
> 그녀는 나에게 와서 울기 시작했죠.
> 그리고 그녀는 굳게 약속했고, 난 그녀를 믿었습니다.
> 이런 일이 있은 후로 난 이유를 모릅니다. 아 그녀! 그녀!
> 그녀는 친구들이 있는 데서 당신을 깔보는 그런 여자예요.
> 바보가 된 것처럼 느끼죠.
> 당신이 그녀가 아름답다고 얘기하면 그녀는 마치 정말 그런 듯 행동하죠.
> 그녀가 아주 멋지다는 건 당연한 거지만. 그녀! 그녀!
> 그녀가 젊었을 때 명성이라는 것이 즐거움으로 이어진다는 걸 들었을까요?
> 그녀는 이런 말을 이해할까요?
> 남자는 즐거운 날들을 얻기 위해 열심히 일해야만 한다는 걸
> 그리고 그가 죽은 후에도 믿을까요? 아 그녀! 그녀!

주드가 부른 「그녀」의 전반부 후에 카메라는 클로즈업 된 주드의 얼굴 뒤로, 흑백으로 해변 파도의 영상을 보여주고 이 파도 속에서 반전 시위를 하는 젊은이들과 이를 무력으로 진압하는 경찰들의 모습을 담아낸다. 특히 카메라는 경찰에 진압당하는 금발 머리의 젊은 여성을 포착하는데, 이 여성이 바로 루시다. 짧지만 강렬한 이 오프닝 시퀀스에 영화의 전체 스토리가 함축되어 있다.

이 장면에 이어서 무대는 미국으로 옮겨져 무도회에서 신나게 춤을 추고 있는 젊은이들 사이로 루시의 모습을 보여준다. 그녀는 베트남전 참전을 위해 곧 군대에 입대하는 애인과 함께 춤을 추며 비틀즈의 노

제4장. <어크로스 더 유니버스>: 1960년대 히피 문화와 베트남전 반전 운동

래 「날 꽉 잡아 줘」("Hold Me Tight")를 부른다. 다시 장면은 영국의 리버풀의 댄스홀에서 애인과 함께 춤을 추는 주드의 모습도 교차적으로 담아낸다. 이처럼 오프닝 시퀀스에서의 장면들은 영화의 타이틀이자 비틀즈의 노래 제목이기도 한 "우주를 가로질러"라는 의미의 "어크로스 더 유니버스"에 딱 들어맞게 연출한 감독의 역량을 은유적으로 보여주는 것이다. 다시 말해 영화 타이틀에서 말하는 "우주"는 바로 대서양을 가로질러 유럽과 아메리카 대륙, 즉 영국과 미국을 포괄하는 의미를 지닌다. 「날 꽉 잡아 줘」의 가사 일부분은 다음과 같다.

날 꽉 잡아줘 / 평생 그대를 기다렸어.
날 꽉 잡아줘 / 날 돌봐줘 그러면 나는 괜찮을 거야
날 꽉 잡아줘. 날 꽉 잡아줘 / 날 꽉 잡아줘. 날 꽉 안아줘….

당신은 오늘 밤에는 / 외출하지 않겠지.
나와 사랑을 나눠. 그러면 괜찮을 거야.
날 꽉 잡아줘. 날 꽉 안아줘….

주드는 영국 리버풀 선착장에서 일하는 가난한 노동자. 홀어머니 아래서 자란 주드는 비전이 없는 삶에 염증을 느끼고 리버풀을 떠나 연락이 끊긴 아버지가 있는 미국으로 가서 자신의 꿈을 실현하려 한다. 주드의 애인은 그와의 이별을 아쉬워하며 미국에 있더라도 자신에게 매일 편지를 쓰라고 요구한다. 한편 카메라는 군대에 입대한 애인과의 이별을 안타까워하는 루시의 모습도 교차적으로 보여준다. 이들의 이별 장면에서 흘러나오는 노래가 바로 비틀즈의 「내 모든 사랑」("All My Loving")이다. 떠나는 사람의 입장에서 '내가 떠나도 내 모든 사랑을 네게 보낼게'라는 의미를 함축하고 있는 「내 모든 사랑」은 주드와 루시처럼 사랑하는 애인과의 이별에 정말 잘 어울리는 노래다. 가사의 전반부는 다음과 같다.

눈을 감으면 네게 키스할 게 / 내일 난 널 그리워할 거야
기억해, 난 언제나 진실할 것이라는 걸 / 그리고 내가 없는 동안
매일 집으로 편지를 쓸게 / 그리고 내 모든 사랑을 네게 보낼 게

내가 너무 그리워하는 네 입술에 / 키스하는 모습을 그릴 게
그리고 내 꿈이 실제가 됐으면 좋겠어 / 그리고, 내가 없는 동안
매일 집으로 편지를 쓸게 / 그리고 내 모든 사랑을 네게 보낼 게

내 모든 사랑, 네게 보낼 게 / 내 모든 사랑, 자기야, 난 진실할 거야….

주드는 리버풀에서 배를 타고 떠나 아버지가 있는 미국 뉴저지(New Jersey)주에 있는 명문 프린스턴(Princeton) 대학교에 도착한다. 그는 마침내 아버지를 만났지만, 아버지는 대학교 교수가 아니라 잡역부

로 일하고 있으며 또한 가정이 있음을 알아차린다. 하지만 주드는 실망하지 않는다. 대신 그는 교정에서 우연히 맥스(Max, 조 앤더슨 분)라는 또래의 젊은이를 만나 친구가 된다. 그리고 맥스의 집에 초대되면서 공교롭게도 맥스의 여동생을 만나게 되는데, 그녀가 바로 루시다. 상류층에서 남부러울 것 없이 자랐지만 보헤미안 기질을 지녔던 맥스는 진로 문제로 아버지와 갈등을 겪는다. 그래서 그는 주드와 함께 뉴욕 맨해튼으로 떠나 매력적인 가수이자 집주인인 세이디(Sadie, 데이너 푸치스 분)의 허름한 아파트에서 새로운 삶을 찾는다. 화가의 꿈을 갖고 있었던 맥스에게 뉴욕 생활은 그다지 나쁘지 않았다. 그림에 재능이 뛰어난 주드는 뉴욕에서 자신의 꿈이었던 그림을 다시 시작할 수 있었던 것이다. 주드는 아르바이트를 하며 세이디의 아파트에서 조조(JoJo)와 프루던스(Prudence) 등 다른 동료들을 사귀게 된다. 당시 뉴욕의 젊은이들은 낮에는 반전운동을 하였고, 밤에는 클럽에서 록 뮤지션들의 음악을 들으며 술과 마약에 취해 참혹한 전쟁의 광기를 떨쳐내고 있었다.

주드와 맥스가 함께 뉴욕에 와서 세이디의 아파트에서 숙식하며 지내는 장면에 뒤이어 베트남 전쟁에 참전한 그녀의 남자친구가 전사했다는 비보를 접한 루시는 큰 충격을 받는다. 이어서 카메라는 1967년 7월 23일 일어난 '디트로이트 흑인 폭동'(1967 Detroit Riot)을 보여주며 경찰의 진압으로 희생된 어린 흑인 소년의 장례식과 루시의 남자친구의 장례식을 '교차 편집'(cross cutting)으로 담아낸다. 여기서 흘러나오는 넘버는 비틀즈의 명곡 「렛잇비」("Let It Be")다.

내가 곤경에 처해 있을 때면 / 성모 마리아가 나에게 다가와
지혜의 말씀을 해 주시죠, 순리에 맡기라고
그리고 내가 암흑의 시간 속에 있을 때 / 그녀는 내 앞에 서서
지혜의 말씀을 해 주시죠, 순리에 맡기라고
그대로 두어라, 그대로 두어라 / 그대로 두어라, 그대로 두어라
지혜의 말씀을 속삭여 주시죠, 순리에 맡기라고

그리고 내가 암흑의 시간 속에 있을 때 / 그녀는 내 앞에 서서
지혜의 말씀을 해주시죠, 순리에 맡기라고
그대로 두어라, 그대로 두어라
그대로 두어라, 그대로 두어라
지혜의 말씀을 속삭여 주시죠, 순리에 맡기라고

그리고 마음의 상처를 지닌 사람들이 / 한 마음으로 세상을 살아갈 때
해답이 있을 거예요, 순리에 맡기세요 / 비록 그들이 헤어지게 된다고 해도
여전히 그들에게 다시 만날 기회는 있어요
해답이 있을 거예요, 순리에 맡기세요
그대로 두어라, 그대로 두어라 / 그대로 두어라, 그대로 두어라
해답이 있을 거예요, 순리에 맡기세요

제4장. <어크로스 더 유니버스>: 1960년대 히피 문화와 베트남전 반전 운동

그대로 두어라, 그대로 두어라 / 그대로 두어라, 그대로 두어라
지혜의 말씀을 속삭여 주시죠, 순리에 맡기라고
그대로 두어라, 그대로 두어라 / 그대로 두어라, 그대로 두어라
지혜의 말씀을 속삭여 주시죠, 순리에 맡기라고

그리고 어두운 밤이 찾아올 때도 / 아직 나를 밝혀줄 빛이 있죠
내일까지 밝혀줄, 순리에 맡기세요 / 음악 소리에 잠에서 깨어나면
성모 마리아가 나에게 다가와 / 지혜의 말씀을 해주시죠, 순리에 맡기라고
그대로 두어라, 그대로 두어라 / 그대로 두어라, 그대로 두어라
해답이 있을 거예요, 순리에 맡기세요

어느 날 루시가 뉴욕에 온다. 군대에 입대한 애인이 베트남전에서 전사했다는 비보를 전해 들은 루시는 큰 충격을 받고 방황하면서 오빠 맥스를 만나기 위해 뉴욕으로 오게 된 것이다. 그녀의 아픔을 위로하면서 자연스럽게 주드와 루시는 가까워진다. 이렇게 '우주'로 대표되는 영국과 미국의 청춘남녀는 서로 허물없이 교분을 쌓음으로써 친구 이상의 관계로 발전한다.

주드는 루시에게 빠져들면서 리버풀에 두고 온 그의 애인을 차츰 잊게 된다. 루시는 곁에서 자신의 아픔을 위로하며 어루만져 주는 주드를 사랑하게 된다. 주드와 루시는 점점 더 서로 긴밀한 교감을 나누게 된다. 루시는 그의 모습을 응시하며 노래를 부르는데, 이 노래가 바로 「사랑에 빠진다면」("If I Fell")이다.

내가 당신과 사랑에 빠진다면 / 당신은 그 사랑에 충실할 수 있나요?
그리고 날 이해해 줄 수 있나요? / 왜냐면 이전의 사랑에서 난 알게 되었지
이제 사랑이 단순히 손잡는 것 이상이라는 걸.

내가 당신에게 마음을 준다면 / 당신은 바로 그 순간부터
그녀보다 나를 더 사랑해야 할 거예요.

제가 당신을 믿는다면, 제발 / 도망치거나 숨지 마세요
또한 당신을 사랑한다면, / 그녀처럼 제 자존심에 상처를 입히지 마세요.
왜냐면 저는 고통 속에 있을 수 없으니까요
난 또한 슬퍼질 거예요 / 우리의 새로운 사랑이 공허하게 끝났다면

그러니 내가 정말 당신을 / 사랑하게 되리라는 것을 알아주길 원해요

이즈음 맥스는 베트남전 참전을 위한 징집영장을 발부받는다. 애인을 베트남전에서 잃고 하나뿐인 친오

스크린을 횡단하는 글로벌 문화

빠마저 강제로 전쟁터로 끌려가는 모습을 지켜봐야 하는 루시는 새로운 연인이 된 주드마저 외면하며 반전운동에 적극 가담하기로 결심한다. 징집을 피하려 한 맥스는 당일 솜을 먹으면서 저항하지만 결국 신체검사에 통과된다. 이 신에서 로봇처럼 질서정연하게 움직이는 군인들(그림 1), 자유의 여신상을 지고 베트남의 밀림으로 향하는 청년들(그림 2)의 모습을 담아낸 스타일리시한 영상은 우리에게 강렬한 인상을 남긴다.

(그림 1) (그림 2)

영화 〈어크로스 더 유니버스〉의 중반부는 1960년대 미국을 휩쓸었던 베트남전 반전 시위와 더불어 1960년대 미국의 대표적인 반문화 운동인 '히피'(hippie) 문화운동을 보여준다. 주드, 루시, 맥스, 세이디 등을 포함한 일행들은 '사랑과 평화' 그리고 '반전'을 부르짖던 히피 공동체에 합류한다. 이 장면에서 줄리 테이머 감독은 감각적이고 초현실적인 일련의 영상들을 담아내며 관객들을 매료시킨다. 특히 주드와 루시 일행들이 원을 그리며 들판에 누워 그들이 원하는 세상을 꿈꾸는 장면(그림 3)에서 시작되는 노래는 영상과 맞물려 시너지 효과를 내고 있다. 이 노래는 비틀즈가 1969년에 발표한 히트곡 「때문에」("Because")다. 이 노래를 배경으로 수중 속에서 주드와 루시가 키스하는 몽환적인 영상은 「때문에」와 절묘하게 맞물리면서 감탄을 자아내게 만든다(그림 4).

세계가 둥글기 때문에 내가 취하게 되네
세계가 둥글기 때문에
바람이 강하기 때문에, 내 정신이 붕괴되네
바람이 강하기 때문에

사랑은 모든 것이고, 사랑은 새로운 것이야
사랑은 모든 것이고, 사랑은 당신이야
하늘이 파랗기 때문에 내가 울게 되네
하늘이 파랗기 때문에

제4장. <어크로스 더 유니버스>: 1960년대 히피 문화와 베트남전 반전 운동

(그림 3)

(그림 4)

히피(Hippie)와 히피 문화운동

　사랑에 빠지게 된 주드와 루시는 1960년대 미국의 대표적인 반사회 반문화 운동을 주도했던 '히피'(Hippie)들과 어울리면서 자유로운 일탈을 만끽한다. '히피'란 1960년대부터 미국을 중심으로 일어난 반체제 자연찬미파의 사람들을 말한다. "평화와 사랑"을 주창했던 이들은 긴 머리에 잘 씻지도 않고 맨발이나 샌들을 신고 다녔으며 다양한 색깔의 천으로 옷을 만들어 입었다. 또한 마리화나를 피우고 헤로인, LSD 등 강력한 합성마약을 사용하고 개방적인 성관계를 가지는 것으로 자신들의 사상을 구체화하고자 했다. 1970년 개봉한 미켈란젤로 안토니오니(Michelangelo Antonioni) 감독의 영화 〈자브리스키 포인트〉(*Zabriskie Point*)를 비롯하여, 〈헤어〉(*Hair*), 〈포레스트 검프〉(*Forrest Gump*), 〈테이킹 우드 스탁〉(*Taking Woodstock*) 그리고 최근 개봉한 〈원스 어폰 어 타임 인 할리우드〉(*Once Upon a Time in Hollywood*) 등의 영화에서도 볼 수 있듯이 히피들은 기성의 사회통념, 제도, 가치관을 부정하고 인간성의 회복, 자연에의 귀의 등을 강조하며 반사회적인 행동을 하면서 평화주의를 주창했다. 1960년 중후반 미국은 베트남 전쟁의 계속된 실패와 불안한 사회의 영향으로, 젊은이들은 희망을 잃고 실의에 빠지기 시작했다. 이에 기존 사회의 질서를 부정, 자유와 평화를 사랑하고 정신적 가치에 무게를 두며 인간성을 중시하고 물질문명을 부정하는 운동이 전 미국적으로 퍼지기 시작한다. 이것이 바로 '히피 운동'이다.

　히피의 뿌리는 비트닉(Beatnik)[1]에서 그 뿌리를 찾을 수 있는데, 비트닉 자체가 보헤미안적 태도를 지

---

[1] 비트 세대(Beat Generation)에 대한 일반적 의미는 대체로 비트닉(Beatnik), 즉 비트족으로서 상궤를 벗어난 행동과 옷차림을 하는 사람들을 지칭한다. 실제로 비트 세대란 1920년대 대공황이 있었던 '상실의 시대'(Lost Era)에 태어나 제2차 세계대전을 직접 체험한 세대로서, 전후 50년대와 60년대에 삶에 안주하지 못하고 사회로부터 '매정한 대접(beating)'을 받았던, 특히 동시대의 사회와 문화구조에 저항한 특정한 문학가와 예술가의 그룹을 의미한다. 비트 운동을 주도한 대표적 3인의 문필가는 시인 앨런 긴즈버그, 소설가 잭 케루악(Jack Kerouac)과 윌리엄 버로스(William Burroughs)다.

닌 반항아 문학청년들이었다. 이 시대를 대표했던 작가 잭 케루악(Jack Kerouac)과 앨런 긴즈버그(Allen Ginsberg), 윌리엄 버로스(William Burroughs) 등을 비롯한 일군의 젊은 작가들은 기존 질서를 거부하고 자유를 숭배했다. 이 흐름은 훗날 모드족들(Mods)에게도 영향을 미치게 되고 점점 요란한 패션과 약물, 자유, 평화의 사상이 합쳐지면서 히피 문화가 도래하게 된다. 히피는 대략 1966년경을 기점으로 등장하게 되었다고 보는 견해가 지배적이다. 자유분방한 의상과 헤어스타일, 정신적 해방을 위한 마약 사용, 집단 난교와 공동생활 등이 대표적인 상징이다. 이들의 상징적인 모습들은 사실 미국 원주민들의 생활양식을 많이 따라 하였다. 자유분방한 복장은 미국 원주민들의 복장을 변형한 스타일이고 마약을 통한 정신 해방은 미국 원주민들의 연기 흡입을 통한 명상이며 떠돌아다니는 공동체 생활 역시 원주민들의 유목적인(nomadic) 삶과 유사하다. 사회에서 주류를 이루고 있던 백인 미국인들과 다르게 보이려고 선택한 것이 바로 미국 원주민적 생활양식이었던 것이다.

히피는 당시 베트남 전쟁 반대로 큰 호응을 얻던 반전사상의 아이콘으로 떠올랐다. "1960년대 후반은 학생운동이나 청년운동이 힘을 얻던 시대였다. 반전 운동은 종종 폭력투쟁으로 발전했는데, 히피는 철저히 무저항을 원칙으로 행동했다. 이러한 분위기에 초기에는 히피가 새로운 문명을 개척할 집단으로 비치기도 했다. 심지어 아무것도 안 하는 행동을 연좌시위(sit-in)를 넘어선 행동으로 이야기하기도 했다. 이를 '휴먼 비 인'(Human Be-in)이라 불렀다"(심진호 258)[2]. 히피들은 누더기를 걸친 채 집을 떠나 마약의 하나인 LSD나 사이키델릭 사운드를 통한 새로운 영적 체험을 갈구했다. 그리고 기존 산업 사회와는 전혀 다른 논리의 공동체, 즉 사랑과 평화의 공동체를 건설하기 위해 버려진 땅을 개척했다. 수십만의 젊은이들이 기존 사회의 가치를 근본적으로 거부했는데, 히피 문화에는 세상에 대한 절망감이 반영되어 있다. 이들에게 기존 사회는 구제할 수 없는 폐기물에 가까웠고, 따라서 차라리 버림받아 마땅한 것이었다.

1950년대 비트닉들의 반문화와 저항 정신의 유산은 1960년대 히피 세대에 고스란히 계승되었다. 히피 운동의 메카는 샌프란시스코의 헤이트-애슈베리(Haight-Ashbury) 지역이었다. 비트 세대의 중심지가 되었던 이곳은 1963~64년경에 들어서면서 새로운 젊은이들이 모여들게 되고 1967년 1월 '휴먼 비 인' 행사로 동력을 얻게 된다. 골든게이트 파크에서 열린 이 행사에서 아이콘이 된 티모시 리어리(Timothy Leary), 비트 세대의 대변자인 시인 앨런 긴즈버그 외에도 수많은 반문화 운동가와 그 지역 학생들이 참가하였다. 이들은 개인의 힘, 정치 문화적 탈중심화, 공동체 생활, 환경, 의식의 고양 등 반문화 운동의 주요 이슈들을 주창하였다. 이때 리어리가 '휴먼 비 인' 행사에서 말한 "켜고, 맞추고, 이탈하라"(turn on, turn in, drop out)는 구호에 맞게 주류사회에 가담하는 것을 거부하고 이탈함으로써 사회를 변화시키려는 젊은이들이 속출하였다(김영덕 116)[3].

정리하자면, "히피 운동은 급속히 증가하는 보헤미안과 캘리포니아의 독특한 개성이 만나 헤이트-애슈베리에서 탄생한 특이한 맥락의 운동이었다. 그러나 이 지역의 활력, 특이한 카페와 상점, '애시드(Acid) 파티' 같은 것들도 총체적인 의미의 자유가 제기하는 구체적인 문제들을 감출 수는 없었다. 이 지역은 놀라운 발전을 하다가 인구 과밀로 인한 실제 생활의 난제들, 너무 심한 미디어화로 인한 정통성의 상실 등으로 급속도로 쇠퇴하고 말았다. 겨우 몇 달 사이에 절대적 자유를 추구하는 유토피아적인 경험이 비열한

---

2) 심진호. 『영화로 배우는 서양 문화』. 부산: 세종출판사. 2021.
3) 김영덕. 『영화로 본 미국문화』. 서울: 신아사. 2008.

제4장. <어크로스 더 유니버스>: 1960년대 히피 문화와 베트남전 반전 운동

현실 속에서 침윤되고 만 것이다. 스스로에게 매혹되어 있던 '플라워 칠드런'은 자신들의 아름다운 모습이 머리를 풀어헤친 찌푸린 얼굴 뒤로 점차 사라져가는 것을 볼 수 있었다"(크리스티안 생-장-폴랭 87)[4].

영화에서 주드와 루시가 동료들과 함께 히피들과 어울려 '사랑과 평화' 그리고 '반전'을 부르짖을 때 아이러니컬하게도 맥스는 베트남에 도착하여 적들과 전투를 벌인다. 비틀즈의 「때문에」가 흘러나오면서 주드와 루시는 서로 사랑을 나눈다. 바로 이 장면에 뒤이어 카메라는 정글 속을 가로지르는 헬기 부대의 굉음과 더불어 맥스와 부대원들이 적들과 전투를 벌이는 장면을 보여준다. 한편 뉴욕으로 되돌아온 주드는 전위적인 예술 활동에 전념하지만, 루시가 가입해 활동하는 과격 반전운동 단체에 불편함을 드러낸다. 베트남 전쟁이 더욱 격렬해지고 TV에서는 미군 병사들의 사망자가 30,000명이 넘었다는 뉴스가 나온다. 주드와 루시는 베트남에 있는 맥스를 걱정하면서도 서로 충돌하는 견해 차이로 인해 서서히 서로에 대한 사랑과 믿음을 잃어간다. 이 장면에서 카메라는 비틀즈가 1967년에 발표한 노래 「스트로베리 필즈 포에버」 ("Strawberry Fields Forever")를 배경으로 딸기에 주목하는 주드의 예술 행위에 초점을 둔다. 하얀 캔버스에 압정으로 고정된 일련의 딸기에서 흘러내리는 빨간 딸기즙은 마치 사람의 피를 연상시킨다(그림 5). 이 모습을 몰래 지켜본 루시 또한 베트남에 있는 오빠 맥스를 생각하고, 이어서 카메라는 뉴욕과 베트남을 탁월한 교차 편집으로 담아낸다. 다큐멘터리 영상에 흑백과 컬러가 절묘하게 결합하여 초현실주의적 이미지로 형상화한 베트남 전쟁신에서 미군의 폭탄은 딸기로 변모되어 화면을 붉은색으로 물들인다. 이처럼 「스트로베리 필즈 포에버」와 더불어 피와 폭탄의 메타포로서 딸기를 사용해 전쟁의 참혹함을 형상화한 줄리 테이머 감독의 상상력은 기발하고 창의적이다.

(그림 5)　　　　　　　　　　　　(그림 6)

루시가 반전 운동을 위해 지하조직에 가담하여 맹렬히 활동하면서 주드와의 관계는 점차 소원해진다. 결국 주드는 루시가 일하는 반전 운동 조직에 찾아와 한바탕 소동을 벌인다. 이 사건으로 주드는 그녀와 심하게 다투게 되고 잠시 방황한다. 그는 거리를 방황하다가 당시 흑인 인권운동가 마틴 루터 킹(Martin Luther King Jr., 1929~1968)이 테네시 주 멤피스(Memphis)에서 살해되었다는 뉴스를 본다. 이날이 바로 1968년 4월 4일이다. 주드는 맨해튼의 지하철을 타고 방황하면서도 여전히 마음속에 사랑하는 루시를 떠올리며 그녀를 그리워한다. 이때 흘러나오는 노래가 바로 영화의 타이틀이기도 한 동명의 노래 「어크로

---
[4] 크리스티안 생-장-폴랭. 『히피와 반문화』. 성기완 옮김. 서울: 문학과지성사. 2015.

스 더 유니버스」("Across the Universe")다.

> 말은 끝없이 내리는 비처럼 흘러 종이컵 안으로 미끄러지며
> 우주를 지나 사라져 버리지
> 슬픔의 웅덩이 속 환희의 물결이 내 마음을 열어
> 사로잡고 어루만지고 있어
> 선지자여, 깨달음을 주오
> 무엇도 내 세상을 바꿀 순 없으니….
>
> 깨진 불빛의 잔영들이 수백만 개의 눈처럼 춤을 추고
> 날 부르며 우주를 가로질러 가
> 상념은 편지함 속의 들뜬 바람처럼 헤메이다
> 눈이 먼 채 길을 만들어 가며 우주를 가로지르고 있어
> 선지자여, 깨달음을 주오
> 무엇도 내 세상을 바꿀 순 없으니….

이 노래가 흘러나오면서 루시와 반전 운동을 주도한 일행들은 경찰에 의해 진압된다. 이 장면을 지켜본 주드는 루시를 구해내려 하지만, 오히려 경찰에 구속되고 불법체류자로서 신분이 탄로나 영국으로 강제 추방된다. 리버풀로 돌아온 주드는 이제 과거의 애인이 다른 남자와 결혼해 임신까지 하고 있다는 사실을 알게 된다. 한편 맥스는 전투에서 부상을 입고 귀국하지만, 후유증으로 인해 트라우마를 겪으면서 자포자기한 삶을 살아간다. 이런 안타까운 현실을 지켜보면서 루시는 더욱 반전 운동에 심취하게 된다. 그러던 어느 날 반전 지하조직에 들른 루시는 동료들이 사제 폭탄을 제조해 테러를 계획하는 것을 목격하고 "폭탄을 떨어뜨린 건 저쪽인 줄 알았어요"라고 말하며 환멸을 느낀다.

리버풀의 조선소에서 무료한 삶을 살아가던 주드는 어느 날 신문을 읽다가 미국에서 사제 폭탄을 제조하던 반전 급진주의자들(anti-war radicals)이 폭발사고로 사망했다는 소식을 접한다. 순간 주드의 머릿속에는 루시의 모습이 떠오르며 그녀에 대한 걱정으로 마음이 매우 심란해진다. 그는 바에서 맥주를 들이켜며 대서양 건너편의 루시와 맥스를 생각하는데, 그들 역시 주드와의 재회를 열망하고 있다. 카메라는 바에서 맥주를 들이켜면서 「헤이 주드」("Hey Jude")를 부르는 맥스와 그들을 생각하는 주드를 교차 편집으로 담아내면서 그들의 임박한 재회를 암시하고 있다.

> 헤이, 주드 그다지 나쁘게 생각하진 마
> 슬픈 노래를 좋은 노래로 만들어 보자고
> 그녀를 네 마음으로 받아들여야 한다는 걸 기억해
> 그러면 넌 조금이라도 괜찮아지기 시작할 거야

제4장. <어크로스 더 유니버스>: 1960년대 히피 문화와 베트남전 반전 운동

헤이, 주드 두려워하지 마
넌 그녀를 받아들이게 되어 있어
그녀를 너의 깊은 자리로 들이는 순간
넌 조금이라도 괜찮아지기 시작할 거야

고통이 찾아들 때면
주드, 그만 둬
이 세상의 모든 짐을 너 혼자 짊어지지 마
얼마나 바보 같은지 너도 잘 알고 있겠지
세상살이를 차갑게 받아들이면서도 침착한 척하는 것 말야

헤이, 주드 날 실망시키지 마
이제 그녀를 찾았으니 가서 받아들이는 거야
그녀를 네 마음으로 받아들여야 한다는 걸 기억해
그러면 넌 조금이라도 괜찮아지기 시작할 거야

가사에서처럼 맥스가 부르는 「헤이 주드」는 주드와 루시의 재결합을 촉구하고 있다. 이에 주드는 다시 미국으로 되돌아오고 뉴욕 항구에는 택시 운전사로 삶을 시작한 맥스가 반갑게 그를 마중한다. 그들은 반갑게 재회했지만, 아직 루시에게는 이 소식을 알리지 않았다. 그리고 택시의 라디오에서는 '생방송 옥상 공연' 소식을 알린다. 바로 세이디와 그녀의 동료들의 라이브 공연이다. 주드와 맥스는 이 공연에 참가하고 세이디와 옛 동료들은 그들을 반긴다. 루시도 이 공연에 초대되었지만, 지각으로 인해 건물에 입장하지 못하고 돌아간다. 경찰들은 옥상에서의 라이브 공연이 불법이라는 이유로 난입하여 세이디와 그녀의 동료들의 공연을 중단시킨다. 몰래 숨어있던 주드를 제외한 모든 일행이 경찰들과 함께 옥상에서 나간다. 그들이 사라지자 주드는 마이크를 잡고 루시를 그리워하는 노래를 부른다. 영화의 엔딩 시퀀스에서 주드가 부르는 노래가 바로 비틀즈의 히트곡 「당신이 필요한 건 사랑」("All You Need Is Love")이다. "당신에게 필요한 것은 사랑입니다 / 사랑이 당신이 필요한 전부입니다"라는 가사가 반복되는 이 노래는 영화 <물랑루즈>(*Moulin Rouge!*, 2001)에서도 남자 주인공 크리스티앙(Christian)이 카바레 가수 샤틴(Satine)과 사랑에 빠질 때 사용되기도 했다.

이 노래가 흘러나오자, 경찰들과 함께 세이디와 동료들도 돌아오고 그들은 경찰들에게 주드의 노래를 허락해 달라고 간청한다. 경찰들의 허락하에 주드와 동료들은 「당신이 필요한 건 사랑」을 합창하고, 이 노래의 주인공이 주드라는 것을 알아차린 루시는 건물 옥상으로 향한다(그림 6). 하지만 경찰들이 그 건물로의 출입을 봉쇄했기에 루시는 건너편 건물의 옥상으로 올라가 멀리서 주드를 마주 본다. 마침내 그들은 극적으로 재회하게 되고 루시의 얼굴에 흘러내리는 뜨거운 기쁨의 눈물을 보여주면서 영화는 해피 엔딩으로 끝난다.

스크린을 횡단하는 글로벌 문화

그룹 액티비티 및 에세이 주제

1. 영화 <어크로스 더 유니버스>는 기존의 뮤지컬 영화와 구별되게 비틀즈의 노래 33곡으로 구성되어 있다. 영화에 삽입된 뮤지컬 넘버 중에서 영상과 가장 잘 어울리는 넘버는 무엇이고 그렇게 생각한 이유를 기술해 보자.

2. <어크로스 더 유니버스>에서 가장 인상적인 장면은 무엇이고 그렇게 생각한 이유를 적어보자.

3. 줄리 테이머 감독은 영화에서 음악, 안무, 의상 및 무대 장치 등을 어떻게 활용했으며 이를 창의적으로 재현하고 있는지 토론하고 그 내용을 정리해 보자.

4. <어크로스 더 유니버스>에는 1960년대 베트남 전쟁과 반전 운동을 보여준다. 베트남 전쟁과 반전 운동이 영화에서 어떻게 재현되고 있는지 토의해 보자.

5. <어크로스 더 유니버스>는 1960년대 히피 문화를 엿볼 수 있다. 줄리 테이머 감독이 영화의 어떤 장면에서 히피 문화를 창의적으로 형상화하고 있는지 기술해 보자.

6. <어크로스 더 유니버스>는 주크박스 뮤지컬 영화다. 주크박스 뮤지컬의 역사에 대해 정리하고 다른 뮤지컬 영화와 구별되는 이 영화의 독창성에 관해 토론하고 그 내용을 정리해 보자.

제 5 장

<이브 생 로랑>
: 천재 패션 디자이너의 예술적 비전과 열정

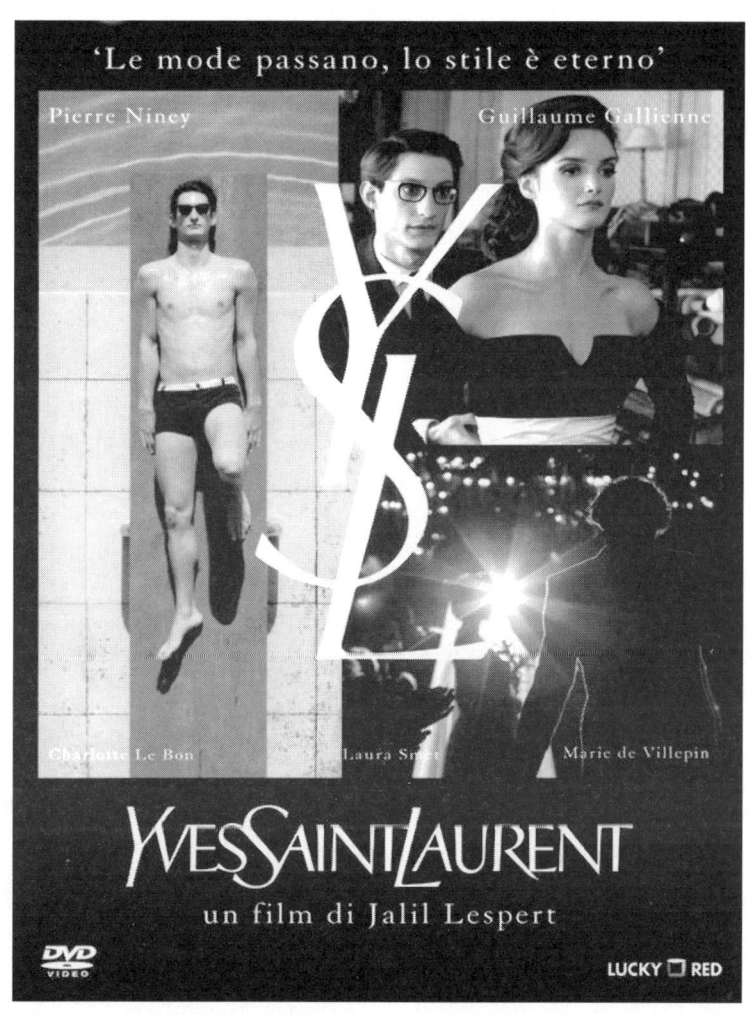

스크린을 횡단하는 글로벌 문화

2014년에 상영된 자릴 라스페르(Jalil Lespert, 1976~) 감독의 영화 〈이브 생 로랑〉*(Yves Saint Laurent)*은 20세기 최고의 천재 디자이너이자 '최초'라는 타이틀을 가장 많이 소유한 패션 혁명가의 대명사가 된 전설적인 패션 디자이너 이브 생 로랑(Yves Saint Laurent, 1936~2008)의 이야기를 다룬 작품이다.

20세기 패션사에서 1960년대부터 1980년대까지 프랑스가 패션의 중심에 설 수 있었던 것은 전적으로 이브 생 로랑이 존재했기 때문이라는 평이 있을 정도로 그의 영향력은 대단했다. 제2차 세계대전 후인 1940년대 후반부터 1950년대까지 프랑스의 패션은 크리스찬 디올(Christian Dior, 1905~1957)로 인해 20세기 패션사에서 새로운 전환점을 맞이한다. 이브 생 로랑은 디올 사의 디자인 조수로 채용되어 1955년부터 일했지만 군 복무 문제로 인해 1960년에 디올사로부터 파면을 통보받았다. 그리고 1962년 원치 않은 독립을 하게 된 이브 생 로랑은 자신의 이름을 딴 패션 브랜드 '이브 생 로랑'*(YSL)*을 런칭했다.

1950년대 크리스찬 디올의 '뉴 룩'

오늘날 프랑스를 대표하는 하이엔드 명품 브랜드로 자리매김한 '디올'(Dior)은 1946년 프랑스 디자이너 크리스찬 디올(Christian Diro, 1905~1957)이 설립한 이 브랜드는 화려함, 세련미, 여성스러움의 대명사로 인식되고 있다. 디올은 1947년 첫 컬렉션에서 선보인 '뉴 룩'(New Look)으로 제1급 디자이너로 인정받았다. 뉴 룩을 통해 디올은 제2차 세계대전 후의 참담함과 우울함을 아름다웠던 과거와 안락함, 부드러운 과거로 복원하고자 했으며, 일상에서 벗어난 환상적인 신화에 입각해 화려함과 귀족적 아름다움을 표현했다(그림 1). "뉴 룩은 1947년부터 1950년경까지 선풍적인 인기를 얻었던 비스듬한 어깨라인과 가는 허리, 종아리 길이의 풍성한 치마로 이루어진 디오르의 아워 글라스 실루엣(모래시계 실루엣)의 스타일을 가리키는 용어"(김미조 16)다.

(그림 1)

(그림 2)

제5장. <이브 생 로랑>: 천재 패션 디자이너의 예술적 비전과 열정

"나에게 꿈이란? 여성을 행복하고 아름답게 만드는 것이다"(My dream? To make women happier and more beautiful)라는 그의 언급은 현재까지도 전 세계 수많은 여성들의 존경을 받고 있는 디올의 패션 철학을 단적으로 보여준다. 디올은 어린 시절부터 꽃에 대한 남다른 열정을 드러냈다. 그는 식물들과 꽃으로 가득한 곳에서 혼자 시간을 보내거나 식물 카탈로그를 읽으면 행복해했다. "어머니로부터 물려받은 식물을 향한 관심은 그의 작품에 큰 영향을 미쳤다. 나중에 디자이너가 되어서도 정원에서 스케치하는 것을 좋아했고 파리에 위치한 디올 살롱은 언제나 대형 꽃꽂이로 가득 차 있었다. 그가 디자인한 드레스에 풍성한 꽃무늬 패턴이나 아름다운 꽃자수가 가득한 것도 '뉴 룩' 실루엣이 꽃을 거꾸로 뒤집어 놓은 듯한 모양인 것도 꽃을 사랑하는 그의 마음과 무관하지 않았다. 정원과 꽃을 테마로 한 그의 영감은 여전히 디자이너들의 작품에 영향을 미치고 있다"(캐런 호머 20)[1].

오트 쿠튀르와 프레타포르테

'오트 쿠튀르'(Haute couture)는 고급 맞춤 여성복 또는 이러한 옷을 만드는 의상점을 의미한다. '고급의'를 뜻하는 '오트'와 '재봉' 또는 '맞춤복'을 뜻하는 '쿠튀르'를 합친 말로 영어에서의 '하이 패션'(high fashion)과 동의어이며, 특히 여성복 제작과 관련된다. 기성복처럼 대량 생산할 필요가 없기 때문에 예술성을 최대한 중시한다(그림 2). 제작 발표회는 연 2회(1월과 7월) 열리는데, 유명 브랜드인 샤넬, 디올, 지방시 등이 참가하고 있다. 이에 반해 '프레타포르테'(Prêt-à-porter)는 영어로 Ready-to-wear, 즉, 사서 바로 입을 수 있는 '기성복'을 의미하는 단어이다. 현대에는 기성복 중에서도 유명한 패션 하우스에서 디자인한 고급 기성복을 말한다.

1년에 2번 파리에서만 개최되는 오트 쿠튀르 컬렉션과 달리 프레타 포르테 컬렉션은 세계 여러 곳에서 개최된다. 대표적으로 세계 4대 패션 위크(fashion week, 디자이너들이 작품을 발표하는 패션쇼가 집중적으로 열리는 주간을 이르는 말)라고 불리는 런던, 밀라노, 파리, 뉴욕의 컬렉션이 바로 프레타 포르테 컬렉션이다. 최근에는 이 도시들 이외에서도 패션 위크가 많이 열리고 있고, 디자이너의 관심도가 높아진 덕분에 상품의 질이 오트 쿠튀르에 뒤지지 않게 되었고 더 많은 사람이 더 적은 가격에 아름다움을 갖출 수 있는 기회를 마련해 주었다고 평가된다. 이브 생 로랑은 파리 최대 오트 쿠튀르 하우스인 크리스찬 디올 수석 디자이너로 패션계에 입문한 후 감각적이고 세련된 디자인으로 많은 주목을 받았다. 그는 1962년 1962 S/S 컬렉션을 시작으로 2002년 1월 마지막으로 2002 S/S 컬렉션까지 자신의 오트 쿠튀르 패션쇼를 열었다.

---

1) 캐런 호머. 『디올』. 허소영 옮김. 서울: 상상파워. 2024.

🎬 스크린을 횡단하는 글로벌 문화

1960년대 사회 환경과 패션의 흐름

1960년대는 제2차 세계대전 이후 강력한 소비 군단이 되어 돌아온 1960년대 베이비 붐 세대가 소비 문화를 이끌어나가는 주체로 부상했다. "모더니즘은 더 이상 새것과 변화를 열망하는 소비자의 욕구를 채워주지 않았다. 이러한 현상은 모더니즘을 부정하는 포스트 모더니즘 현상을 예술 전반에 확산시키며 팝 아트, 비디오 아트 등 새로운 형식의 예술사조들을 내놓았다. 1962년 비틀즈(The Beatles)가 첫 앨범을 발매했고 이들의 자유로운 정신세계와 음악을 비롯해 패션까지 젊은이들의 모방 대상이 되었다. 비틀즈를 시작으로 1960년대 중반 영국은 '스윙잉 런던'(swinging London=활기찬 런던)(그림 3)이라는 음악 혁명을 경험하고 있었다.

카나비(Canaby) 스트리트와 킹스 로드는 흐느적거리는 장발의 소년들과 미니 스커트를 입은 쇼트 헤어의 소녀들로 넘쳐났고, 팝 뮤직의 비트와 함께 런던은 틴에이저 문화의 중심지가 되었다" (이재정·박신미 185)[2]. 나아가 1960년대는 TV 광고를 중심으로 '쿨'한 것을 추종하는 경향, 대량 소비와 소비 지상주의가 확산했다. 패션과 예술은 상품 및 패션 디자인에도 엄청난 영향을 주었다. '팝 아트의 제왕' 앤디 워홀(Andy Warhol)은 캠벨(Campbell) 수프 캔이나 엘비스 프레슬리 같은 팝 문화의 상징적 이미지를 복제 생산하면서 미국의 소비주의를 찬양했다.

(그림 3)

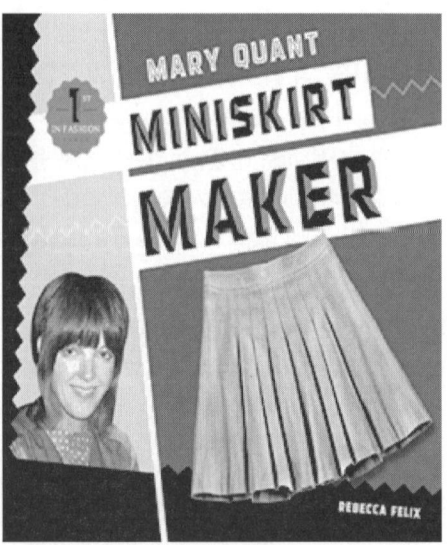

(그림 4)

영국에서 메리 퀸트(Mary Quant)의 '미니 스커트'로 대표되는 새로운 패션 붐(그림 4)이 일어나는 동안 "1965년 프랑스에서는 앙드레 쿠레주(Andre Courreges)가 혁명을 일으켰다. 쿠레주의 목표는 희소가

---

[2] 이재정·박신미.『패션, 문화를 말하다: 패션으로 20세기 문화 읽기』. 서울: 예경. 2011.

제5장. <이브 생 로랑>: 천재 패션 디자이너의 예술적 비전과 열정

치가 있는 파리 오트 쿠튀르를 이미 사회 각 계층에 불기 시작한 변화의 바람에 맞춰 적응시키는 것이었다. 이러한 가운데 샤넬은 50년 전 자신이 세워놓은 전통을 고수하며 무릎 노출을 거부하는 입장을 취했고, 이브 생 로랑은 전설적인 '몬드리안 드레스'로 세상의 이목을 집중시켰다"(이재정·박신미 188).

런던에서 메리 퀀트가 처음으로 선보인 스커트는 짧았지만, 당시 앙드레 쿠레주가 내놓은 스커트는 그보다 더 짧았다. 그리하여 "퀀트는 곧바로 자신의 스커트를 허벅지 길이까지 끌어올렸으며 스커트는 계속해서 위로 올라갔다"(준 마시 113)3).

이브 생 로랑의 '몬드리안 드레스'

이브 생 로랑은 1965년에 환락에 빠져버린 백만장자들을 위한 옷을 만드는 데 지쳤다고 선언하며, 네덜란드 신조형주의 화가 피트 몬드리안(Piet Mondrian, 1872~1944)의 회화를 패션에 도입한 컬렉션을 선보였다. 패션계 최초로 예술작품과 패션을 접목한 사례로 평가받는 '몬드리안 룩'(그림 5)에 대해 『위민즈 웨어 데일리』(Women's Wear Daily)는 이번 컬렉션으로 생 로랑이 '파리의 왕'이 되었다고 극찬했고, 『뉴욕타임스』(New York Times)는 '최고의 컬렉션'이라고 보도하였다.

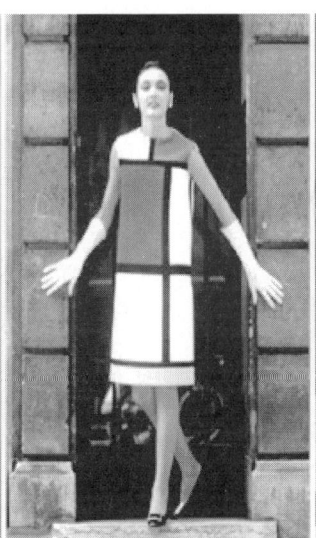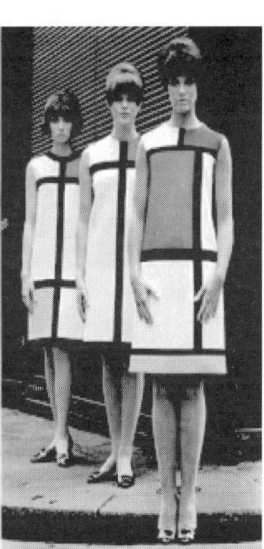

(그림 5)

이브 생 로랑은 "몬드리안 회화는 바우하우스의 순수와 연결되는 20세기의 명작이며 자연으로부터 철저한 해방을 구사하고자 폐쇄된 원보다 열린 직선 교차 형태를 통해 화가의 의지를 강렬한 색으로 표현하는 것이 해방적인 작품"이라고 말했다. 미국 『하퍼스 바자』(Harper's Bazzar)는 "몬드리안 드레스는 단정

---

3) 준 마시. 『패션의 역사』. 김정은 옮김. 서울: 시공아트. 2013.

적인 추상성, 신호 수신용 깃발이 평면화시킨 인체에 완벽하게 비례하도록 힘 있는 흰색 저지가 날카롭게 선을 그어주는 미래의 드레스"라고 호평하였다.

미술 애호가 이브 생 로랑과 팝 아트 패션

이브 생 로랑은 어린 시절 어머니가 크리스마스 선물로 준 몬드리안 회화 작품이 그 모티브가 되었음을 다음과 같이 고백한다. "예술작품을 들여다볼 때마다 늘 어디선가 창조적인 영감이 떠오르곤 한다. 그래서인지 몇 년이 흘러도 몬드리안 드레스는 나에게 언제나 아주 중요한 의미를 지닌다"(『하퍼스 바자』 224).4). 그의 작품 중 '팝 아트'(Pop Art, 1950년대 후반에 미국에서 일어난 회화의 한 양식)와 연관된 것은 24점으로 주로 앤디 워홀(Andy Warhol), 로이 리히텐슈타인(Roy Lichtenstein), 톰 웨셀만(Tom Wesselman), 로버트 인디애나(Robert Indiana) 등 팝 아트 화가들에게서 영감을 받은 것들이다. 앤디 워홀은 1972년 특징적인 실크스크린(Silkscreen) 판화기법으로 이브 생 로랑의 초상화를 발표해 그에게 헌사하기도 했는데, 이브는 이 그림을 매우 좋아했다. 1966년 F/W 컬렉션에서 선보인 '팝 아트'를 주제로 한 컬렉션은 장식이 전혀 없는 단순한 형태의 미니 칵테일 드레스에 여인의 누드, 빨간 입술, 컬러풀한 심장, 원색의 해와 달 등을 그려 넣어 팝 아트의 정신을 표현했다(그림 6). 순수 미술의 반전과 대중적이고 통속적인 이미지의 통합을 추구한 팝 아트의 특성은 이브의 작품 속에서 단순한 실루엣의 형태와 강렬한 색채, 해, 달, 여성의 누드, 입술과 같은 다양한 모티프로 '팝 아트'의 이미지를 부각시켰다.

(그림 6)

이브 생 로랑과 칼 라거펠트

독일 함부르크 출신의 디자이너 칼 라거펠트(Karl Lagerfeld, 1933~2019)는 부유한 집안에서 태어났다. 그는 어려서부터 드로잉에 뛰어났고 친구들과 어울리기보다 혼자 책을 읽고 공상을 즐겼으며 예술과 옷에 지대한 관심을 드러냈다. 1952년 프랑스로 이주한 칼 라거펠트는 1954년 국제양모사무국 콘테스트

---

4) Yves Saint Laurent. "Yves Saint Laurent." *Harper's Bazaar*. 2004.07.

제5장. <이브 생 로랑>: 천재 패션 디자이너의 예술적 비전과 열정

에서 코트 부문 1등 상을 수상하면서 파리 패션계에 입문했다. 이 경연대회에서 드레스 부문 1등은 이브 생 로랑이 차지했다. 1961년 자신의 쿠튀르 하우스를 설립한 이브 생 로랑과 달리 칼 라거펠트는 파리 패션계의 아웃사이더로서 마리오 발렌티노와 크리지아, 찰스 주르당 등 다양한 브랜드를 위해 디자인을 제공하면서 디자이너로서 자신의 가능성을 모색했다.

1960년대 중반 이후 칼 라거펠트는 당대 쿠튀르보다 한 등급 낮게 평가받았던 프레타포르테(기성복) 디자이너로 활동했다. 당대 패션의 최고급 취향과 결별했지만, 그는 젊은 세대의 새로운 취향과 교감했고 패션의 변화에 적응하는 순발력을 습득할 기회를 얻었다. 1982년 칼 라거펠트의 샤넬 영입이 공식 선언됐다. 독일인이자 기성복 디자이너라는 칼 라거펠트의 정체성과 경력이 거센 반발과 논란을 불러일으켰으나 그의 샤넬 입성을 막지는 못했다. 샤넬의 소유주들은 샤넬 하우스에 새로운 시대에 어울리는 적극적인 변화와 혁신이 필요했고 그 적임자로 칼 라거펠트를 선택한 것이다.

20세기 중반 이후 가장 강력한 대중문화의 한 축인 패션의 유행은 영화는 물론 세계적인 온라인 동영상 서비스(OTT) 업체인 넷플릭스, 디즈니플러스, HBO 등과 맞물려 대중들에게 패션과 디자이너들에 대한 이해를 한층 더 해주고 있다. 2009년 개봉한 영화 <픽쳐 미: 모델 다이어리>(Picture Me: A Model's Diary)는 샤넬, 캘빈클라인, 돌체앤가바나 등의 모델로 활동한 사라 지프(Sara Ziff)의 일상을 담은 영화로 화려한 모델계의 어두운 측면을 적나라하게 드러냈다는 평을 받아 밀라노 패션영화제에서 '관객이 선정한 최고의 영화상'을 수상한 작품이다.

2015년과 2020년에 각각 상영된 <디올 앤 아이>(Dior and I)와 <마르지엘라>(Martin Margiela: In His Own Words)는 20세기 '뉴 룩'(New Look)의 창시자 크리스챤 디올과 함께 은둔의 천재 디자이너로 불리며 '해체주의'라는 새로운 패션으로 기존의 관습에 도전한 마틴 마르지엘라의 삶과 패션 스타일을 조명한 훌륭한 다큐멘터리 영화들이다. 나아가 2021년 5월 넷플릭스를 통해 선보인 <홀스턴>(Halston)은 이브 생 로랑과 동시대의 인물로 1970년대 미국 패션 아이콘이었던 로이 홀스턴(Roy Halston Frowick, 1932~1990)의 극적인 삶을 조명한 드라마다. 20세기를 선도했던 프랑스 패션에 맞서 럭셔리 아메리칸 패션을 만든 디자이너 홀스턴의 이야기는 다섯 편으로 이루어진 에피소드 속에서 흥미로운 볼거리로 넘쳐난다.

피에르 베르제와의 만남과 사랑

영화 <이브 생 로랑>의 오프닝은 1957년 프랑스 식민지 알제리(Algeria)의 오랑(Oran)에서 패션 드로잉을 하는 이브 생 로랑(피에르 니네이 분)의 뒷모습을 보여주면서 시작한다. 당시 21세에 불과했던 이브는 프랑스 하이엔드(high-end, 최고의 품질 또는 성능을 가진 물건을 의미함) 패션 브랜드 크리스챤 디올(Christian Dior)사의 젊은 디자이너로 활동하면서 가족들이 있는 고향 오랑을 방문하곤 했다. 가족들과 함께 한 식사 자리에서 프랑스로부터 독립을 원하는 알제리 전쟁(Algerian War, 1954~62)이 언급된다. 이브는 "파리에서도 여기 생각을 많이 해요. 그럴 때마다 너무 걱정돼요"라고 말하며 가족들의 안위를 걱정한다. 이어서 카메라는 이브가 속해 있는 디올 하우스에서 디올과 모델 빅투아르(Victoire Doutreleau)

와 함께 의상을 디자인하는 장면을 보여준다. "허리를 그대로 두고 어떻게 치수를 줄일 건가요?"라는 디올의 질문에 천재적인 재능을 지닌 이브는 즉석에서 스케치하고 샘플을 만들어 빅투아르에게 입혀봄으로써 그들의 감탄을 자아내게 만든다(그림 7).

빅투아르는 이브의 첫 번째 뮤즈였다. 이브는 빅투아르와 파리의 클럽에 가서 함께 춤을 추고 그녀의 매력에 빠져들며 그녀와 결혼하고 싶다고 말한다. 클럽 장면에 뒤이어 카메라는 "이브, 그 시절 당신은 너무나 젊고 아름다웠지"라고 말하는 한 노인이 회상하는 모습을 담아낸다. 이 노인이 바로 이브의 동성 연인이자 사업 파트너인 피에르 베르제(Pierre Bergé, 1930~2017)이다. 이브는 1957년 크리스찬 디올의 갑작스러운 사망 직후에 수석 디자이너로 낙점된다. 다음 해인 1958년 이브는 디올 하우스에서 첫 컬렉션을 성공적으로 마치며 패션계의 주목을 한 몸에 받았다. 그는 한동안 디올사의 수석 디자이너로 일하지만 알제리 전쟁(Algerian War, 1954~1962)으로 인해 입대 통지를 받는다. 1960년 당시 24세의 이브는 군에 입대해 알제리로 파병을 간다. 하지만 그의 내성적인 성격과 동성애로 인해 군대에서 집단 괴롭힘을 당해 심한 정신적 충격을 받는다. 결국 그는 입영한 지 불과 3주 만에 정신병원에 입원하기에 이른다. 그 시절 이브는 각종 신경 안정제 투여와 전기 치료를 받을 수밖에 없었고 이런 연유로 인해 일평생 그는 약물 의존증이 생겼다. 게다가 설상가상으로 그사이에 새로운 수석 디자이너가 뽑혀 자신이 디올사에서 해고되었다는 소식을 듣게 된다.

(그림 7)   (그림 8)

이 시기에 좌절감과 우울증에 빠져있던 이브를 도와주었던 한 사람이 있었는데, 그가 바로 일평생 이브의 동성 연인이자 사업 파트너인 피에르 베르제(기욤 갈리엔 분)다. 베르제의 도움으로 1961년 이브 생 로랑의 이름을 내건 '이브 생 로랑'(YSL) 브랜드를 런칭할 수 있었다. 이후 베르제는 탁월한 사업수완을 발휘해 YSL을 세계적인 브랜드로 발전시켜 나간다. 이브에 대한 사랑과 예술을 둘러싼 베르제의 추억과 회고는 2010년 상영된 다큐멘터리 영화 〈이브 생 로랑의 라무르〉(Yves Saint Laurent-Pierre Bergé, l'amour fou)와 2021년 국내에서 출간된 도서 『나의 이브 생 로랑에게』(Letters to Yves)에게 등을 통해 뚜렷이 살펴볼 수 있다.

제5장. <이브 생 로랑>: 천재 패션 디자이너의 예술적 비전과 열정

이브 생 로랑과 베르나르 뷔페

1928년 프랑스 북부 작은 마을에서 태어난 베르나르 뷔페(Bernard Buffet, 1928~1999)는 내성적인 성격의 작은 아이로 또래 친구들과 뛰어놀기보다는 혼자 그림을 그리며 노는 아이였다. 뷔페는 불과 15세의 나이에 드가, 모네, 르누아르 등 현재 이름만 들어도 알 수 있는 유명 화가들이 졸업한 프랑스 최고의 미술교육 기관 '에콜 데 보자르'(École des Beaux-Arts)에 입학했다. 하지만 안타깝게도 2년 후 자신을 응원해 준 어머니의 죽음에 하루하루를 슬픔 속에 잠겨 있다가 결국 학교를 그만두게 된다. 이때의 슬픔을 고스란히 작품으로 승화시킨 뷔페는 불과 19세의 나이에 첫 개인전을 시작으로 20살에 칼날과 같은 비평으로 악명을 떨치던 프랑스 미술계에서 비평가상을 받으며 본격적인 베르나르 뷔페의 시대를 열었다. 한때 피에르 베르제의 동성 연인이었던 뷔페는 자연스럽게 이브 생 로랑과 교류하게 되었다(그림 8).

이브, 피에르, 빅투아르와의 삼각관계

군대에 있는 동안 '디올사'로부터 불법 해고를 당한 이브는 자신이 원하는 것은 자신만의 독창적인 옷을 만드는 것이라며 피에르에게 같이 '오트 쿠튀르 브랜드'를 만들자고 제안한다. 피에르와 점점 가까워지면서 이브는 자신의 첫 뮤즈였던 빅투아르를 소개하는 장면에서 "내가 결혼하고 싶은 여자"라고 말하며 그녀에 대한 숨김없는 감정을 드러낸다. 차츰 피에르는 이브와 빅투아르가 서로 어울리면서 친밀한 관계를 맺는 것을 지켜보면서 묘한 감정을 느끼게 된다. 이브와 피에르는 투자자를 찾느라 고군분투하다가 디올과의 소송에서 마침내 승소하였다.

(그림 9)

그리고 빅투아르의 도움으로 "이브 생 로랑, 자신의 오트 쿠튀르를 만들다"라는 대중잡지 『파리마치』(Paris Match)의 기사가 무려 2백만 부나 팔리면서 미국 애틀란타 출신의 억만장자에게서 투자를 얻어낸다. 1962년 이브는 그의 이름으로 공식 런칭한 '이브 생 로랑'(YSL) 브랜드로 첫 컬렉션을 개최하여 호평을 받는다(그림 9).

영화의 오프닝부터 중반부에 이르기까지 이브의 곁에는 고전적인 매력을 뽐내는 모델 빅투아르가 항상 함께했다. 하지만 이브, 피에르, 빅투아르의 기묘한 삼각관계는 조금씩 균열로 이어진다. 결국 피에르가 의도적으로 빅투아르와 성관계를 맺었고, 이 사실을 알게 된 이브는 강한 질투를 드러내며 사람들 앞에서 빅투아르에게 모욕을 준다. 그렇게 해서 '이브 생 로랑'(YSL) 창립을 함께했던 빅투아르가 그의 곁을 떠나게 된다.

뮤즈 베티와 '르 스모킹' 룩

패션 디자이너는 패션모델들과 가장 가까운 거리에서 마치 실과 바늘처럼 불가분적 관계를 유지하고 있다. 디자이너와 모델이 훌륭한 소통으로 좋은 공감이 이루어지면 스타일에 대한 찬사는 시대가 바뀌어도 계속되는 반면, 과하거나 모자라면 혹평으로 이어지기도 한다. 모델은 디자이너가 만든 의상을 통해 자신만의 고유한 매력을 발산하여 존재감을 알린다. 디자이너는 모델을 대상으로 영감을 얻거나 소통하며 새로운 창작을 시도한다.

(그림 10)

대부분 예술가들이 그러하듯이 패션 뮤즈는 패션 디자이너에게 창조적 영감의 원천이 된다. 조엘 킴백(Joel KimBeck)은 「패션 뮤즈」라는 책에서 패션 디자이너 지방시(Givenchy)와 오드리 헵번, 아르마니(Armani)와 조디 포스터, 마크 제이콥스(Marc Jacobs)와 소피아 코폴라 등을 소개하고 있다. 1965년 F/W 컬렉션에서 선보이며 센세이션을 불러일으킨 '몬드리안 드레스'는 패션잡지 역사상 가장 많이 촬영된 옷으로 기록되었고 이브 생 로랑이 자신의 이름을 세상에 확실히 각인시킨 계기가 되었다. 1966년 이브가 S/S 오트 쿠튀르 쇼에서 선보인 여성용 정장 '르 스모킹'(Le Smoking, 턱시도의 프랑스 용어)은 이전까지는 단아하고 우아하고 여성스러운 레이스와 프릴 장식으로 대표되었던 세계대전 전후 여성복에 '남성

제5장. <이브 생 로랑>: 천재 패션 디자이너의 예술적 비전과 열정

성'을 적용했다. 그때까지 남성들의 전유물이었던 턱시도를 여성에 맞춰 새롭게 창조한 생 로랑은 여성성과 남성성을 절묘하게 융합함으로써 혁명에 가까운 스타일인 '르 스모킹' 룩을 창조해 낸 것이다. 이브는 그의 뮤즈였던 빅투아르와 결별하고 난 뒤 새로운 뮤즈를 만나는데, 그녀가 바로 그의 '르 스모킹'에 영감을 준 베티 카트루스(Betty Catroux)다(그림 10).

'오트 쿠튀르'에서 기성복으로

패션잡지 『보그』(Vogue) 프랑스판의 편집자였던 조앤 줄리엣(Joan Juliet)은 "이브는 여성의 의복을 체계적으로 정리한 모던 슈트를 창조했다. 그것은 항공기같이 아름답고 완벽한 바디였으며, 스모킹 재킷은 평상복이면서도 이브닝 드레스로서 가느다란 목을 자유롭게 하는 목 라인과 가느다란 손목을 과시하는 슬리브 그리고 넓은 어깨와 대조를 이루는 가느다란 허리를 강조하며 여성성을 끌어올리는 완벽하고 조화로운 비율을 가진 슈트였다"(Beatrice Dupire 100)[5]라고 평가했다. 1966년은 이브가 오트 쿠튀르에서 기성복 박람회 프레타 포르테로 관심을 돌리기 시작한 동시에 가장 아이코닉하며 '패션의 혁명'과 같은 컬렉션이 탄생한 해이기도 하다.

'르 스모킹'을 가장 먼저 입은 모델 베티의 사진에서 뚜렷이 알 수 있듯이 '르 스모킹'의 중성적 스타일은 당시 패션 사진계에도 적지 않은 영향을 미쳤다. '르 스모킹'에 이어 이브는 1967년 '팬츠 슈트'(pantsuit)를 선보였다. 팬츠 슈트는 일상복이나 이브닝 웨어로도 입을 수 있는 것으로 여성복의 새로운 장르가 되었고 여성의 파워를 드러내는 주요한 상징물이 되었다. 팬츠 슈트는 재킷과 바지를 함께 입는 전통적인 형태 혹은 허벅지 길이의 튜닉(tunic, 허리 밑까지 내려오는 여성용의 낙낙한 블라우스 또는 코트를 의미함)과 바지를 입는 형태로 나타나기도 하였다. 이브는 남성의 재킷에 상응하는 여성들의 유니폼을 만들고 싶다며 르 스모킹과 같이 여성성과 남성성이 잘 조화된 옷을 만들어냈다. 넓고 각진 구조화된 어깨 라인과 뾰족한 노치트 칼라(notched collar)의 재킷과 앞 주름이 있는 스트레이트 팬츠는 남성성을 드러내고, 시폰 블라우스, 허리끈, 액세서리, 하이힐 등은 여성성을 드러내는데, 이는 여성스러운 매력을 포기하지 않고 당당히 자신의 권리를 주장하고 있는 현대 여성의 정체성을 드러내는 것이라 할 수 있다. 팬츠 슈트는 이후 1970년대의 당당한 직장 여성들의 유니폼이 되었다.

'르 스모킹 룩'과 2015년 서울 패션위크

이전까지 여성들이 바지를 입는 것은 흔치 않은 일이었다. 이후 재킷과 팬츠를 매치하는 '르 스모킹' 룩은 당당하고 자신감 넘치는 여성성의 상징이 되었다. 패션에 있어 성적 고정관념을 무너뜨린 생 로랑은

---

[5] Yves Saint Laurent and Beatrice Dupire, Hady Sy. *Yves Saint Laurent Forty Years of Creation*, Minneapolis: International Festival of Fashion Photography, 1998.

20세기 가장 영향력 있는 패션 디자이너 반열에 오르게 된다. '르 스모킹 룩'은 시공을 초월하여 현재까지도 영향을 미치고 있다. 국내에서 '르 스모킹 룩'이 반세기 만에 부활한 것이다. "지난 2015년 20일부터 25일까지 서울 패션위크 기간 패션 피플은 시계를 반세기 전으로 돌려놨다. 2015년, 돌아온 르 스모킹 룩은 다양한 변주가 가능하다. 격식에 얽매인 딱딱한 정장바지에서 벗어나 길이와 폭에 따라 자유자재로 분위기를 바꿀 수 있다"(『헤럴드 경제』, n.p.)[6].

1966년부터 이브는 해마다 10벌 정도의 스모킹을 제작하여 재창조된 새로운 '르 스모킹 룩'을 선보였다. 이것은 시대의 감각에 맞게 디테일과 아이템 등을 변화시키면서도 그가 추구하는 남성적이면서도 동시에 여성적인 양성적 의미를 변함없이 대변해 주는 것이었다. 결국 여성을 위한 팬츠는 특히 1960년대의 기발하고 특징적인 패션인 미니 스커트처럼 그가 스트리트에서 영감을 얻은 것을 그만의 스타일로 표현한 것이었다. 이후 영감의 고갈로 술에 탐닉하면서 무기력에 빠져있던 이브는 1967년에 측근의 조언으로 휴가지를 새로운 곳으로 옮겼다. 영화에서는 이브가 그의 연인이자 사업 파트너인 피에르와 함께 오토바이를 타고 광활한 대자연을 가로지르며 질주하는 장면이 나오는데, 그곳이 바로 북아프리카 모로코 중부에 있는 도시 마라케시(Marrakech)다. "마라케시에서 당신은 빛과 새로운 색을 찾았어. 거리, 벽, 여인들의 옷, 곳곳에 영감이 가득했지"라는 피에르의 보이스오버 내레이션은 마라케시가 생 로랑의 새로운 영감의 원천이 되었음을 입증한다. 당시 마라케시는 유럽과 미국 상류층 히피들의 이국적인 휴가지로 환상이 실현된 '이상향' 같은 장소였다.

뮤즈 룰루와 '에스닉 룩'

"알제리의 오랑에서 지낸 어린 시절의 유사한 풍경에 매료된 그는 이곳에서 만난 탈리타 게티(Talitha Getty)를 통해 1970년대 절정기를 맞이했던 '히피 문화'의 자유와 탐닉, 쾌락 그리고 다양한 소수 문화를 접했다. 이러한 영향으로 그는 이국 문화에 대해 작업을 하기 시작하였고, 그 절정은 이후 '70년대에 드러났다"(이예은 42)[7]. 이후 1968년 7월 이브는 또 다른 뮤즈를 만나게 되는데, 그녀가 바로 룰루 드 라 팔레즈(Loulou de la Falaise)다. 룰루는 1972년부터 본격적으로 이브와 함께 일하기 시작하여 2002년 그가 은퇴할 때까지 그의 액세서리와 주얼리 디자인을 담당하며 언제나 함께했다. "이브는 룰루를 정말 사랑하고 아꼈어요. 신선한 아이디어와 유머로 가득한 열정적인 보헤미안이었으니까요"(유현정·권미정 371)[8]라고 룰루의 어머니는 그녀에 대한 이브의 애정을 언급했다. 이브는 이국적 아름다움을 불러일으키는 룰루에게 매료되었음을 다음과 같이 언급한다.

"나는 마라케시로부터 도착했었죠. 내게는 벌써부터 전설이 되어있었던 그녀의 어머니를

---

6) 김아미. 「'르 스모킹 룩'이 온다 … 옷장속 정장바지 꺼내라」. 『헤럴드 경제』. 2015.
7) 이예은. 『이브 생 로랑 디자인 연구』. 이화여자대학교 대학원 박사논문. 2010.
8) 유현정·권미정. 「현대패션에 나타난 이브 생 로랑의 뮤즈패션—'룰루 드 라 팔레즈'와 '베티 카트루스'를 중심으로」. 『한국디자인문화학회지』. 25.4 (2019): 365-77.

제5장. <이브 생 로랑>: 천재 패션 디자이너의 예술적 비전과 열정

알고 있었죠. 연보랏빛 벨벳, 판탈롱, 꽃으로 된 왕관, 그것이 룰루였지요. 그녀는 아일랜드 콩트로부터 나온 요정 같았어요. 그녀의 모든 것이 그 시대의 놀라움을 대표하였지요. 그녀 주위에는 영적 분위기가 있었어요. 놀라울 정도로 방탕했지요…. 룰루는 엑조티시즘(exoticism, 이국의 정취에 탐닉하는 경향)의 신화에 속해 있었어요."(로랑스 브나임 341)[9]

(그림 11)

이브를 매료시킨 룰루의 스타일은 한마디로 '에스닉 룩'(Ethnic Look)이라 할 수 있다(그림 11). 에스닉이란 단어는 '민족의, 종족의, 민족 특유의'라는 뜻을 지니며 또한 '이방인의,' '이교도의'라는 의미도 포함힌다. 요긴대 사진직인 의미에서 '에스닉 룩'이란 유럽 이외의 세계 여러 나라 민속 의상과 민족 고유의 염색, 직물, 자수, 액세서리 등에서 영감을 얻어 디자인한 패션 경향을 말한다.

"에스닉 룩은 물질의 풍요로움보다는 마음의 풍요를 중시하며 정신적 세계에 대한 향수로 인해 과거와 미래, 동양과 시양이 독특하게 재구싱되어 세련된 이미지를 탄생시기면서 복고풍 분위기와 더불어 자연주의 성향 등으로 나타난 패션의 흐름이자 트렌드이다. 환경문제에 대한 인식이 강화되고 있는 현대 사회에서, 자연에 대한 향수와 더불어 자문화(自文化) 중심의 사고에서 타문화를 재평가하려는 가치관의 변화가 반영된 것으로 볼 수 있다. 따라서 에스닉 룩이

---

[9] 로랑스 브나임(Laurence Benaïm). 『이브 생 로랑』. 민혜련·우종길 옮김. 서울: 포텍스. 1994.

란 민족 고유의 복장에서 영감을 얻어 이국적인 취향을 패션에 도입하여 표현된 트렌드의 한 종류라 할 수 있다."(최문정 4)[10]

룰루의 '에스닉 룩'은 곡선의 실루엣과 자연적 소재 그리고 따뜻하면서도 타문화권의 신비롭고 매력적인 요소, 컬러풀하고 이국적인 색채 등으로 수공예적 느낌을 더하여 다른 표현 요소들과 혼용되어 1970년대는 물론 21세기 디자이너들에 의해 재해석되어 오늘날까지 이어지고 있다.

이브의 또 다른 동성 연인 자크 드 바세

영화는 이브가 자신의 뮤즈가 된 베티와 룰루를 만난 후 1971년 1월에 선보인 '리베라시옹'(Liberation) 컬렉션을 보여준다. 이브의 보이스오버 내레이션을 통해 "리베라시옹 컬렉션은 엄청난 스캔들을 일으켰지. 이브 생 로랑의 신여성은 반항적인 턱시도를 입고 남녀평등에 만족하지 않고 남성에게 맞섰어"라고 말하며 센세이션을 불러일으킨 '리베라시옹' 컬렉션의 도발적인 의미를 강조한다. 1940년대에서 영감을 받은 '리베라시옹' 컬렉션은 팝 아티스트 앤디 워홀의 동성애 및 드랙 퀸(Drag queen, 여장을 하는 남성 성소수자) 해방운동에서 파생된 동성애적 미학을 담고 있다는 논란뿐만 아니라 프랑스인들에게 1940년대 독일에 의한 점령을 환기함으로써 상당한 혹평을 받았다.

이어서 카메라는 클럽에서 신나게 유흥을 즐기는 이브 앞에 친구이자 라이벌인 칼 라거펠트가 자신의 동성 연인을 데리고 나타나 그에게 소개해 준다(그림 12). 이 남자가 바로 이브와 상당 기간 동성애 관계를 가졌던 자크 드 바세(Jaques de Bacher)다. 칼 라거펠트의 삶을 집요하게 추적해 『아름다운 몰락』(The Beautiful Fall)이라는 저서를 출간한 알리시아 드레이크(Alicia Drake)는 자크가 이브와 관계를 맺음으로써 이브와 칼 사이의 라이벌 관계가 더욱 심화되었다고 언급한다. 이브가 자크에게 광적으로 빠져들면서 이브와 베르제는 심한 언쟁을 벌였고, 결국 두 사람은 18년간 이어온 연인 관계를 정리하기에 이른다. "처음으로 혼자 남겨진 생 로랑은 주체할 수 없는 고독감을 느꼈다. 버려지는 아픔과 배신을 알게 되었을 때 그는 더욱더 피폐해져 갔다. 다행히 아름다운 우정과 두터운 신뢰가 두 사람 사이를 견고하게 이어주었다. 베르제는 그의 가장 소중한 자산인 생 로랑을 보호하며 그와 함께 건설한 글로벌 패션 제국의 경이로운 성공 신화를 이어갔다"(엠마 박스터 라이트 117)[11]. 이후 1983년 1월 샤넬의 오트 쿠튀르 컬렉션 데뷔 무대를 통해 칼 라거펠트는 프레타 포르테(기성복)에서 오트 쿠튀르의 세계에 회귀함으로써 죽은 샤넬을 환생시켰다는 평가를 끌어냈다.

---

10) 최문정. 「페루 전통 직물을 이용한 에스닉 룩 패션 디자인 연구」. 이화여자대학교 대학원 석사논문. 2007.
11) 엠마 박스터 라이트. 『이브 생 로랑』. 허소영 옮김. 서울: 상상파워. 2024.

제5장. <이브 생 로랑>: 천재 패션 디자이너의 예술적 비전과 열정

엔딩 시퀀스: 1976년 러시안 룩

룰루의 '에스닉 룩'에 영감을 얻은 이브는 1976년부터 에스닉 취향에 열중하였다. 1976 S/S 컬렉션에는 중국풍의 튜닉(tunic, 엉덩이 위까지 내려오는 여성용 상의) 등 동양풍의 스타일들을 발표했다. 영화의 엔딩 시퀀스는 이브가 자신의 "가장 아름다운 컬렉션"으로 평가한 1976 F/W 컬렉션으로 마무리된다. '러시안 룩'으로 알려진 이 패션쇼는 러시아 출신의 발레 프로듀서인 세르게이 디아길레프(Serge Diaghilev)가 기획 창설한 '발레 뤼소'(Ballets Russes)에 영감을 받은 것이다(그림 13). 이브의 특징적인 지적인 스타일은 거의 사라지고 호화스럽고 감각적인 러시아의 에스닉 감각이 농축된 최고의 110벌의 작품은 관람객들을 매료시켰다.

(그림 12)

(그림 13)

영화의 패션쇼 장면에서는 자코모 푸치니(Giacomo Puccini) 이전에 이탈리아에서 가장 인기가 높았던 오페라 작곡가 알프레도 카탈라니(Alfredo Catalani)의 오페라 <라 왈리>(La Wally) 1막에 나오는 아리아(Aria, 오페라·오라토리오·칸타타 등에 나오는 기악 반주의 선율적인 독창곡을 의미함)「그렇다면 나 멀리 떠나리」("Ebben, Ne Andro Lontana")가 전설적인 오페라 디바 마리아 칼라스(Maria Callas, 1923~1977)의 버전으로 흘러나오면서 우리에게 예술로 승화된 패션쇼의 숭고함을 느끼게 만든다. 역사상 처음으로 퍼포먼스처럼 캣워크(cat walk, 고양이만 다니는 좁은 통로라는 말이지만 패션쇼에서 걷는 모델들의 걸음걸이가 고양이와 비슷하다 하여 그 걸음걸이 자체도 의미함)를 연출하였고 1970년대 중반의 '빅 룩'(Big Look)을 바탕으로 눈부신 실크의 집시 스커트와 담비 털이 달린 금색 브로케이드 기병대 코트 같은 호화로운 의상들이 등장했다. 오트 쿠튀르는 구식이고 낡았다고 비히히는 언론에 대한 이브 생 로랑 식의 답변인 컬렉션이기도 하였다.

이브는 『르 포인트』(Le Point)에서 "나는 몇 개월 동안 내 머릿속을 뛰어다니는 이미지들과 내 앞에 놓인 비스콘티, 플로베르, 마담 보바리, 조르주 드 라투르, 들라크루아의 문헌들에서 영감을 얻은 폭발적인 아이디어들로 힘들었다… 내가 사랑하는 모든 것들을 선보인 이번 컬렉션은 나의 꿈과 환상으로 만들어졌다"라고 언급하였다. 실제 그는 컬렉션을 준비하는 동안 마라케시의 침실에서 머물면서 그의 환상과 추억 그리고 잠재의식적인 것과 실제적인 것들을 융합하였고, 결국 이것은 최고조의 미와 사치스러운 화려함으로 탄생하였다.

　1976년 '러시안 룩' 패션쇼는 러시아, 모로코, 오스트리아, 체코, 슬로바키아 등의 전통 의상이 새로운 컬러풀한 감각과 만나 재해석되어 새로운 패션 스타일을 창출했다. 이브는 이 '러시안 룩' 패션쇼가 "가장 아름다운 컬렉션이 될 것임을 확신한다"라고 언급했다.

> "이번 컬렉션은 화려하고 생동감 넘치며 밝게 표현될 것이다. 직물은 모로코에서처럼 짜여질 것이고, 젤라바(djellaba, 모로코 남자들이 입는 헐렁한 가운)처럼 울로 줄무늬가 있게 될 것이다. 이번 컬렉션은 지난번의 속편이 될 것이다. 내가 말하고자 하는 모든 것을 보여주기에는 지난 컬렉션만으로는 부족했다. 이번에 그 나머지를 보이고자 한다. 이 컬렉션이 나의 최상의 것인지는 알 수 없으나 가장 아름다운 컬렉션이 될 것임을 확신한다."(로랑스 브나임 88)

　오페라 음향이 극적인 분위기를 고조시키고 기쁨에 찬 청중들은 무대에서 눈을 뗄 수 없었다. 파리 인터콘티넨탈 호텔에서 개최된 화려한 '러시안 룩' 패션쇼가 끝나자, 전 세계로부터 그에게 찬사가 쏟아졌다. 베르나딘 모리스(Bernadine Morris)는 『뉴욕 타임스』 첫 페이지의 '패션의 흐름을 변화시킬 혁명적인 컬렉션'이라는 타이틀 아래 "이것은 1947년 디올의 '뉴 룩'처럼 엄청난 임팩트가 있었으며, 세계 패션의 방향을 변화시킬 것이다"(Alicia Drake 211)[12])라고 호평하였다.

　이브 생 로랑은 최초로 패션쇼에서 음악을 사용하였을 뿐 아니라 여성 정장에 최초로 바지를 도입하였으며 또한 최초로 흑인 모델을 쇼에 세우는 변화와 혁신을 과감히 실행했다. 이렇게 이브는 '최초의'라는 타이틀에 가장 부합하는 디자이너이다. 그에게 잠재된 이국적인 감성과 천부적인 능력 그리고 시대를 앞서가는 다양한 시도들로 패션계는 더욱 진보할 수 있었다고 평가할 수 있다.

---

12) Alicia Drake, *The Beautiful Fall: Fashion, Genius and Glorious Excess in 1970s Paris*, N.Y.: Back Bay Books. 2006.

제5장. <이브 생 로랑>: 천재 패션 디자이너의 예술적 비전과 열정

그룹 액티비티 및 에세이 주제

1. 이브 생 로랑으로 대표되는 현대 패션이 서양에서 차지하는 역사적·문화적 의미와 더불어 오늘날 전 세계에 미친 프랑스 패션의 영향력에 대해 기술해 보자.

2. <이브 생 로랑>에서 가장 인상적인 장면은 무엇이고 그렇게 생각한 이유를 적어보자.

3. 미술 애호가이자 컬렉터이기도 한 이브 생 로랑은 네덜란드 화가 피트 몬드리안의 추상회화에 영감을 얻어 센세이션을 불러일으킨 드레스를 창조했다. 1965년에 선보인 '몬드리안 룩'에 대해 살펴보고 그 내용을 정리해 보자.

4. 이브 생 로랑은 1960년대 중반 이후 앤디 워홀, 톰 웨셀만, 로버트 인디애나 등 미국의 대표적인 팝 아트 화가들의 작품에서 많은 영감을 얻었다. 이브 생 로랑에 미친 팝 아트의 영향력에 대해 토론하고 그 내용을 정리해 보자.

5. 영화에는 마치 실과 바늘처럼 불가분적 관계를 보여주는 이브 생 로랑과 당대 유명한 패션모델들이 등장한다. 이브의 뮤즈가 된 모델들은 누구이며 영화에서 이들이 어떻게 묘사되고 있는지 기술해 보자.

6. <이브 생 로랑>의 OST에는 당대 유행했던 팝송 및 오페라 아리아 등이 삽입되어 영화의 전체 분위기와 품격을 한층 높여준다. 영화 속에 사용된 음악이 영상과 결합하여 어떤 분위기를 창출하는지 토의해 보자.

제 6 장

<보헤미안 랩소디>
: 프레디 머큐리와 그룹 '퀸'

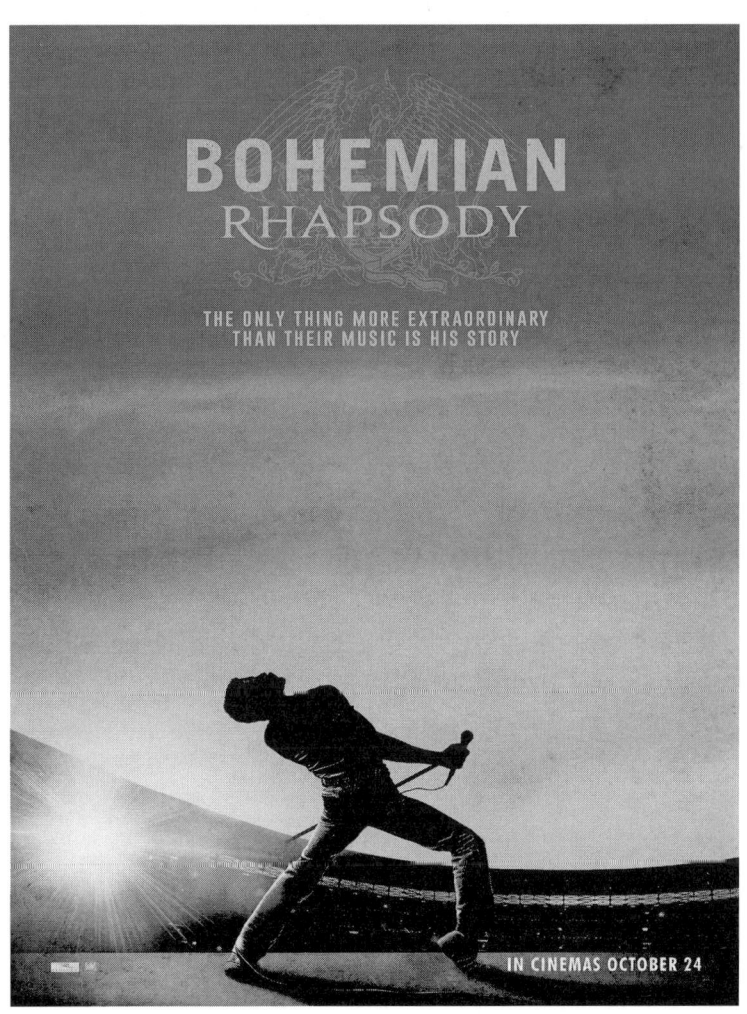

스크린을 횡단하는 글로벌 문화

2018년 10월 상영된 영국 출신의 락 그룹 '퀸'(Queen)의 메인 보컬 프레디 머큐리(Freddie Mercury, 1946~1991)의 전기영화 〈보헤미안 랩소디〉(Bohemian Rhapsody)는 그해 하반기 대한민국을 뒤흔들어 놓았다. 영화는 다음 해 1월 초까지 100일 동안 흥행 신드롬을 불러일으키며 초대박을 터뜨렸다. 〈보헤미안 랩소디〉는 무려 993만 명이 넘는 관람객을 끌어들이며 외국영화 사상 국내 최고의 흥행작이 되었다. 이 영화에 대한 영화평론가들의 평점은 6점대이지만 국내외를 막론하고 관람객들의 평가는 매우 좋은 편이다. 국내의 대표 포털 사이트인 '네이버'나 '다음'의 관객 평점은 9점대를 계속 유지하고 있다. '로튼 토마토'(영화 비평 사이트로 지수가 높을수록 신선한 주제의 영화를 의미함)도 90% 대로 관객들한테는 상당히 좋은 평가를 받고 있다. 이 영화는 국내 예매율도 높아 이전 최고의 흥행 영화들인 〈라라랜드〉(La La Land)나 〈맘마미아!〉(Mamma Mia!)보다도 높은 평점을 기록하였다.

영화 〈보헤미안 랩소디〉는 2019년 1월 미국 로스앤젤레스에서 열린 제76회 '2019 골든글로브' 시상식에서 작품성을 인정받아 작품상을 수상한 것에 추가로 주인공 프레디 머큐리를 연기한 배우 라미 말렉(Rami Malek)이 남우주연상을 수상하며 2관왕에 올랐다. 나아가 2019년 2월 24일 열린 제91회 아카데미 시상식에서는 남우주연상, 편집상, 음향편집상, 음악효과상 등 4관왕을 달성하여 역대 최고의 음악영화로서 영예를 안았다. 〈보헤미안 랩소디〉는 개봉 초기부터 '전기영화'(biographical film)에 별 관심을 끌지 못했던 국내시장에서 이례적으로 '퀸' 열풍을 일으켰다.

간단히 말해서 '전기영화'란 '한 인물의 일대기를 다룬 영화'를 일컫는다. 실제 있었던 스토리와 성공신화로서 전기영화는 관람객들에게 대리 만족과 희망, 가능성에 대한 만족감을 준다. 이런 이유로 전기영화는 생산자와 수용자 모두에게 호소력이 큰 장르로 간주되고 있다. 그 대상에 있어서도 정치인, 소설가, 시인, 경제인, 음악인, 미술인, 건축가, 연예인, 패션 디자이너, 무용가, 과학자 등을 망라한다. 나아가 허구적 가공인물이 아니라 사실에 기반한 실제 이야기라는 것도 관람객들의 공감을 자아내 감동을 극대화한다. 이렇듯 "전기영화는 한 개인의 삶에 초점을 맞추고 있지만 살아온 과거 시대와 현재를 이어주는 문화 코드를 엿볼 수 있다는 점에서도 매력적이다. 그런 의미에서 전기영화를 '작은 역사'로 보고 역사 영화의 하위 개념에 포함시키기도 한다"(김사숙·김겸섭 459)[1]. 그룹 '퀸'의 메인 보컬 프레디 머큐리를 주인공으로 한 영화 〈보헤미안 랩소디〉는 청년기인 1970부터 1985년 전설적인 '라이브 에이드'(Live Aid) 공연까지 15년간의 전성기를 재현한 전기물로 세계적 뮤지션의 성공 스토리이다.

---

1) 김사숙·김겸섭. 「영상 콘텐츠의 스토리텔링과 문화코드 분석-음악가 전기영화 '보헤미안 랩소디' 중심으로-」. 『문화와 융합』 41.1 (2019): 453-98.

제6장. <보헤미안 랩소디>: 프레디 머큐리와 그룹 '퀸'

실제 '퀸' 멤버들(1984년)과 영화에 재현된 '퀸' 멤버들(2018)의 모습

프레디 머큐리와 그룹 '퀸'

그룹 '퀸'은 영화의 주인공이자 메인 보컬인 프레디 머큐리를 비롯하여 브라이언 메이(Brian May, 1947~), 로저 테일러(Roger Taylor, 1949~) 그리고 존 디콘(John Deacon, 1951~)까지 총 4명의 멤버로 구성되었다. 브라이언 싱어(Bryan Singer) 감독이 연출을 맡은 영화의 타이틀은 실제 '퀸'의 명곡 「보헤미안 랩소디」("Bohemian Rhapsody")에서 차용한 것으로 영화의 정체성을 관통하는 메타포라 할 수 있다. 개성이 강한 '퀸'의 4인 멤버들은 독특한 취향과 상상력에 따라 락(rock) 음악의 경계를 넘나드는 탈장르적 음악, 즉 아카펠라, 발라드, 오페라, 하드락 등 전혀 다른 장르들을 조합한 실천적 구성으로 다양한 음악적 가능성을 보여주었다. 더욱이 '퀸'은 대중과의 교감에서 탁월한 능력을 발휘하여 세대를 초월하는 전설적 명성을 얻었다. 인도 이민자 가정 출신으로 본명이 파로크 불사라(Farrokh Bulsara)인 프레디 머큐리는 영국 사회의 주류를 이루고 있는 앵글로 색슨계의 3명의 동료 멤버들과 확연히 구별되는 독특한 외모를 지녔다. '퀸'의 멤버들은 각각의 서로 다른 개성을 가졌지만, 그들이 추구했던 음악 안에서 절묘한 조화를 이루며 시너지 효과를 창출하고 있다.

'퀸'이 활발하게 활동한 시기는 1970년대 중반부터 1980년대 중반까지다. 1960년대는 케네디 암살과 베트남 참전 등으로 전후 세대의 절망감이 전 세계를 지배하던 암울한 시대이다. 전후 세대의 절망과 좌절은 당시 음악에 반영되어 나타났는데, 이는 사이키델릭(psychedelic)이라고 하는 독특한 락 음악을 선보인 영국의 전설적인 그룹 '비틀즈'(The Beatles)의 노래를 통해 단적으로 드러난다.

파로크 불사라에서 프레디 머큐리로

프레디 머큐리의 부모님은 인도 뭄바이 출신이며 파르시(Parsi, 넓은 의미로 '페르시아인'을 뜻하지만 7, 8세기 무렵 이슬람의 박해를 피해 옛 페르시아(=이란) 땅에서 중앙아시아나 인도로 피신한 조로아스터교도를 부르는 명칭)였다. 파르시들의 선조는 8세기경 이슬람교도(=무슬림)에 쫓겨 페르시아로부터 인도로 피신한 조로아스터교(Zoroastrianism, 예언자 조로아스터의 가르침에 기반을 두고 있으며, 유일신 아후라 마즈다를 믿는 고대 페르시아 종교) 신자였다. 19세기에서 20세기에 걸친 서구 제국주의적 침탈과 식민주의적 팽창과 맞물려 이들 파르시는 전 세계적으로 흩어졌다. 따라서 오늘날 파르시 디아스포라(Parsi Diaspora)라는 용어는 인도는 물론 전 세계에 흩어져 있는 조로아스터(Zoroaster)교를 믿는 페르시아 혈통의 사람들을 일컫는다.

페르시아계 인도인 파로크 불사라는 부모님이 소속된 아프리카 탄자니아(Tanzania)의 잔지바르(Zanzibar) 파르시 공동체에서 어린 시절을 보냈다. 당시 잔지바르는 동아프리카의 작은 섬으로 이미 중세 말부터 유럽과 아프리카 그리고 아시아를 잇는 중요한 교통의 요충지, 무역의 거점항구였다. 파로크 불사라는 8살이 되자 부모님의 뜻에 따라 인도의 판치가니에 위치한 영국식 교육과정을 따르는 기숙학교에 보내졌다. 그는 그곳에서 8년의 유학 기간을 거친 뒤 1963년 2월 잔지바르로 되돌아왔다. 1964년 잔지바르 혁명이 발발하자 파로크 불사라 가족은 영국으로 이주를 선택했는데, 이때 그의 나이는 17세였다. 그리고 1970년 그는 운명적으로 기타리스트 브라이언 메이와 드러머 로저 테일러를 만난다. 영화 〈보헤미안 랩소디〉의 오프닝은 바로 이때를 시작으로 진행된다.

영화의 오프닝은 1985년 7월 13일 역사적인 '라이브 에이드'(LIVE AID) 공연으로 시작된다. 잠에서 깨어난 프레디 머큐리(라미 말렉 역)는 공연 준비를 하기 위해 집을 떠난다. 여기서 카메라는 그의 집에 있는 여러 마리의 고양이를 보여준다. 실제로 프레디의 고양이 사랑은 유별나서 그들과 관련한 수많은 일화를 남겼다. 프레디는 만 45세의 나이로 생을 마감할 때까지 많은 고양이들과 함께 시간을 보냈다. 그가 생을 마감하던 해인 1991년 마지막 사진에서도 고양이와 함께 한 모습을 볼 수 있다. 프레디가 1985년 발표한 첫 번째 솔로 정규앨범 『미스터 배드 가이』(*Mr. Bad Guy*)에 수록된 앨범 타이틀곡 「미스터 배드 가이」는 자신의 고양이들에게 헌정한 노래였다. 또한 1991년 발표한 그의 노래 「딜라일라」("Delilah")는 자신이 가장 아끼던 고양이 이름 '딜라일라'에서 따온 것이었다.

제6장. <보헤미안 랩소디>: 프레디 머큐리와 그룹 '퀸'

(그림 1)

(그림 2)

영화의 오프닝에서 프레디가 런던의 웸블리 스타디움으로 이동하는 장면에서 흘러나오는 노래는 「사랑하는 누군가」("Somebody to Love")이다(그림 1). 이어서 카메라는 1970년 런던에서 이민자 출신 프레디가 히스로 공항(Heathrow Airport)에서 수화물 운반원으로 일하는 모습을 보여준다. 프레디의 일상에서 1970년대 영국의 이주민과 하층 노동자로서의 차별적 삶의 한 단면이 신랄하게 드러난다. 공항에서 수하물을 옮기던 중 직장동료가 "하나를 빼 먹었잖아. 파키(Paki, 파키스탄 출신을 낮춰 부르는 말) 놈아"라고 인종차별적 언행을 한다. 이에 프레디는 "난 파키스탄 출신이 아냐"라고 반박한다.

짐 하나를 빠뜨렸다고 욕을 먹는 대사를 통해 프레디가 이주민 노동자, 즉 하층 계급이라는 것을 명백히 알 수 있다. 또한 같은 일을 하는 노동자 계급에서도 인종적 소수자에 대한 차별과 혐오가 만연해 있다는 것을 알 수 있는데, 이것은 '파키'라는 호칭에서 찾을 수 있다. 아시아인에 대한 차별적인 시각은 영국인과 외국 이주민으로 구별되는 호칭인 '파키'에서 단적으로 입증되고 있다. 인종차별적 호칭인 '파키'는 다음 장면에서도 나타난다. '퀸' 이전에 브라이언 메이와 로저 테일러가 운영하던 무명 밴드 '스마일'(Smile)의 멤버들과 함께 프레디가 첫 공연을 할 때 메인 보컬이 바뀐 것을 본 한 남자가 "팀은 어디 있어? 저 파키는 뭐야?"라는 언급은 당시 영국에 만연한 유색인종에 대한 차별을 적나라하게 보여준다.

프레디 머큐리의 뮤즈 메리 오스틴의 사랑

영화의 전반부에 프레디는 귀갓길 클럽에서 당시 무명 밴드였던 '스마일'의 노래를 듣는다. 그리고 그는 밴드의 대기실 근처에서 메리 오스틴(Mary Austin, 루시 보인턴 분)과 마주친다. 메리를 응시하던 프레디가 밴드를 만나려 하자 메리는 밴드가 밖에 있을 것이라고 알려준다. 이에 프레디는 메리의 관심을 끌려고 그녀의 코트가 잘 어울린다고 말한다. 옆에 있던 메리의 친구는 '비바'(Biba)라는 옷가게에서 옷을 구입했는데, 메리가 그곳 직원이라고 알려준다.

스크린을 횡단하는 글로벌 문화

〈프레디 머큐리와 메리 오스틴의 실제 모습〉

공연이 끝난 후 '스마일' 밴드 보컬 팀 스타펠(Tim Staffel)은 이대로는 안 된다는 말을 하고 간다. 프레디는 밖에서 브라이언 메이(궐 림리 분)와 로저 테일러(벤 하디 분)에게 인사를 나누며 오랫동안 밴드를 지켜보았으며, 디자인을 전공했지만 곡도 쓰고 있다고 말한다. 로저는 불과 5분 전에 보컬이 밴드를 떠났다면서 늦었다고 전한다. 그 말에 프레디는 그들에게 보컬을 제안하고 노래를 부른다. 그의 놀라운 가창력에 놀란 로저와 브라이언은 연락하겠다며 그에게 베이스 기타를 칠 줄 아는지 질문한다. 프레디는 베이스 기타 연주가 안 된다고 말하고 돌아간다. 이어지는 장면에서 프레디는 '비바'에 들러 옷을 둘러보며 메리의 관심을 끌려고 시도한다. 자신에게 어울리는 옷을 요청하자 메리는 프레디에게 스카프가 옷과 잘 어울릴 것 같다고 말하며 목에 코디를 해 준다(그림 2). 그녀는 그를 위해 화장을 해주고 두 사람은 점점 가까워진다. 이렇게 '스마일'(Smile)이라는 무명 밴드에서 그룹 '퀸'으로 탄생한 시기인 1970년 초 프레디 머큐리는 기타리스트 브라이언 메이와 그의 친구였던 메리 오스틴을 만났다. 첫눈에 그녀에게 반한 내성적이고 수줍음이 많은 프레디는 이후 그녀와 사귀며 동거까지 하게 된다.

프레디와 메리의 첫 만남은 1969년 두 사람의 특이한 옷 사랑 때문에 시작되었다. 당시 19세였던 메리는 런던에 있는 '비바'라는 옷가게에서 일하고 있었다. 프레디는 켄싱턴 마켓에서 후일 '퀸'의 드러머가 되는 로저 테일러와 함께 옷가게를 운영하면서 어렵게 활동하고 있었다. 프레디와 메리는 곧 서로 사랑에 빠졌고 얼마 후 그들은 작은 아파트에서 동거를 시작했다. 그들의 사랑이 무르익기 시작할 때 세상을 정복하게 될 전설적 락 밴드 '퀸'이 서서히 완전체로 성장한다. 하지만 당시에는 언론에서 그들에게 크게 관심을 두지 않았기 때문에 이 커플은 비교적 소박한 삶을 살 수 있었다. 프레디는 곡을 썼고 메리는 그의 옆에서 내조를 시작하며 사랑을 키워갔다.

밴드 '스마일'은 존 디콘(조셉 마젤로 분)을 새로운 베이스 기타로 영입하면서 클럽에서 공연을 계속한다. 이민자 출신의 새로운 메인 보컬인 프레디를 조롱하는 사람들이 있지만 노래가 시작되자 모두가 즐거워한다. 공연 중 브라이언 메이가 프레디에게 틀린 가사 부분을 지적했지만 프레디는 즉흥적인 센스를 발

제6장. <보헤미안 랩소디>: 프레디 머큐리와 그룹 '퀸'

휘해 잘 소화해 낸다. 1971년 프레디는 스튜디오 관련 내용이 담긴 신문을 들여다보며 멤버들은 기다리고 있다. 공연을 위해 낡은 밴을 움직이려 하자, 고장으로 멈춘다. 프레디는 앨범을 만들 것을 제안한다. 녹음을 위해 고물 밴을 팔고 스튜디오를 임대한다. 녹음이 잘 될 때까지 끊임없이 연습을 한 후 다양한 음질을 만들며 새로운 밴드명을 '퀸'이라고 짓는다.

한편, 프레디와 메리의 사랑은 점점 무르익어 갔고 결국 그들은 '퀸'의 멤버들과 함께 프레디의 집에서 모임을 가지게 되었다. 화기애애한 분위기 속에서 가족들과 밴드 멤버들이 함께 식사를 할 때 프레디의 어머니는 고향 이야기를 하며 프레디의 유년시절 사진을 보여준다(그림 3). 프레디는 '퀸' 밴드를 법적인 명칭으로 개명했다고 전한다. 그때 프레디를 찾는 한 통의 전화가 걸려온다. EMI에서 퀸의 데모 음반을 들었고 당시 엘튼 존(Elton John)의 매니저였던 존 리드(John Reid)가 관심을 가지고 '퀸' 멤버들과의 미팅을 제안한 것이다. 프레디의 낭보에 멤버들과 가족들은 환호성을 지르며 기뻐한다.

프레디는 EMI와 만난 자리에서 '퀸'을 세상에서 소외된 자들을 위한 특화된 밴드라고 소개한다. 존 리드는 폴 프랜터(엘렌 리치 분)가 밴드의 일정을 담당할 것이라고 말하고 TV프로그램과 일본투어 일정을 말한다. 이어지는 장면에서 카메라는 '퀸'의 BBC 녹화 방송 장면을 보여준다. BBC 녹화 방송에서 담당 PD가 '퀸' 멤버들에게 립싱크 녹음을 요구하자 멤버들은 불평을 한다. 메리는 프레디에게 카메라에 입 모양이 잡히지 않게 부르면 된다고 조언해 준다. 이 장면에서 흘러나오는 노래가 바로 '퀸'의 첫 번째 히트곡 「킬러 퀸」("Killer Queen")이다(그림 4).

(그림 3)   (그림 4)

이 노래는 가사를 먼저 쓴 후 나중에 멜로디를 붙인 드문 케이스로 '킬러 퀸', 즉 '죽여주는 고급 콜걸'에 대한 찬사이다. "이 곡은 밴드에게 있어 큰 전환점이 되었는데, B면에 있는 「손목 한번 날리면」("Flick of the Wrist")과 함께 싱글로 발매되어 영국 차트 2위, 미국 차트 12위에 오르는 큰 사랑을 받았다. 퀸의 전매특허인 세련된 보컬 화성(4중창 화음으로 구성)을 들을 수 있다. 브라이언의 3중 트랙 기타 솔로가 종소리 이펙트 기술에 효과적으로 활용되었다"(정유석 71)[2].

가족들과의 모임 후 프레디와 메리가 동거를 시작한다. 그녀는 거실 소파에 누워서 그에게 무대에서 노래 부를 때의 기분을 물어본다. 프레디는 무대에 있을 때 모든 관심이 집중되고 자신이 늘 꿈꾸던 사람이

---

[2] 정유석. 『QUEEN 보헤미안에서 천국으로: 퀸 디스코그래피로 보는 퀸의 역사』. 서울: 북피엔스. 2018.

된 것 같아 두려움이 사라진다고 말한다. 특히 그때는 자신이 그녀와 함께 있을 때와 같은 기분이라며 미리 준비한 반지를 꺼내 그녀를 감격하게 만든다. 프레디는 "넌 내 평생의 사랑이야"라며 메리의 왼손 약지에 반지를 끼워주면서 그녀에게 "나와 결혼해 줄래?"라고 청혼한다.

메리는 "그래"라고 대답하고 그들은 서로 키스한다. 무슨 일이 있더라도 절대 반지를 빼지 않겠다고 약속해달라는 프레디의 요구에 메리는 그렇게 하겠다고 대답한다. 그들 사이의 로맨틱한 분위기가 무르익는 바로 그 순간 '퀸'의 멤버들이 갑자기 들이닥친다. 프레디는 그들에게 정말 타이밍이 별로라고 말한다. 브라이언은 그들의 매니저 존 리드가 그들을 위해 작은 투어를 준비했다고 말한다. 이에 로저가 "작은 투어가 아니라 미국 투어를 주선했다구. 우리 앨범이 미국에서 대박났대!"라고 말하자 프레디와 멤버들은 함께 껴안고 다가올 미국 투어에 기뻐한다.

프레디의 동성애 그리고 메리와의 이별

'퀸'의 미국 투어가 시작되고 전 지역에서 공연 매진이 계속되며 공연 후 프레디는 메리에게 사랑을 고백한다. 영화에서 볼 수 있는 것처럼 실제로 프레디와 메리의 첫 만남은 1969년 두 사람의 특이한 옷 사랑 때문에 시작되었다. 그리고 1973년 프레디가 메리에게 청혼했을 당시(그림 5)를 그녀는 다음과 같이 회상했다. "크리스마스에 큰 박스를 받았다. 박스 안에 또 박스가 있었고 또 또 있었다. 마침내 작은 박스 안에 보석 반지가 있었다. 깜짝 놀랐다. 그리고 속삭였다. 결혼하자고 . . ."(김문)[3]

프레디는 자신의 마음을 담아 오스틴을 위한 곡을 작사 및 작곡했다. 그렇게 탄생한 노래가 바로 불후의 명곡 「러브 오브 마이 라이프」("Love of My Life")다. 하지만 1975년부터 프레디는 자신의 성 정체성에 대해 의문을 가지고 동성애에 사로잡히면서 그들의 관계는 점점 소원해져 갔다. 영화 중반부에 프레디는 장르를 가로지르는 실험적이고 혁명적인 노래를 만들기 위해 멤버들과 함께 외딴 시골 농장에서 지내며 고군분투한다. 그때 프레디의 매니저였던 폴 프렌터(Paul Prenter)가 은밀히 다가와 그에게 키스하며 추파를 던진다. 이렇게 프레디의 동성애가 시작되었다. 결국 프레디와 메리의 결혼식은 취소됐고, 그들은 1976년에 이별했다. 2013년 『데일리 메일』과의 인터뷰에서 오스틴은 "머큐리가 양성애자임을 털어놓은 뒤 결혼식이 취소됐다"고 밝혔다. 두 사람의 사랑은 그렇게 끝났지만 이후에도 그들의 우정은 일평생 지속되었다.

불후의 명곡 「보헤미안 랩소디」

영화의 타이틀이자 '퀸'의 대표곡 「보헤미안 랩소디」는 1975년 4집 『오페라의 밤』(*A Night at the Opera*)에 수록된 노래다. 영국, 호주, 네덜란드 앨범차트 1위를 기록했으며 미국에선 4위까지 오르며 미

---

[3] 김문. 『*QUEEN*』. 「기획특집 흥행돌풍 '보헤미안 랩소디' 문화진단」. 2019.01.24.

제6장. <보헤미안 랩소디>: 프레디 머큐리와 그룹 '퀸'

국에서만 3백만 장 이상 팔리는 대히트를 기록했다. 이런 사실에도 불구하고 이 곡은 국내에서는 허무주의를 조장한다는 이유로 군사정권 시절에 금지곡으로 지정되었다가 1989년에야 해금되었다. 「보헤미안 랩소디」의 가사에는 누군가가 한 남자를 죽이고 나서 엄마에게 고백하는 내용으로 인해 '살인', '패륜' 등으로 해석될 여지가 충분히 있다. 이 때문에 청취자에게 유해한 영향을 줄 수 있다고 판단되어 금지곡이 됐을 가능성이 크다. 『오페라의 밤』에는 「러브 오브 마이 라이프」, 「넌 나의 가장 친한 친구」("You're My Best Friend") 등의 명곡이 수록되어 있다.

무엇보다 이 앨범에 수록된 '보헤미안 광시곡'을 뜻하는 「보헤미안 랩소디」는 상이한 장르의 융합이 단연 돋보인다. 클래식한 보컬과 환상적인 하모니가 이루어낸 「보헤미안 랩소디」의 스케일은 '록 오페라'라는 의미를 실감할 수 있게 만든다. 영화 중반부에 「보헤미안 랩소디」의 제작 과정이 자세하게 나오는데 멤버들은 웨일스(Wales)의 록필드 팜(Rockfield Farm)이라는 외딴 농장에서 오로지 음악에만 집중하며 이 곡을 만들어낸다(그림 6). 무려 6분 동안 이어지는 실험적인 노래인 「보헤미안 랩소디」는 발라드로 시작해 오페라와 하드록을 넘나든다. 브라이언 메이는 한 인터뷰에서 "이 곡을 녹음했을 때가 정말 가장 위대한 순간"이었다고 말했다.

(그림 5)　　　　　　　　　　(그림 6)

영화에서 EMI 음반사의 사장으로 나오는 레이 포스터(Ray Foster)는 너무 긴 이 노래에 대해 어떤 방송국에서도 거절할 것이라는 부정적 견해를 피력한다. 결국 프레디는 그와 결별하고 런던에서 라디오 DJ로 활동하고 있던 친구 케니 에버릿(Kenny Everett)에게 음반을 전해준다. 케니 에버릿은 청취자들에게 EMI 미발매 곡이라고 말하면서 라디오 단독 방송을 송출한다. 「보헤미안 랩소디」는 대박을 터트렸고, '퀸'을 정상의 반열에 올려놓았다. 이 곡의 홍보를 위한 뮤직비디오는 이후 뮤직비디오 대유행을 이끌어낸 효시가 되었다. 싱글은 9주 동안이나 영국차트 1위에 머물렀다. 『오페라의 밤』의 제작비는 당시 최고 수준이었다. 이 앨범은 1975년 11월에 발매가 되자 큰 히트를 기록하여 퀸에게 최초의 플래티넘의 영광을 안겨주었다. 앨범 커버에는 프레디가 첫 앨범을 위해 만들었던 '퀸'의 로고를 재작업하여 사용하였다.

중요한 점은 영국 크리스마스 싱글 차트에서 역사상 1위를 두 번 한 곡은 딱 한 곡인데, 그것이 다름 아닌 「보헤미안 랩소디」라는 사실이다. 이 기록은 1976년 아바의 히트곡 「맘마미아」("Mamma Mia")에 의해 깨지는데 공교롭게도 「보헤미안 랩소디」에도 '맘마미아'라는 가사가 등장한다. 또한 이 곡은 프레디

스크린을 횡단하는 글로벌 문화

머큐리가 사망한 해인 1991년에도 재발매되어 5주 연속 영국차트 1위를 했다. 현재 「보헤미안 랩소디」는 퀸의 노래 중 가장 유명한 곡이자 로큰롤 역사상 가장 위대한 불후의 명곡 중 하나로 평가받고 있다.

「보헤미안 랩소디」는 다양한 장르를 한 곡에 모두 섞으면서도 너무도 훌륭하게 조화를 이루는 오케스트라처럼 들린다. 말하자면 이 노래는 한 편의 오페라나 뮤지컬을 보는 듯하다. 가사를 살펴보면 다소 애매한 단어와 표현이 포함되어 있다.

이게 진짜 삶인가요? / 이건 그저 환상인가요?
산사태에 갇혀 / 현실에서 벗어날 수 없네요
눈을 뜨세요 / 하늘과 바다를 보세요
난 불쌍한 소년일 뿐이예요, 동정은 필요없죠
난 쉽게 오고 쉽게 가니까 / 약간 높고, 약간 낮죠
아무튼 바람이 불고 / 그건 상관없어요, 나에게는

엄마, 방금 사람을 죽였어요 / 그 사람 머리에 권총을 댔죠
방아쇠를 당겼고, 그는 죽었어요 / 엄마, 삶이 이제 막 시작했는데
내가 끝내고 버렸어요 / 엄마, 우~~~
당신을 울게 할 의도는 아니었어요 / 내가 내일 이 시간까지 안 돌아오면
그냥 살아가요, 아무 일도 없었던 것처럼 / 너무 늦게 내 시간이 시작했어요
내 등줄기를 타고 전율이 돌아요 / 항상 몸이 아프죠
안녕 모두들, 난 떠나야 해요 / 진실을 뒤로하고 난 떠나야해요
엄마, 우~~~ (아무튼 바람이 부네요) / 난 죽고 싶지 않아요
난 가끔은 태어나지 않길 바라곤 해요

한 사람의 작은 실루엣을 봐요
스카라무슈, 스카라무슈, 판당고 춤을 춰볼래?
벼락과 빛이 날 무척이나 두렵게 해요
갈릴레오, 갈릴레오, 갈릴레오, 갈릴레오
갈릴레오는 거짓말쟁이였어, 마니피코 / 하지만 난 그저 불쌍한 소년일 뿐이예요
아무도 날 좋아하지 않죠 / 그는 그저 불쌍한 가족의 불쌍한 소년일 뿐이예요
이 기괴한 것에서부터 그와 그의 삶을 피하게 해요
쉽게 얻은 것은 쉽게 잃어요 / 날 내버려 둘래요

비스밀라!(알라의 이름으로!) 아니야, 우린 널 가게 내버려두지 않을거야
그를 내버려둬 / 비스밀라!(알라의 이름으로!) 아니야, 우린 널 가게 내버려두지 않을거야
그를 내버려둬 / 비스밀라!(알라의 이름으로!) 아니야, 우린 널 가게 내버려두지 않을거야
그를 내버려둬 / 널 가게 내버려두지 않아 날 내버려둬요
널 가게 내버려두지 않아 날 내버려둬요 / 날 가게 내버려두지 말아요
아니야, 아니야, 아니야, 아니야, 아니야 / 오 세상에, 세상에, 세상에 날 내버려둬요
벨제부브가 내 곁에 악마를 두었어요 / 내 곁에 / 내 곁에

내게 돌을 던지고 / 내게 침 뱉을 수 있다고 생각해요
당신은 날 사랑할 수 있고 / 날 죽게 내버려둘 수 있다고 생각해요

제6장. <보헤미안 랩소디>: 프레디 머큐리와 그룹 '퀸'

오, 내게 그럴 순 없어요 / 그냥 떠나줘요
떠나줘요 여기서 떠나줘요 / 오 그래

영화 중반부에서 이 노래를 발표한 직후 캡션을 통해 서도 볼 수 있듯이 「보헤미안 랩소디」에 대한 당시 평론가들의 평가는 그리 호의적이지 않았다. "필요 이상으로 과장되었다"는 것이 평단 대부분의 견해였다. 하지만 「보헤미안 랩소디」가 시공간을 초월하여 오늘날까지 많은 사람들의 사랑을 받고 있는 이유는 무엇보다 이 노래가 독창적인 구조로 되어 있기 때문일 것이다.

이 노래는 총 5가지 부분, 즉 아카펠라 합창으로 시작하여 소프트 락, 오페라, 하드 락, 소프트 락으로 이어지는 부분으로 나눠지며 가사 내용도 난해하다. 프레디는 가사에 관한 질문을 받을 때마다 사람들 각자에게 해석을 맡긴다고 말했다. 총으로 사람을 죽인 화자가 어머니에게 고해성사를 늘어놓다가 점차 격앙되어 결국에 죽고 싶지 않다는 절박한 본심을 표출하고 이어지는 기타 솔로가 이런 복잡한 회한의 감정을 반영한다. 이어지는 소프트 락 파트에서 '맘마'는 오페라의 '오! 마마미아'(Oh! Mamma Mia)와 대구(rhyming couplet)를 이루며 장르를 전환시킨다. 이 곡에 쓰인 합창은 퀸의 멤버들이 테이프가 늘어질 때까지 겹쳐서 녹음해서 만들었다.

요컨대 「보헤미안 랩소디」는 프레디의 개인적 트라우마가 담겼을 것으로 추정되는 심오하고 독특한 가사로 이뤄져 있다. 하지만 그는 생전에 이 곡의 가사에 대해 그저 집안 친척에 관한 곡이라고 했을 뿐 더 자세히 설명하는 것을 꺼렸다. 퀸의 다른 멤버들도 이 곡의 숨겨진 이야기에 대해 말하기를 쉬쉬했다. 다른 유력한 해석 중 하나는 "과거의 성 정체성 페르소나(persona)를 총으로 쏴죽여 부정한 프레디가 7년간 동거하던 메리로부터 벗어나고픈 자신의 마음을 성모 마리아, 즉 '맘마미아'(Mamma Mia)에게 이입하여 표현한 것으로 봤던 것이다. 이런 맥락의 해석은 같은 앨범에 수록된 메리에게 바치는 「러브 오브 마이 라이프」에서도 적용된다. 또 다른 해석은 실제로 그 시기에 있었던 한 남자가 자기 아버지를 총으로 쏴죽이고 사형에 처해진 일화를 바탕으로 작사되었다는 설이 있다"(정유석 106).

음악평론가 박은석은 "템포와 코드가 각기 다른 다섯 개의 독립적인 악장을 하나의 완결된 악곡으로 결합시킨 구성은 전대미문의 것이었다. 아카펠라 형태의 인트로(도입부)를 시작으로, 발라드와 오페레타와 하드 록의 형식을 차례로 넘나든 끝에, 수미쌍관 격인 아우트로(종결부)가 6분 가까운 연주 시간의 대미를 장식한다"(한겨레, 2009. 6.21)라는 견해를 피력한다. 나아가 비평가 토비 크레스웰은 "(상이한 두 곡을 결합하여 파격적 실험을 선보였던) 비틀스의 「어 데이 인 더 라이프」("A Day in the Life")가 한 끼 식사라면, 「보헤미안 랩소디」는 푸드코트의 뷔페와 같다"고 비유했다.

"로저의 소프라노 팔세토(falsetto, 가성)로 오페라 파트가 마무리되며 격렬한 헤드 뱅잉(Head Banging)의 하드 락 파트로 넘어간다. 결론이 이미 정해진 요식 행위를 거친 후에 사형수는 '당신들이 함부로 내게 돌 던지고 내 눈에 침 뱉을 수 있느냐, 나를 죽게 내버려둘 수 있다고 생각하느냐'며 격정적이고 성난 목소리로 강하게 책망하지만 결국에 그는 브라이언의 기타 솔로처럼 마음을 정리하게 된다. 수미상관한 대단원의 발라드에서 사형수는 체념조로 흐르는 운명을 받아들이게 된다. 심벌(징) 드러밍으로 막을 내리며 그는 또한 결국에 해방된다"(정유석 107).

「보헤미안 랩소디」는 2004년에 '그래미 명예의 전당'(Grammy Hall of Fame)에 헌액되었다. '퀸'의 대표곡인 만큼 매회 라이브에서 항상 빠지지 않고 연주되던 인기 레퍼토리였다. 그러나 곡의 구성이 너무 복잡한 관계로 라이브 무대에서 그대로 재현한다는 것은 사실상 불가능했다. 이에 「보헤미안 랩소디」는 코러스 부분을 무대에서 재연할 수 없어 비디오를 찍었는데, 이것이 오늘날 뮤직비디오의 효시가 되었다. 「보헤미안 랩소디」 뮤직비디오의 성공 이후에 홍보 뮤직비디오 제작이 팝 업계의 보편적 유행이 되었다. 이처럼 이 노래가 7년 후 MTV 출범에까지 영향을 미쳤다는 사실은 매우 중요하다.

프레디의 '커밍아웃' 그리고 메리와의 이별

4번째 앨범 『오페라의 밤』의 대히트 이후 '퀸'은 전 세계적인 명성과 부를 얻게 되었다. 그런데 아이러니하게도 밴드가 성공 가도를 달릴수록, 프레디의 개인적인 삶은 더욱 힘들어져 갔다. 메리 오스틴과의 연인 관계가 공식적으로 끝난 것도 그즈음이었다. 영화 중반부에 프레디는 메리에게 자신이 양성애자인 것 같다고 고백하자 메리는 "프레디, 넌 게이야"라고 대답한다(그림 7).

(그림 7)　　　　　　　　　　(그림 8)

"프레디는 자기 자신과 메리에게 솔직하지 못했다. 그것이 프레디를 아프게 했다. 두 사람의 관계는 프레디가 다른 사람을 만났다는 사실, 이를 둘러싼 근거 없는 소문들에 얼룩져 결국 변질되고 말았다. 역설적이게도 프레디가 메리에게 자신의 양성애 성향을 솔직하게 고백했을 때, 두 사람 사이를 갈라놓았던 불안과 의심이 일거에 자취를 감추었다 . . . 비록 두 사람의 관계는 달라졌지만 서로를 사랑하는 마음은 끝까지 변치 않았다. 프레디의 인생에서 메리만큼 중요한 연인은 없었다. 프레디는 여러 인터뷰에서 '메리는 무엇이든지 솔직하게 말할 수 있는 상대이며 인생에서 가장 사랑한 사람'이라고 밝힌 바 있다"(알폰소 카사스 47)[4].

---

4) 알폰소 카사스. 『프레디』. 윤승진 옮김. 서울: 심플라이프. 2019.

제6장. <보헤미안 랩소디>: 프레디 머큐리와 그룹 '퀸'

폴 프렌터와의 결별 그리고 짐 허튼과의 동성애

실제로 프레디 머큐리는 1975년 무렵 자신의 성 정체성(sexual identity)에 대한 혼란으로 한때 결혼을 약속했던 여자친구 메리 오스틴과의 관계가 소원해졌다. 그럼에도 그는 언론의 비평과 성적 지향에는 무관심한 채 그룹 '퀸'을 통해서 자신만의 고유한 음악적 역량을 스스럼없이 발산할 수 있었다. 하지만 프레디 머큐리가 '퀸'의 메인 보컬로서 양성애자로 살아왔다는 사실은 그룹 멤버들에게 불협화음을 야기하는 원인이 되었다. 이즈음 그의 매니저 폴 프렌터(Paul Prenter)가 은밀히 접근하여 프레디의 동성애적 취향에 불을 지른다. 폴은 당시 퀸의 수석 매니저였던 존 리드(John Reid)와 프레디의 사이를 이간질하여 존 리드를 해고하게 한다. 심지어 폴은 프레디의 솔로 활동을 부추기고, 메리는 물론 '퀸'의 다른 멤버들과의 연락도 중간에서 가로채 그를 철저하게 고립시켰다(그림 8).

폴의 이기적인 행태로 인해 프레디는 '라이브 에이드' 공연 제의조차도 모른 채 술과 마약에 찌든 방탕한 생활을 하게 된다. 결국 1976년 프레디는 메리 오스틴에게 자신의 양성애(bisexuality)에 대해 고백함으로써 결국 그들의 관계는 파국을 맞이한다. 1986년까지 프레디의 매니저로 지냈던 폴은 이후 해고 통보를 받는다. 폴은 앙심을 품고 TV 방송에 출현해 프레디의 난잡한 동성애 추문을 폭로했다. 프레디의 마지막 동성 파트너는 아일랜드 출신의 미용사 짐 허튼(Jim Hutton)이었다. 짐은 프레디가 1987년 에이즈 양성 판정을 받고 대외활동을 거의 못 하게 된 마지막 1년을 포함해 투병 기간 내내 곁에서 그를 간병했다. 최소 6년에서 최대 8년이 넘는 기간 동안 프레디의 가장 가까운 곳에 있었지만 프레디의 생전에는 연인이 아닌 전속 미용사로 소개되었다.

영화 후반부에 프레디는 동료 멤버들에게 음반사로부터 400만 달러를 받고 당분간 솔로로 활동하겠다고 선언한다. 동료들은 그의 배신에 망연자실하게 된다. 이후 매니저 폴 프렌터는 프레디를 보호한다는 이유로 프레디의 주변을 은밀히 정리하기 시작하게 된다. 심지어 그는 프레디의 안위를 묻는 메리의 전화까지 프레디에게 전하지 않는다. 비가 내리는 어느 날 밤 프레디의 집을 방문한 메리는 그가 술과 마약에 절어 누워있는 것을 발견한다. 오랜만에 자신을 찾은 메리를 보고 프레디는 반갑게 마중한다. 메리는 그에게 곧 다가올 '라이브 에이드'에 대해 질문한다. 하지만 프레디는 '라이브 에이드'에 대해 들은 것이 없다고 대답한다. 그들의 대화 중 메리는 그에게 임신을 했다고 말하자 프레디는 몹시 당황해 하며 화가 난 표정을 짓는다.

잠시 후 폴이 다른 사람들과 함께 파티를 위해 집에 들어서자 메리는 집밖으로 나간다. 프레디는 그녀를 뒤따라 나간다. 그녀는 프레디를 사랑한다고 고백하고 가족들과 멤버들의 곁으로 돌아오라고 간청한다. 메리가 떠나자 프레디는 폴에게 라이브 에이드를 숨긴 것에 화를 내고 떠날 것을 명령한다. 폴은 그를 설득해 보지만 그는 집을 떠나 버린다. 이후 해고된 폴은 앙심을 품고 TV 방송에 출현해 프레디의 동성애적 사생활을 폭로한다.

영화에서 자세히 묘사되고 있는 것처럼 <보헤미안 랩소디>는 한편으로 동성애 혐오증(homophobia)을 부추긴다는 비난을 받았다. 또한 이 영화의 상연은 보수 기독교계를 중심으로 한 동성애 반대론자들이 한 목소리를 내는 계기가 되었다. 그런데 워싱턴 대학 역사학 교수인 로리 마르회퍼(Laurie Marhoefer)는

〈보헤미안 랩소디〉에서 "정작 동성애에 관한 당대의 비극적 역사가 전혀 다루어지지 않았음을 지적한다. 머큐리는 실제 삶에서 당시 만연한 동성애 혐오에 직면했지만, 세계적인 흥행에 성공한 이 영화 어디에서도 시대적 배경으로 동성애 혐오가 나타나지 않는다는 것이다. 동성애를 연구하는 이 역사학자는 프레디 머큐리가 1980년대 수많은 HIV 양성 반응자와 마찬가지로 당시 영국 정부의 안이한 대처와 동시대 시민들의 비난에 의한 희생자였음을 부각시킨다."(최대희 134)[5].

한국에서 퀴어(queer, 성소수자)에 관한 담론은 1990년대부터 꾸준히 부각되어 오고 있다. 2000년대부터 대학로에서 시작된 퀴어 축제는 우리 사회에 숨겨진 현실을 반영한 동성애 코드를 수면위로 떠오르게 한다. "프레디 머큐리는 양성애자로 당시 영국에서는 비교적 동성애자들의 커밍아웃이 영화에서와는 달리 비교적 자유로웠던 시기였다고 한다. 그럼에도 머큐리가 동성애 사실을 숨겼던 이유는 부모님의 종교적 지향성과 충돌했기 때문이 아닌가 추측된다."(김사숙·김겸섭 487). 퀴어에 대한 스테레오타입과 불편한 시선이 여전히 우리 사회에 존재한다. 하지만 프레디를 동성애자가 아닌 위대한 예술가로 바라보는 것처럼 성소수자뿐만 아니라 사회에서 차별을 받고 있는 모든 소수자들에 대한 우리의 시각이 조금은 관대해질 필요가 있지 않을까?

프레디와 '퀸' 멤버들과의 재결합

그간 솔로로 활동하면서 프레디는 '퀸'의 나머지 멤버들과 연락을 끊고 지냈다. 하지만 1985년 7월 라이브 에이드 공연을 위해 그는 그들과 재결합하기를 열망한다. 이제 그는 '퀸'의 새로운 매니저 짐 비치(Jim Beach)에게 연락해 멤버들과 화해의 자리를 갖고 싶어한다는 뜻을 전한다. 짐 비치는 처음에 '라이브 에이드'의 라인업이 이미 발표되었기 때문에 '퀸'이 들어갈 자리가 없다고 말한다. 이윽고 퀸의 멤버들이 들어오자 프레디는 그동안 자신이 오만하고 이기적으로 행동한 것에 대해 사과하고 용서를 구한다. 이어서 짐 비치는 '라이브 에이드'의 기획자 밥 젤도프(Bob Geldof)에게 전화해서 '퀸'이 참가할 수 있도록 자리를 요청했는데, 즉시 대답을 원한다는 내용을 전한다. 멤버들은 그들이 함께 공연한 지 꽤 오래되었다고 망설이자 프레디는 "만약 이 공연에 참여하지 못하고 다음 날 아침이 된다면, 눈을 뜬 순간부터 죽을 때까지 땅을 치며 후회할 거야. 부탁할게"라고 말하며 강한 애착을 드러낸다.

에이즈 진단과「누가 영원히 살기를 원하는가?」

프레디 머큐리는 1987년 에이즈(AIDS, 후천성면역결핍증) 진단을 받은 뒤 투병 생활을 이어갔다. 그는 '퀸'의 멤버들과 가까운 지인들에게만 이 사실을 알렸다. 그리고 그는 1991년 11월 24일 런던 켄싱턴 자택에서 45세를 일기로 끝내 숨을 거두었다. 프레디는 사망 하루 직전인 23일에야 HIV 양성 반응 진단을

---

5) 최대희.「잔지바르 파르시 공동체 그리고 '이민자' 프레디 머큐리」.『대한정치학회보』 29.2 (2021): 133-61.

제6장. <보헤미안 랩소디>: 프레디 머큐리와 그룹 '퀸'

받은 사실을 공개적으로 발표했다. 당시 미디어는 이 사실을 대서특필했고 다음 날 이 보도는 프레디의 사망 소식으로 바뀌었다. BBC는 '록의 전설'이 죽었다고 보도했다.

영화에서는 프레디가 에이즈 진단을 받은 시점은 '퀸'의 멤버들과 '라이브 에이드' 공연을 위해 재결합을 한 직후인 1985년으로 묘사되어 있다. 그는 집에서 에이즈에 관한 뉴스를 접하고 자신의 증상의 심각성을 생각한다. 몸에 이상을 느낀 프레디가 병원을 찾아 에이즈 진단을 받는 장면에서 흘러나오는 노래는 「누가 영원히 살기를 원하는가?」("Who Wants to Live Forever?")이다. 필자는 퀸의 많은 노래들 중에서 비교적 사람들에게 덜 알려진 이 노래를 특별히 좋아한다. 그 이유는 필자가 대학 시절에 본 영화 <하이랜더>(*Highlander*)의 OST 작업을 위해 '퀸'이 만든 앨범 『마법같이』(*A Kind of Magic*)에 이 노래가 수록되어 있기 때문이다.

'하이랜더'란 스코틀랜드 고지대(Highland)에 사는 켈트족, 즉 고지대에 사는 사람들을 의미한다. 영국을 구성하는 네 나라 중 하나인 스코틀랜드의 지형이 잉글랜드보다는 상대적으로 고지대에 속하기 때문에 이곳에 사는 사람들을 대개 '하이랜더'로 일컫는다. 역사적으로 켈트족으로 이루어진 스코틀랜드는 오늘날까지 앵글로색슨족으로 이루어진 잉글랜드와 애증의 관계를 맺고 있다. 스코틀랜드와 잉글랜드의 애증 관계는 멜 깁슨(Mel Gibson) 주연의 영화 <브레이브 하트>(*Braveheart*)에서 뚜렷이 살펴볼 수 있다. 영화 <하이랜더>의 시공간적 배경은 16세기 중세 스코틀랜드이다. 여기서 스코틀랜드의 켈트족은 잉글랜드의 앵글로색슨족에게 쫓겨나 황량한 고지대, 즉 하이랜드에 사는 민족으로 그려진다.

<하이랜더>에서 주인공 코너 맥클라우드(Connor MacLeod, 크리스토퍼 램버트 분)는 불로불사의 초인의 삶을 사는 전사로 등장한다. 코너는 하이랜드 지방 맥클라우드 가문의 긍지 높은 전사였지만 1536년 프레이저 씨족과의 전쟁 중 큰 상처를 입고 죽었다가 다시 살아난다. 500년 이상 늙지 않고 불로불사의 삶을 살고 있는 그는 사랑하는 연인 헤더(Heather)가 늙어 죽는 모습을 곁에서 지켜봐야만 했다. 코너는 자신의 생일날을 기억해 달라고 말하며 죽은 연인에게 그 약속을 지키며 1985년 미국 뉴욕에까지 자신을 쫓아오는 숙명의 라이벌과 결투를 벌인다.

영화의 시공간적 배경과 내용이 중세 스코틀랜드의 풍경 및 역사와 맞물려 있기 때문에 영국의 역사적 배경을 이해하지 못하는 국내 관객들에게는 크게 어필하지 못했다. 하지만 <하이랜더>의 OST는 여러 용도로 편곡되어 사용되었다. 특히 「누가 영원히 살기를 원하는가?」는 프레디의 파워풀하고 매력적인 가창력과 맞물려 더 큰 감동으로 다가온다. 프레디가 에이즈 진단을 받게 되는 장면에서 잠시 흘러나오는 「누가 영원히 살기를 원하는가?」는 필자에게 이전에 보았던 『하이랜더』의 장면을 환기시키면서 남다른 감동을 자아내게 했다.

우리에겐 남은 시간이 없어
우리에겐 머무를 장소도 없어
우리에게 꿈을 불어넣고
금세 사라져버린 이것은 도대체 무엇일까?

누가 영원히 살기를 바라는가?
누가 영원히 살기를 바라는가?

우리에겐 기회라곤 남아있지 않아
우리의 모든 건 이미 결정되어 있어
이 세계는 우리에게 남겨진 단 한번의
달콤한 순간일 뿐

누가 영원히 살기를 원하는가?
누가 영원히 살기를 원하는가?
대체 누가?

누가 영원히 사랑할 용기가 있겠어?
사랑마저 항상 끝을 맺는데 말이야

하지만 그대의 입술로 내 눈물을 닦아준다면
그대의 손끝으로 내 세계를 감싸줄 수 있다면

그러면 우리는 영원히 함께할 수 있어
그러면 우리는 영원히 사랑할 수 있어
우리 함께한 오늘은 영원히 지속될 거야.

누가 영원히 살기를 원하는가?
누가 영원히 살기를 원하는가?
우리 함께한 오늘은 영원히 지속될 거야.

어쨌든 대체 누가 영원히 기다릴 수 있을까?

〈보헤미안 랩소디〉의 엔딩 시퀀스 '라이브 에이드'

라이브 에이드는 1985년 7월 13일 아프리카 난민과 기아 문제를 돕기 위해 기금 마련 목적으로 개최된 역대 최대 규모의 자선 콘서트였다. 영국 런던 웸블리 스타디움과 미국 필라델피아 J.F.K 스타디움에서 동시에 공연된 이 기념비적인 콘서트는 인공위성을 통해 전 세계에 동시 방영되었다.

"퀸에게 있어 라이브 에이드 공연은 흩어졌던 퀸을 다시 하나로 만들게 해준 기회였고, 완벽한 무대로써 전 세계 사람들에게 최정상 록 밴드임을 확인시켜주는 자리였다. 다른 밴드들이 즉흥 버스킹을 연주한 반면에 퀸은 그들의 대중적인 히트곡을 연달아 연주하며 웸블리 경기장에 모인 7만 2천 명의 관객뿐 아니라 중계방송을 통해 TV를 시청하는 2억 명의 시청자까지도 사로잡았다. 오늘날까지도 라이브 에이드에서 퀸이 보여 준 20분은 역대 가장 위대한 록 공연으로 칭송받고 있다"(오웬 윌리엄스 117)[6].

---

6) 오웬 윌리엄스. 『보헤미안 랩소디 공식 인사이드 스토리북』. 김지연 옮김. 서울: 온다. 2019.

제6장. <보헤미안 랩소디>: 프레디 머큐리와 그룹 '퀸'

영화에서 '라이브 에이드' 공연 직전 프레디는 짐 허튼의 집을 찾는다. 프레디는 오랜 연인 관계인 짐 허튼을 부모님에게 친구라고 소개한다. 아버지와 화해의 포옹을 나눈 프레디는 공연장으로 떠나고 아버지는 곧바로 TV를 켜서 라이브 에이드 공연 시청을 준비한다. 약 7만 2천 명의 관중이 운집한 공연장에 메리와 그녀의 남자친구 데이빗이 찾아와 프레디를 응원한다. 공연이 시작되고 퀸 밴드와 더불어 무대 위에서 프레디가 보여주는 약 20분간 온몸으로 열연하는 광기 어린 퍼포먼스는 우리를 전율시킨다. 프레디로 완벽하게 변신한 라미 말렉의 열연의 진수는 단연 '라이브 에이드' 시퀀스에서다(그림 9).

(그림 9) (그림 10)

영화 <보헤미안 랩소디>의 '라이브 에이드' 장면은 무대 배치, 배우의 의상, 표정, 제스처 등 실제 공연 장면과의 높은 싱크로율을 선보이며 퀸의 공연 실황을 그대로 보여주는 것 같은 느낌을 선사한다. 퀸의 무대는 프레디가 「보헤미안 랩소디」의 전주 부분을 피아노로 연주하는 것을 시작으로 「레디오 가가」("Radio Ga Ga"), 「해머 투 폴」("Hammer To Fall"), 「크레이지 리틀 씽 콜드 러브」("Crazy Little Thing Called Love"), 「위 윌 락 유」("We Will Rock You")가 숨 돌릴 틈 없이 이어지다가 마지막 대미를 「위아 더 챔피언」("We Are The Champions")이 장식한다. "콘서트장에서의 퀸의 공연 장면은 어떤 극적인 장면보다 여운을 남기는 엔딩이 됨으로써 관객들이 실재 공간과 가상 공간의 구분을 어렵게 하는 환영성에 머무르게 된다"(김사숙·김겸섭 474-475).

'라이브 에이드' 시퀀스에서 명백히 알 수 있듯이 1985년 여름을 '전설'로 만든 주인공은 단연 퀸이었다. 관람객들을 매료시킨 프레디 머큐리와 '퀸'의 열정적인 퍼포먼스에 밥 겔도프와 엘튼 존이 "그들이 쇼를 훔쳤다"(They stole the show)라고 말하며 혀를 내둘렀다. <보헤미안 랩소디>는 이날의 주인공 퀸을 재현하기 위해 만들어진 영화라고 해도 과언이 아닐 정도로 '라이브 에이드'를 완벽하게 재현했다. 영화의 마지막 하이라이트는 '라이브 에이드' 장면이다. 1985년에 개최된 역사적인 라이브 에이드 공연 장면은 7만 2천 명의 관객이 함께 '떼창'을 하는 장면을 재현하기 위해 3D 작업에 실험적 노력과 제작비를 들였다(그림 10). "나는 스타가 되지 않을 것이다. 전설이 될 것이다"(I am not going to be a star. I am going to be a legend.)라고 선언했던 머큐리의 열망처럼 이날 보여준 그의 광기 어린 퍼포먼스는 정말 전설이 됐다. 이렇게 한여름 날 프레디와 '퀸'이 펼친 전설적인 '라이브 에이드' 공연이 영화 <보헤미안 랩소디>의 오프닝과 엔딩을 장식하고 있다.

그룹 액티비티 및 에세이 주제

1. <보헤미안 랩소디>는 영국의 락 그룹 '퀸'의 리드보컬 프레디 머큐리의 삶을 조명하고 있는 영화다. 뮤지션의 삶을 다룬 다른 영화와 구별되는 <보헤미안 랩소디>만이 지닌 의의와 독창성에 대해 토론하고 그 내용을 정리해 보자.

2. <보헤미안 랩소디>의 오프닝에는 이주민 가정 출신인 프레디 머큐리에 대한 인종차별 문제를 적나라하게 보여준다. 유색인종에 대한 인종차별 문제가 21세기를 살아가는 현재도 유럽과 미국 사회에서 지속되고 있음을 비판적 관점에서 토의해 보자.

3. 영화에 등장하는 '퀸'의 노래들에 대해 살펴보고 연출을 맡은 브라이언 싱어 감독은 영화에서 '퀸'의 음악 스타일의 변모를 어떻게 창의적으로 연출하고 있는지 그 내용을 정리해 보자.

4. <보헤미안 랩소디>에서 가장 인상적인 장면은 무엇이고 그렇게 생각한 이유를 적어보자.

5. 프레디 머큐리가 자신의 뮤즈이자 여자친구였던 메리 오스틴을 위해 작곡한 명곡 「러브 오브 마이 라이프」는 매우 감미로운 노래다. 이 노래에 담긴 프레디의 사랑에 대한 관점을 그의 다른 노래 내용과 비교해서 토의해 보자.

6. <보헤미안 랩소디>의 후반부에서 재현된 '라이브 에이드' 공연 장면에서 퀸이 보여준 20분은 역대 가장 위대한 로큰롤 공연으로 평가받고 있다. 관람객들의 감성코드를 자극하며 강렬한 여운을 남기는 엔딩에 관해 토의해 보자.

제 7 장

<센과 치히로의 행방불명>
: 그로테스크 미학과 환상성

스크린을 횡단하는 글로벌 문화

미야자키 하야오(Miyazaki Hayao, 1941~)가 연출을 맡은 장편 애니메이션 〈센과 치히로의 행방불명〉(Spirited Away)은 2001년 7월 일본에서 개봉해 약 308억 엔을 벌어들이며 당시 일본 역사상 최고 흥행작으로 등극했으며 2003년 제75회 미국 아카데미 시상식에서 아카데미 장편 애니메이션상을 수상했다. 나아가 이 작품은 2002년에 예술적 품위를 강조하는 제52회 베를린 영화제에서 애니메이션으로는 전무후무하게 최고상인 금곰상을 처음으로 차지하는 영예를 안았다.

〈센과 치히로의 행방불명〉이 세계적으로도 커다란 영향력을 갖춘 두 개의 상을 수상할 수 있었던 것은 미국 애니메이션이 전 세계를 휩쓸며 일으킨 '문화 침략'에 반하여 일본의 민족적 특색을 갖추고 있음과 동시에 예술과 상업이 고도로 어우러진 작품이기 때문이며, 이는 크로스 컬처럴(cross-cultural) 애니메이션의 대표적 성공 사례로 볼 수 있다.

지브리 애니메이션과 미야자키의 작품들

애니메이션 강국 일본을 대표하는 스튜디오 지브리(Studio Ghibli)의 애니메이션은 새로운 작품을 개봉할 때마다 세계의 이목을 주목시키며 다수의 작품들이 오랜 기간 사랑받고 있다. 이는 지브리 스튜디오의 애니메이션이 수년의 세월을 거치면서도 각 세대 소비자들의 관심을 끌어들이는 요소가 있다는 것을 의미한다. 지브리 스튜디오는 세계적인 애니메이션 제작사로 인정받으며 지금까지도 일본 애니메이션계를 이끌어 나가고 있다. 이러한 사례로 살펴보았을 때, 지브리 스튜디오 애니메이션의 흥행은 단순히 뛰어난 기술력과 높은 자본력 때문이 아님을 알 수 있다.

스튜디오 지브리는 1985년에 미야자키 하야오에 의해 설립된 세계적인 일본 애니메이션 제작사이다. 1984년 개봉된 애니메이션 〈바람계곡의 나우시카〉(Nausicaa of the Valley of the Wind)가 흥행에 성공하면서부터 지브리의 역사는 시작된다. 1982년 미야자키 하야오는 도쿠마 서점(德間書店)의 월간 만화 잡지 『아니매주』(アニメージュ)에서 동명의 만화를 연재하면서 당시 편집자였던 도시오 스즈키와의 인연을 맺는다. 다카하타 이사오와는 이미 애니메이션 산업 현장에서 오랜 경력을 쌓고 있었으며 함께 작업했던 애니메이션도 존재했다. 1984년 〈바람계곡의 나우시카〉를 애니메이션 제작회사 '톱 크래프트'(Top Craft)를 통해 개봉하여 성공한 것을 계기로, 미야자키 하야오, 다카하타 이사오, 도시오 스즈키를 중심으로 하여 1985년 6월, 도쿠마 서점의 자회사 형태로 지브리가 설립되었다.

〈바람계곡의 나우시카〉의 성공 이후 제작된 첫 번째 작품 〈천공의 성 라퓨타〉(Laputa: Castle In The Sky, 1986) 역시 흥행에 성공하면서 점차 지브리의 이름을 널리 알리기 시작했다. 무엇보다 지브리 스튜디오의 애니메이션이 많은

제7장. <센과 치히로의 행방불명>: 그로테스크 미학과 환상성

사람들에게 지속적인 사랑을 받는 이유는 '소녀'로 등장하는 주인공과 독창적인 서사 때문이라 할 수 있다. "먼저, 지브리 스튜디오에서는 '자연과 인간의 공생'을 주된 키워드로 삼아 작품의 이야기를 전개시킨다. 자연과 인간 사이의 분쟁을 해결하고 다양한 존재들과 건강한 관계를 맺는 주인공의 모습을 통해 관객으로 하여금 인문학적 주제에 대한 고찰을 유도한다. 애니메이션에 등장하는 주인공의 또래 아이들에게는 모험적이며 밝고 희망찬 세계를 보여주며, 성인에게는 작품에서 보여주고자 하는 주제의식을 선명하게 전달하여 깨달음을 주는 것이다. 지브리 스튜디오가 기존의 애니메이션과의 차이가 두드러지는 부분은 서사를 진행시키는 주인공을 '소녀'로 설정했다는 것이다. 보통 모험을 통해 역경을 거듭하고 작품 속 주제의식을 드러내는 역할은 남성 캐릭터의 역할이었기 때문에, 이러한 캐릭터 설정은 사람들의 이목을 집중시키기에 충분했다"(이혜린 2)[1].

이런 맥락에서 <센과 치히로의 행방불명>은 배경이 되는 온천장을 통해서 일본의 목욕문화, 일본의 전통 공간 구조, 노동에 대한 일본인들의 전통적인 인식, 공동체 의식 등을 표출하고 있기에 인종/젠더/세대를 가로질러 미야자키의 전작들보다 더욱 우리를 매료시키고 있다.

그로테스크한 일본의 요괴와 토속신들

일차적으로 공간적 배경을 이루는 온천장을 통해서 일본 전통 도시와 건물 구조, 넓은 목욕탕과 부대시설, 그곳을 채워 놓은 일본식 가구와 장식들을 보여줌으로써 일본의 전통 적인 공간 구조의 특성을 효과적으로 재현하고 있다. 뿐만 아니라 서양인들에게는 낯선 넓은 방에서 여러 사람이 함께 자는 모습, 린과 센이 묵는 기숙사에서 침대를 사용하지 않고 바닥에서 이불 이용하는 모습, 일본 특유의 옷가지 및 침구수납방식 등 일본의 생활문화를 탁월하게 보여줌으로써, 문화의 전파는 물론 그 자체를 관광콘텐츠로 활용할 수 있는 가능성을 제공하고 있다.

무엇보다 주목할 부분은 <센과 치히로의 행방불명>에는 기괴하고 섬뜩하면서 동시에 우스꽝스러운 요괴와 토속신들로 넘쳐나는데, 이는 그로테스크 미학의 특징을 명백히 보여준다는 사실이다. "사전적 정의에 의하면 그로테스크는 '우스꽝스러운 것, 추하고 혐오스러운 것, 기형, 낯선 것, 비정상' 등의 의미를 지닌다. 또한 그로테스크의 사전적 유의어는 '괴물'(monster)이나 '기괴한 것'(monstrosity)이라는 사실은 주목할 필요가 있다. 그로테스크는 이탈리아어로 '동굴'을 의미하는 '그로타'(grotta)에서 유래했으며, 이 말의 형용사인 그로테스코(grottesco)와 명사형인 그로테스키(la grottesca)가 생겨났다. 아우구스투스(Augustus) 통치하의 로마 시대까지 거슬러 올라가는 그로테스크는 이질적인 요소들이 섞여 있는 형식으로 기괴하고 우스꽝스러운 것을 의미한다"(심진호 779)[2]. 그로테스크는 16세기에 와서 프랑스 철학자 몽테뉴(Michel de Montaigne)에 의해 문학 영역으로 확장되었다.

---

[1] 이혜린. 『스튜디오 지브리 애니메이션의 여성서사 분석』. 중앙대학교 대학원 석사논문. 2022.
[2] 심진호. 「윌리엄즈와 그로테스크: 윌리엄즈의 미술 비평을 중심으로」. 『예술인문사회융합 멀티미디어논문지』 7.5 (2017): 777-86.

나아가 19세기 프랑스 작가 위고(Victor Hugo)에 의해 그로테스크는 비로소 미학적 의미를 가지기 시작한다는 사실은 중요하다. 위고는 아름답고 숭고한 것의 한계에 비교해볼 때 "그로테스크의 양상으로 드러나는 희극적인 것, 무시무시한 것, 그리고 추한 것이 갖는 무한한 다양성을 강조한다"(하명주 184)[3]. 20세기 중엽에 와서 그로테스크는 유럽의 대표적 그로테스크 이론가인 카이저(Wolfgang Kayser)와 바흐친(Mikhail Bakhtin)에 의해 더욱 확장되고 풍요로운 가치를 지닌 개념으로 정립되었다. 나아가 하팜(Geoffrey Harpham)은 그로테스크의 이미지는 모호하면서 양가적인 것으로 평온과 절제 속에서 경험되기보다는 "고통, 발작, 기절"을 수반하며 광기에 이를 때까지 마음을 "비틀고, 쪼개며, 깊이 베어낸다"(17)[4]라고 주장한다. 요컨대 그로테스크는 기존의 것에 대한 변형, 그로 인한 공포와 두려움뿐만 아니라 괴기한 것, 부조리한 것, 아이러니, 왜곡, 패러디, 풍자, 우스꽝스러운 형상 등을 포괄하는 광범위한 개념이다. 이런 점에서 톰슨(Philip Thomson)은 다의적인 그로테스크의 개념을 명확히 정의하기가 쉽지 않음을 지적하면서 "그로테스크를 일종의 과장된 익살이나 우스꽝스러운 공상 정도로 보는 견해를 배격해야"(14)[5]한다는 견해를 피력한다.

<센과 치히로의 행방불명>에 넘쳐나는 요괴와 토속신들은 다의적인 그로테스크 개념에 탁월하게 부합한다. 이는 요괴란 "신비한, 기묘한, 이상한, 꺼림직함 등의 형용사가 붙는 모든 현상 및 존재를 말한다"(고마쓰 가즈히코 10)[6]라는 정의에서 명백히 입증된다. 말하자면, "사람들의 인식 체계나 지식 범위 안에서 도저히 납득할 수 없는 것을 요괴로 보고 있는 것"이며 또한 요괴는 "신의 영락한 모습"(한정미·우정권 141)[7]으로 간주되고 있다.

<센과 치히로의 행방불명>에 두드러진 그로테스크와 여성성

오래전부터 가부장제는 여성 억압의 기제 중 하나였다. 남성은 지속적으로 여성을 지배하며 억압해 왔으며, 이에 부당함을 느낀 여성들은 페미니즘 이론을 성립하여 사회적 차별을 주장했다. 여성을 차별하는 근본에 가부장제를 이유로 꼽았으며, 가부장제가 여성의 성 역할을 지정하며 사회활동의 범주를 축소시킨다고 설명했다. 페미니스트는 남성과 여성의 차별이 사라진 사회를 추구하며 이러한 사회를 만들어 나가기 위한 활동을 지속해 왔다. 이러한 관점에서 보았을 때, 지브리 애니메이션의 작품은 페미니즘적인 성향을 띠고 있다고 볼 수 있다. 작품 대부분의 주인공이 여성으로 설정되어 있으며, 서사의

---

[3] 하명주. 「에드워드 본드(Edward Bond) 작품에서 드러나는 '그로테스크'의 미학적 의미」. 『드라마연구』 45 (2015): 177-209.
[4] Harpham, Geoffrey. *On the Grotesque Strategies of Contradiction in Art and Literature*. Princeton: Princeton UP, 1982.
[5] Thomson, Philip. *The Grotesque*. London: Methuen young books, 1972.
[6] 고마쓰 가즈히코. 『일본의 요괴학 연구: 요괴를 통해 보는 일본인의 멘탈리티』. 박전열 옮김. 서울: 민속원. 2009.
[7] 한정미·우정권. 「『원령공주』,『센과 치히로의 행방불명』,『에반게리온 신극장판: 서』에 나타난 '요괴' 호칭과 이미지」. 『日本硏究』 55 (2013): 139-54.

제7장. <센과 치히로의 행방불명>: 그로테스크 미학과 환상성

중심이 되는 것은 언제나 여성 주인공이다.

<센과 치히로의 행방불명>의 여성 주인공 치히로가 마주한 터널 바깥쪽의 기이한 세계에 등장하는 무수한 요괴와 토속신들은 공포, 두려움, 우스꽝스러움, 비정상, 추함 등을 포괄하는 그로테스크의 본질을 뚜렷이 보여준다. <센과 치히로의 행방불명>에는 '아부라야'(油屋)라는 온천장의 종업원 린이 치히로에게 통 큰 손님이 바로 '요괴'(바케모노)라고 말하는 장면이 나온다. "이 통 큰 손님이란, 가오나시를 말하는데, 오물신이 한 차례 지나간 다음 날에 온천장에 나타나 사금을 미끼로 종업원들을 집어 삼켜버리고 점점 비대화 되어가자, 이를 '요괴'(바케모노)라고 명명하기에 이른 것이다. 이 장면에서 가오나시의 '요괴 현상'은 이형의 오니(鬼, おに)이자 큰 거미 요괴의 이미지를 생각할 수 있다"(한정미·우정권 147).

대모신(The Great Mother)으로서 유바바와 제니바

<센과 치히로의 행방불명>에서 쌍둥이 자매로 등장하는 마녀 유바바와 제니바는 '위대한 어머니'(The Great Mother=대모신)의 양가적 속성, 즉 '무서운 어머니'(Terrible Mother)와 '좋은 어머니'(Good Mother)로 도식화하여 해석할 수 있다. 이런 점에서 일본의 학자인 시즈미 마사시는 "유바바는 어느 쪽이나 하면 '무서운 어머니'의 측면이 전면에 나오고 있으나 반드시 그렇지만은 않다는 것을 '보'와의 관계를 보면 알 수 있다. 이것은 '좋은 어머니'적인 제니바에게도 마찬가지로 해당된다. 이 영화 속에서는 강한 욕망과 무서운 점이 그려져 있지 않으니 제니바의 밑바닥에는 유바바적인 '무서운 어머니'의 측면이 숨어 있는 것이다"(시즈미 마사시 111).

무엇보다 이 영화에서 중심 캐릭터로 부각되는 유바바와 제니바를 비롯하여 가오나시와 같은 반투명의 요괴는 그로테스크하면서 동시에 여성적이고 모성적인 속성을 강하게 드러낸다는 사실은 중요하다. "이 애니메이션이 무서운 형상의 마녀나 반투명의 유령 같은 인물을 많이 등장시키고 있음에도 불구하고 시종 어딘가 그립고 따뜻하며 미지근한 양수 같은 것에 감싸여 있는 듯한 느낌이 드는 것은 엄격한 부성적인 것의 부재에 있다고 할 수 있다…. 즉 미야자키 히야오기 추구하는 것은 부성적인 것이 아니라 모성적인 것이며, 그것은 유바바나 제니바로 체현시킨 양의적·대모적(Great Mother)인 마녀상에서 열 살 난 치히로의 순진무구한 소녀성까지 포함한 거대한 여성성인 것이다. 여성적인 것이야말로 세계를 재구축할 수 있으며 세계를 재생할 수 있다. 가오나시로 구현된 깊이를 알 수 없는 허무조차 수용하는 것이 가능한 것이다"(시즈미 마사시 176-77).

일본의 온천 문화와 풍속 산업

<센과 치히로의 행방불명>에서의 무대의 마을은 에도 동경의 건물 정원을 모델로 했고 온천장도 이 정원에 복원되어 고다카라유에서 착상한 건물이다. "온천, 목욕탕에 대한 일본인들의 생각은 종교적인

의식, 청결, 병의 치료, 피로 회복으로 생각한다. 작품 속 온천장은 온천에 오는 신들(神)이다. 일본은 전통적으로 신도(神道)를 민속신앙으로 의식하며 종교적 성격을 지니고 있었다. 신도의 중심에는 가미(神) 신앙으로 영적 존재, 가미(神)을 믿고 경외하는 민속신앙이다. 물론, 대다수의 종교에서도 신이란 인격을 갖춘 존재로 등장하며, 원시 종교인 경우는 산, 나무, 돌, 동물 등 인간으로 체화되지 않은 대상을 숭배하는 것이 흔하다. 그러나 일본 신도가 타 종교와 달리 신도의 가미(神) 신앙에 여전히 원시 종교의 흔적들이 남아 있고, 이것이 일본인의 삶과 문화적 생활에 적지 않은 영향을 끼치고 있다는 점이 일본 문화를 잘 표현해주고 있다"(전민서 41)[8].

유바바에 의해 치히로라는 원래 이름을 빼앗긴 센은 온천장의 유녀(여종업원)로 일하는데, 이는 목욕 시중이 일본의 전통문화 맥락에서 차용된 풍속임을 입증한다. 미야자키 감독이 거듭해서 강조하던 애니메이션에서 고유한 '일본적인 것'의 발현이라는 측면에서 센의 목욕 시중과 온천장의 풍경은 일본 전통문화의 수용이자 부활로 볼 수 있다. "작품의 공간적 배경인 온천장은 이미 에도 시대부터 일본의 매춘 장소로 알려진 공간이었으며, 그곳에서 일하는 유녀들은 성매매의 대상이었다. 치히로는 온천장에서 취직하여 센이라는 이름을 얻고 그곳에서 일할 수 있는 권리를 얻지만, 동시에 온천장의 요구에 부응하여 손님을 접대하고 때로는 육체적 관계마저 허용해야 하는 의무도 지게 된다"(김남석 191)[9].

치히로에서 센으로의 변모와 오물신에서 전능한 강의 신으로의 변모는, 목욕 시중과 그 이후의 만족을 상기시킨다. 그것은 남성들이 꿈꾸는 쾌락의 이유와 효과와도 연계될 수 있다. 이처럼 유녀가 된 센은 목욕 시중을 들어야 하는 임무를 수행해야 했다. "이것은 온천(장)에서의 목욕(시욕)문화가, 손님 대 종업원, 고객 대 유녀(유나), 그리고 남성 대 여성, 권력자 대 피권력자의 구조를 이루고 있음을 보여준다. 한쪽은 여성 신체와 서비스의 구매 입장에 해당하고, 다른 한쪽은 자신의 몸과 육체로 목욕을 서비스해야 하는 상반된 입장에 놓여 있다. 그 과정에서 신체적 섹스를 동반하지 않았다고 해도 이러한 지배/피지배, 구매/판매, 요구/수용의 신체적 거래(예속) 관계는 분명하다고 해야 한다. 이것은 온천장이 성욕과 권력이 조우하는 공간임을 보여주는 사례"(김남석 207)로 해석될 수 있다.

영화의 오프닝: 이상한 세계에 도착한 치히로 가족

2001년에 상영된 미야자키 하야오 감독의 걸작 애니메이션 〈센과 치히로의 행방불명〉은 일본 내에서는 영화 흥행 기록 중 1위로 304억 엔의 수익을 얻었으며, 무려 2,350만 명의 관객이 이 영화를 시청하였다. 국내에서도 200만 명 이상의 관객들이 관람을 하였으며, 2015년 2월에 재개봉하기도 했다. 〈센과 치히로의 행방불명〉은 2002년 애니메이션 최초로 제52회 베를린 영화제에서 황금곰상을 수상했고, 제75회 아카데미상 시상식에서는 장편 애니메이션 작품상을 수상했다. 그 외에도 2016년에 BBC가

---

[8] 전민서. 『미야자키 하야오 작품에 나타난 일본 집단주의 표현연구-〈센과 치히로의 행방불명〉과 〈모노노케 히메〉를 중심으로-』. 세종대학교 대학원 박사논문. 2022.
[9] 김남석. 「〈센과 치히로의 행방불명〉에 나타난 매춘과 섹스의 상징적 의미에 관한 연구」. 『인문학연구』 62 (2021): 191-222.

제7장. <센과 치히로의 행방불명>: 그로테스크 미학과 환상성

선정한 21세기 최고의 영화 100편에 뽑혔으며, 2000년대 최고로 많이 언급된 영화 7위로 선정되기도 했다.

<센과 치히로의 행방불명>의 오프닝은 자동차를 몰고 가는 치히로의 부모와 함께 차 뒷 자석에 누워있는 10세 소녀의 모습을 보여주며 시작한다. 이사를 가기 때문에 어쩔 수 없이 친구들과 이별해야 했던 치히로는 부모님에게 불만을 드러낸다. 치히로의 부모가 운전하는 자동차는 언제부턴가 다른 길로 들어서 헤매고 있다. 운전 중 길을 잃자 치히로의 부모는 고집스럽게 빠른 속도로 오솔길을 달리며 치히로 정서의 변화를 철저히 무시한다. 하지만 부모의 고집에 치히로는 어쩔 수 없이 따라갈 수밖에 없다. 이것은 실제로 일본의 현실 세계에서 현대 젊은이들이 부모에게 의존하고 있음을 은유적으로 표현한 것이다. 애니메이션 속의 치히로는 잠시 사회적 정체성을 잃어버린다. 치히로의 모습은 일본의 경제 불황 속에서 자란 젊은이들의 불안한 정신 상태를 반영하는 것으로 볼 수 있다.

이윽고 차는 숲 속 깊숙이 들어서 터널 앞에 서 있는 이상한 표정을 한 석상 앞에 멈춘다. 웃고 있는 듯한 표정의 이 석상은 마치 이곳이 위험하다는 암시를 주는 듯하다. 그래서 치히로가 부모를 따라 터널을 통과하지 않겠다고 했을 때, 그녀는 어쩌면 불길한 예감을 먼저 인지했을 수 있다. 사실 치히로는 도시를 떠나 시골로 이사를 할 때도, 길을 잘못 들어 시골길을 오르고 산으로 접어들 때도, 석상 뒤에 있는 터널로 들어갈 때도 계속해서 반대하는 자신의 입장을 고수했다. 하지만 그녀의 부모는 이런 치히로의 행동을 10세 소녀의 '불만'으로 간주하며 무시한다.

그로테스크한 온천장으로의 여정

이윽고 세 사람은 어두운 터널을 빠져나온다. 그들 앞에 녹색 들판이 펼쳐져 있는데, 아빠는 테마파크의 잔해라고 말한다. 치히로가 서 있는 터널 출구에는 커다란 건물이 있다. 벽은 벽돌색과 같은 색이고 탑에는 시계가 걸려 있다. 이 건축양식은 중국풍이기도 하고 서양풍이기도 하다. 어떤 여러 가지 건축양식이 혼합된 이 건물은 현실 세계가 아니라는 것을 단적으로 보여준다. 터널 안에서 불어온 바람이 기분 나쁜 소리가 되어 치히로의 귀를 스치자 치히로는 섬뜩한 기분이 든다. 그리고 아빠는 갑자기 맛있는 냄새를 맡고 표정이 부드러워진다. 부모님은 그 냄새에 이끌려 불가사의한 느낌을 풍기는 식당가에 발을 들여놓는다.

치히로와 그의 부모가 무인 식당가에 도달했을 때 음식을 대하는 그들의 태도는 탐욕스러움 그 자체다. 아빠와 엄마는 온천장에 널려 있는 음식을 보자 식욕이 발동하는 것을 느낀다. 그들은 주지없이 식욕에 따르며, 마치 뷔페 음식점에서처럼 접시를 들고 여기저기서 푸짐하게 놓인 음식을 담아 마음껏 먹기 시작한다. 주인이 부재하여 허락을 구할 수 없는 상황임에도 불구하고 아빠와 엄마는 현금과 신용카드가 있기에 음식값은 주인이 돌아오면 지불하여도 무방하다고 생각하며 거리낌 없이 음식을 먹기 시작한다(그림 1). 반면, 치히로는 온천장 음식을 먹고 싶지 않다. 부모의 권유에도 불구하고 그녀는 불안한 마음을 금하지 못했고 부모의 식사를 말릴 수 없자 그 자리를 피해 버린다. 곧이어 치히로는 붉게 칠해진 난간의 다리, 그 다리 저편 5층 건물 누각에 도착한다. 이 거대한 건물이 바로 온천장이며,

치히로는 붉은 다리 난간에서 아래를 바라보며 시간을 보내고 있다.

어느덧 황혼 무렵이 다가오자 치히로 또래의 한 소년이 갑자기 나타나 그녀에게 "여기 오면 안 돼. 어서 돌아가. 곧 저녁이 돼! 그전에 어서 돌아가"라고 외친다. 소년은 민첩하게 주변을 살피더니 "벌써 해가 졌어! 서둘러! 내가 시간을 벌 테니까. 강 건너로 뛰어!"라고 명령하며 치히로의 등을 떠민다(그림 2). 소년에게 떠밀려 치히로는 원래 왔던 길로 돌아간다. 어둠 속에서 무수한 등불이 켜지고 마을의 풍경은 변하기 시작한다. 치히로는 붉은 등불이 켜진 마을 계단을 내려가 무인 식당가에 도착한다. 가게에도 등불이 켜져 있고 가게 안에는 반투명의 원령과 같은 손님과 주인이 나타난다.

(그림 1)

(그림 2)

치히로는 마침내 부모님이 맛있는 요리를 게걸스럽게 먹고 있는 가게를 발견하고 아빠에게 다가가 나가자고 말한다. 그리고 아빠는 다음 순간 치히로 쪽으로 얼굴을 돌리는데, 인간이 아닌 돼지의 모습으로 변해 있다. 옆에 있는 엄마도 돼지로 변해 있음을 발견한 치히로는 경악한다. 그때 가게 안에 존재하는 반투명의 어떤 자가 파리채 같은 것으로 돼지 얼굴을 힘껏 때린다. "돼지는 몇 번이나 맞고 결국 의자에서 굴러떨어진다. 이 장면에서 놓치면 안 되는 부분은 아빠돼지가 매맞고 쓰러지는데도 옆에 있는 엄마돼지는 아무렇지도 않게 계속 먹고 있는 장면이다. 확실히 치히로의 부모는 완전히 돼지로 변했으며, 이미 치히로를 자기 아이라고는 인지하지 못한다."(시미즈 마사시 76).

배에서 내린 수많은 토속신들과 하쿠의 도움

이제 외톨이가 된 치히로는 부모님이 돼지로 변한 사실을 인정하지 못하고 밤거리를 배회한다. 이윽고 치히로는 커다란 개구리 석상이 놓여 있는 길과 연결된 계단까지 도망친다. 낮에는 물이 없던 곳에 강이 흐르고 있다. 그리고 무수한 붉은 등으로 아름답게 치장한 거대한 유람선 같은 네모난 배가 치히로가 서 있는 강가를 향해 온다. 치히로는 혼란스러워서 "꿈이야! 이건 꿈이야!"라고 외치며 강가의 돌계단에 머리를 감싼 채 쭈그리고 앉아 어쩔 줄을 모른다.

제7장. <센과 치히로의 행방불명>: 그로테스크 미학과 환상성

게다가 점점 투명하게 변하는 자신의 몸을 보고 치히로는 형언할 수 없는 공포에 사로잡힌다. 이윽고 치히로는 온천장에 도착한 유람선에서 내리는 수많은 토속신들을 본다. 여기서 가장 먼저 눈을 사로잡는 것은 선실에서 트럼프 카드와 같은 가면을 쓴 신들이 나타나 공간을 떠다니는 모습이다. 가면의 형상으로 공중에 떠다니는 모습으로 등장하는 이 신들은 다름 아닌 가스가(Kasuga)이다. "이 신은 가스가(Kasuga)로 흔히 지칭되는데, 가스가 신사에서 종교의식 아마(案摩)를 시행할 때 전통 의상을 입고 그림자 같은 형태로 등장하는 이들을 주로 지칭한다. 마치 축제에서 행렬의 선두에 놓인 이들이 깃발이나 표상을 통해 자신들의 정체성을 상징적으로 드러내듯, 온천장을 방문하는 신들의 선두에는 가면이 서 있었다. 이러한 가면의 등장은 이 행렬이 일종의 가장행렬이고 신들의 등장이 연극적 기능을 담당하는 위장된 놀이라는 점을 강력하게 시사하고 있다"(김남석 384). 뒤이어 기괴하고 그로테스크한 형상의 수많은 신들이 차례차례 배에서 내린다.

이런 괴기스러운 광경에 압도당한 치히로는 비명을 지르며 도망친다. 그리고 필사적으로 계단 옆 제방에 올라 초원에서 멈춘다. 이때 조금 전 다리 난간에서 만났던 소년이 다시 나타나 어둠 속 초원에서 두려움에 압도되어 어쩔 줄 몰라 웅크린 채 있는 치히로의 어깨에 손을 올리며 그녀를 위로해 주려고 한다. 얼마 후에 하얀 용, 즉 하쿠라는 이름의 온천장 관리자로 밝혀지는 이 소년은 자기가 그녀 편이라고 말한 후에 "이 세계의 것을 먹지 않으면 넌 사라져 버려"라며 붉은 알약 같은 것을 억지로 치히로의 입에 넣는다. 이윽고 점점 투명해져 가던 치히로의 몸이 이전 상태로 돌아온다.

온천장으로 향하는 치히로와 가마할아범과의 만남

하쿠는 "다리를 건널 동안 숨을 쉬어선 안 돼. 조금이라도 숨을 쉬어버리면 마법이 풀려서 가게 안의 것들에게 들켜버려"라고 충고하며 치히로를 데리고 온천장으로 향한다. 온천장으로 향하는 다리를 건너고 있는 수많은 신들은 일본 전국에서 모인 다양한 8백만이나 되는 토속신들이다. 스쳐 지나가는 신들 중에는 유독 치히로의 정면을 향해 걷고 있는 검은 망토의 하얀 가면의 모습을 한 신이 두드러지는데, 이 신이 영화의 중반부부터 줄곧 치히로를 따라다니는 '가오나시'다.

하쿠는 치히로에게 이곳에서 빠져나가는 방법을 가르쳐주고 당분간 온천장에서 일하라고 말한다. 하쿠는 온천장을 지배하는 유바바에 대해 설명하고 자신이 치히로의 이름을 알고 있다는 점, 자기 이름이 하쿠라는 점, 그리고 자신이 치히로의 편이라는 점을 강조한다. 치히로는 하쿠에게 들은 대로 뒤편 쪽문을 나선다. 거기에는 보일러실로 연결된 계단이 있다. 마침내 치히로는 보일러실에 도착하고 서서 일하는 가마할아범을 만난다. 보일러실에는 여섯 개의 손발을 자유로이 사용하며 가마를 지피고 있는 가마할아범과 석탄을 하나씩 지고 운반하는 수백 마리의 숯검댕이(스스와타리)가 일하고 있다.

가마할아범은 치히로가 보일러실에 나타나도 일에 쫓겨 눈치채지 못한다. 치히로가 "저, 가마할아버지 이신가요?"하고 묻자 그제야 알아차리지만, 그래도 일손을 놓치 않는다. 치히로는 하쿠가 보냈다고 말하며 여기서 일하게 해달라고 부탁한다. 가마할아범은 치히로의 부탁에 대답하지 않고, 숯검댕이를 향해 열심히 석탄을 날라야 한다고 외친다. 숯검댕이 한 마리가 석탄에 깔려 허우적거리자 이 모습을 안쓰럽게 생각한 치히로가 도와준다. 이에 모든 숯검댕이가 석탄 밑에 깔려 치히로의 도움을 청하는 모습은 그로테스크 미학에 내재한 공포와 웃음을 동시에 보여주는 장면이 아닐 수 없다.

요컨대, 온천장은 일본 자본주의 경제 체제에 대한 메타포(metaphor)라 할 수 있다. 이곳에서 일하는 노동자들은 모두 현대 자본가들이 실제로 착취한 임금 노동자들이다. <센과 치히로의 행방불명>을 통해 일본 사회는 계층이 분명하고 분업이 분명한 계급 사회라는 사회 현상을 보여준다. "일본인들의 계급과 질서에 대한 의존은 일본 사회의 독특한 민족적, 정신적 전통이다. 애니메이션 속 온천장의 공간 구조를 보면 실제 일본의 온천장을 묘사하고 있음을 알 수 있다. 온천장 내부는 수직적 공간 구조로 나타난다. 유바바가 꼭대기 층에 자리한 것은 그녀가 이 온천장의 통치자라는 것을 보여준다. 반면에 온천장의 최하층은 가마 할아범이 일하는 보일러실이다. 이 좁은 공간에서 가마할아범은 매일 쉬지 않고 일하며 온천장 전체에 각종 약품을 제공하는 말단 노동자의 대표 주자이다. 온천장은 실제 사회에서 서비스 산업의 민간 기업을 상징하는 곳으로 엄격한 계층 구조의 생산 조직을 형성하고 있다"(Wang Xinye 47)[10].

여종업원 린과 오시라 사마와의 만남

약탕조합을 위해 가마할아범은 여러 가지 약을 약상자에 보관하고 있다. 맨 밑에서 저 위까지 정리해 둔 약상자는 한약방 같은 데서 볼 수 있다. 잠시 후 약상자 아래 쪽문이 열리며 '린'이라는 이름의 젊은 여성이 식사를 가져온다. 가마할아범과 린은 할아버지와 손녀 같은 관계로 숯검댕이에게는 잔소리꾼인 가마할아범도 린의 말에는 얌전히 따른다. 린은 치히로를 발견하고 깜짝 놀란다. 가마할아범은 린이 가져온 새우덮밥을 맛있게 먹으면서 린에게 이곳에는 일손이 부족하지 않기에 치히로를 유바바에게 데려가 달라고 부탁한다.

처음에 린은 가마할아범의 요청을 거절하지만, 그가 그녀의 눈앞에 맛있는 노롱농 통구이를 들이대자, 린은 유혹을 떨쳐버리지 못하고 그의 요청을 받아들인다. 린은 치히로가 온천장의 꼭대기 안쪽에 사는 유바바를 만나게 해주려고 엘리베이터로 향한다. 서둘러 유바바에게 가는 도중에 린은 온천장의 종업원들에게 치히로가 인간이라는 사실을 감추기 위해 노력한다. 그들은 마지막으로 갈아타는 엘리베이터에 도착하지만, 문 앞에는 거대한 몸의 무신인 오시라 사마가 서 있다. "오시라 사마는 치히로에게 해를 끼칠 것 같은 신은 아니다. 하지만 온몸이 새하얗고 붉은 밥공기를 머리에 쓰고 붉은 훈도시를 입은 이 신은 그의 존재 자체가 박력이 있다. 화면에는 욕탕에 앉아있는 여러 신들이 등장한다. 틀림없이 이 유아(湯屋, 공중목욕탕을 의미함)는 일본의 8백만 신들이 모여드는 온천장인 것이다"(시미즈 마사시 100-01). 이때 한 종업원이 다가와 인간의 냄새가 난다며 린에게 말하자, 린은 가마할아범에게 받은 도롱뇽 통구이를 꺼내 그의 주의를 딴 데로 돌린다. 그리하여 치히로는 오시라 사마와 함께 엘리베이터를 타고 위층으로 올라가게 된다(그림 3).

---

[10] Wang Xinye. 『판타지 서사의 애니메이션에서 나타난 사회 비판적 표현에 관한 연구 : <센과 치히로의 행방불명>과 <주토피아> 중심으로』. 홍익대학교 대학원 석사논문. 2022.

제7장. <센과 치히로의 행방불명>: 그로테스크 미학과 환상성

온천장 주인 유바바와의 만남

치히로가 엘리베이터를 타고 유바바가 있는 꼭대기 층에 도착했을 때, 그곳의 건축양식은 아래층과 대조적이다. 아래층은 동양 건축예술로 꾸며져 있는 반면, 꼭대기 층에는 서양식 건축과 회화예술이 재현되어 있다. 엘리베이터 문틀 또한 전통 목조에서 유럽 기둥으로 변형되었으며, 입구의 바닥과 벽면은 전통적인 유럽식 건축물로 꾸며져 있다. 치히로가 꼭대기 층의 방에 들어서자, 그곳에는 큰 머리를 가진 험상궂게 생긴 할머니가 책상 위에 앉아 일하고 있는데, 바로 온천장 주인인 유바라라는 마녀다. 유바바는 마녀 형상을 한 돈과 권력을 상징하는 독재자로, 실제 사회의 진부한 세력을 반영한 캐릭터이다. 온천장 주인인 그녀는 모든 직원을 통제하여 신을 섬긴다. 유바바는 바로크 양식의 가구와 양탄자가 깔린 방에서의 거주, 서양식 레이스 속옷이 드러난 서양식 파란색 드레스 착용, 그리고 찢어진 눈과 커다란 매부리코에 금발 머리의 외모를 지녔다는 점에서 서구 자본주의를 상징하는 인물이라 할 수 있다.

유바바는 자신의 경제적 이익만을 고려한 나머지 직원의 노동력을 착취한다. 온천장의 주인이기 때문에 돈이 많음에도 불구하고 그녀는 종일 금과 보석을 계산한다. 유바바에게는 돈과 보석이 가장 중요한 관심사이다. 치히로는 하쿠가 말한 대로 유바바에게 "여기서 일하게 해주세요"라고 부탁한다. 이에 유바바는 이곳은 8백만 신들이 피로를 풀러 오는 온천이며, 치히로의 부모가 손님들의 음식을 돼지처럼 먹어치웠다고 비난한다. 하지만 치히로는 계속해서 이곳에서 일하게 해달라고 부탁하고, 그때 갓난아기의 우는 소리가 들려온다. 바로 유바바의 아들 '보'가 칭얼대기 시작하면서 보의 기분을 맞추던 유바바는 치히로의 부탁이 귀찮아져서 결국 승낙해 버린다.

치히로가 유바바와 고용계약서를 맺을 때 치히로는 그녀에게 강제로 원래 이름이 빼앗기며 '센'으로 불리게 된다. 치히로의 이름이 변화되었다는 것은 자본가의 이용 수단이나 대상으로 전락되면서 자신의 정체성을 상실하는 개념으로 이해될 수 있다. 다시 말해 치히로가 "본래 자기 이름을 상실한다는 것은 현실 세계로의 회귀 불가능성과 함께 유바바의 지배를 받게 된다는 것을 의미한다. 이름을 빼앗긴다는 것은 자신의 정체성을 상실한 채, 상대에게 완전히 제압당하는 것을 의미하기 때문이다. 유바바는 계약서 서명을 통해서 계약자의 이름을 빼앗으면서 지배하는 방식을 취한다. 치히로는 유바바에 의해서 이름을 상실한 채 '센'이 되어 온천장의 종업원이 된다. 치히로가 센이 된다는 것은 정체성을 상실하게 되는 것으로서 이 작품의 제목인 '행방불명'은 정체성 상실을 상징하는 것으로 볼 수 있다"(강준수 153)[11].

오물신의 등장과 치유

유바바와의 계약을 통해 치히로는 유녀(遊女) 센이 되어 이곳에서 본격적으로 허드렛일을 하기 시작한다. 대형욕탕의 청소일을 명령받은 린과 치히로는 더러운 욕탕을 씻느라 정신이 없다. 린은

---

[11] 강준수. 「애니메이션 <센과 치히로의 행방불명>에 나타난 인간과 자연의 관계 회복 필요성 고찰」. 『일본근대학연구』 76 (2022): 145-58.

대형욕탕이 너무 더럽다며 약수를 써야 한다고 말하며 치히로에게 카운터에 가서 표찰을 가져오라고 말한다. 치히로는 카운터 종업원에게 약수를 부탁하지만 거절당한다. 이때 카운터에 전화가 울리는데, 유바바에게 걸려 온 전화다. 종업원이 전화를 받는 틈을 타 투명해진 상태로 모습을 감추고 있던 가오나시가 약탕 표찰을 꺼내 치히로의 손에 건네준다.

(그림 3)

(그림 4)

약탕 표찰은 대형욕탕 벽에 만들어진 작은 창을 통해 보일러실에 있는 가마할아범이 있는 곳으로 간다. 끈을 잡아당기자 약탕이 나오고 그것으로 더러워진 욕탕 안을 깨끗이 씻을 수 있는 것이다. 치히로가 끈을 잡고 더운물을 대형욕탕 안에 넣으려고 하자 언제 왔는지 가오나시가 서 있다. 가오나시는 카운터에서 몰래 가져온 11장이나 되는 상급의 약탕표찰을 치히로에게 주려고 한다.

한편, 카운터에 유바바가 나타나서 특대형의 오물신이 온천장을 향해 오고 있어 대소동이 일어났다고 말한다. 유바바는 린과 치히로를 불러 오물신을 대형욕탕에서 시중들도록 명령한다. 기괴하고 그로테스크한 형상의 오물신은 영화에 등장하는 어떤 신들 보다 우리에게 가장 강렬한 이미지로 다가온다. 악취로 진동하는 오물신은 원래는 '강의 신'이었는데, 이런 괴기스러운 형상으로 변모된 것은 자연 생태계의 오염과 그로 인한 자연 생태계의 아픔을 몸에 가시가 박힌 것으로 은유적으로 형상화한 것으로 볼 수 있다. 견습 유녀였던 센은 오물신의 방문으로 본격적인 유녀 업무를 수행해야 했다. 센이 그 유녀가 되어야 했던 이유는 모두의 기피감이지만, 센은 이것을 극복하고 오물신의 만족을 끌어내는 최고의 접대를 시행하려고 노력한다. 오물신이 욕탕 속으로 뛰어들면서 더러운 물이 욕탕 밖으로 넘쳐흐른다. 치히로는 오물 범벅이 되어 오물신의 시중을 들면서 그의 몸에 가시가 박혀있음을 발견한다(그림 4).

센이 그 가시를 빼내려고 하자 지금까지 이 모습을 구경거리로 지켜보고 있던 유바바가 오물신의 실체를 간파하고 센과 모든 종업원의 협력을 명령한다. 유바바는 마법으로 로프를 꺼내고, 치히로는 그 로프를 가시에 묶는다. 유야의 모든 종업원이 그 로프를 잡아당기고 보니 그 가시는 자전거 핸들이다. 오물신의 몸속에서 차례차례로 거대한 쇳조각 같은 쓰레기들이 넘쳐나온다. "센을 비롯한 모든 사람들이 강의 신에게 박혀있는 가시를 빼내기 위해서 힘을 합치는 모습은 참가자들 모두가 합심하여 신령에 의례를 수행하는 마츠리(祭る)에 임하는 모습과도 연계될 수 있다. 이것은 강의 신의 몸에서 가시를

제7장. <센과 치히로의 행방불명>: 그로테스크 미학과 환상성

빼내는 순간 다양한 종류의 쓰레기들이 쏟아져나오고 깨끗한 물로 정화되면서 할아버지 형상의 탈이 나타나는 것에서도 알 수 있다. 오물의 신으로 오인할 만큼 강의 신이 뱉어내는 것들은 인간에 의해서 강에 버려진 문명의 폐기물들로서 자전거, 양변기, 서랍장, 그리고 신호등과 같은 것들을 포함한다. 강의 신이 문명의 폐기물들을 몸속에 담고 있었다는 것은 자연 생태계가 오염된 상황을 상징적으로 드러내고 있다. 인간에 의해서 오염된 강이 맑고 순수한 어린아이인 치히로에 의해서 다시 정화되는 모습을 보이는 것이다"(강준수 154).

가시를 빼내고 쓰레기를 모두 토한 오물신은 비로소 그 정체를 드러낸다. 얼굴 전체에 깊은 주름이 새겨져 있는 할아버지 형상의 탈이다. 그는 크게 웃음을 터뜨리고 고마움을 표시하면서 답례로 치히로에게 검은 환약 같은 경단을 준다. 욕탕 밖에는 온갖 쓰레기에 섞여 사금이 떨어져 있다. 아마도 오물신이 치료해 준 답례로 남긴 것 같다. 그리고 욕탕 안에서 큰 소리가 나며 여러 개의 팔다리가 달린 거대한 하얀 용이 나타나 열린 대문으로 밤하늘을 향해 속도를 내며 날아간다. 유바바는 몹시 기뻐하며, "센, 장하구나. 큰 이익을 봤어"라고 말하며 칭찬을 아끼지 않는다. 유바바는 이 용이 원래 '강의 신'이라고 말한다. 온천장의 모든 종업원은 오물신이 남기고 간 사금에 눈이 멀어 서로 정신없이 주우려고 한다. 여기서 주목할 점은 종업원들이 사금에 탐욕스러움을 표출하는 것을 지금까지 모습을 감추고 대형욕탕 구석에 숨어 있는 가오나시가 보고 있다는 사실이다.

그날 밤 가오나시는 온천장에서 잡일을 하는 개구리를 금덩어리로 유인하여 한입에 삼켜버린다. 그리고 이제껏 말을 거의 할 수 없었던 가오나시는 개구리를 잡아먹음으로써 개구리의 목소리를 빌려 말을 하게 된다. 검은 천을 뒤집어쓴 것 같은 모습은 개구리를 잡아먹은 뒤 앞다리와 뒷다리가 생기는 등 개구리의 모습을 닮아간다. 이것은 가오나시가 자신의 목소리와 형태가 없음을 뜻하고 잡아먹는 것이 무엇이냐에 따라 그것의 목소리와 형태를 가짐을 알 수 있게 해준다. 가오나시는 치히로에게 잘 보이고 싶어 하고, 나중에는 치히로를 먹음으로써 소유하고 싶어 한다.

가오나시의 광란의 질주

치히로가 온천장의 일터로 향하는데, 모든 종업원이 열심히 다채로운 음식을 어디론가 운반하고 있다. 까닭을 몰라 멍하니 서 있는 치히로 앞에 린이 나타나 금덩어리를 보인다. 가오나시에게 좀 더 많은 금덩어리를 얻어내려고 종업원들은 음식은 물론 일본 전통춤까지 추면서 최고의 접대를 시행한다. 가오나시는 치히로에게 집착하면서 상대방의 의사와는 상관없이 사금을 뿌리거나 온천상의 팻날을 건네준다. 가오나시가 제시하는 사금의 유혹에서 벗어나지 못했던 어른들과는 다르게 치히로는 가오나시의 손에 가득한 사금을 받기를 거부한다. 종업원들은 하나같이 군침을 삼키며 이 광경을 부러운 시선으로 지켜보고 있다. 사금을 거부하는 치히로의 태도는 탐욕적인 어른들과는 다르게 순수함을 지니고 있음을 의미한다. "관계 맺음은 상호 작동으로 이루어져야 함에도 가오나시는 일방적인 모습으로 표현한다. 가오나시의 이러한 미숙한 행동과 표현은 사회적 관계 형성의 결여를 제시한다. 일방적이고 미숙한 행동으로 인해서 관계 형성이 잘 이루어질 가능성은 적기 때문에 분노로 이어질 수 있다. 가오나시가 지닌 낮은 자존감은 위기를 좀 더 민감하게 수용하면서 강한 공격성으로 표출되고 있다"(강준수 152).

가오나시라는 이름은 얼굴이 없다는 뜻으로, 가오나시는 얼굴이 있어야 할 자리에 코와 머리카락이 없는 가면이 부착된 모습으로 등장한다. 그로 인해 가오나시는 여러 인물들을 삼키고 그들의 얼굴과 목소리로 변신하는 능력을 지니고 있다. 가오나시는 개구리 사환 이후에 지배인인 왕개구리와 유녀(遊女)인 민달팽이까지 삼킨다. 그래서 가오나시의 성격이 더욱 교만해지고 도도해지는데, 그것은 지배인이 가지고 있는 아랫사람을 부리는 습성이 반영되었기 때문으로 보인다. 더구나 가오나시는 온천장에서 손님 접대를 맡고 있던 유녀마저 삼키면서 식욕은 물론 성욕까지 폭발하여 광란의 질주를 가속화한다.

하얀 용 하쿠의 부상과 제니바의 마법

이어서 카메라는 자기 방으로 돌아온 치히로가 바다 위에서 하얀 용과 수많은 종이 인형이 격투를 벌이는 것을 쳐다보는 장면을 담아낸다. 하얀 용은 몸을 둥글게 감았다가 수직으로 날면서 종이조각을 뿌리치듯 괴로워한다. 만신창이가 된 하얀 용이 치히로 쪽으로 돌진하고, 그 용을 쫓아 수많은 종이 인형이 돌진해 온다. 치히로는 방안에서 상처를 입은 하얀 용이 고통스런 소리를 내는 것을 살펴보고, 이 하얀 용이 다름 아닌 하쿠라는 사실을 간파한다. 치히로가 옆방으로 가자, 그곳에는 하얀 용이 피를 흘리며 누워있다.

치히로의 등에 붙어 있던 종이인형이 떨어져 나오며 보의 눈앞까지 날아와 "넌 꽤나 뚱뚱하구나"라고 말하며 마루의 양탄자로 내려서더니 그 모습을 유바바로 바꾼다. 사실 유바바가 아니라 그녀의 쌍둥이 언니 제니바인데, 아무도 이런 사실을 눈치채지 못한다. 보가 제니바의 모습을 보고 "엄마"라고 부르자, 제니바는 "이런, 엄마랑 나도 구별 못 하는 거냐?"라고 빙긋 웃으며 마법으로 보를 작은 생쥐로 만들어 버린다. 그리고 나서 유버드는 파리새로 만들고, 세 개의 아저씨 머리는 하나로 겹쳐 '보'로 만든다. 이어서 제니바는 치히로를 향해 "이 일은 비밀이다. 다른 사람에게 말하면 네 입은 찢어질 거야"라고 경고한다. 치히로가 그녀가 누군지를 묻자, 제니바는 유바바의 쌍둥이 언니라고 자신의 정체를 밝힌다. 그리고 하쿠를 향해 "그 녀석은 내 동생의 부하인데, 도둑 용이다. 내 집에서 귀중한 도장을 훔쳤어"라고 말한다.

'보'로 변신한 아저씨, 즉 아저씨 보가 생쥐와 파리새를 잡으려고 장난치는 것을 달래주려고 제니바가 일순간 방심한다. 이런 어수선한 틈을 이용하여 하얀 용 하쿠는 마루에 떨어져 있는 종이 인형을 힘껏 자신의 꼬리로 때린다. 그 순간 제니바의 얼굴이 한가운데에서부터 금이 가고 앞뒤로 나누어진 채 그대로 모습이 사라져 버린다. 하지만 하쿠도 다시 힘을 잃고 치히로와 함께 거대한 심연의 구멍 속으로 추락해 버린다. 이어지는 장면은 치히로와 하쿠 용이 가마할아범이 일하고 있는 보일러실 천장을 찢고 떨어지는 모습을 보여준다. 하쿠 용은 입에서 피를 흘리며 고통스러워하고 있다. 치히로는 강의 신에게서 받은 경단을 하쿠에게 먹인다. 그러자 하쿠는 입에서 검은 액체 덩어리를 토하는데, 그 검은 액체는 눈이 달린 괄태충 같은 것으로 변한다. 곧이어 검은 괄태충은 하쿠가 제니바에게 훔쳐 온 도장 위에 앉아있다.

제7장. <센과 치히로의 행방불명>: 그로테스크 미학과 환상성

치히로는 도망가려는 괄태충을 밟아 없애 버린다.

이제 하쿠는 하얀 용에서 소년의 모습으로 변한다. 가마할아범은 병들어 마루에 누워있는 하쿠를 지켜보면서 치히로에게 하쿠에 대해 알려준다. 하쿠가 유바바의 부하가 되었다는 말을 들은 후에 치히로는 제니바에게 도장을 돌려주고 하쿠를 구해달라고 부탁해 보겠다고 한다. 그때 갑자기 쪽문에서 린이 나타나 "유바바가 길길이 날뛰며 널 찾고 있어"라고 말한다. 린은 종업원들에게 금을 나눠주면서 통이 크다고 생각했던 손님이 알고 보니 가오나시라는 요괴로 벌써 세 사람이나 삼켜버렸다는 사실을 전한다. 가마할아범은 네 장의 열차 탑승권을 건네며 40년 전에 쓰고 남은 것이라고 말하며 제니바가 사는 '늪의 바닥'이라는 역까지 갈 때 사용하라고 건네준다. 옆에 있던 린이 유바바의 명령을 따를 것을 재촉하자, 치히로는 먼저 온천장에 들른 후에 하쿠의 목숨을 구하기 위해 제니바가 있는 곳으로 가려고 결심한다.

가오나시의 탐욕과 치히로에 대한 집착

장면이 바뀌어 온천장 내에서는 가오나시에게 맛있는 음식을 운반하는 종업원들이 "점점 더 커지고 있어. 난 잡아먹히기 싫어"라고 수군거리고 공포에 떨고 있다. 이곳에 치히로가 등장하자 지배인은 다행이라며 가오나시를 접대하는 유바바에게 데려간다. 치히로가 온 것을 알게 된 유바바가 화난 표정으로 "어디 갔다 이제야 오는 거야? 손해가 막심하잖아! 저 녀석을 기분 좋게 만들어 되는대로 금을 짜내"라고 명령한다. 이때 유바바는 치히로의 왼쪽 어깨 위에 있는 보 생쥐와 파리새를 보고 눈을 동그랗게 뜬 채 살피지만, 언니 제니바의 마법으로 인해 자기 아들이 생쥐로 바뀐 사실을 알지 못한다. 치히로가 마침내 방에 들어서자 온갖 음식을 게걸스럽게 먹고 거대해진 가오나시가 있다. 가오나시는 치히로를 보고 "이리 와, 센은 뭘 갖고 싶지? 어서 말해 봐"라고 말한다. 곧이어 가오나시는 치히로의 환심을 사려고 자기 손에 가득히 담긴 금을 건네주려 하지만, 치히로는 받지 않는다.

처음에 가오나시는 '아~'라는 소리밖에 내지 못하고 잡아먹은 대상의 언어로 표현을 할 수 있을 뿐이다. 언어 소통을 이루지 못하면 가오나시는 개구리를 삼키고 난 이후에 비로소 타인과의 소통이 가능해진다. 이것은 가오나시가 자존감의 저하로 인해서 소극적인 태도로 자신의 의사를 전달할 뿐만 아니라 소통 능력 부족을 보여주는 것이다. 가오나시는 금을 통해서 사람들의 환심을 사면서 왕성한 식욕으로 거대한 몸집이 되고 있다. 가오나시가 욕망하는 타자와의 관계 맺기를 상징적으로 나타내는 것이다. 이것은 가오나시가 치히로에게 '외롭다'는 표현을 하면서 피로워하는 장면에서도 일 수 있다. 그리고 가오나시가 사람들의 환심을 사기 위해서 돈과 금을 활용하는 것은 물질만능주의가 팽배한 현대 자본주의 사회를 반영하는 측면에서 이해할 수 있다. "욕망의 무한 증식과 자본의 무한 폭식성 사이에서 자신의 얼굴을 잃고 끝내는 폭주하는 가오나시의 모습이 바로 현재 일본인들의 내면을 대표하는 캐릭터가 되는 것도 이러한 맥락에서다. 가오나시는 자기 혼자 서는 소리를 낼 수 없고, 외톨이이며, 유아적 퇴행을 보이며, 폭식으로 상징되었듯이 욕망의 절제가 되지 않는 특성을 보여줬다. 흥미로운 것은 그가 치히로의 배려(경단 먹이기, 동행 수락 등)와 자기희생(머리끈 만드는 제니바의 일을 도움) 그리고 사랑받음(제니바의 함께 살자는 권유) 등으로 정상으로 돌아온다는 사실이다. 이 모습은 타자에 대한 이해와 배려, 즉 사랑을 배움으로써 자기 정체성을 찾는 치히로와 다르지 않은 모습이다"(박기수 331)[12].

센에 대한 관심이 유아적·친교적 관심에서 벗어나 육체적 성욕으로 급변한 까닭도 이런 맥락에서 이해될 수 있다. "이러한 변화로 인해 가오나시의 내면에는 다른 이들의 자아(영혼)가 들어와 그 안에서 들끓게 된다. 가오나시는 다중 인격을 지닌 이로 변모했고, 제멋대로 판단하고 마음대로 행동하는 일종의 난장 주도자가 된다. 극단적이고 폭력적인 형태로 자신의 욕망을 채우려는 가오나시는 여러 명의 목소리와 행동(거지)을 내보이며 현실(온천장)에서 자신의 모습을 바꾼다. 이러한 모습은 마치 가면을 쓰고 연행에 참여하는 자의 모습을 연상시킨다"(김남석 406-07).

무엇보다 가오나시의 얼굴이 몸 속으로 사라지고 다시 새로운 얼굴이 나타나는 기괴한 현상도 보여줌으로써 그로테스크의 진수를 보여준다. 가오나시는 치히로에게 금을 건네주며 받으라고 권하지만, 치히로는 거절한다. 오히려 치히로는 가오나시에게 경단을 주며 먹어보라고 제안한다. 현실의 상황에서 보면, 가오나시는 축제의 열광적 참여자인 동시에 축제의 환상성을 주도하는 인물이다. 요컨대, 축제는 '성과 속'(The Sacred and the Profane), 즉 노동과 규율과 일상의 '속'의 시간 속에 일탈과 위반과 제의의 시간을 섞어 놓은 행사이다. 그래서 그 축제의 시간 속에는 필연적으로 환상과 연극이 동반될 수밖에 없다. "전통적인 부호들을 섞어내는 축제는 두 가지 특징을 지닌다. 현재 우리의 모습과 우리가 나타내고자 하는 것 사이에는 분명한 거리가 있다는 점과, 모든 부호들을 과거의 신화에 포함시킨다는 점이다. 옥수수 이삭으로 '변장한 사람'은 자신이 옥수수가 아니라는 사실을 알고 있으며, 헤라클레스로 가장한 샤를 5세도 자신이 헤라클레스가 아니라는 사실을 알고 있다. 어쨌거나 이들 각각은 각본대로 행하고, 그것을 응용할 뿐이다. 즉 그들은 배역을 연기하고 있을 뿐이다. 이러한 연극화를 통해서 가장하고 자신의 몸으로 또 다른 존재를 표현하는 것이다. 여기서 사용되는 모든 가면(들)과 표현되는 모든 부호(들)는 '문화'나 '전통'이라고 불리는 것, 즉 이미 수행된 사건들의 총합체 속에 포함된다"(장 뒤비뇨 112)[13].

치히로의 온천장 탈출과 제니바와의 만남

가오나시의 광기를 가라앉힌 것은 센이 지니고 있는 경단이었다. 오물신이 준 이 경단은 하쿠가 반을 먹은 후에 반이 남아있는 상태였다. 치히로는 그 경단을 가오나시에게 선사하고, 가오나시는 이 경단을 먹은 후에 점차 자신의 본래 모습으로 돌아온다. 축제의 관점에서 본다면 엑스터시가 멈추는 시점은 경단을 복용하고 광란이 가라앉는 시점과 동일하다. 치히로가 건네준 경단을 먹고 난 후 가오나시는 맹렬한 고통에 빠지면서 지금껏 탐욕스럽게 삼킨 음식을 토해낸다. 화가 난 가오나시는 자신을 구토하게 만든 치히로를 뒤쫓아가며 광란의 질주를 시작한다. 하지만 그의 질주는 약효가 발효되기 시작하면서

---

12) 박기수. 「센과 치히로의 행방불명>의 서사 전략 연구」. 『한국언어문화25 (2004): 303-34.
13) 장 뒤비뇨. 『축제와 문명』. 류정아 옮김. 서울: 한길사, 1998.

제7장. <센과 치히로의 행방불명>: 그로테스크 미학과 환상성

급격하게 사그라들었고, 결국 광란의 질주도 난장의 축제도 끝이 나고 만다. 온천장에서의 축제가 마무리되면서, 치히로와 가오나시는 떠날 시간이 마련된 것이다.

치히로는 가오나시의 추적을 피해 바다로 간다. 바다에서는 린이 커다란 대야에 탄 채 치히로를 기다리고 있다. 치히로가 보 생쥐와 파리새를 데리고 대야에 탄 후 뒤돌아보자 가오나시의 모습이 보인다. 가오나시는 주저없이 바다에 뛰어들고, 바다를 헤엄치던 가오나시는 얼굴을 들고 일어서더니 처음에 목욕탕에서 삼킨 욕심쟁이 개구리를 토해낸다. 이제 반투명한 몸으로 변한 가오나시는 치히로의 뒤를 조용히 따라간다. 린은 대야를 노로 저어가며 얕을 바다의 물살을 가로질러 도착한 열차 정거장까지 치히로를 데려간다. 열차 차장이 모습을 드러내고 치히로는 가마할아범에게 받은 네 장의 기차표를 건네준다. 그런데, 자신도 모르게 바로 뒤까지 쫓아온 가오나시를 보고 치히로는 그에게 열차에 탑승하라고 말한다. 네 장의 기차표는 결코 우연이 아님을 알 수 있다. 이렇게 치히로를 포함하여 총 4명의 일행은 제니바가 사는 '늪의 바닥' 역으로 향한다(그림 5). 마침내 치히로 일행은 저녁 무렵 '늪의 바닥' 역에 도착하고, 제니바의 집을 향해 걸어간다.

아들 보가 없어진 사실을 알게 된 유바바의 분노

한편, 온천장에서는 제니바의 공격으로 부상을 당한 하쿠가 회복하여 일어난다. 하쿠는 곧바로 유바바가 있는 거처로 가는데 그곳에는 지배인과 개구리 종업원 등 그녀의 종업원들이 가오나시로부터 받은 많은 금을 가져왔고, 유바바는 만족스럽게 그 금을 살펴본다. 유바바의 곁에는 아기 보가 놓고 있는데, 유바바는 아직까지도 자신의 진짜 아들이 생쥐로 변해 치히로와 함께 제니바의 집에 있다는 사실을 모른다. 곧이어 부상에서 회복한 하쿠가 찾아와서 "아직 모르겠습니까? 가장 소중한 게 바뀌었는데도?"라고 질문한다. 이에 유바바는 "감히 내 앞에서 시건방진 말을 하다니"라고 대답한 후, 가장 소중한 것이 금이라고 생각하고 자세히 살펴본다. 그런 후에 옆에서 놀고 있는 아들 보의 상태를 확인하려 마법을 걸자 아들은 세 개의 아저씨 머리로 실체가 드러난다. 그리고 자기 앞에 쌓여있는 수많은 금덩어리는 흙으로 변해버린 것을 알아차린 유바바는 경악한다. 탐욕에 눈이 먼 유바바가 아들 보가 생쥐로 변해도 알아차리지 못한 것은 얼마나 탐욕스러움이 소중한 존재를 기억하고 알아보는 마음의 눈을 없애버린다는 것을 단적으로 입증하는 장면이다. 이제야 아들이 없어졌다는 것을 간파한 유바바는 분노를 터뜨리며 하쿠에게 아들의 행방을 묻는다. 하쿠는 보가 지금 제니바의 집에 있다고 대답한 후에 보를 데려올 테니 "그 대신 센과 센의 부모님을 인간세계로 돌려 보내주십시오!"라고 제안한다.

하쿠와의 교감과 치히로의 정신적 성장

한편, 치히로 일행이 마중 나온 가로등의 안내를 받아 제니바의 집에 도착하자 제니바는 그들을 환영한다. 치히로는 하쿠가 훔친 도장을 꺼내 제니바에게 돌려주며 하쿠를 대신에서 진심 어린 사과를 전한다. 치히로는 제니바에게 보 생쥐와 파리새를 원래 모습으로 돌려달라고 부탁한다. "제니바는 유바바와 상반된 성격의 마녀로서 가마 할아범과 같은 현자적 기능을 수행한다. 상처입은 하쿠를 대신하여 도장을 돌려주러 온 치히로에게 스스로의 힘으로 부모님과 하쿠를 구할 수 있음을 가르쳐주고, 그것은 바로 치히로가 본인의 이름을 소중히 하는 것임을 조언하는 인물이다. 자애로움과 따뜻함, 정화의 의미를 가진 어머니 모델인 제니바는 자연의 원초적인 모태라는 상징적인 의미를 갖고 있다. 이러한 상징성은 제니바를 모든 것을 포용할 수 있는 존재로 표현한다"(이영미 31).

갑자기 문이 덜컹덜컹 소리를 낸다. 치히로가 문을 열자, 그곳에는 건강을 되찾은 하쿠 용이 마중을 와 있다. 제니바는 "하쿠, 네가 한 짓은 이제 탓하지 않으마. 그 대신 센을 잘 지켜라"라고 말한다. 제니바는 치히로 일행에게 이별을 고하고, 가오나시에게는 "넌 여기 남으려무나. 앞으로 나랑 같이 살지 않겠니?"라고 제안하자 가오나시는 고개를 끄떡이며 동의한다. 치히로는 제니바에게 자기 이름을 가르쳐준 다음 하쿠 용의 등에 타고 돌아간다. 하쿠 용의 등에 탄 치히로는 자기 엄마에게 다음과 같은 사실을 전해 들었다고 이야기한다(그림 6). "난 기억이 없는데. 내가 어렸을 때 작은 강에 빠진 적이 있었대. 그 강은 이미 메워져서 건물이 들어섰대. 하지만 지금 생각이 났어. 그 강의 이름은…. 코하쿠. 네 본명은 코하쿠야."

(그림 5) (그림 6)

갑자기 하쿠 용의 몸이 소리를 내며 온몸의 비늘이 떨어진다. 그 떨어져 나간 무수한 비늘 속에서 인간의 모습으로 돌아온 하쿠와 치히로가 손을 잡고 하늘을 날고 있다. 치히로를 도와주는 하쿠는 정체성을 상실한 채 살아가는 인물이다. 하쿠는 본래 강의 신으로서 실제 이름은 니기하야미 코하쿠누시(饒速水琥珀主)이다. 유바바와 계약을 맺은 사람들은 자신들의 이름 상실을 통해서 과거와 정체성을 상실한 채 온천장의 종업원으로 살아가게 된 것이다. 이렇게 〈센과 치히로의 행방불명〉에서 치히로가 자신의 이름을 되찾는 과정은 정체성의 회복과 연결되고, 하쿠가 본래 이름을 인식하게 되는 것도 상실된 자연 생태계의 회복을 상징하는 것으로 볼 수 있다.

무엇보다 용은 하쿠의 본래 모습이 아니라는 점이다. 유바바에게서 마법을 배우면서 생겨난 일종의

제7장. <센과 치히로의 행방불명>: 그로테스크 미학과 환상성

가장된 신체인데, 하쿠 역시 치히로와의 소통을 원활하게 하기 위해서는 자신의 정체성을 찾아야 했다. "치히로와 샴쌍둥이처럼 가까운 영혼의 거리를 가지고 있으면서도, 본신을 잃은 덕분에 두 사람은 영혼의 합일에는 이르지 못했다고 할 때, 용의 비늘을 탈각하고 본신으로 돌아오는 하쿠는 합일의 조건을 해결했다고 보아야 한다. 그리고 두 사람은 하늘에서 손을 맞잡아, 두 사람이 하나로 결합되었음을 확인한다."

엔딩 시퀀스: 현실 세계로 되돌아온 치히로

치히로와 하쿠가 온천장에 도착하자 유바바와 열두 마리의 돼지가 정렬해 있다. 유바바는 아들을 찾자 다리 위에서 생쥐에서 인간으로 변한 거대한 보가 갑자기 모습을 드러낸다. 유바바는 보가 혼자 설 수 있는 것에 놀란다. 하쿠는 약속대로 치히로와 그녀의 부모님을 인간세계로 보내달라고 요청한다. 유바바는 "세상에는 규칙이 있는 법이다"라고 말하며 치히로를 열두 마리 돼지 앞으로 데려간다. 그리고 "이 안에서 네 아빠랑 엄마를 찾아. 기회는 딱 한 번!"이라고 강조한다. 치히로가 돼지를 살펴보더니 "없어요. 여기엔 아빠랑 엄마가 없는 걸요"라고 대답하자, 유바바가 손에 들고 있던 계약서가 사라져 버린다. 그러자 열두 마리의 돼지가 갑자기 남녀 종업원의 모습으로 변하면서 "정답"이라고 크게 외친다. 지붕에서는 지배인과 부지배인, 린과 가마할아범 및 모든 사람이 치히로의 정답을 기뻐한다. 치히로는 유바바와 종업원들에게 그동안의 배려와 고마움에 대해 감사를 표한 후에 하쿠와 함께 계단을 내려가 무인 식당가를 지난 후 물이 없는 강가로 온다.

하쿠는 자신은 더 이상 가지 못한다며 치히로에게 "터널을 나갈 때까지 절대로 뒤돌아보면 안 돼"라고 충고한다. 치히로가 "하쿠는 어떻게 할 건데?"라고 묻자 "난 유바바랑 얘기해서 제자를 관둘 거야. 나도 원래 세계로 돌아가야지"라고 대답한다. 치히로가 서둘러 제방을 내려가 터널 입구에 다다르자 이미 엄마 아빠가 와 있다. 부모님은 자신들이 돼지로 변했던 일과 치히로가 그들을 구한 일은 전혀 모르는 듯하다. 아빠는 다시 아무 일도 없었다는 듯이 차를 운전하여 이사할 집으로 서둘러 간다. 숲속의 작은 외길을 달리는 차를 보여주면서 영화는 끝난다. 미야자키 하야오 감독의 애니메이션 중에서 <센과 치히로의 행방불명>은 일본의 온천 문화와 수많은 기괴한 형상의 요괴와 토속신들을 보여주면서 시종일관 따뜻하며 미지근한 양수 같은 것에 둘러싸여 있는 듯한 느낌을 불러일으킨다. 이런 점에서 <센과 치히로의 행방불명>은 공포와 웃음을 특징으로 하는 그로테스크 미학의 정점을 보여준 걸작이라고 평가할 수 있다.

스크린을 횡단하는 글로벌 문화

그룹 액티비티 및 에세이 주제

1. 미야자키 하야오 감독의 <센과 치히로의 행방불명>은 그로테스크 미학과 환상성이 두드러지는 작품이다. 영화의 배경이 되는 종교적 성소인 온천장에 등장하는 일본의 전통 신앙과 수많은 토속신에 대해 토의해 보자.

2. 영화의 오프닝에서 신들의 온천장에 도착한 주인공 치히로가 처음으로 만나게 되는 인물은 소년 하쿠다. 치히로가 온천장 생활에 적응할 수 있도록 도움을 주는 하쿠와 치히로의 밀접한 관계에 대해 토론하고 그 내용을 정리해 보자.

3. 포악하고 탐욕스러운 성격을 가진 온천장 주인 유바바와 치히로를 줄곧 따라다니는 가오나시는 인간의 탐욕스러운 욕망을 형상화한 캐릭터이다. 현대 사회의 관점에서 유바바와 가오나시가 지닌 상징성을 토의해 보자.

4. <센과 치히로의 행방불명>에서 가장 인상적인 장면은 무엇이고 그렇게 생각한 이유를 적어보자.

5. 온천장은 휴식과 치료는 물론 일탈과 방종이 허용되는 공간으로서 디오니소스적(Dionysian) 도취의 세계를 상징한다. 금기의 성욕과 일탈의 매춘을 은유적으로 내포하고 있는 온천장의 의의와 더불어 일본의 풍속 산업에 대해 토의해 보자.

6. 집 떠남과 여행 그리고 주인공의 성장 서사를 모티프로 삼은 지브리의 애니메이션 영화들을 찾아보고, 이런 작품들과 구별되는 <센과 치히로의 행방불명>이 지닌 독창성이 무엇인지 토의해 보자.

제 8 장

<냉정과 열정 사이>
: 피렌체의 장소성과 두 연인의 애틋한 러브스토리

스크린을 횡단하는 글로벌 문화

2001년에 상영된 일본 영화 〈냉정과 열정 사이〉(*Between Calm and Passion*)는 일본 작가 츠지 히토나리와 에쿠니 가오리가 공동으로 집필한 동명의 베스트 셀러를 영화화한 작품이다. 나카에 이사무(Nakae Isamu, 1963~) 감독이 연출을 맡은 〈냉정과 열정 사이〉는 일본 국내에서만도 천만 관객을 넘길 정도로 인기를 끌었던 명작이다. 이탈리아의 유서 깊은 도시 피렌체(Firenze, 영어로는 Florence라고 읽음)를 배경으로 한 이 영화는 특히 광고 카피의 글귀처럼 '세상 모든 연인들을 위한 세기의 러브스토리'로 평가받고 있다. 현재까지도 〈냉정과 열정 사이〉는 피렌체를 여행하는 일본 및 전 세계 관광객들의 로드맵처럼 피렌체 여행의 길라잡이로 확고한 자리를 굳혔다.

주지하듯이 '르네상스'란 고대 시대에 꽃을 피웠던 문화와 예술이 중세 기독교의 배타적인 문화적 지배에 따라 쇠퇴해 버렸다가 다시 꽃피게 된 것, 즉 새로운 문예부흥을 의미한다. 이러한 새로운 문예부흥의 시대를 견인하는 주도적인 역할을 맡은 곳이 바로 피렌체였다. 이런 점에서 볼 때 원작 소설 속 주인공 준세이(Junsei, 다케노우치 유타카 분)는 이별한 상태에 있는 아오이(Aoi, 진혜림 분)와의 사랑의 르네상스를 다시 꿈꾸는 피렌체 르네상스의 후예인 셈이다. 이런 점에서 "영화 〈냉정과 열정 사이〉는 남자 주인공 준세이가 피렌체 르네상스의 코드에 기초해서 아오이와의 사랑의 회복을 도모하는 치유의 로망스 영화"(최용찬 96)[1]라고 말할 수 있다.

영화 〈냉정과 열정 사이〉는 2001년 일본에서 개봉하자마자 국내·외에서 각광을 받았다. 이탈리아 르네상스의 주도 피렌체를 배경으로 삼아 도쿄와 밀라노를 넘나들며 동서양을 대표하는 도시의 고유한 풍경을 탁월하게 담아냈다는 점에서 높은 평가를 받았다. 이런 연유로 이 영화는 국내 관객들의 열렬한 호응을 이끌어 냈다. 2003년 10월에 개봉한 이 영화를 본 정확한 국내 관객 수는 알려져 있지 않았다. 하지만 영화 개봉 직후부터 원작 소설의 판매 부수가 급증했고, 그 이후 지금까지 중판 80쇄를 찍는 진기록을 남겨 기염을 토하기도 했다. 더욱이 2011년 10월에 〈냉정과 열정 사이〉가 국내에서 재개봉되었다는 사실에서 단적으로 알 수 있듯이, 이 영화에 대한 국내 관객의 남다른 애정은 충분히 짐작할 수 있다.

피렌체의 랜드마크 두오모 성당과 메디치 가문

이탈리아 르네상스 요람은 중부 아펜니노 산맥(Monti Appennini)에서 발원하여 지중해로 흐르는 아르노 강변의 꽃의 도시 피렌체(Firenze)다. 토스카나 대공국 (1569-1574) 및 이탈리아 왕국(1865-1870)의 수도였을 뿐만 아니라 13세기부터 지중해 무역으로 상업·경제가 발달하고 직물산업이 번창하였다. 귀족계급 그란디(grandi, 호족)가 지배하는 7개 대길드(arti maggiori)와 부유한 중산층 상인계급인 포폴로 그라소(popolo grasso)로 구성된 14개 소길드(arti minori)가 조직되었다. "대길드 가문은 경제력과 정치력을 앞세워 사회 지배를 강화하였고 피렌체의 경제적 풍요, 서유럽 금융·허브 및

---

[1] 최용찬. 「피렌체를 재현한 영화 「냉정과 열정 사이」: 르네상스 코드와 치유의 로망스를 중심으로」. 『역사와 문화』 27 (2014): 82-108.

제8장. <냉정과 열정 사이>: 피렌체의 장소성과 두 연인의 애틋한 러브스토리

교역중심지로의 부상에 기여하였다. 1252년 피렌체에서 제조된 서유럽 최초 금화인 플로린(Florin)이 유럽 기축통화로 자리매김함에 13-15세기 재정적 수도로 부상하였다. 고대 그리스·로마의 문화유산을 배후로 하는 피렌체는 지중해 중개무역과 경제적 풍요, 인구 밀집화, 시민사회 성장, 비잔티움 학자의 대거 유입과 인문주의로의 지적 흐름, 피렌체 시민의 자유분방한 사고와 고전문화 욕구를 기반으로 르네상스가 태동하기 시작하였다. 고전 수집, 아랍어-라틴어 번역서 입수, 메디치가(Medici, 13세기부터 17세기까지 피렌체에서 강력한 영향력이 있었던 귀족 가문) 등 재력가 후원, 문화예술인의 상상력과 열정은 르네상스 발아·개화의 자양분이 되었다. 중세 끝자락에 서사시 『신곡』(La Divina Commedia)을 발표한 피렌체 출신의 단테(Dante, 1265-1321)가 초기 인문주의 창시자라면, 아레초(Arezzo) 태생의 페트라르카(Francesco Petrarca, 1304-1374)는 르네상스 선구자다"(윤희윤 76)[2].

이탈리아는 도시마다 대성당이라고 불리는 두오모(Duomo)나 바실리카(Basilica)가 있다. 한마디로 '두오모'란 반원형의 둥근 천장을 의미한다. 영어의 '돔'(Dome)과 같으며 라틴어의 도무스를 어원으로 한다. 영어의 돔은 반구형의 둥근 지붕, 둥근 천장의 뜻으로 사용되는 데 대하여 이탈리아어의 두오모와 독일어의 돔은 대성당을 말한다. 바실리카 역시 건축양식에서 유래한 이름으로서 고대 로마 시대에 재판소나 상업 거래소 등으로 사용되던 직사각형의 집회소에서 유래하였다. 정식 명칭이 '산타 마리아 델 피오레'인 두오모 대성당은 피렌체의 랜드마크이자 크고 아름다운 주교좌 성당이다. 15세기에 필리포 브루넬레스키(Filippo Brunelleschi, 1377~1446년)가 만든 세계에서 가장 큰 조적(masonry) 돔으로 유명하며, 이 성당의 돔은 이후 서양 건축에 큰 영향을 주었다. 흔히 두오모라고 하면 피렌체에 있는 이 성당을 말하는데, 산타 마리아 델 피오레는 '꽃의 성모 마리아'라는 외미다.

두오모의 크기는 1971년 기준으로 유럽에서 다섯 번째 큰 성당으로 기록되었다. 로마의 성 베드로 대성당, 런던의 성 바오로 대성당, 스페인의 세비야 대성당과 밀라노 두오모에 이은 것이다. "길이 153미터에 높이 92미터의 대성당 내부로 들어가면 세 개의 긴 복도 형태의 내부 공간이 외부 모습과는 전혀 다르게 매우 단순하다. 성당 내부는 모두 중앙 재단을 덮고 있는 브루넬레스키의 둥근 지붕(돔)을 향해 나 있는 듯하다. 돔 내부에 그려진 프레스코화는 3,600평방미터 공간을 채우는 대작으로 1572~1579년 바사리(Giorgio Vasari)와 주카리(Federico Zuccari)의 합작품인 『최후의 심판』(The Last Judgement)이다. 브루넬레스키는 도나텔로, 마사초와 함께 피렌체 르네상스의 위대한 선구자 중 한 사람이다. 그중 나이가 가장 많았던 브루넬레스키는 다른 두 사람의 예술적 기준이 되었다. 그는

---

[2] 윤희윤. 「피렌체 르네상스와 메디치가 도서관 연구」. 『한국도서관·정보학회지』 53.3 (2022): 73-94.

투시도법을 고안한 대표적인 르네상스 건축의 창시자였다"(김혜경 371-72)[3]).

브루넬레스키의 돔과 피렌체의 르네상스

　브루넬레스키의 돔은 판테온의 전통적인 기술에 르네상스의 새로운 기법을 접목함로써 당시로서는 혁신적인 건축공법이었다. 브루넬레스키의 돔은 하느님을 향한 열망의 상징으로 하늘을 찌를 듯이 날카롭게 치솟던 고딕양식의 첨탑이 유행하던 시기에 기하학적으로 안정감을 주는 팔각형 벽면 형태가 르네상스 분위기를 고스란히 담고 있다. 돔으로 올라가는 길에서 거대한 프레스코화『최후의 심판』을 보게 된다. "그리스도의 양쪽 어깨 윗부분에서 천사들이 예수의 수난을 상징하는 기둥, 가시관, 십자가 등을 보이고, 그 아래 그리스도를 둘러싼 무리가 '정의의 심판'을 요구하고 있다. 그들의 표정은 대단히 엄중하다. 공심판의 무서운 법정을 연상하게 한다. 그러나 이 모든 것이 그리스도의 발치 아래에서 '자비의 심판'을 요청하는 성모 마리아의 모습에서 희석되고 만다. '최후의 심판자'이신 아들의 발치에서 인류를 향한 마리아의 모성이 모든 심판을 무화시키고 있다. 이 작품은 인류 심판의 극적인 순간을 대단히 사실적으로 묘사했다는 평가를 받는다. 특히 지옥에 있는 사람들의 모습은 연옥과 천국에 있는 사람들과는 달리 정상적으로 앉아 있거나 서 있는 것이 아니라, 거꾸로 매달려 있거나 땅속에 머리를 쳐박고 있거나 서로를 잡아당기고 물고 뜯는 형상을 하고 있다. 이런 구도는 당연히 단테의『신곡』에서 영향을 받은 것으로 보인다"(김혜경 381).

　주목할 사실은 피렌체 르네상스 개화의 뿌리와 줄기는 인문주의이고, 자양분은 메디치가 문예후원이며, 마중물과 저수지는 빛바랜 고전과 도서관이었다는 점이다. 서로마 멸망으로 단절되었던 고전 지식과 문화는 비잔틴 및 아랍 제국의 번역으로 부활하였고 피렌체에 역수입되었다. "수도사, 군주, 학자, 명가 등은 파피루스와 양피지를 발굴수집한 후 번역·중역하여 보존하였다. 그 결과로 탄생한 지적 보고가 수도원 도서관, 궁정 도서관, 학자군주의 개인 도서관, 부유층 가문도서관이다. 따라서 고대 그리스 고전의 헬라어 필사본, 로마의 라틴어 번역본, 중세 이슬람의 아랍어 번역본, 비잔티움 제국의 라틴어 재번역본이 없었다면, 인문학적 탐구와 문예적 장인정신이 조합되지 않았으면, 그리고 메디치가 등이 막대한 경제력, 종교적 지배력, 정치적 영향력을 바탕으로 고전 수집과 도서관 건립을 후원하지 않았다면, 피렌체 르네상스는 지적·문화적 자양분 부족으로 만개가 어려웠을 것이다"(윤희윤 91).

〈냉정과 열정 사이〉 OST: 엔야의 음악 세계

　아일랜드(Ireland) 출신의 뉴에이지 뮤지션 엔야(Enya, 1961~)는 신비롭고 환상적인 멜로디로 전 세계인들을 매료시킨 켈틱(Celtic) 음악의 전형을 전파했다. 20세기 후반, 팝 음악에는 시너드

---

[3] 김혜경.『인류의 꽃이 된 도시, 피렌체』. 서울: 호미. 2016.

제8장. <냉정과 열정 사이>: 피렌체의 장소성과 두 연인의 애틋한 러브스토리

오코너(Sinead O'Connor), 크랜베리스(Cranberries), U2, 필 콜터(Phil Coulter), 치프턴스(Chieftains), 메리 블랙(Mary Black) 등 아일랜드를 대표하는 연주자들이 많이 있지만, 그중에서 엔야는 남다른 재능과 독창적인 멜로디로 뛰어난 성취를 이룬 아티스트다. 엔야는 음악을 사랑하는 가정에서 태어나 어릴 때부터 성가대의 일원으로 활동하면서 음악성을 키웠고, 대학에서 고전 음악과 피아노를 전공했다. 그 후 아일랜드 전통 민요를 차용한 켈틱 사운드를 내세운 포크 록 그룹 '클라나드'(Clannad)에서 활동하다가 BBC 방송국의 TV 미니 시리즈 <더 켈트>(The Celts)의 주제곡을 부르면서 왕성한 솔로 활동을 펼치게 된다.

전 세계인을 사로잡은 엔야의 매력은 무엇일까? 그녀의 음악 속에는 현실에서는 불가능할 것 같은 신비스러우며 몽환적인 감성을 전달하는 멜로디가 있기 때문일 것이다. 당대에 활동했던 다른 뮤지션에게는 쉽게 발견하기 힘든 엔야의 신비스러운 목소리와 감성적인 멜로디는 영화 감독들의 마음도 사로잡았다. 이것은 <냉정과 열정 사이>가 개봉되기 이전의 영화에서 명백히 입증된다. 1992년과 1993년에 각각 상영된 <파 앤드 어웨이>(Far And Away)와 <순수의 시대>(The Age of Innocence)는 그 대표적 예라 할 수 있다.

론 하워드(Ron Howard, 1954~) 감독이 연출한 <파 앤드 어웨이>에 삽입된 엔야의 곡은 1992년 발표한 「나의 지식책」("Book of Days")이다. 이 노래는 영국 10위, 아일랜드 12위에 올랐고, 우리나라에서도 많은 사랑을 받았다. 제임스 카메론(James Cameron) 감독의 <타이타닉>(Titanic)의 영화음악을 맡은 제임스 오너(James Horner)는 OST 수록곡인 「머독 항해사, 그녀를 바다로 데려가세요」("Take Her To Sea, Mr. Murdoch")에서 이 곡을 부분적으로 편곡해 사용했다. 가사는 우여곡절 끝에 결국에는 꿈을 이루고 자신의 길을 찾게 되리란 내용을 내포하는데, <파 앤드 어웨이>의 줄거리를 따라간 것으로 보인다. 나아가 영화 마틴 스콜세지 감독이 연출한 영화 <순수의 시대>는 1870년대 뉴욕을 배경으로 위선과 허영 및 속물근성으로 가득 찬 귀족 사회의 숨막히는 관습과 통제로 인해 그 안에서 이루지 못할 사랑에 가슴 아픈 날들을 보내는 두 연인의 이야기를 보여준다. 남자 주인공 뉴랜드 아처(Newland Archer)는 밍코트 가문의 앳되고 귀여운 메이 웰랜드(May Welland)와 약혼을 하고 곧 결혼을 앞둔 상태다. 그럼에도 불구하고 뉴랜드는 메이의 사촌 언니인 엘렌 올렌스카(Ellen Olenska) 백작 부인과 서로 사랑하게 된다. 이렇게 <순수의 시대>는 세 남녀의 삼각관계를 통해 욕망과 도덕, 이성과 감정, 전통과 변화 사이의 대립과 융합을 그려냈던 수작이다. 이 영화 속에서 엔야가 부르는 「대리석 궁전」("Marble Halls")이라는 노래는 영상과 맞물려 더욱 빈티지하고 시크한 느낌을 불러일으키게 한다.

그래미 어워즈(Grammy Awards) 최우수 뉴에이지 앨범상을 4회 수상하고, 〈반지의 제왕〉(*The Lord of The Rings: The Fellowship of The Ring*, 2001) 주제곡으로 아카데미상에 노미네이트 되기도 했던 엔야의 음악은 〈냉정과 열정 사이〉에서도 대사를 대신하는 영상 언어로 거듭난다. 피렌체-밀라노-도쿄로 시공간이 교차하면서 사랑과 이별 그리고 상처의 치유를 모티프로 한 이 영화 속에는 '변하지만 그러나 변하지 않는 사랑'에 대한 이야기가 담겨있다. 준세이와 아오이가 처음 만나는 음반 가게에서, 피렌체의 거리에서, 레스토랑에서 엔야의 음악은 마치 귀로 듣는 풍경처럼 영화의 품격을 고양시킨다.

흥미롭게도 〈냉정과 열정 사이〉에는 엔야의 음악이 무려 14곡이나 사용되었다. 엔야는 〈냉정과 열정 사이〉를 위해 이전 곡들과 신곡을 골고루 섞어 하나의 음반을 만들었다. 「와일드 차일드」("Wild Child")와 「워터마크」("Watermark") 등은 이전 엔야의 곡을 다시 사용한 것이며 신곡 2곡이 포함되었다. 나아가 영화의 오프닝에서 사용된 「캐리비안 블루」("Caribbean Blue")와 「더 켈트」("The Celts")를 비롯하여 끊임없이 흘러나오는 엔야의 히트곡인 「오리노코 강은 흐른다」("Orinoco flow"), 「나의 지식책」("Book of Days") 등이 감각적인 영상과 맞물며 시너지 효과를 창출하고 있다.

〈냉정과 열정 사이〉: 소설에서 영화로

2003년 국내에서 개봉한 영화 〈냉정과 열정 사이〉(*Between Calm And Passion*)는 두 연인의 애틋한 사랑을 다루고 있는 전형적인 로맨스·멜로 작품이다. 〈냉정과 열정 사이〉는 일본의 소설가인 츠지 히토나리(Tsuji Hitonari, 1959~)와 에쿠니 가오리(Ekuni Kaori, 1864~)가 월간지에 번갈아 가며 이어쓰기로 연재했던 동명의 장편소설을 나카에 이사무 감독이 2001년 영화로 각색한 작품이다. 아름다운 영상과 음악 그리고 애절한 러브스토리로 구성되어 있는 〈냉정과 열정 사이〉는 주인공의 행보와 함께 장소를 옮겨가며 화면에서 보여주는 피렌체, 밀라노, 도쿄의 모습과 운명적으로 수없이 반복되는 두 주인공의 우연과 필연의 복선(foreshadowing)에서 만들어지는 기억 및 기대로 연결되어 있다.

〈냉정과 열정 사이〉는 남녀 주인공인 준세이(Junsei)와 아오이(Aoi)의 사랑의 맹세로 시작된다. 두 사람은 10년 후 5월 25일 아오이의 30번째 생일에 연인들의 성지인 피렌체 두오모(The Duomo)에서 함께하자고 약속한다. 그리고 화면은 배경으로 들려오는 요시마타 료(Yoshimata Ryo)의 주제곡 「더 홀 나인 야드」("The Whole Nine Yards")와 함께 피렌체의 아름답고 고풍스러운 도시의 모습을 멀리서 보여주며 출발한다. 영화는 스토리와 영상 그리고 음악의 조화로 이루어지는 예술이다. 그중에서도 음악은 영화 전체의 분위기를 형성하는 역할을 한다. 〈냉정과 열정 사이〉의 사운드트랙은 특별히 도쿄 시부야에 있는 오차드 홀(Orchard Hall)에서 60명의 오케스트라 단원들이 연주하고 녹음되었다. 영화의 프로듀서인 우스이 유지는 오차드 홀에서 〈냉정과 열정 사이〉 사운드트랙 연주를 듣고 '기적'이었다고 회상한다.

2003년 10월에 국내에서 개봉한 〈냉정과 열정 사이〉를 본 정확한 관객 수는 알려져 있지 않지만, 영화 개봉 직후부터 원작 소설의 판매 부수가 급증했고, 그 이후 지금까지 중판 80쇄를 찍는 진기록을 남겨

제8장. <냉정과 열정 사이>: 피렌체의 장소성과 두 연인의 애틋한 러브스토리

기염을 토하기도 했다. 더욱이 2011년 10월에 <냉정과 열정 사이>가 국내에서 재상영되었다는 사실이 증명하듯이, 이 영화에 대한 국내 관람객의 애정은 충분히 짐작할 수 있다. 무엇보다 "우리가 이 영화에 특별히 주목하는 이유는 일반적인 평가가 매우 좋았다는 이유보다는 오히려 이 영화가 르네상스의 주도인 피렌체를 미학적으로 재현하고 있다는 점 때문이다. 한마디로 말해, 영화 <냉정과 열정 사이>는 오늘날의 일본이 영상의 형식을 빌려 연주해 낸 현대판 피렌체 찬가인 셈이다"(최용찬 88).

<냉정과 열정 사이>의 오프닝은 한 여성이 캔버스에 그림을 그리면서 "피렌체의 두오모는 연인들의 성지래. 영원한 사랑을 맹세하는 곳이지. 언젠가 함께 올라가 주겠니?"라고 질문하는 장면으로 시작한다. 여성의 질문에 남성은 그림을 그리고 있는 그녀의 손을 잡으면서 "언제?"라고 반문한다. 이에 여성은 "글쎄, 한 10년 뒤쯤? 약속해 주겠어?"라고 질문하고, 남성은 "좋아, 약속할게"라고 대답한다. 오프닝에서 들려주는 연인인 듯한 남녀 목소리의 주인공은 영화의 두 주인공인 아오이와 준세이의 목소리이다. 이 장면에 뒤이어 카메라는 버즈아이 뷰 쇼트로 피렌체의 풍경을 담아내며 "1994년 봄"라는 자막으로 시작한다. 준세이는 일본 도쿄에서 이탈리아 피렌체로 유학 생활을 시작하여 3년간의 예술품 복원 훈련생 과정을 마치고 피렌체 최고의 복원 스튜디오에서 컨서베이터(conservator), 즉 복원사로 작업에 몰두한다. 카메라는 피렌체에서의 평범한 일상을 반복하는 골목길, 광장, 식당 그리고 준세이의 집을 담아내며 세계적 관광지로서의 피렌체가 아닌 일상의 배경으로서 피렌체의 면모를 여과 없이 포착한다. 준세이의 집으로 가는 두 갈래 골목길을 반복해서 보여줌으로써 에쿠니 가오리 감독은 준세이의 미래를 암시하고 상징화하려고 했던 것 같다.

준세이의 과거와 현재 연인: 아오이와 메미

영화의 오프닝은 피렌체의 골목길을 자전거로 달리는 준세이와 결혼식이 열리는 성당에 참석하여 절친인 다니엘라와 함께 웃음을 터트리는 아오이의 모습을 교차 편집으로 보여준다. 카메라는 과거와 현재를 교차시키면서 피렌체에서 준세이와 아오이가 어떻게 만나서 서로 사랑하고 이별하게 되었는지를 함축적으로 담아낸다. 피렌체에 유학을 와서 '복원사'로서 공부를 하는 준세이의 모습은 츠지 히토나리의 원작 소설 『냉정과 열정 사이 Blu』(*Between Calm And Passion Blu*)의 제1장에서 더욱 구체적으로 살펴볼 수 있다.

> "그림쟁이가 되고 싶었던 내가 그것을 단념했을 때, 아오이도 내 곁을 떠났다. 마지막으로 데이트하던 날, 우리는 미술관에 갔다. 그곳은 우리가 처음 만났던 추억의 장소였다… 상처투성이 명화를 원래 상태로 복원시키는 복원사의 기술에 나는 감동했다. 어떤 기술이기에 이렇게 생생하고 아름다운 모습으로 되살려낼 수 있단 말인가. 같은 그림이라고는 생각되지 않을 정도로 복원 후의 그림에는 생명력이 넘쳐흐르고 있었다."(츠지 히토나리 19)[4]

---

4) 츠지 히토나리. 『냉정과 열정 사이 Blu』. 양억관 옮김. 서울: 소담출판사. 2015.

이어지는 장면에서 카메라는 결혼식에 참석한 아오이가 성당 앞에서 자전거를 고치는 준세이를 처음 본 장면을 담아낸다. 아오이는 한참 동안 그를 응시하지만, 준세이는 아오이를 보지 못하고 떠난다. 이 장면에 이어서 한 레스토랑에서 준세이가 현재 동거하는 여자 친구 메미(Memi)와 함께 식사하던 중 서로 말다툼을 하는 장면을 보여주는데, 그들의 대화에서 메미가 준세이의 사랑에 대해 불만을 가지고 화를 내고 있음을 알 수 있다.

화난 표정으로 불만을 토로하는 메미에게 준세이가 "언제까지 화를 낼 거야?"라고 질문하자, 메미는 "아오이가 누구야? 어제 자면서 그 이름을 불렀잖아"라고 반문한다. "그래서 그건 사과했잖아"라는 준세이의 답변에 "난 메미야. 아오이는 누구야?"라고 큰 소리를 지르며 불만을 표출한다(그림 1). 메미와 헤어진 후 준세이는 자전거를 타고 집으로 돌아오면서 "잊을 수 없는 사람이 있다"라는 그의 독백을 보이스오버(voiceover)를 통해 들려주면서 영화 속 시간은 다시 "1997년 봄"으로 전환된다. 준세이는 이제 자전거가 아니라 소형 모터바이크를 몰고 피렌체의 골목길을 누비면서 그의 기억 속에 "잊을 수 없는" 사람이 "아오이라는 한 여성"이라는 사실을 보여준다.

조반나 선생의 특별 제안과 치골리의 인물화 복원

준세이가 피렌체로 유학을 갓 시작했을 때, 복원 공방의 교장은 우피치 미술관(Galleria degli Uffizi)에서 복원의 의미에 대해 역설하였다. 그에 따르면, 복원이란 "작품의 생명을 되살리고 잃어버린 색을 되찾아 주는 일"이다. 마치 예시라도 하듯이, 교장 선생은 즉석에서 조반나 선생의 제자이자 수채화 전문가 마시모가 훼손 정도가 심각했던 풍경화를 장장 5년에 걸쳐 완벽하게 복원해 냄으로써 새로운 예술품으로 재탄생하게 했다는 찬사를 보낸다. 준세이가 "내가 미술품 복원 공부를 위해 이탈리아로 유학을 온 건 23살 때였다"라고 말하는 순간, 카메라는 복원 공방의 아름다운 풍경을 섬세하게 담아낸다. 이 과정에서 카메라는 준세이가 당시 풍경화나 정물화를 복원하는 일에 열중하고 있는 모습을 아오이를 만나 사랑을 키워나가는 장면과 번갈아 담아낸다.

(그림 1)

(그림 2)

제8장. <냉정과 열정 사이>: 피렌체의 장소성과 두 연인의 애틋한 러브스토리

당시 준세이는 복원 전문가로 정평이 나 있는 조반나(Giovanna) 선생의 제자로 공부하는 중이었다. 카메라는 조반나 선생이 준세이를 모델로 누드화를 그리는 장면을 통해 그녀가 준세이를 자신의 애제자로 간주하고 있음을 보여준다. 그러던 어느 날 준세이는 조반나 선생으로부터 풍경화가 아니라 중세 이탈리아 화가 로도비코 치골리(Lodovico Cigoli, 1559~1613)가 그린 인물화를 복원하는 일을 맡으라는 특별 제안을 받으면서 가슴 벅찬 기쁨과 긍지를 느낀다(그림 2).

조반나 선생의 특별 제안에 준세이는 처음에는 마음의 부담을 느끼지만, 같은 공방 소속의 여러 동료들의 격려로 용기를 얻어 선생의 제안을 받아들이게 되고, 이 그림의 복원 과정을 통해 새로운 세계를 경험하게 된다. 이때 그에게 맡겨진 그림은 다름 아닌 치골리의 『참회하는 막달라 마리아』(Santa Maria Maddalena penitente, 1613)이다. 이 그림은 죽음을 상징하는 해골을 손에 들고 참회하는 막달라 마리아의 고통스러운 모습을 담고 있다. 준세이는 색을 보정하고 방부제를 칠하는 등의 복원 과정을 통해 마치 죽은 작가의 영혼이 자신을 빌려 작업하는 듯했으며, "영혼이 맑게 씻기는 느낌이었다"라고 고백한다. 주목할 점은 원작 소설에서는 프란체스코 코사(Francesco Cozza, 1605~1682)와 그의 그림이 중요한 역할을 맡는 것으로 설정되었지만, 영화에서는 이것이 로도비코 치골리와 그의 그림으로 대체되었다는 사실이다. 나카에 이사무 감독이 코사 대신 치골리와 그의 그림으로 변경한 이유는 무엇일까? "가장 중요한 실마리는 준세이가 복원한 그림들 속에 담겨 있을 수 있다. 따라서 영화 속 해당 시퀀스에 대한 섬세한 분석을 통해 비로소 이 영화가 이른바 '르네상스 코드'에 입각한 치유의 로망스로서 지니는 면목을 분명하게 파악할 수 있다"(최용찬 91).

훼손된 치골리의 그림과 아오이와의 재회

이어지는 장면에서 카메라는 아오이와 헤어지고 3년이 지난 시점인 1997년 봄, 스튜디오에 앉아 있는 준세이의 모습을 보여준다. 몇 달 동안 몰두한 치골리의 인물화 복원 작업이 거의 마무리되는 때, 준세이는 일본인 동료와 함께 대화를 나눈다. 이 일본인은 준세이가 피렌체에서 다시 만나게 된 인물로, 일본에서의 대학 동창인 다키나시다. 준세이는 그로부터 3년 동안 헤어졌던 아오이의 소식을 접하게 된다. 다카나시는 밀라노(Milano)에서 우연히 아오이를 만났다는 이야기를 전하면서 준세이에게 그녀가 일하는 보석 가게의 명함을 건네준다.

다카나시는 아오이를 만났고, 그녀가 자신에게 직접 이 명함을 전해주었다고 말한다. 이 장면에서 영화는 완성을 앞둔 「참회하는 막달라 마리아」의 복원 그림 앞에서 과거를 회상하는 현재의 준세이와 고함을 지르며 아오이를 쫓아내는 과거의 준세이를 교차 편집한다. 이 장면을 통해 관객은 준세이가 과거에 어떻게 아오이와 헤어졌는지 그리고 현재 자신이 복원하고 있는 치골리의 그림인 '참회하는 막달라 마리아'와 아오이의 모습을 연상시키고 있음을 어렴풋이 눈치채게 된다. 명함을 건네받은 준세이가 아오이를 생각하는 순간 그의 마음은 동요하기 시작한다. 결국, 준세이의 감정 상태는 아오이를 만나기 위해 밀라노행 기차에 몸을 싣게 만든다. 밀라노에 도착한 준세이는 명함에 적힌 보석 가게를 찾아가고, 그곳의 점원에게 아오이의 행방을 묻는다.

아오이와의 재회와 준세이의 실망감

준세이는 파티가 열리는 장소에 도착하고 마침내 아오이를 만난다. 준세이는 3년 만에 아오이를 마주하고 잠시 동안 사랑의 감정을 느낀다. 그는 그녀에게 "네가 아직 옛날 일로 괴로워하는 줄 알고"라고 말하며 뜻밖의 방문 이유를 애써 밝힌다. 이 장면에서 관객은 치골리의 그림 「참회하는 막달라 마리아」에서 준세이가 아오이의 참회하는 모습을 떠올렸다는 사실을 간파하게 된다. 그러나 현실 속의 아오이는 미국계 중국인 부자인 '마빈'과 함께 동거하면서 화려하고 행복한 생활을 하고 있다. 마빈은 아오이가 일하는 보석상 체인의 밀라노 지점장으로 재직 중이며 능력과 재력을 갖춘 인물이다.

마빈과 아오이가 동거하는 집에 도착한 준세이가 제일 먼저 접하게 된 것은 자신의 조부인 화가 '세이지 아가타'의 그림이다. 마빈은 준세이에게 "당신 조부님이죠? 조부님 덕을 크게 봤소. 별 생각없이 구매한 이 그림 덕택에 아오이의 마음을 사로잡을 수 있었거든요"라고 말한다. 곧이어 준세이는 마빈이 생일 선물이라며 전한 값비싼 옷을 입고 행복해하는 아오이의 모습을 쳐다보고 이내 집을 떠난다. 준세이를 뒤쫓아 온 아오이를 향해 준세이는 "할아버지 그림 보여주려고 집에 초대한 거야? 아니면 애인 자랑하려고 집에 초대한 거야? 어쨌든 따라온 게 실수였어. 네가 아직 옛날 일로 괴로워하는 줄 알고"라고 외친다. 이에 아오이는 "괴로워한다고? 난 잊었어. 과거는 다 잊었다고. 난 지금 너무 행복해"라고 대답한다. 이와 같은 아오이의 무정한 답변은 준세이의 섣부른 기대감을 무색하게 만들어 버린다.

아오이의 말에 실망감을 감추지 못한 준세이는 곧장 피렌체로 다시 돌아간다. 이 시퀀스에서 준세이의 조부인 '세이지 아카타'의 그림이 마빈과 아오이를 연결해 준 것처럼, 치골리의 그림 「참회하는 막달라 마리아」 역시 준세이와 아오이의 감정 세계를 다시 이어주는 매개체로서의 역할을 수행하고 있는 것처럼 보인다. 이어서 카메라는 피렌체로 되돌아온 준세이가 자신의 아파트 앞에서 기다리고 있는 메미로부터 경찰이 그를 찾기 위해 자신의 아파트까지 찾아왔다는 연락을 받고 급히 공방으로 향하는 장면을 담아낸다.

훼손된 치골리의 그림과 일본으로의 귀국

조반나 선생의 공방에 도착한 준세이는 자신이 몇 달 동안 심혈을 기울여 작업 중이던 치골리의 「참회하는 막달라 마리아」가 심하게 훼손되었음을 발견하고 충격에 빠진다. 원작 소설에서는 이 장면이 다음과 같이 묘사되어 있다.

> "다음 날 아침, 공방에서 전화가 걸려왔다. 제일 고참 복원사였다. 내가 한 달이나 복원 작업을 하던 프란체스코 코사의 작품을 누군가가 찢어놓았다는 연락이었다. 황망히 옷을 걸치고 메미를 혼자 남겨둔 채 무작정 아파트를 뛰쳐나갔다. 공방에 도착하자, 수련생들이 그림을 둘

제8장. <냉정과 열정 사이>: 피렌체의 장소성과 두 연인의 애틋한 러브스토리

러싸고 있었다. 나는 그들을 밀치고 안으로 파고들었다. 사정없이 칼로 그은 엑스 자, 그림은 무참히 파괴되어 있었다. 입이 딱 벌어졌다. 앞으로 며칠만 있으면 완성이었다. 도대체 무슨 일이 벌어졌는지, 그 순간은 이해할 수 없었다. 역사적인 명작을 손상시켰으니, 공방은 그 책임을 면할 수 없을 것이다. 그와 동시에, 조반나 선생의 신용은 결정적인 타격을 받을 것이다…. 선생은 출근하자마자 나를 다락방으로 불렀다. 나를 바라보며 선생은 '어떻게 생각하니?' 하고 물었다. 누가 범인이라고 생각하느냐는 뜻으로 받아들였다. 목젖까지 차고 올라오는 말이 있었지만, 다카나시와 안젤로의 이름은 말하지 않았다."(츠지 히토나리 68-70)

훼손된 치골리의 그림과 일본으로의 귀국

준세이가 심혈을 기울여 복원한 치골리의 그림이 훼손되는 이른바 '치골리의 비극' 사건은 연일 언론을 통해 기사화되고 있다. 누가 범인인지 정확히 밝혀지지 않은 이 사건 이후, 무수한 여론의 입방아에 오른 조반나 선생의 스튜디오는 당분간 문을 닫게 되었다. 치골리 그림이 찢겨짐과 동시에 준세이는 그 그림의 훼손에 대한 경찰 혐의를 받게 된다. 특히, 치골리의 그림의 물리적 훼손은 준세이와 아오이의 사랑의 파국을 은유적으로 표현하는 미학적 장치라 할 수 있다.

치골리의 그림 사건 후 아오이와의 사이도 멀어질 대로 멀어지면서 결국 공방까지 폐쇄되는 최악의 사태까지 겪게 된다. 이 내러티브들의 연관성은 치골라 그림이 잔인하게 찢겨진 것과 준세이가 겪는 뼈아픈 시련과의 일이 동등함을 보여주는 암시이다. 스튜디오가 폐쇄되자 조반나 선생은 복원 일을 잠시 그만두고 긴 휴식을 취하기로 결심한다. 그녀는 준세이와 헤어지기 전 마지막으로 조언을 해준다. "여기 사람들은 과거를 살고 있는 거야. 준세이, 넌 질투 따위엔 지지 마렴. 네겐 미래가 있으니까." 자신을 아꼈던 조반나 선생님마저 떠나자, 준세이는 다른 동료들처럼 일을 잃었고, 낯선 나라에서 다른 스튜디오로 옮겨가서 새롭게 시작할 마음도 없었기에 고향으로 귀국하기로 결심한다.

고향으로 돌아온 준세이는 당분간 화가로 활동했던 할아버지 '세이지 아가타'의 집에 머문다. 이곳에 머물면서 준세이는 오래전 대학생이었을 때 아오이와 함께 다녔던 교정 구석구석을 돌아보며 쓸쓸히 과거를 회상한다. 그런 다음, 준세이는 밀라노에 있는 아오이에게 마지막 작별 편지를 띄우고 그녀를 마음에서 지우려 한다. 원작 소설에서 준세이와 그의 할아버지의 대화를 통해 세대 차이에도 불구하고 그들을 이어주는 연결고리는 다름 아닌 그림이라는 사실이 명백히 입증된다.

"할아버지는 소파 위에 양반다리를 하고, 담뱃대에 담대를 재면서, '난 네가 그림을 그렸으면 한다.'라고 중얼거렸다. '무슨 일이 있어도 복원 일을 계속하고 싶다면, 몇 군데 복원소를 소개해 줄 수는 있어.' '응, 좀 생각해 볼게요. 아직 저도도 좀 남아있고, 집세도 안 내니까 견딜 만해요. 앞으로 조금만 더 신세 질게요.' '그건 괜찮다. 아직 넌 젊다. 얼마든지 새로 시작할 수 있는 나이야.' 할아버지는 보여주고 있는 작품이 있다고 하면서, 작품을 보관하고 있는 구석방을 턱으로 가리켰다. 그리고 가만히 뒤를 따르는 나에게 사뭇 자랑스러운 몸짓으로 작품을 하나하나 설명해 주었다. 작품 하나하나마다 할아버지의 생명력이 가득했다. 검은 커튼이 쳐진 가장 넓은 방에는 1960년대, 할아버지가 중남미를 여행하면서 그린 힘찬 인상 목판화가 가득 보관되어 있었다. 거의 모든 작품은 사람보다 사물을 묘사하고 있었다. 그러나 인물이 등장하지 않음에도 불구하고, 그 그림들은 인간의 생활과 역사의 냄새를 짙게 풍겨내고 있었다." (츠지 히토나리 121)

아오이의 과거 회상과 마빈과의 갈등

이어지는 장면에서 카메라는 준세이가 일본으로 귀국하기 직전에 쓴 편지가 아오이에게 전달하는 장면을 담아낸다. 밀라노의 보석 가게에서 일하는 아오이에게 어느 날 도쿄의 준세이로부터 한 통의 편지가 도착하고, 아오이는 편지를 읽어 내려간다(그림 3). 준세이의 편지를 읽어 내려가며 아오이는 그들이 과거에 연인이 된 후 예상치 못한 자신의 임신 문제와 그로 인한 낙태로 이별해야만 했던 순간을 회상한다. 그리고 카메라는 일본으로 귀국한 준세이가 아오이와 함께 다녔던 대학교 교내 구석구석을 돌아보며 과거를 쓸쓸히 회상하는 모습을 담아낸다. 이 장면에 뒤이어 할아버지의 건강 악화로 인한 병원 입원으로 인해 준세이가 "실패한 조각품"으로 간주한 아버지와의 재회와 더불어 준세이를 따라 일본으로 귀국한 여자친구인 메미와 차츰 심화되어 가는 갈등을 보여준다.

준세이의 아버지는 오직 할아버지의 유산 상속을 위해 젊은 새어머니와 함께 할아버지가 입원한 병실에 도착하여 준세이와 재회한다. 원작 소설에서도 준세이와 그의 아버지의 관계는 매우 소원하게 묘사되고 있다.

"잠시 할아버지의 침대를 지켜보았지만, 깨어날 것 같지 않아 돌아갈 준비를 하기 시작했다. 그때, 후미에 가문을 열고 들어섰다. 그 표정은 빛을 반사하지 않는 어둠 속에 잠겨 들어가 있었다. '왜 그러세요?'하고 묻는 바로 그 순간, 그녀의 등 뒤에서 아버지 아가타 기요마사가 얼굴을 내밀었다. 내 입은 그와 동시에 얼어붙었다. 아버지의 뒤에서 새어머니가 얼굴을 내밀었다. 물론, 이 여자를 어머니로 인정한 적은 없다. '아, 잘 지내고 있느냐?' 아버지는 웃으면서 그렇게 말했다. 거짓으로 가득 찬 비뚤어진 미소였다. 얼굴 반은 위선으로 지낸 오랜 세월의 때가 묻어 딱딱하게 굳어버렸다. 그는 실패한 조각품이었다. 아버지의 눈길이 메미 쪽으로 옮겨갔다. 그리고 그녀의 전신을 찬찬히 뜯어본 후, 마치 냄새라도 맡듯 코로 숨을 들이쉬었다. '이쪽은? 새 애인?' 여전히 무례한 말버릇이었다."(츠지 히토나리 154-55)

드러나는 아오이의 낙태 전말

한편, 준세이는 도쿄에서 만난 동료 다카나시로부터 과거 아오이의 낙태에 관한 충격적인 진실을 듣게

제8장. <냉정과 열정 사이>: 피렌체의 장소성과 두 연인의 애틋한 러브스토리

된다. 그것은 아오이의 임신을 알아차린 준세이 아버지가 그녀에게 돈을 주면서 자기 아들에게서 떨어지라고 강요했었고, 그때 받은 스트레스 때문에 아이가 유산되어 버렸다는 사실이다. 이 충격적인 이야기는 준세이에게 마치 마른하늘에 날벼락이 떨어지는 소리처럼 들렸고, 그는 분노하여 곧바로 병원으로 달려가 아버지를 찾는다. 결국, 아오이와의 이별에 대한 직접적인 원인이 되었던 아이의 낙태 문제는 아오이의 독단적인 결정에 의한 것이 아니라 준세이 아버지의 강요 때문에 일어난 결과물이 된 셈이다. 그런데도 준세이는 자신에게 알리지 않고 낙태를 결정한 아오이에게 책임을 물어 자신을 떠나라고 말한 것이다.

(그림 3)　　　　　　　　　　　　　　(그림 4)

준세이의 언행은 아오이에게 다시 한번 지울 수 없는 상처를 안겨준 셈이 되었다. 이런 충격적인 진실을 뒤늦게 알게 된 준세이는 병원에서 마주한 아버지의 멱살을 잡고 아오이에게 사과하라고 외치며 격한 감정으로 울부짖는다.

아오이와 마빈의 갈등

그러던 1999년 어느 날, 아오이의 동거남 마빈이 알아차릴 정도로 뚜렷한 변화의 징후가 밖으로 표출되는 미묘한 사건이 발생한다. 로마 출장을 마치고 집에 돌아온 마빈은 거실벽에 걸려 있던 그림이 바뀐 것을 발견한다. 어떻게 된 일이냐고 따져 묻는 마빈에게 아오이는 친구와 쇼핑하러 갔다가 맘에 들어서 구매했다며 둘러대지만, 마빈은 그녀의 돌발적인 행동 속에 그녀의 심리적 변화가 투사되고 있다는 것을 간파한다. 그래서 마빈은 화를 내며 그녀에게 솔직하게 마음을 털어놓고 진실을 말해 달라고 부탁한다(그림 4). "그림을 떼버리고, 갑자기 여행 계획을 잡고, 침실 보석함에 소중하게 모셔져 있는 편지, 그 편지에는 대체 뭐라고 써 있는 거야?" 그러나 아오이가 그의 제안을 거듭 회피하자, 마빈은 자신이 경험한 아오이의 심리 상태에 대해 언급하기 시작한다.

"당신은 처음부터 그랬지. 당신에게는 당신의 인생이 있어서 내게 마음을 닫고 있어. 날 필요로 하질 않아. 왜 나와 함께 있는 거야?" 왜 그런 말을 하냐며 반문하는 아오이에게 마빈은 그녀의 마음 상태를 날카롭게 간파한다. "당신 마음이 다른 곳에 가 있기 때문이야. 같이 있다고 해도 당신 마음은 여기 없어." 그럼에도 불구하고 그의 말을 부정하는 아오이에게 마빈은 분노하며 "너 자신을 속이지 마!"라고 외친다.

1990년 봄, 준세이와 아오이의 러브스토리

카메라는 그들이 첫 만남 직후, 차츰 사랑을 키워나가던 9년 전의 과거, 즉 1990년 봄의 도쿄로 이동한다. 당시 19살의 청춘남녀인 아오이와 준세이의 러브스토리는 싱그럽고 풋풋하다. 같은 대학에 다니고 있던 그들의 첫 번째 만남, 첫 번째 데이트 장소, 첫 키스 등 첫사랑의 아련한 추억들이 아름다운 음악과 함께 이어지며 두 사람의 사랑이 영원할 것 같은 상상을 하게 된다. 여기서 주목할 부분은 준세이와 아오이가 과거 연인이었던 시절을 회상할 때마다 계절은 항상 '봄'으로 설정된다는 사실이다. 무엇보다 '봄'은 관람객에게 두 연인이 했던 약속을 돌이키게 하는 반복적인 매개체로 기능한다. 이런 이유로 우리는 영상 속에서 주기적으로 봄이 나올 때마다 영화의 오프닝에서 준세이와 아오이가 했던 약속 장면을 연상하게 된다. 이렇게 준세이의 편지와 아오이의 기억 장면이 서로 병치되면서 두 사람의 기억이 하나의 접점을 형상화하고 있는 것이다. 따라서 영화 속에 삽입된 1990년 봄 도쿄에서의 첫사랑 이야기는 준세이의 회상이자 동시에 아오이의 회상이기도 한 셈이다.

준세이와 아오이의 회상 속에서 가장 아름다운 순간으로 기억되고 있는 장면은 첫 키스 장면이었던 것은 명확해 보인다. 연인이 된 두 사람은 대학 기념 강당 옆에서 자주 만났다. 그런데 두 사람이 자주 만난 그곳에는 항상 똑같은 곡을 연주하면서도 항상 똑같은 부분에서 틀리는 아마추어 첼리스트가 있었다. 두 사람은 첼리스트의 연주가 한창 무르익어 갈 때 서로에 대한 뜨거운 열정을 느끼며 첫 키스를 했다는 사실을 떠올리면서 그리움에 사무친다. "그런데 이 장면에서 놓치지 말아야 할 부분은 화면 속에 나타나는 색의 대비이다. 이 회상 장면 속에 등장하는 아오이와 준세이가 입고 있는 옷의 색상(각각 빨강과 파랑)을 보면, 앞의 그림에서 빨강과 파랑이 무엇을 뜻하는지, 누구를 의미하는지가 분명해진다. 다시 말하면, 1999년 봄 아오이는 새로 사들인 그림을 통해 1990년 봄, 준세이와 첫사랑을 나누던 과거로의 여행을 감행하고 있었고, 그와 동시에 2000년 봄, 준세이와 재회하게 될 '지나간 미래'로의 여행을 준비하고 있었던 것이다"(최용찬 101).

준세이와 메미의 이별

2000년 봄 도쿄, 준세이는 여자친구 메미와의 관계를 정리하고 다시 한번 피렌체로 돌아가 복원사로의 삶을 시작하기로 결심한다. 원작 소설에는 준세이가 메미와 이별하는 대목에서 그녀의 외모에 대해 자세히 묘사하는데, 메미의 육체 역시 예술품에 비유하고 있다. 영화와 구별되게 소설 속의 메미는 혼혈

제8장. <냉정과 열정 사이>: 피렌체의 장소성과 두 연인의 애틋한 러브스토리

출신의 이국적인 외모를 가지고 있음을 알 수 있다.

> "내가 물었지만 메미는 대답하지 않았다. 입술을 앞으로 쑥 내밀고 눈에는 결의에 찬 날카로운 빛이 번득이고 있었다. '확실히 해두고 싶어서 왔어.' 그녀는 일어섰다. 나는 문을 열었다. 메미는 아무 말 없이 안으로 들어갔다. 소파 위에는 아오이의 얼굴이 몇 장 흩어져 있었고, 두 사람의 시선은 동시에 그 위에 머물렀다. 메미는 잠시 멈춰선 채, 그 그림들을 내려다보았다. 나는 당황하지도 않고 침착하게 한 장 한 장 집어 들었다. 메미는 작게 한숨을 내쉬더니 창가 의자에 걸터앉았다. 나는 소파에 앉아 그녀의 말을 기다렸다. '헤어져야겠지.' 불쑥 튀어나온 꺼질 듯이 약한 목소리와 함께 코를 훌쩍이는 소리가 울려 퍼졌다. 그녀의 옆얼굴을 바라보았다. 메미의 시선은 할아버지의 『인연의 사슬』이라는 그림에 못박혀 있었다. 이탈리아인과 일본인 사이에서 태어난 그녀의 골격은 나와는 미묘하게 달랐다. 품위 있게 솟은 코가 작고 예쁜 입술 위에 올려져 있다. 전통 불빛을 받아 깊은 곳에서 빛을 발하고 있는 듯한 크고 윤곽이 뚜렷한 눈동자. 동양인과 서양인의 아름다운 육체적 조건을 동시에 물려받은 하나의 예술품처럼 화사한 모습이었다."(츠지 히토나리 180)

아오이와의 이별에 아버지가 추악하게 개입하였다는 사실에 분노한 준세이가 아버지와 몸싸움을 벌인 직후, 준세이에게 또 하나의 충격적인 소식이 전해진다. 그것은 조반나 선생이 권총으로 자살했다는 전언이다. 조반나 선생의 장례식에 참석하고 난 후 얼마 지나지 않아 준세이는 동료 다카하시로부터 한층 더 충격적인 진실을 듣게 된다. 준세이가 복원한 치골리의 그림 「참회하는 막달라 마리아」를 훼손한 장본인이 다름 아닌 조반나 선생이었다는 사실이다. 다카하시는 아마도 준세이의 탁월한 복원 재능을 질투했거나 혹은 준세이를 사랑해서 마지막 자살을 선택했을 것이라는 이야기를 덧붙인다. 원작 소설에서 조반나 선생에 대한 준세이의 회상은 마치 그가 그녀를 '어머니'와 같은 존재라고 간주하였음을 보여준다.

> "밀라노에도 피렌체에도 바다는 없다. 그럼에도 내 귀에는 이탈리아 해안을 때리는 하얀 파도 소리가 들려왔다. 단 한 번, 나는 조반나와 여행한 적이 있었다. 베네치아에서 남쪽으로 세 시간 정도 달리면 Marotta라는 작은 해변이 나온다. 여름이면 수영하러 온 사람들로 붐비는 피서지로, 나는 선생과 작은 방갈로를 빌려 마치 모자처럼 지냈다. 매일 아침 나는 선생과 해안선을 걸었다. 아드리아해는 수평선까지 빛이 새하얗게 부서지는 바다이다. 나에게 있어 선생은 어머니를 대신하는 존재였다. 선생이 뒤를 따라 걸으면서 나는 어머니와 산책하는 듯한 착각에 사로잡히곤 했다. 여행이 끝나는 마지막 날 밤, 나는 본 적도 없는 어머니 꿈을 꾸고 울었다."(츠지 히토나리 198)

이렇게 과거의 충격적인 진실들과 대면하게 된 준세이는 불현듯 복원 작업을 재개하리라고 결심하게 된다. 피렌체로 다시 떠나기 전날 준세이는 병든 할아버지에게 그 이유를 간단히 설명한다. 그는 할아버지에게 복원사란 "죽어 가는걸 되살리고 잃어버린 시간을 되돌리는 유일한 직업"이라고 강조한다.

피렌체로 되돌아온 '복원사' 준세이

영화의 후반부에 준세이는 다시 한번 로도비코 치골리의 그림 복원 작업에 매달리게 된다. 이번에 그가 직접 선택한 그림은 『원죄 없이 잉태한 성모 마리아』(The Immaculate Conception = 무염시태, 성모 마리아가 하느님의 특별한 은총을 입어 원죄에 물듦이 없이 잉태됨을 뜻하는 말)라는 그림이다. 이 그림에는 붉은 색(Rosso) 옷 위에 푸른 색(Blu) 망토를 걸친 성모 마리아의 거룩한 이미지가 담겨 있다. 준세이는 훼손이 너무 심해 모두 다 주저하는 작업이었음에도 불구하고 그 일을 자처했다고 고백한다. 그 이유는 아마 『원죄 없이 잉태한 성모 마리아』의 이미지를 복원하는 과정에서 역시 아오이와의 관계 회복을 열망하는 것이라 해석할 수 있다(그림 5).

이후, 준세이는 1년에 걸쳐 치열하게 치골리의 『원죄 없이 잉태한 성모 마리아』를 복원하며 지나간 시간들을 복원하려는 듯 작업에 몰두한다. 그리고 2001년 5월 25일, 아오이의 30번째 생일날 준세이는 10년 전의 약속을 지키려고 피렌체의 두오모에 오르고, 두 사람은 거짓말처럼 재회하게 된다. "죽어가는 걸 되살리고 잃어버린 시간을 되돌리는 유일한 직업"이 바로 복원사임을 강조한 준세이의 말에서 알 수 있는 것처럼, 관객은 준세이가 복원 작업을 통해 강렬한 예술혼을 불태우려는 것이 아니라 그림 복원 과정을 통해 죽어가는 자신과 아오이와의 사랑의 관계를 회복하려는 새로운 차원의 치유 작업을 시도하려 한다는 사실을 감지하게 된다. "지난 1년 동안 난 치골리의 그림을 통해 내 재생을 시험해 보았다. 난, 부서질 것 같은 마음을 몇 번을 다잡았는지 모른다."

2001년 봄, 준세이와 아오이의 재회

준세이는 치골리의 『원죄 없이 잉태한 성모 마리아』의 복원 작업을 통해 자신의 내면의 상처를 회복하려 열망했고, 그 과정에서 아오이의 임신과 낙태가 곧 '무염시태'(Immaculate Conception)임을 다시 확인한다. 그래서 그는 10년 전 아오이와의 약속을 지키기 위해 묵묵히 두오모 성당 돔 위로 오르게 된다. 중요한 점은 〈냉정과 열정 사이〉의 오프닝에서 명백히 드러나듯이, 10년 뒤 피렌체의 두오모 대성당의 돔 위에 함께 오르자고 제의하는 장본인은 아오이였다는 사실이다. 두오모 대성당 시퀀스에서 준세이와 아오이가 만날 장소로 선정된 이탈리아 도시 피렌체와 두오모 대성당과 상징적 의미를 지닌 돔, 이 모든 것을 르네상스 코드에 담아 재회와 회복과 치유의 로망스 이야기로 탄생시키는 근본 주체는 바로 아오이라는 점을 은유적으로 묘사하고 있다는 것을 놓치지 않고 파악하는 것은 중요하다.

제8장. <냉정과 열정 사이>: 피렌체의 장소성과 두 연인의 애틋한 러브스토리

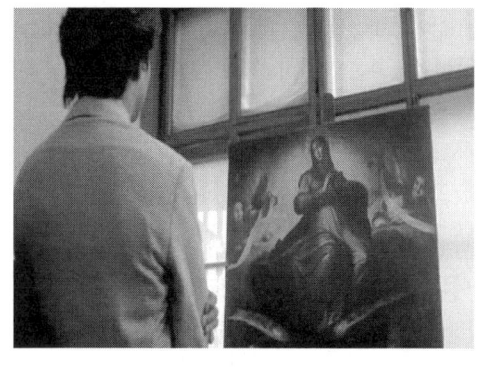
(그림 5)

(그림 6)

    무엇보다 두 사람의 재회 장면이 준세이가 아니라 아오이의 등장에 의해 최종 완성된다는 사실은 주목할 필요가 있다. 1년 전 밀라노에서 아오이는 당시 동거남이었던 마빈으로부터 함께 미국으로 떠나자는 제의를 받은 적이 있다. 만일 그때 아오이가 마빈의 제의를 받아들였다면 준세이와의 재회는 결코 이루어질 수 없는 한낱 꿈에 불과했을 것이다. 두오모 대성당 시퀀스에서 또 하나 주목할 필요가 있는 연출은 두 사람이 재회한 장소가 무엇보다도 하늘의 푸른색과 돔 지붕의 빨간색이 한데 어우러져 감각적인 분위기를 자아낸다는 점이다. "적어도 이 영화 속에서 두 색이 각각 준세이와 아오이를 대표하는 상징색이라고 본다면, 이 같은 두 사람의 극적인 재회 장면은 앞서 언급한 첫 키스 장면과 아오이의 그림 장면과 겹치면서 준세이와 아오이와의 하나 됨을 강조하는 이 로맨스 영화의 백미에 해당한다"(최용찬 102).

    두오모 대성당에서 극적으로 재회한 뒤 다시 지상으로 내려온 준세이는 아오이의 인도에 따라 아르노 강변에서 열리는 야외 음악회 장소로 이동한다(그림 6). 그런데 준세이는 그곳에서 현악 사중주단이 연주하는 곡을 듣고 깜짝 놀라게 된다. 그들이 듣는 음악은 다름 아닌 1990년 봄에 도쿄에서 두 사람이 첫 키스를 나누며 함께 들었던 첼로곡「냉정과 열정 사이」였기 때문이다. 첼로의 중저음이 아름다운 이 곡은 두 사람의 뜨거운 옛사랑을 다시 상기시켜 주는 기억의 매개체로 기능한다. 이 음악을 통해 다시 옛사랑의 온도를 기억해 낸 두 사람은 키스와 육체적 결합을 통해 서로에 대한 열정을 다시 한번 확인하게 된다. 하지만 영화는 해피엔딩을 기대하는 관객들의 기대와는 대조적으로 다음 날 아오이는 다시 밀라노로 떠나고 준세이는 떠나는 그녀를 붙잡지 않는다.

엔딩 시퀀스: '새로운 백년'을 다짐하는 준세이

    아오이를 떠나보내고 피렌체에 혼자 남게 된 준세이는 허전한 마음을 달래기 위해 다음 날 아르노 강변의 야외 음악회 장소를 다시 찾는다. 그런데 그곳에서 준세이는 도쿄 출신의 첼로 연주자와 이야기를 나누면서 감추어진 진실을 알게 된다. 어제 우연히 듣게 된 첼로곡이 사실은 1년 전 밀라노에서 만난

아오이가 이날을 위해 특별히 주문한 공연이었다는 것이다. 적어도 1년 전부터 아오이는 준세이와의 재회의 순간을 손꼽아 기다리며 이후의 모든 일정을 치밀하게 준비해 놓고 그대로 실행에 옮겼던 것이다. 자신에 대한 아오이의 마음을 깨닫는 순간, 준세이는 특급열차에 올라타고 밀라노로 직행한다.

"나는 아직 아무런 시도도 하지 않았다. 아무런 노력도 해보지 않고 그녀를 그녀의 현재로 돌려보내서는 안 된다. 몇 년을 다시 얼어붙게 해서는 안 된다. 역이 가까워지면서 어느새 나는 달리고 있었다. 과거로 돌릴 수는 없다고 외치면서. 역 구내에 걸친 커다란 시간표를 올려다본다. 가장 빠른 열차는 18시 19분발 국제 특급이다. 그걸 타고 밀라노에 도착하면 21시 정각. 아오이가 탄 국내 특급보다 십오 분 빨리 도착할 수 있다…. 확실한 건 하나도 없다. 모르니까 이렇게 달리는 것이다. 단지, 다시 한번 만나고 싶다. 어쨌든 다시 한번 그녀의 눈동자 속에서 나를 찾아보고 싶다. 개찰구를 뚫고 들어서자, 국제 특급이 나를 기다리고 있었다. 저녁 햇살을 받아 강철의 차체는 둔탁한 빛을 발하고 있었다. 유럽 횡단철도의 웅장한 모습을 뽐내고 있었다. 나는 레일 앞쪽을 바라보았다. 이 열차가 나를 데리고 가는 그곳에서 조용히 나를 기다리고 있을 새로운 백 년을 살아갈 것을 맹세하면서. '새로운 백년.' 크게 심호흡을 하고 유럽 국제 특급의 트랩에 오른발을 올렸다."(츠지 히토나리 240-41)

훌륭한 연출에도 불구하고 이중의 서사구조(double narrative structure)로 구성된 원작 소설과 구별되게 영화 〈냉정과 열정 사이〉는 준세이 중심의 시각으로 재현되고 있는 한계를 지닌다. 그럼에도 불구하고 이 영화가 현재까지 수작으로 평가받는 것은 중세 분위기가 물씬 풍기는 르네상스의 발원지인 피렌체를 배경으로 한 치골리의 그림들뿐 아니라 영화 전체에 흐르는 주제곡 「더 홀 나인 야드」와 더불어 서정적인 분위기를 자아내는 엔야의 시적이고 환상적인 음악 때문이 아닐까?

제8장. <냉정과 열정 사이>: 피렌체의 장소성과 두 연인의 애틋한 러브스토리

그룹 액티비티 및 에세이 주제

1. 영화 <냉정과 열정 사이>는 일본 작가 츠지 히토나리와 에쿠니 가오리가 발표한 동명의 소설을 나카에 이사무 감독이 서정적으로 연출한 작품이다. 피렌체를 배경으로 한 다른 영화들과 구별되는 <냉정과 열정 사이>가 지닌 독창성이 무엇인지를 기술해 보자.

2. 소설 『냉정과 열정 사이』의 일부분을 읽고 소설과 영화의 공통점 및 차이점에 대해 살펴보자. 영화 속에서 원작 소설의 시공간 및 어떤 부분이 강조 혹은 축소되었지 토의해 보자.

3. 1990년 봄, 대학에서 처음으로 만나 연인이 된 아오이와 준세이는 오해로 인해 안타깝게 헤어져 각자의 삶을 살게 된다. 영화 제목인 냉정과 열정이 두 남녀 주인공 준세이와 아오이의 사랑 속에서 어떻게 전개되는지에 대해 토의해 보자.

4. <냉정과 열정 사이>에서 가장 인상적인 장면은 무엇이고 그렇게 생각한 이유를 적어보자.

5. <냉정과 열정 사이> OST에는 주제곡 「더 홀 나인 야드」("The Whole Nine Yards")를 포함하여 아일랜드 출신의 뮤지션 엔야(Enya)의 노래와 음악이 십입되어 영화의 전체 분위기와 품격을 한층 높여준다. <냉정과 열정 사이>에 삽입된 음악과 노래가 영상과 결합하여 어떤 분위기를 창출하는지 토의해 보자.

6. <냉정과 열정 사이>에서 르네상스 분위기가 물씬 풍기는 피렌체의 도시 풍경과 스튜디오 및 그림들은 이탈리아 문화예술의 진수를 보여준다. 특히, 준세이와 아오이의 관계를 비유하는 메타포가 되는 이탈리아 화가 로도비코 치골리의 그림들에 대해 토의해 보자.

제 9 장

<악마는 프라다를 입는다>
: 대중소비문화와 '칙릿' 장르의 상호매체성

2006년 상영된 영화 〈악마는 프라다를 입는다〉(*The Devil Wears Prada*)는 대학을 갓 졸업하고 패션 잡지사에 취업한 시골 출신 사회 초년생의 고군분투기를 중심으로 패션 세계를 유쾌하게 풍자한 작품이다. 〈악마는 프라다를 입는다〉는 로렌 와이스버거(Lauren Weisberger)가 2003년에 발표한 동명의 베스트셀러 소설을 영화화한 코믹 드라마로 작가의 실제 체험에 근거하고 있어 더욱 화제가 되었다. 실제로 로렌 와이스버거는 패션 잡지 『보그』(*Vogue*)지의 편집장인 안나 윈투어(Anna Wintour)의 개인 조수로 일했던 경험 덕분에 현장감 넘치는 원작을 완성할 수 있었다고 말한다. 미국의 명문 코넬 대학교에서 영문학을 전공한 와이스버거는 뉴욕에서 1999년 말부터 일 년 동안 안나 윈투어의 조수로 일했던 경험에 발칙한 상상력을 뒤섞어 2003년 첫 소설 『악마는 프라다를 입는다』를 발표했다. 톡톡 튀고 위트 넘치는 이 소설은 무려 6개월 동안 〈뉴욕 타임스〉 베스트셀러에 올랐다.

〈악마는 프라다를 입는다〉는 국내외에서 큰 인기를 끌었던 미국 드라마 〈섹스 앤 시티〉(*Sex And The City*)의 감독으로 알려진 데이빗 프랭켈(David Frankel)이 연출을 맡았다. 영화의 출연진으로는 명배우 메릴 스트립(Meryl Streep)이 제목 그대로 악마 같은 편집장 미란다(Miranda) 역을 맡아 명연기를 펼쳐 제64회 골든 글로브 시상식에서 뮤지컬·코미디 부문 여우주연상을 수상하였다. 또한 앤 해서웨이(Anne Hathaway)는 주인공 앤드리아(Andrea,=앤디) 역을 맡아 열연했다. 〈악마는 프라다를 입는다〉가 관람객들의 마음을 사로잡은 가장 큰 성공 요인은 전 세계 여성들이 동경하는 메이크오버(makeover)를 위한 본보기로 세계적인 하이엔드(high-end, 최고 품질, 최고 성능, 혹은 최신의 사양을 갖춘 물건을 의미함) 레벨의 명품 패션 브랜드가 뿜어내는 시크하면서도 스타일리시한 이미지들이라 할 수 있다. 대개 전 세계 많은 사람들이 알고 있으며 동경하는 명품 패션 브랜드 중에서는 에르메스, 프라다, 샤넬, 크리스찬 디올, 루이비통, 펜디, 구찌, 보테가 베네타 등이 하이엔드 레벨의 명품으로 간주되고 있다.

〈악마는 프라다를 입는다〉에서 단적으로 입증되고 있듯이 영화에서 의상은 장식을 하는 액세서리가 아닌 시각언어의 한 요소로서 시대적인 배경, 자연현상, 계절감, 지방색 등을 나타내고 극중 인물의 성격, 개성, 용모, 기호, 기질, 의도까지도 해석하는 중요한 표현적인 의미를 갖고 있다. 다시 말해 "영화 의상의 역할은 단순히 장식적인 효과만 있는 게 아니고 영화 전체 스토리를 이끌어가는 중요한 요소로서 큰 몫을 가지고 있으며 등장인물의 심리적 기능을 표현하여 예술적 가치를 높이고 시대적, 문화적 상황을 고증하는 역할 또한 가지고 있다. 또한 영화 전체 맥락의 조화와 배우의 이미지를 관객들에게 통일성 있게 전달하고 이해시킨다는 점에서 영화 의상의 의미가 크다. 이렇듯 영화에서의 의상은 장식을 위한 액세서리가 아닌, 영화의 스토리를 이끌어 가는 중요한 형태 요소 중 하나라고 할 수 있다"(설해화 8)[1].

이탈리아 명품 브랜드 '프라다'의 역사와 현재

명품은 '우수한 제품이나 작품'을 의미하며 실제로 라틴어 룩수스(Luxus)에서 파생된 룩수리아(Luxuria)에서 유래했다. 이 말은 극단적인 사치 또는 부패를 의미하기도 한다. 명품이 사용되는 측면을

---

[1] 설해화. 『영화의상의 기호학적 분석-영화 <악마는 프라다를 입는다>와 <코코 샤넬>을 중심으로-』. 건국대학교 대학원 석사논문. 2012.

제9장. <악마는 프라다를 입는다>: 대중소비문화와 '칙릿' 장르의 상호매체성

보더라도 명품은 상류층의 허영심을 충족시켜 줄 수 있는 가장 파워풀한 일상품이다. 최근 몇 년 동안 명품은 일반적으로 가장 비싼 제품뿐만 아니라 모든 제품에서 최고의 품질을 가진 제품을 나타내기 위해 사용되었다. 고품질 소재와 절제된 디자인, 세월에 상관없이 고수되는 양질의 제작 공정과 소량 생산의 원칙이야말로 모든 명품 브랜드의 산물이다. 또한 1980년대부터 과시적인 소비 경향이 뚜렷이 나타나기 시작하며 명품 브랜드는 전 세계적으로 큰 성장을 이루었다. 세계적인 명품 브랜드는 가격과 타겟층을 낮추고 '세컨드 브랜드'를 개발했다. 나아가 스포츠 제품 라인을 출시하고 스타나 일류 모델을 이용한 홍보 전략을 통해 더 많은 고객을 확보하기 시작한다.

프라다는 이탈리아의 명품 브랜드이며 가방, 가죽 액세서리, 의류 그리고 신발 등 상품을 생산하고 판매한다. 프라다의 브랜드 이름은 창업자 마리오 프라다(Mario Prada)의 이름에서 유래했다. 설립자 마리오 프라다의 이름에서 유래한 프라다는 1913년 이탈리아 밀라노에 오픈한 가죽제품 전문매장인 '프라텔리 프라다'(Fratelli Prada)에서 시작되었다. 초기 프라다는 가죽 제품과 영국에서 수입한 핸드백, 트렁크 가방을 판매했다. 당시는 하나의 브랜드라기보다는 상점에 가까운 형태였다.

프라다는 1919년에 이탈리아 사보이 왕실(Royal House of Savoy)의 공식 공급 업체로 선정되었고, 마리오 프라다의 손녀 미우치아 프라다(Miuccia Prada)가 1977년에 프라다를 이어받았다. 프라다는 포코노 나일론(Pocono Nylon)이라는 혁신적인 소재를 사용해 새로운 스타일의 패션을 선보이고 세계적인 명품 브랜드에 이름을 올렸다. 이후 패션 디자이너 마리오 프라다는 유럽과 미국 전역을 여행하면서 패션 감각을 넓히고 이탈리아의 모조 다이아몬드와 거북이 껍질과 같은 진귀한 재료를 이탈리아에 들여와 패션 상품에 사용했다.

"프라다는 브랜드의 인지도가 높아지고 있는 점에 따라 1993년에 세컨드 브랜드(Second Brand, 오리지널 디자이너 브랜드의 대중적인 라인)를 설립했다. 이 세컨드 브랜드인 '미우미우'(Miu Miu)는 1993년에 10~20대 여성들을 겨냥한 브랜드로서 출시되었다. 이 브랜드 이름은 미우치아 프라다의 애칭을 사용한 것이다. 1995년 프라다는 젊은 남성을 위한 '프라다 워모'(Prada Uomo)를 출시했고, 또는 1997년에는 언더웨어라인 '프라다 인티모'(Prada Intimo)와 스포츠라인 '프라다 스포츠'(Prada Sports)를 출시했다. 프라다는 1998년 프라다 스포츠 쇼에서 최초로 밑창이 고무로 된 남성 운동화 스니커즈를 착용했다"(이카이준 14)[2].

프라다의 오너 미우치아 프라다

흔히 '프라다 부인'(Mrs. Prada)이라고 불리는 미우치아 프라다는 선구적인 패션 디자이너이자 여성 사업가, 큐레이터, 영화 제작자, 그리고 궁극적으로 혁명가이다. 멕시코 출신의 예술가이자 그래픽 디자이너인 휴고 마린(Hugo Huerta Marin)이 2021년 출간한 『예술가의 초상』(*Portrait of an Artist*)이라는 책

---

[2] 이카이준. 『명품 브랜드의 아이덴티티와 마케팅 전략의 기호학적 분석-Prada와 MiuMiu를 중심으로-』. 건국대학교 대학원 석사논문. 2019.

에서 미우치아 프라다는 다음과 같이 그녀의 패션 철학에 대해 이야기한다.

Hugo: 당신은 패션계에서 기득권층에 반대하는 입장인 것 같은데요. 자신의 작품에 저항 의식이 들어 있다고 생각하시나요?

Miuccia: 네. 제가 저항이라는 단어를 아주 좋아한답니다. 의미가 아주 복잡하죠. 제가 예술가들과 생각을 주고받는 이유는 저항 의식을 전해주기 때문이에요.

Hugo: 문화의 관점에서도 패션은 참 흥미로운 것 같습니다. 어떤 나라에서는 디자이너들의 옷을 디자인하는 데 제약이 따르잖아요. 어떤 나라에서는 다리를 노출하면 안 되고 중국은 사이즈가 더 작고 동유럽은 더 크고 미국에서 유두를 드러내면 안 되고 등등.

Miuccia: 정치적 올바름은 창의성에 제약이 되지만 흥미롭기도 한데요. 작은 규모의 대상을 위해 디자인을 하면 원하는 대로 할 수 있어요. 하지만 이제는 다양한 관객들이 정말 많아서 그냥 시류를 따라요. 존중심을 보여주는 것과 같아요. 자유를 포기하는 것이라는 시각도 있지만 남들의 의견도 존중해야죠. 작은 문제가 아니지만 흥미롭죠.

Hugo: "패션은 못생긴 것에 문을 열지 않았다"라고 말한 적이 있는데 그동안 바뀌었을까요? 요즘 패션계에 괴상하고 특이한 것들이 많이 보이는데요.

Miuccia: 제가 처음 디자인을 시작했을 때만 해도 못생긴 것이 금기시되었어요. 전 그게 잘못되었다고 생각했죠. 영화나 미술, 연극 같은 것에는 끔찍하고 못생긴 게 많이 나오잖아요. 또 그런 것이 가장 흥미로운 부분이기도 하고요. 그런데 패션은 어때요? 오직

제9장. <악마는 프라다를 입는다>: 대중소비문화와 '칙릿' 장르의 상호매체성

아름다움, 부르주아, 완벽함만 추구하잖아요. 물론 저도 패션 디자이너로서 아름다운 게 좋지만 법칙을 깨고 '진짜 삶'을 패션에 넣고 싶었어요. 아직 완수하지 못한 과제예요. 패션은 여전히 클래식한 아름다움만 노출하고 있으니까. 아름다움의 의미가 정확히 무엇인가? 아름다움이라는 콘셉트를 초월하는 이 탐구가 저에게는 아주 자연스러운 일이었죠.

Hugo: 프라다의 문화적 인식은 패션 분야를 넘어서는데요.

Miuccia: 저도 그렇다고 봐요. 프라다가 시대의 흐름에 뒤처지지 않는 건 여러 가지 덕분이라고 생각해요. 제 아이디어는 정치적이에요. 문화, 이해, 평등 등 무언가를 옹호하려고 투쟁한다는 뜻이죠. 제가 가진 매개체가 패션이고 폰다지오네(Fondazione Prada, 2015년에 개관한 미술관을 의미함)도 있어요. 제가 폰다지오네를 만든 건 패션만으로는 충분한 매체가 아니라서였어요. 저는 예전에 패션 디자이너가 최악이라고 생각했고 오랫동안 부끄러웠어요. 하지만 나중에는 패션이 제가 가진 수단이라고 생각하기로 하고 회사를 통해 제 신념을 연습했죠. 우리는 문화, 건축, 영화 등 항상 확장하려고 노력합니다. 항상 움직이고 더 많은 실체를 제공하고 더 많은 생각할 거리를 제공하려고 하죠. 예를 들어 미우미우의 <여자들의 이야기>(*Women's Tales*)가 있어요. 여성 감독들에게 여성성과 허영심에 관한 생각을 보여주는 작품을 만드는 플랫폼을 제공하는 거예요. 그런 주제들에 관한 대화가 이루어지는 장소죠. 저는 전반적으로 아름다운 걸 좋아하고 예술과 건축, 디자인 등의 미학에 관심이 많지만 아이디어에 더 관심이 많아요.(휴고 마린 72-76)[3]

'칙릿' 장르의 상호매체성

'칙릿'(chick lit)이란 젊은 여성을 뜻하는 'chick'과 문학을 뜻하는 'literature'의 합성어로 대개 장르문학의 한 종류로 정의된다. 말하자면 젊은 현대 여성을 겨냥한 영·미권 장르 소설을 지칭하는 신조어인 '칙릿'은 21세기에 들어 '포스트 페미니즘 소설'(Post-feminism Fiction)이라 명명되면서, 소비, 욕망, 섹슈얼리티 등에서 과거와 명백히 구별되는 현대 여성들의 모습을 보여주고 있다.

18세기 영국 작가 새뮤얼 리처드슨(Samuel Richardson, 1689~1761)의 『파멜라』(*Pamela; Or, Virtue Rewarded*)는 '서구 근대 소설의 효시'이자 '칙릿'의 효시로 평가받고 있다. 이는 "리처드슨의 『파멜라』에서 칙릿의 근원을 찾을 수 있으며, 비록 칙릿이라는 명칭이 새로울 뿐 장르의 실질적 기원은 『파멜라』와 『클라리사』(*Clarissa*)와 같은 발생기 소설로 거슬러 올라간다"(143)라는 존슨(Joanna Johnson)의 주장에서 그 근거를 찾을 수 있다. 무엇보다 1740년에 출간된 『파멜라』는 편지의 형식을 빌리는 '서간체 소설'(epistolary novel, 편지 형식으로 이야기를 전개해가는 소설로 18세기에 영국과 유럽에서 유행했음)로 이루어져 있다.

---

[3] 휴고 마린. 『예술가의 초상』. 정지현 옮김. 서울: 앤의서재. 2021.

스크린을 횡단하는 글로벌 문화

최초의 서간체 소설로 평가받고 있는 『파멜라』는 프랑스 작가 쇼데를로 드 라클로(Pierre Choderlos de Laclos, 1741~1803)가 1872년에 발표한 『위험한 관계』(Les Liaisons dangereuses), 독일이 자랑하는 대문호 괴테(Johann Wolfgang von Goethe, 1749~1832)가 1784년에 발표한 소설 『젊은 베르테르의 슬픔』(Die Leiden des jungen Werthers)과 함께 대표적 서간체 소설로 꼽힌다. 부제가 〈보상받은 미덕〉인 『파멜라』는 한 하녀가 주인의 수차례에 걸친 유혹을 물리치고 끝내 승리한다는 스토리를 펼쳐낸다.

서간체 소설은 소설의 초기 형식 중 하나이며 19세기까지 지속적으로 발전하여 매우 대중적인 소설 형식의 하나로 자리매김했다. 더욱이 서간체 소설은 주관적 관점에 의거한다는 면에서 현대 심리소설의 전조가 되고 있다는 사실은 중요하다. 편지 형식으로 된 소설의 장점은 인물의 생각과 감정을 작가의 개입 없이 상세하게 제시한다는 점과 연이어 일어날 사건들의 윤곽을 극적인 직접성을 가지고 전달한다는 점이다. 또한 여러 가지 관점에서 사건을 제시함으로써 줄거리에 입체감과 진실성을 부여하기도 한다. 19세기 이후로 편지에 일기와 이야기를 결합시킨 소설이 여전히 흔하기는 했지만 서간체 형식은 인기가 떨어지기 시작했다.

1990년대 중반 이후 영·미권을 중심으로 현대 여성의 이야기를 새롭게 쓰려는 시도는 문학계에서 '칙릿'이란 새로운 장르를 잉태하였다. 가정이라는 사적 영역에서 벗어나 사회라는 공적 영역으로 진출한 이야기를 중심으로 사랑이나 섹슈얼리티와 같은 지극히 사적 영역뿐만 아니라 커리어, 쇼핑, 여행, 음식문화를 소재로 다룬 현대 여성들만의 이야기가 적나라하게 담겨있는 것이 특징이다. "칙릿 속의 전형적인 여주인공은 20대 중후반에서 30대 초반에 이르는 싱글이고, 대도시에 거주하며, 대부분 패션이나 홍보, 광고와 같은 직종에 종사하는 것으로 설정되어 있다. 이는 소위 쿨한 싱글 여성의 도시적 삶의 코드를 전면에 부각시키는 기능을 담당하게 된다"(이정연 25)[4]. 로렌 와이스버거의 소설 『악마는 프라다를 입는다』 이전에 대중들에게 가장 잘 알려진 '칙릿' 소설로는 헬렌 필딩(Helen Fielding)과 소피 킨셀라(Sophie Kinsella)가 각각 1996년과 2000년에 발표한 소설 『브리짓 존스의 일기』(Bridget Jones's Diary), 『쇼퍼홀릭』(The Secret Dreamworld of a Shopaholic)이 있다.

특히 『브리짓 존스의 일기』는 30대 독신 여성 주인공 브리짓의 1년 동안의 일기를 통해 브리짓 세대의 독신 여성들이 겪는 하루하루의 일상, 내면의 고민, 그리고 주위의 편견 어린 시선들을 독특한 유머로 유쾌하게 풀어낸다. 그리고 친밀하고 솔직하면서도 거친 말투를 사용하고, 다이어트에 도전하여 몸매를 가꾸려고 노력하는 그들의 모습이 돋보인다. 이런 점에서 항상 아름다운 사랑을 기다리는 예쁘고 수동적인 여성이 주인공으로 등장하는 로맨스 소설의 관습적인 공식을 깨트렸다고 평가받았다. 즉 친밀하고 솔직하면

---

[4] 이정연. 『부상하는 소비대중문화 현상으로서의 '한국형 칙릿(Chick-Lit)'의 등장과 새로운 여성주체의 가능성』. 경희대학교 대학원 석사논문, 2009.

제9장. <악마는 프라다를 입는다>: 대중소비문화와 '칙릿' 장르의 상호매체성

서도 거친 말투를 사용하고, 다이어트에 도전하여 몸매를 가꾸려고 노력한다. 또한 음주와 흡연을 즐기면서도 끊으려 노력하고 실수투성이지만 열심히 직장생활을 하는 여주인공 브리짓을 등장시킴으로써 많은 여성들의 환호와 사랑을 받았다.

국내에서는 정이현 작가가 2006년에 발표한 소설 『달콤한 나의 도시』가 대표적 '한국형 칙릿'으로 간주된다. 국내외에서 폭발적인 인기를 끌었던 대표적인 '칙릿' 소설들은 모두 영화화되어 전 세계적으로 흥행에 성공했다. 동명의 칙릿 소설을 영화화한 <브리짓 존스의 일기>, <악마는 프라다를 입는다>, <쇼퍼홀릭>은 그 대표적 예다.

최근에는 영화뿐만 아니라 드라마로도 흥행몰이에 성공함으로써 연이어 새로운 파생어를 만들어내고 있다. 국내에서도 많은 인기를 끌고 있는 미국 드라마 <섹스 앤 더 시티>, <에밀리 파리에 가다>(*Emily in Paris*) 등의 작품으로 인해 '칙릿'에 이어 '칙 플릭'(chick flick: 여자를 뜻하는 chick과 영화를 뜻하는 flick을 붙여 만든 신생어)이 또 하나의 트렌드로 자리 잡고 있다. 정이연 작가의 소설 『달콤한 나의 도시』 역시 2008년 동명의 드라마로 만들어져 큰 인기를 끌었다.

소설에서 영화 <악마는 프라다를 입는다>로

(그림 1)

(그림 2)

<악마는 프라다를 입는다>의 오프닝은 최고의 패션지 『런웨이』(*Runway*)의 편집장 미란다 프리스틀리(Miranda Priestly, 메릴 스트립 분)의 비서로 11개월을 복무한 앤드리아 삭스(Andrea Sachs, 앤 해서웨이 분)의 1인칭 시점 서사(narrative)로 진행된다. 저널리스트가 되기를 열망한 앤드리아(=앤디)는 취업과 경력을 위해 최고의 패션 잡지사 『런웨이』에서 딱 1년만 버텨보자는 결심을 하고 입사하게 된다. 하지만 세계적 명품 브랜드의 스펠링도 몰랐던 그녀가 세계 최고 패션 매거진 편집장 미란다의 개인비서로 출발하기는 매우 힘들다. 영화의 오프닝은 앤디가 인터뷰를 위해서 옷을 차려입는 장면으로 시작한다. 빠른 몽타주 숏을 통해 립스틱 칠하는 모습, 속옷과 스타킹을 착용하는 모습, 액세서리와 핸드백, 신발을 신는 모습을 보여준다. 더욱이 인터뷰를 위해 뉴욕에 위치한 『런웨이』사로 가고 있는 풋풋한 스타일의 사회초년생 앤디와 대조되는 화려하고 세련된 스타일의 다른 커리어 우먼들이 출근 준비를 하는 모습을 교차하

여 보여준다(그림 1).

 오프닝 시퀀스는 "앤디의 라이프 스타일과 그녀가 이제 거주하게 될 세계의 이분법적 대립"(Ashley York 15)을 강조한다. 다른 커리어 우먼들은 명품 가방과 슈즈를 신고 승용차 혹은 택시를 타고 출근을 하지만 평범하고 두꺼운 코트를 입은 앤디는 어니언 베이글 샌드위치를 먹으며 지하철로 출근을 한다(그림 2). 뉴욕에서 바쁜 일상을 시작하는 여러 커리어 우먼들의 모습을 보여주는 오프닝에서부터 카메라는 공통적으로 신발에서부터 위로 훑고 올라가는 숏(shot)으로 담아낸다. 이 장면에서 흘러나오는 스코틀랜드 출신의 싱어송라이터 케이티 턴스톨(KT Tunstall)이 부른 「갑자기 난 알았어요」("Suddenly I See")라는 노래는 꽤 인상적이다. 자동차에서 내리는 여러 커리어 우먼들의 모습도 다양한 브랜드의 신발을 보여준 후 위로 올라가 그녀들의 스타일리시한 패션 스타일을 부각시킨다.

  그녀의 얼굴은 마치 세계의 지도 같아요, 세계의 지도
  그녀가 얼마나 예쁜지 당신도 보면 알게 될 거에요
  그녀는 주변 모든 것을 은빛으로 물들이죠
  그녀 주변 사람들은 그걸 느낄 거에요
  그것은 당신을 편안하게 해주죠
  그녀 당신을 사로잡아 버릴 테니까

  (Repeat)
  갑자기 난 알았어요, 이게 내가 되고 싶었던 것이라는 걸.
  갑자기 난 알았어요, 이 일이 얼마나 내게 큰 의미가 되는지를.
  이게 내가 되고 싶었던 거예요.
  갑자기 난 알았어요, 이 일이 얼마나 내게 큰 의미가 되는지를.

  난 세계를 걸어 다니는 듯한 기분이에요, 세계를요.
  그녀가 아름답다는 이야길 들을 거예요. 아름답다는.
  출판의 세계에서 태어난 것처럼 그녀는 모든 구석들을 채우죠
  당신이 들은 걸 기억하려 할 때, 당신의 마음을 따뜻하게 만들어주죠
  당신이 자기 말을 기억하려는 걸 그녀는 좋아해요.

  (Repeat)
  갑자기 난 알았어요, 이게 내가 되고 싶었던 것이라는 걸.
  갑자기 난 알았어요, 이 일이 얼마나 내게 큰 의미가 되는지를.
  이게 내가 되고 싶었던 거예요.
  갑자기 난 알았어요, 이 일이 얼마나 내게 큰 의미가 되는지를.

제9장. <악마는 프라다를 입는다>: 대중소비문화와 '칙릿' 장르의 상호매체성

> 그녀는 보통 사람보다 더 크죠, 그리고 그녀는 날 보고 있어요.
> 잡지의 페이지로부터 바라보는 그녀의 눈을 내가 볼 수 있어요.
> 그녀는 내가 탑처럼 느끼게 만들어줘요, 크고 강한 탑 말이에요.
>
> 자기 자신일 힘을
> 남에게 줄 수 있는 힘을
> 볼 수 있는 힘을
> 그녀는 자기 자신일 힘을 가지고 있어요.
> 남에게 줄 수 있는 힘도
> 볼 수 있는 힘도 말이에요.

<악마는 프라다를 입는다>는 촌스러운 여자/스타일리시한 여자의 이분법이 존재하는 세계를 보여준다. 앤디는 스스로 지적인 여성이라고 생각하고 자신은 이 패션 잡지회사에 잠시 머무를 뿐이며 이곳에서의 일은 더 중요한 저널리스트로서의 경력을 쌓기 위한 발판일 뿐이라고 스스로를 위안한다. 이런 연유로 첫 인터뷰에서 미란다의 못마땅한 시선을 대하자 앤디는 자신은 날씬하지도 글래머도 아니며 패션에 대해서도 모르니 이곳에 맞지 않는 것 같다고 말하며 돌아선다. "이처럼 패션계에서 일하는 사람들과 패션 산업을 은근히 무시하는 그녀의 태도는 미란다의 밑에서 일하게 되면서 호된 각성의 경험으로 연결되고 그녀는 의상을 비롯한 외모의 변화와 함께 내적인 성장도 달성하게 된다"(이형식 583)[5].

앤디의 시련과 메이크오버를 통한 변신

데이빗 프랑켈 감독은 오프닝에서부터 주인공 앤디와 대조적으로 패션계에 종사하는 유니크한 스타일의 여성들이 풍기는 강렬한 존재감에 포커스를 둔다. 『런웨이』사에 도착한 직후 앤디가 처음 마주하는 사람들은 전문직에 종사하는 차갑고 도도한 분위기를 풍기는 거리의 우먼들이다. 이것은 우선 미란다의 수석 비서 에밀리(Emily, 에밀리 블런트 분)를 통해 뚜렷이 드러난다. 앤디가 처음 도착하는 날부터 의혹과 질시의 눈빛으로 그녀를 바라보는 미란다의 수석 비서 에밀리는 "너는 커피와 잔심부름"을 하고 자신은 스케줄 관리 등 중요한 일을 한다고 말한다. 책상을 절대로 떠나면 안 되며 점심시간도 15분이라고 제한하는 등 에밀리의 괴롭힘이 은밀하게 지속된다.

미국을 대표하는 시사 주간지 『뉴요커』(The New Yorker)지의 저널리스트를 꿈꾸는 앤디는 『런웨이』사의 편집장이 얼마나 패션계에서 유명한 사람인지 전혀 몰랐다. 그녀는 뉴욕에서 성공하기 위해 반드시 거쳐야 하는 경력을 쌓기 위해 이곳에 당당하게 면접을 보러 온 것이다. 하지만 면접 날부터 앤디는 온갖 냉대와 무시를 받는다. 『런웨이』사의 커리어 우먼들에게 앤디의 스타일은 촌스럽기 그지없어 보였다. 이

---

[5] 이형식. 「포스트페미니즘 영화에 나타난 여성의 몸: 대상에서 주체로」. 『문학과 영상』 13.3 (2012): 569-94.

때문에 그녀들은 앤디를 무시하고 놀린다. 입사 후에도 앤디는 계속 무시를 받는다. 패션에 대해서는 무지했던 그녀가 패션계의 살아 있는 전설 미란다 밑에서 일을 시작한다는 것은 정말 아이러니한 상황이다.

프라다를 즐겨 입는 직장 상사로서 미란다는 괴팍하고 안하무인격의 태도를 일삼는 중년 여성이다. 말하자면 앤디에게 있어 미란다는 악마와 같은 존재였다. 출근 첫날부터 긴급 비상사태로 새벽부터 불려가는 것은 물론 거의 매일 새벽을 넘기는 야근의 연속과 더불어 비상사태도 끊임없이 계속된다. 패션은 물론 자기 관리에도 신경을 써야 하는 결코 쉽지만은 않은 현실이었지만 앤디는『뉴요커』지의 기자가 되려는 야심을 지니고『런웨이』에서 1년은 참고 버티기로 결심한다. 사실 패션계에서 일하는 사람들과 패션 산업을 은근히 무시했던 앤디의 태도는 미란다 밑에서 일하게 되면서 자기 성찰의 과정으로 나아가고 그녀는 의상을 비롯한 스타일의 메이크오버(makeover, 메이크오버는 무언가를 변화시킨다는 것을 의미함)와 함께 내적인 성장도 달성하게 된다.

"미란다의 비서로 일하게 된 첫날부터 앤디의 일상은 미란다의 냉혹한 시선으로부터 인정을 받기 위한 노력으로 이어진다. 푸른색 스웨터-"할머니 스타일"-와 스커트, 그리고 검은색 스타킹과 평범한 구두로 이루어진 앤디의 첫날 복장은 미란다의 아래위를 훑어보는 시선 앞에 여지없이 노출되며 언어로 내려진 아무런 평가가 없어도 앤디는 그것이 잘못되었다는 것을 안다. 자리로 돌아온 앤디는 황급히 힐로 갈아 신는다"(이형식 583-84).

(그림 3)

(그림 4)

이제 앤디는 차갑고 깐깐한 성격의 미란다 밑에서 매일 가혹한 시련을 당할 운명에 처한다(그림 3). 로렌 와이스버그의 소설『악마는 프라다를 입는다』에서 자수성가한 유대인 출신의 인물로서 미란다는 다음과 같이 묘사되어 있다.

『시크』지에 입사한 스물네 살 때 이후로 그녀는 가족과 완전히 단절되었고, 미리엄 프린체크라는 이름도 미란다 프리스틀리로 바꾸었다. 어느 민족 출신인지 두드러지는 이름을 버리고 좀 더 당당한 이름으로 바꾼 것이다. 코크니 사투리(Cockney, 런던 동부 변두리의 하층민이 쓰는

제9장. <악마는 프라다를 입는다>: 대중소비문화와 '칙릿' 장르의 상호매체성

말투)와 거친 말투도 세심한 교육을 받은 사람들이 쓰는 교양 있는 말투로 바꾸었다. 이십 대 후반이 되자 촌뜨기 유대인 여자애는 종교색을 찾아볼 수 없는 사교계 인사로 완벽하게 변신했다. 그녀는 잡지계의 상류사회로 빠르게 진입했다. 프랑스『런웨이』를 십 년간 휘두른 뒤, 그녀는 회사 방침에 따라 미국『런웨이』사의 일인자로 등극했다. 더는 바랄 게 없었다. 그녀는 두 딸과 미국에서 명성을 쌓고 싶어 안달이 난 당시 록스타였던 남편을 76번가와 50th 애비뉴가 만나는 곳에 있는 펜트하우스로 이사시켰다. 그리고 런웨이의 새 시대, 즉 프리스틀리 시대를 열었다. 내가 첫 출근한 때는 그녀가 6년이 되어 가던 해였다"(73)[6].

나이젤과의 만남과 앤디의 눈부신 변신

미란다의 비서로 앤디는 많은 잡무를 떠맡아 처리해야 했다. 전화를 받고 차를 타고 커피를 사며 미란다 대신 가게에 들러 물건을 찾아야 했다. 신입사원이기 때문에 시련을 감내하며 많은 일들을 해야 했다. 앤디는『런웨이』사에 취직했지만 옷차림에 신경 쓰지 않았다.『런웨이』사의 커리어 우먼들과 어울리지 않는 그녀의 촌스러운 스타일은 그녀의 숨겨진 아름다움을 잘 보여주지 못한다. 촌스러운 스타일에 대한 미란다의 비판을 받고 앤디는 자신의 스타일을 바꾸려고 시도한다. 그녀의 메이크오버를 결정적으로 도와준 회사 직원은 스타일리스트인 나이젤(Nigel)이다.『런웨이』사의 직원 중 가장 유능한 구성원인 나이젤의 패션 산업에 대한 감각은 매우 날카롭다.

나이젤과 앤디는 구내식당에서 점심을 먹으려다 미란다의 급한 호출로 식사도 하지 못하고 그녀의 사무실로 향한다. 그들이 엘리베이터로 이동하는 동안 '엘리어스 클라크'(Elias-Clarke)사의 회장인 어브 라비츠(Irv Ravitz)를 만난다. 패션계에서 치열한 경쟁 구도와 생존을 위한 암투는 라비츠의 말에서 함축적으로 나타난다. 엘리베이터에서 나이젤로부터 미란다의 새로운 비서 앤디를 소개받은 라비츠는 그녀에게 축하를 전한다. 뒤이어 그는 "그 일을 하기 위해서라면 살인도 마다하지 않을 여자가 백만 명은 될 겁니다"(A million girls would kill for the job)라고 말한다. 앤디의 15분간의 소중한 점심시간은 미란다가 30분 앞당긴 컨셉 회의로 인해 사라졌다. 앤디는 나이젤과 함께 미란다의 컨셉 회의에 참가하여 스타일 준비과정을 관찰한다. 하지만 컨셉 회의에서 앤디는 큰 실수를 저지르게 된다.

미란다는 컨셉 회의에서 옷과 그것에 어울리는 액세서리에 대해 이야기한다. 비슷한 블루 색상의 벨트를 매치시키는 과정에서 미란다는 뭘 골라야 할지에 대해 고민한다. 앤디는 이 모습을 지켜보고 "똑같은 블루인데 왜 고민하지"라는 생각에 웃음을 터뜨린다. 자신의 눈에는 모두 똑같아 보이는데 그런 사소한 것으로 심각하게 회의를 하는 상황이 이해가 되지 않아 앤디는 웃은 것이다. 이것으로 인해 앤디는 미란다에게 일장 훈계를 듣는다. 미란다는 바로 면전에서 "패션에 대해 아무것도 모르고『런웨이』에 들어온 주제에 대단한 지성과 소신이나 갖춘 양, 위대한 디자이너들의 작품을 무시해?"라며 심하게 면박을 준다(그림 4). 패션계에서는 똑같아 보이는 것으로 회의를 하는 사람들이 우스운 것이 아니라 스타일에 대해 전

---

[6] 로렌 와이스버그.『악마는 프라다를 입는다』. 서남희 옮김. 문학동네. 2006.

혀 무지한 그녀 자신이야말로 무시와 조롱의 대상이라는 것을 앤디는 모르고 있었던 것이다.

앤디의 본격적인 메이크오버가 이루어지는 계기는 폭풍우 치는 날 밤의 사건이다. 앤디가 비행기를 구하지 못해 쌍둥이의 공연을 보지 못한 미란다가 얼음처럼 싸늘한 시선으로 앤디를 바라보며 "똑똑하고 뚱뚱한 여자"(smart fat girl)가 뭔가 다를까 해서 뽑았더니 실망이라는 모멸적인 발언이 결정타가 된다. 억울함을 느낀 앤디는 나이젤에게 찾아가 하소연하고 조언을 구한다. 이에 나이젤은 "너는 노력하는 것이 아니라, 징징 짜고 있을 뿐이야. 꿈 깨, 사이즈 6"(You're not trying. You're just whining. Wake up, 6)라고 말하며 패션 비즈니스를 진지하게 대하지 않는 그녀의 태도에 일침을 가한다.

변신을 원하는 앤디의 적극적인 요청에 나이젤은 그녀를 명품 브랜드 샘플이 가득한 옷장으로 데려간다. 그는 샤넬(Chanel)은 물론 돌체앤가바나(Dolce & Gabbana), '지미 추'(Jimmy Choo)와 마놀로 블라닉(Manolo Blahnik) 신발, 낸시 곤잘레스(Nancy Gonzalez) 백, 나르시소 로드리게즈(Narciso Rodriguez)의 의상 등을 건넴으로써 그녀의 성공적인 메이크오버를 완성시켜 준다. 다시 자리로 돌아온 앤디를 에밀리와 직장 동료는 놀람으로 가득한 시선으로 바라본다. 메이크오버를 통해 자신감을 얻은 앤디는 전화를 받는 태도부터 달라진다.

(그림 5)   (그림 6)

이 장면에 이어 카메라는 그녀가 출근하는 모습을 비추면서 지하철과 거리를 거닐 때마다 달라진 패션으로 변신하는 그녀의 모습을 담아낸다(그림 5, 6). 바로 이 장면에서 흘러나오는 노래는 미국의 싱어송라이터 마돈나(Madonna)가 1990년에 발표한 명곡 「보그」("Vogue")다. 가사의 일부를 살펴보면 다음과 같은 내용을 담고 있다.

주변을 둘러봐, 어디서든 가슴이 아파지지
어디를 가든지 말이야 [주변을 둘러봐]
너는 벗어나고자 온갖 수단을 동원해
네가 아는 고통에서 벗어나려고 [고통에서 벗어나려고]
다른 모든 게 실패하면, 너는 오늘날의
네 모습보다 더 나은 모습이 되길 바라지

제9장. <악마는 프라다를 입는다>: 대중소비문화와 '칙릿' 장르의 상호매체성

> 네가 갈 곳을 알고 있어
> 바로 댄스 플로어라고 하지, 여기가 그런 곳이야
>
> 이리 와, 보그 춤을 춰
> 음악에 맞춰 몸을 움직이게 놔둬 [움직이게 놔둬],
> 헤이, 헤이, 헤이
> 이리 와, 보그 춤을 춰
> 음악에 맞춰 몸을 움직이게 놔둬 [움직이게 놔둬],
> 너도 할 수 있잖아

미란다조차도 변신한 앤디의 뒷모습을 다시 바라볼 정도로 그녀의 메이크오버는 성공적이다. 하지만 앤디의 메이크오버는 남자로부터 인정을 받기 위해서가 아니라 그녀의 보스 미란다로부터 인정받기 위해서다. 이제 앤디는 당당한 패셔니스타(fashionista)로 변모했으며 뉴욕의 커리어 우먼으로서 성공의 길을 걷고 있다. 『런웨이』사에서 살아남기 위해 앤디는 다양한 스타일의 메이크오버를 통해 자신만의 고유한 스타일을 찾은 것이다. 무엇보다 그녀가 뉴욕 거리와 건물을 지나가며 회사에 들어서기까지 매 순간 변모되는 시크하면서도 스타일리시한 패션은 관람객들을 매료시킨다.

'메이크오버 장르'는 여성이 주인공인 영화에서 중요한 하나의 서브 장르이다. 고전 뮤지컬 영화 <마이 페어 레이디>(*My Fair Lady*)에서부터 <귀여운 여인>(*Pretty Woman*)에 이르기까지 전통 할리우드 영화에서 숨겨진 원석이었던 여자 주인공은 메이크오버를 통해 천박함을 떨쳐내고 속에 새로운 보석 같은 존재로 재탄생하게 된다. 영화에서 앤디의 변신에 가장 큰 동기부여를 한 인물은 다름 아닌 미란다이다. 그녀의 인정을 받으려고 노력하는 과정에서 앤디는 패션 감각뿐만 아니라 자신의 내면에 감춰진 새로운 면모를 발견하게 된다. 하지만 그녀가 회사에서 성공적인 변신을 통해 인정을 받는 것과 반대로 미란다의 끊임없는 호출과 과도한 사적인 요청으로 인해 앤디와 남자친구 네이트와의 관계는 차츰 균열의 조짐을 보인다.

친구들과의 모임에서 앤디는 그들에게 회사에 들어온 샘플을 나눠준다. 특히 친구 '릴리'(Lily)에게 '마크 제이콥스'(Marc Jacobs) 브랜드의 신제품 가방을 선물하자 그녀는 좋아서 어쩔 줄 몰라 한다. 마크 제이콥스 가방에 황홀해하는 릴리의 모습을 보고 네이트는 비아냥거린다. "도대체 여자들은 왜 그렇게 가방에 목을 매? 그냥 온갖 잡동사니를 쑤셔 넣고 다니면 되는 거 아니야?" 이에 앤디 옆에 앉아있던 '덕'(Doug)이라는 친구는 정색하며 "패션의 가치를 실용성으로 따져선 안 돼. 패션은 개성의 표현이지"라고 자신의 패션 철학을 피력하며 패션에 대해 적극적으로 변호한다. 친구들과의 대화가 무르익는 분위기 속에서 갑자기 미란다로부터 걸려온 전화를 받고 앤디는 친구들과 제대로 이야기도 나누지 못하고 자리를 떠나야 했다.

커리어 우먼으로서 앤디의 능력 발휘

앤디는 점차 패션 감각을 갖춰나가는 것과 맞물려 무리한 미란다의 부탁도 슬기롭게 소화해 나간다. 이제 그녀는 미란다에게 수족같이 없어서는 안 될 존재일 만큼 신임을 얻고 인정을 받고 있다. 그만큼 그녀의 스타일도 개성이 넘치고 시크하다. 반면 그녀의 선배 에밀리는 처음에는 멋진 커리어 우먼의 모습으로 등장하지만 앤디가 신임을 얻은 이후부터 블랙 색상의 어두운 의상과 건강해 보이지 않는 메이크업을 하고 있다. 앤디가 직장에서 인정받는 것에 비례해서 그녀의 스타일은 점점 밝아지고 매력적으로 변모되고 있는 것을 알 수 있다.

영화의 중반부에 앤디에게도 위기의 순간이 찾아온다. 미란다의 집에 심부름을 온 앤디는 실수로 그녀의 사생활을 우연히 엿보게 되었다. 이에 화가 난 미란다는 그녀의 쌍둥이 자녀들을 위해 출간되지도 않은 해리포터 시리즈를 구해올 것을 요구한다. 거의 불가능한 미란다의 요구에 앤디는 처음에는 좌절하지만 슬기롭게 돌파구를 찾아낸다. 포기하려는 찰나 앤디는 패션계 인사들의 파티에서 만난 존경하던 작가 크리스천 톰슨(Christian Thompson)의 도움으로 극적으로 해결할 수 있게 된 것이다. 앤디는 미출간 해리포터 시리즈를 제본까지 해서 미란다의 쌍둥이 자녀들에게 미리 보내고 한 권을 미란다에게 줌으로써 위기 대처능력을 유감없이 보여주었다.

남자친구와의 갈등과 이별

항상 그녀를 수석 비서의 이름인 에밀리로 부르던 미란다는 이제야 그녀를 앤디의 정식 이름인 "앤드리아"로 부른다. 미란다를 보좌하기 위해 에밀리와 함께 파티에 참여했을 때도 앤디는 파티에 초대된 손님들의 사진과 이름을 외웠다. 그래서 에밀리가 잊어버린 대사와 대사 부인의 이름을 미란다에게 알려줌으로써 그녀가 위기 대처능력이 있는 커리어 우먼으로 성장했음을 보여준다.

영화의 후반부에 미란다가 파리 출장에 에밀리 대신 자신을 데리고 갈 것을 통보받은 앤디는 양심의 가책을 느껴 갈등한다. 그녀는 사진 전시회를 여는 친구의 모임에서 자신에게 추근대는 크리스천 톰슨을 만나 가볍게 키스를 받는데, 바로 이 모습을 친구 릴리에게 들킨다. 오해하지 말라는 앤디의 요청에 릴리는 "넌 내가 아는 앤디가 아니야"라며 그녀가 변했다고 말한다. 이어서 만난 남자친구 네이트도 "처음엔 『런웨이』 여자들을 조롱하더니 너도 똑같이 변했잖아"라고 말한다. 그리고 "이젠 우린 더 이상 어울리지 않아"라며 이별을 통보한다. 이별을 이야기하는 심각한 순간에도 미란다로부터의 전화벨은 계속 울린다. 그녀를 떠나던 네이트는 돌아서서 "죽고 못 사는 사람은 바로 그 전화의 주인 같아. 둘이 행복하기를 바라"라고 원망을 내뱉는다.

제9장. <악마는 프라다를 입는다>: 대중소비문화와 '칙릿' 장르의 상호매체성

파리 출장과 앤디의 퇴사 결심

남자친구 네이트와 헤어진 앤디는 드디어 파리에 도착했다. 그녀는 리무진 창밖으로 밤에 조명을 받아 반짝거리는 에펠탑과 개선문이 자기 옆으로 재빨리 움직여 지나가는 것을 바라보며 다가올 파리에서의 일정에 대한 기대감에 들떠있다. 명품을 걸친 모델들의 화려한 패션쇼가 끝나고 호텔로 돌아온 앤디는 맨얼굴의 미란다와 마주친다. 워커홀릭 미란다는 재혼한 남편과 또 이혼하게 되었다. 자신의 사생활에 대한 언론 보도를 축소시키라고 지시를 내리는 미란다에게 앤디는 위로의 말을 건넨다. 얼음처럼 차갑고 도도한 미란다도 자식을 걱정하는 어머니로서 인간적인 모습을 드러낸다. 미란다의 이혼 이야기를 들으며 앤디는 진심으로 마음 아파한다.

수년 동안 친하게 동료로 일해 온 사람을 배신하는 일은 패션업계에 만연한 생존 방식이다. 파리에서 우연히 다시 만난 크리스천 톰슨과 재회하게 된 앤디는 그의 끈질긴 구애로 인해 그와 함께 저녁을 하게 된다. 로맨틱한 파리의 분위기에 흠뻑 취한 앤디는 결국 로맨틱한 감정에 빠져 그와 하룻밤을 보내게 된다. 다음 날 아침 그녀는 그로부터 엘리어스 클라크 출판사의 회장이 미란다를 해고시키고 미란다의 숙적인 프랑스 편집장인 자클린을 미국 편집장으로 영입하려는 한다는 사실을 전해 듣게 된다. 앤디는 서둘러 미란다를 찾아가서 이 사실을 행사가 시작되기 전에 알려주려 한다. 평생 「런웨이」를 위해 자신의 삶은 물론 자신의 가정까지도 포기한 미란다에게 이 사실을 전해주려는 것이다. 앤디는 모든 사실을 미란다에게 알렸지만 그녀는 이상하게도 너무나 차분하다.

<악마는 프라다를 입는다> 엔딩 시퀀스

『런웨이』의 창간 72주년을 축하하는 자리에서 미란다는 떠오르는 패션 디자이너 제임스 홀트(James Holt)의 새로운 파트너를 발표한다. 그러나 앤디의 예상과는 달리 그 새로운 파트너는 나이젤이 아닌 미란다의 숙적 자클린이다. 앤디와 크리스천 톰슨은 놀란다. 낙담한 나이젤을 보며 앤디는 웃으면서 자클린에게 박수를 보내는 미란다에 대해 생각한다. 그녀를 바라보는 앤디의 얼굴에는 불편한 기색이 역력하다. 놀랍게도 미란다는 이미 그런 음모를 알고 그들의 계획을 사전에 좌절시켜 버린 것이다. 그녀는 라비츠 회장에게 자신이 『런웨이』를 떠날 경우 자신과 함께 떠날 유명 인사들의 명단을 준 다음 그를 설득하여 자클린을 제임스 홀트의 사장으로 보내고 자신은 편집장 자리를 계속 유지하도록 압력을 가한 것이다. 결국 나이젤만 중간에서 버림을 받게 되어 버렸다. 그토록 원하던 자리를 빼앗긴 나이젤은 "언젠가는 보상해 주겠지. 그렇게 믿고 싶어"라고 자기 위로를 하며 프랑스 편집장에게 쓸쓸한 박수를 보낸다.

다음 파티 장소로 이동하는 차 안에서 미란다는 앤디에게 그간 있었던 복잡한 권력 싸움을 일목요연하게 정리해 준다(그림 7). 그녀는 앤디를 칭찬하며 "너에게서 내 모습을 본다"라고 말한다. 이에 앤디는 자신은 그녀와 다르며 그녀가 나이젤에게 했던 야비한 일을 할 수 없다고 대답한다. 그러자 미란다는 앤디가 에밀리를 밀어내고 파리에 온 것 자체가 바로 그러한 행동이라고 지적한다.

앤 디: 그건 달라요. 어쩔 수가 없었잖아요.
미란다: 아냐, 너는 선택했어. 앞서 나가려고. 이 생활을 원해? 그럼 그런 선택은 어쩔 수 없는 거야.
앤 디: 하지만 내가 이걸 원하지 않는다면? 당신처럼 살기를 원치 않는다면?
미란다: 바보 같은 소리 하지 마. 모두가 이걸 원해. 모든 사람이 우리처럼 되길 원해.

(그림 7)   (그림 8)

그들이 탄 자동차가 파티 장소에 도착하고 기자들의 플래시 세례를 미란다가 받는 동안 앤디는 다른 길로 걸어간다. 미란다로부터 전화가 오자 그녀는 전화기를 분수에 던져버림으로써 모든 사람이 자기처럼 되고 싶어 한다는 미란다의 철학을 거부한다(그림 8). 에밀리를 밀어내고 파리에 온 앤디는 미란다가 자신과 닮았다는 얘기를 하자 마침내 결심을 한 것이다. 자신이 있는 자리가 누군가를 밟고 올라선 곳이며 희생당한 누군가가 있다는 걸 인지한 앤디는 파리 일정 중 모든 것을 내려놓고 『런웨이』를 떠난다.

뉴욕으로 되돌아온 앤디는 남자친구 네이트를 만나 용서를 구하며 다시 화해한다. 영화의 엔딩은 신문사에서 나와 엘리어스 클라크 출판사 앞을 지나가게 된 앤디가 미란다를 만나는 장면으로 끝난다. 미란다는 여전히 차갑고 도도한 모습으로 퉁명스럽게 전화를 받으며 출판사 빌딩에서 나온다. 이 순간 앤디는 미란다와 눈이 마주치고 그녀를 향해 인사한다. 앤디는 그녀를 만난 것이 자신의 인생에 정말 큰 행운이었다는 감사의 마음을 전한다. 미란다는 애써 앤디를 외면하고 리무진에 탄다. 미란다가 리무진 안에서 앤디와 짧은 만남의 시간들을 회상하며 행복한 미소를 짓는 장면으로 영화는 끝난다.

제9장. <악마는 프라다를 입는다>: 대중소비문화와 '칙릿' 장르의 상호매체성

▰ 그룹 액티비티 및 에세이 주제

1. 로렌 와이스버거의 『악마는 프라다를 입는다』는 대표적인 '칙릿' 소설로 간주되고 있다. 오늘날 대중문화의 영역에서 상당한 대중적 인기와 관심을 끌고 있는 '칙릿' 장르의 특징과 영향력에 대해 기술해 보자.

2. <악마는 프라다를 입는다>에서 보여주는 2000년대 초 뉴욕시의 풍경과 『런웨이』사의 편집장 미란다를 비롯한 패션계에서 일하는 커리어 우먼들의 모습에서 보여주는 시크한 패션 스타일에 대해 토의해 보자.

3. 영화에 등장하는 다양한 명품 패션 브랜드들에 대해 살펴보고 데이빗 프랑켈 감독은 영화에서 주인공 앤디의 패션 스타일의 변모를 어떻게 창의적으로 연출하고 있는지 그 내용을 정리해 보자.

4. <악마는 프라다를 입는다>의 OST에는 당시 유행했던 팝송들이 수록되어 있다. 그 중 영상과 가장 잘 어울리는 음악은 무엇이고 그렇게 생각한 이유를 적어보자.

5. 주인공 앤디의 '메이크오버'는 현재도 할리우드 영화에서 자주 볼 수 있는 모티프이다. '메이그오버 모티프'가 두드러진 영화를 살펴본 후 <악마는 프라다를 입는다>와의 공통점과 차이점에 대해 토론하고 그 내용을 정리해 보자.

6. <악마는 프라다를 입는다>의 결말은 원작 소설과 다소 차이를 보여준다. 소설 『악마는 프라다를 입는다』의 일부분을 읽고 소설과 영화의 공통점 및 차이점에 대해 정리해 보자.

예듀컨텐츠·휴피아
Educontents·Huepia

제 10 장

<미드나잇 인 파리>
: 1920년대 파리로의 시간여행과 예술가들

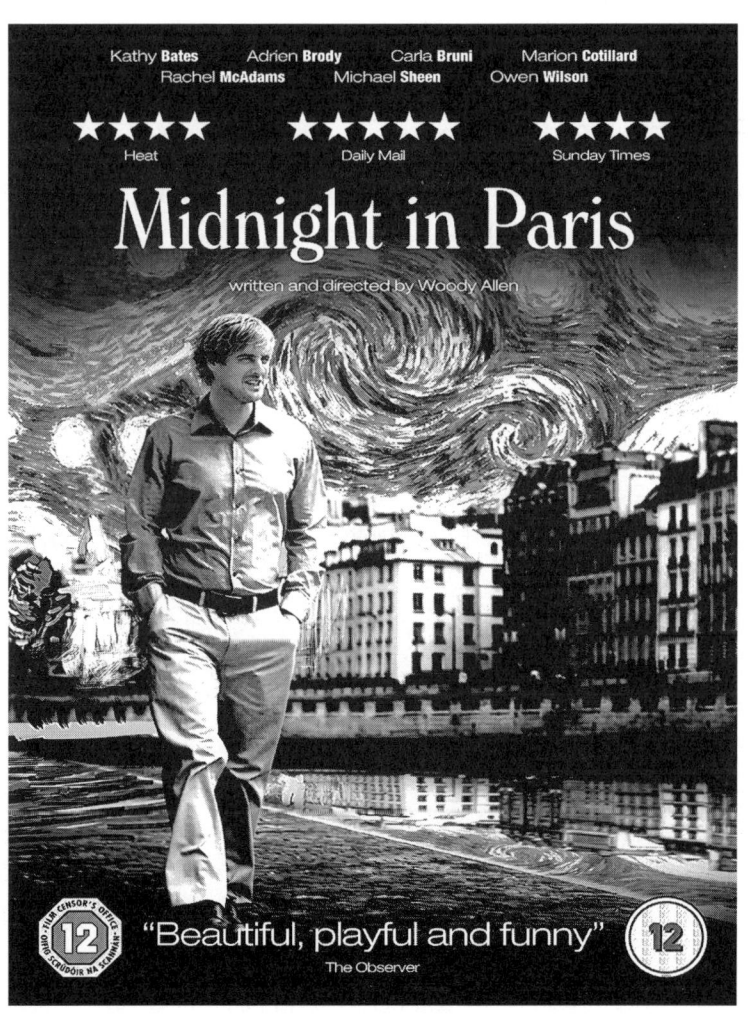

스크린을 횡단하는 글로벌 문화

　2011년에 상영된 영화 〈미드나잇 인 파리〉(*Midnight in Paris*)를 연출한 뉴욕 브루클린 출신의 우디 앨런(Woody Allen, 1935~) 감독은 타임슬립(time slip, 두 개 또는 그 이상의 서로 연결된 타임라인을 갖는 것을 의미하는 개념) 방식을 사용하여 2010년 현재의 삶에 만족을 느끼지 못하는 남자 주인공 길 펜더(Gil Pender)를 1920년대의 파리로 여행하게 한다. 우디 앨런은 길이 1920년대 파리에서 활동했던 미국과 유럽의 예술가들을 만나고 그들과 동행하게 함으로써 당시 세계의 예술 수도로서 명성을 날렸던 파리의 눈부신 매력을 탁월하게 보여준다.
　우디 앨런은 '길'의 타임슬립 여정에 관람객들을 끌어들여 다채로운 예술에 대한 포용력을 가진 파리의 모습을 탁월하게 담아낸다. 전 세계에서 온 유명 작가와 예술가들이 파리에서 친교활동을 통해 창작의 영감을 얻고 무명의 일반인은 위로와 도움을 구한다. 세속적인 뉴욕, 답답한 런던, 너무나 열정적인 마드리드에 비해 파리는 문화 예술가들의 마음의 안식처이자 치유의 공간으로 자리매김하고 있다.

우디 앨런과 그의 작품 세계

　우디 앨런은 대도시 속 도시인의 일상과 사랑을 모티프로 한 영화에 천착해 온 감독 중 한 사람이다. 그가 연출한 영화의 배경으로 등장한 장소는 뉴욕, 시카고, 캘리포니아, 뉴저지, 런던, 파리, 바르셀로나, 도쿄, 베니스 등이 있다. 도시 이름이 영화 제목에 직접 언급되는 것은 〈뉴욕 스토리〉(*New York Stories*, 1989), 〈더 콘서트 포 뉴욕 시티〉(*The Concert for New York City*, 2001), 〈비키 크리스티나 바르셀로나〉(*Vicky Cristina Barcelona*, 2008), 〈미드나잇 인 파리〉 그리고 〈로마 위드 러브〉(*To Rome with Love*, 2013) 등이다. 그 외 감독으로서 연출하지는 않았지만, 기획하거나 출연한 영화가 다수 있다.
　특정 도시를 배경으로 하는 영화 필모그래피가 많은 우디 앨런이기에 그와 도시 영화 그리고 도시 이미지와 관련된 연결고리를 살펴볼 필요가 있다. '까칠한 뉴요커 감독', '괴팍한 천재'라는 수식어가 붙는 우디 앨런을 퀸즈 대학 사회학 교수인 로버트 카프시스(Robert E. Kapsis)는 '뉴요커의 페이소스'라 평하였다. 우디 앨런의 작품은 도시적, 심리적이고 지적이면서도 유머러스한 대사와 정교한 서사를 구사한다. '우디 앨런=뉴욕'이라는 수식어가 떠오를 정도로 우디 앨런은 뉴욕을 배경으로 한 영화를 많이 만들었으며, 작품에 뉴욕의 색채가 진하게 배어 있다.
　우디 앨런은 뉴욕 브루클린 출신이며 평생 뉴요커로 살았기에 뉴욕은 단지 하나의 피상적인 지명이 아니라 그가 속한 '미국 동부의 도시 문화'를 대표하는 상징이며, 그의 영화적 정체성을 형성하는 공간이다. 주로 슬랩스틱(slapstick, 슬랩스틱은 과장된 동작이나 소리를 통해 웃음을 유발하는 방식을 의미함) 코미디 장르를 연출했던 우디 앨런이 주목을 받기 시작한 작품은 〈애니 홀〉(*Annie Hall*, 1977)인데, 그는 이 영화로 제50회 아카데미의 작품상, 여우주연상, 감독상, 각본상을 수상했다. 〈애니 홀〉에서 뉴욕은 LA 같은 서부 도시와는 비교할 수 없는 시니컬하면서도 세련미를 지닌 공간으로 그려진다. 이후 1979년에 발표한 작품인 흑백영화 〈맨하탄〉(*Manhattan*)은 주인공 아이작(우디 앨런 분)이 늘어놓는 뉴욕에 대한 찬사로부터 시작된다. 나아가 1986년에 상영된 〈한나와 그 자매들〉(*Hannah*

제10장. <미드나잇 인 파리>: 1920년대 파리로의 시간여행과 예술가들

And Her Sisters)에서 우디 앨런은 건축가 캐릭터를 등장시켜 맨해튼의 건물들을 예술로 묘사한다.

우디 앨런은 영화감독이자 시나리오 작가이며 배우로 그의 작품은 존재감과 반향력이 크다. 특히, 뉴욕 브루클린 출신이며 평생 뉴요커로 살았기 때문에 자연스럽게 우디 앨런과 뉴욕은 등치 관계를 형성하였다. 한마디로 뉴욕은 곧 우디 앨런, 그 자신이라고 해도 과언이 아니다. 또한 뉴욕을 배경으로 한 영화를 많이 만들었기 때문에 그의 작품에는 뉴욕의 색채와 정취가 진하게 배어 있다. 2000년이 지나면서 우디 앨런은 뉴욕을 벗어나 활동 영역을 넓히기 시작했다. <헐리우드 엔딩>(*Hollywood Ending*, 2002) 이후 <매치 포인트>(*Match Point*, 2005), <카산드라 드림>(*Cassandra's Dream*, 2007), <환상의 그대>(*You Will Meet A Tall Dark Stranger*, 2010)는 런던을 배경으로 한다. <비키 크리스티나 바르셀로나>(2008)는 바르셀로나를, <미드나잇 인 파리>와 <매직 인 더 문라이트>(*Magic in the Moonlight*, 2014)는 파리, 니스 등이 배경이다. 그리고 <로마 위드 러브>는 로마에서 촬영했다. 그러면서 우디 앨런은 자신의 본국인 미국에서보다 유럽에서 더 많은 지지와 존경을 받고 있다. 우디 앨런에게 뉴욕은 삶의 터전이었기에 우디 앨런이 뉴욕의 도시 색을 잘 표현하는 것은 당연하다. 그런데 2000년 이후 작품에 등장하는 뉴욕 이외의 도시 이미지도 우디 앨런은 탁월하게 연출했고 또 전 세계 관객들에게 인정받고 있다. 나아가 오늘날 우디 앨런의 팬들뿐 아니라 물론 여행 마니아와 유튜버까지 그의 작품에 높은 점수를 주는 것은 물론 그가 촬영했던 영화 속의 장소들도 방문하고 있다.

2016년 10월 20일 재개봉되기도 했던 <미드나잇 인 파리>는 제69회 골든 글로브 시상식에서 각본상, 제17회 크리틱스 초이스 시상식에서 각본상, 제64회 미국 작가 조합상에서 각본상 및 제84회 미국 아카데미 시상식에서 각본상 등을 받았다. 특히, 영화 개봉 및 촬영 당시 프랑스 대통령 니콜라 사르코치(Nicolas Sarkozy)의 영부인이었던 카를라 브루니(Carla Bruni, 1967~)가 박물관 가이드로 출연한다. 그녀는 주인공 '길'을 위해 그가 과거로 시간여행하며 사랑에 빠진 1920년대 예술가들의 뮤즈 아드리아나의 일기장을 영어로 해석해 준다.

거트루드 스타인 살롱과 예술가들

거트루드 스타인(Gertrude Stein, 1874~1946)은 유대인으로 미국 펜실베이니아(Pennsylvania)에서 태어났다. 그녀는 파리에 정착한 후 많은 예술가를 만나고 그들의 작품을 수집하면서 작가로서 출발을 시작하였다. 스타인은 다양한 분야의 예술적 표현을 추구한 20세기 모더니즘 문학의 대표 작가이자, 과학적, 철학적, 문학적 사색가이며, 실험가였다. 그녀는 현대인이 직면한 인간존재의 문제를 과거의 형이상학적이고 추상적인 개념으로 접근하지 않고, 현재 경험할 수 있는 구체적인 개념으로 접근하였다. 스타인은 모더니즘 중심 작가로서 주체와 객체, 주관인 시간개념, 의식, 작품 구성과 같은 모더니즘적인 요소들을 작품 속에 포함시켰다. 또한 스타인의 실험적 언어들은 포스트모던이나 후기구조주의의 특성을 포함하고 있으며, 현재 그녀의 독특한 문체들은 많이 연구되고 있다.

스타인은 회화나 음악에도 조예가 깊었으며, 과학, 심리학, 철학에도 관심이 많았다. 이러한 그녀의 폭넓은 지적인 경험들은 그녀의 작품에 도움이 되기도 하였지만, 그녀의 작품을 난해하게 만드는 요소가

되기도 하였다. 그래서 스타인은 모더니즘 작가이지만, 그녀의 작품은 일정한 문학사조로 정의되기 어렵다. 그러나 그녀의 작품 주제는 항상 존재하는 인간과 사물에 있었으며, 그것의 본성과 본질에 대한 탐구는 그녀의 평생 과제가 되었다.

스타인은 1903년에 첫 작품 『있는 그대로의 사물』(Q. E. D: Things As They Are)을 썼고, 1914년에 '파편적 쓰기'(fragmental writing) 기법으로 『부드러운 단추들』(Tender Button)을 발표하였다. 또한 『엘리스 토클라스 자서전』(The Autobiography of Alice B. Toklas)을 1933년에 발표하여 작가로서 성공을 거두었다. 스타인은 프랑스 파리 플뢰르가(rue de Fleurus)에 정착하게 된다. 이곳에서 그녀는 카페 겸 예술가의 아지트인 '스타인 살롱'(The Stein salon)을 운영하면서 헤밍웨이(Earnest Hemingway), 마티스(Henry Matisse), 피카소 (Pablo Picasso), 달리(Salvador Dali)와 같은 당대 모더니즘 예술가들과 활발한 교류를 나누었다. 1934년, 스타인은 삼십 년 만에 미국으로 돌아와 "영국 문학의 종언"을 선언하고, '미국적 글쓰기'(American writing)와 자기 작품에 관해 강연한다. 이 강연을 통해 스타인은 스스로를 "먼 국외 거주자"(an estranged expatriate)가 아닌 "철저한 미국 작가"(a quintessentially American Writer)로 규정한다(Dydo 619)[1]. 삼십 년이 넘는 기간 동안 유럽에서 거주한 스타인이 본인을 미국 작가로 규정하는 점은 흥미로운 부분이다. 강연 외에도 스타인은 자신의 저서 『미국의 지리적 역사』(The Geographical History of America, 1936)에서 "미국에는 아무도 없는 공간이 누구나 있는 공간보다 더 많다"라고 말하며 개척자로서의 미국인이 품고 있는 가능성을 명시한다. 나아가 "미국의 땅"(the American land), "미국 속 땅"(the land in America)은 "평평하고 평평해 보인다"라며, 미국이 지닌 공간적 성격을 규정한다(45-70)[2].

---

1) Dydo, Ulla E., and William Rice. *Gertrude Stein: The Language that Rises: 1923-1924*. Evanston: Northwestern UP, 2003.
2) Stein, Gertrude. *The Geographical History of America or The Relation of Human Nature to the Human Mind*. London: Random House, 1936.

제10장. <미드나잇 인 파리>: 1920년대 파리로의 시간여행과 예술가들

<미드나잇 인 파리> 오프닝: 작가 지망생 '길'과 약혼녀의 파리 여행

 뉴욕 브루클린 빈민가 출신의 거장 우디 앨런(Woody Allen, 1935~)이 연출을 맡은 <미드나잇 인 파리>는 시간여행을 소재로 한 예술 영화다. 파리로 신혼여행을 온 주인공이 밤마다 1920년대로 '타임슬립'(time slip, '미끄러지다'라는 뜻의 slip에서 알 수 있듯, 타임슬립이란 이야기 속 인물이 과거나 현재, 미래로 이동하는 시간여행을 의미함) 하며 지금은 이름만 들어도 다 아는 예술가들을 만나는 것이 영화의 주된 줄거리다. <미드나잇 인 파리>의 현재 시점은 2010년이며, 영화 속 주인공은 미국 출신의 할리우드 극작가이자 소설가 지망생인 길 펜더(오웬 윌슨 분)이다. 현재 길은 1920년대의 파리를 '골든 에이지'(golden age)로 예찬하며 『향수품(nostalgia)을 파는 가게』라는 타이틀의 소설을 쓰고 있다. 그의 약혼자 이네즈(레이첼 맥아담스 분)와 예비 장인, 장모 등은 1920년대를 동경하는 길을 '현재에 적응하지 못하는 부적응자'로 간주하며 '향수에 젖어 있는 자', '과대망상증에 빠진 자'로 업신여긴다. 이런 이유로 길은 자신의 소설에 대한 애착과 감정을 억압받고 있다.
 어느 날 주인공 길은 홀로 파리의 밤거리를 거닐다 종소리와 함께 나타난 차에 올라타게 된다. 그곳에서 1920년대 파리에서 활동했던 예술가들과 만나게 된다. 이런 점에서 <미드나잇 인 파리>는 판타지를 입힌 일종의 '로맨틱 코미디 장르의 변주의 영화'라 할 수 있다. 근대 이래 유럽 문화예술의 수도로 간주되고 있는 파리는 오랜 기간 수많은 예술가가 드나들며 작품 활동을 해왔던 곳으로, 위대한 예술혼이 살아 숨 쉬는 공간이라고 할 수 있다. 이런 연유로 길이 염원하는 것은 파리의 현재라기보다는 1920년대라는 특정한 과거이며, 그가 파리를 느끼는 방식은 일반 관광객들과 다르다. 길은 유명한 장소를 찾아가 전문가의 해설을 듣는 대신 파리의 공기를 느끼며 거리를 걷고, 때로는 비를 맞으며 골동품 가게에서 보물을 발견하고자 한다. 파리의 자취를 하나하나 탐색하고 수집하고자 하는 길의 태도는 관광객이 아닌 플라뇌르(flaneur, 도시를 걸으며 관찰하는 산보자, 산책자를 뜻하는 프랑스어), 즉 산보자의 전형을 보여준다고 할 수 있다.
 실제로 <미드나잇 인 파리>에는 1920년대 파리의 예술가들이 많이 찾았던 역사적 장소들이 등장한다. 길이 헤밍웨이를 만나는 레스토랑인 '폴리도르'(Polidor)를 비롯하여 영미문학 전문 서점인 '셰익스피어 앤 컴퍼니'(Shakespeare and Company), 벨 에포크(Belle Epoch, 프랑스어로 아름다운·좋은 시절이란 뜻으로 대개 19세기 말부터 제1차 세계 대전이 발발했던 1914년까지 프랑스가 사회, 경제, 기술, 정치적 발전으로 번성했던 시대를 의미함) 시대에 등장한 '맥심'(Maxim) 등은 모두 유명 예술가들의 사랑을 받았던 장소이다.

오프닝 시퀀스: 파리 명소의 퍼레이드

 무엇보다 <미드나잇 인 파리>에서 관람객들의 감성 코드를 자극하는 것은 다름 아닌 오프닝에서 보여주는 유럽 문화예술의 수도로서 파리의 풍경이다. 영화의 오프닝은 재즈 색소폰 연주자인 시드니

베쳇(Sidney Bechet, 1897~1959)의 「만약 내 어머니를 만난다면」("Si tuvoisma mère")이라는 음악을 배경으로 약 3분 동안 60여 개의 고정된 화면을 통해 하루 동안의 다양한 시간대, 다양한 날씨 및 다채로운 파리의 풍경을 담아낸다. 세느강과 다리들, 샹젤리제, 몽마르트르 언덕, 오랑주리 미술관(Musée de l'Orangerie) 등 아침부터 저녁까지 파리의 풍경은 햇살이 비칠 때도 혹은 비가 내려도 그 자체로 아름답고 낭만적인 분위기를 불러일으킨다.

잔잔하고 여유로운 재즈 음악 「만약 내 어머니를 만난다면」을 배경으로 전면에 등장하는 파리의 랜드마크인 에펠탑, 물랑 루즈, 몽마르트르 언덕, 노트르담 대성당, 샹젤리제 거리의 한가로운 군중, 부슬비에 휩싸인 세느 강변, 석양에 비친 개선문 등은 파리가 얼마나 다채로운 매력으로 가득 찬 도시인지를 명백히 입증한다. 마치 우리를 데리고 파리 여행을 시켜주듯이 펼쳐지는 명소의 퍼레이드는 파리에 대한 설렘과 기대감, 추억과 향수를 동시에 불러일으킨다. 우리를 매혹시키는 오프닝에서의 파리 풍경에는 감독이자 각본가인 우디 앨런의 향수 영화에 대한 선호가 영화의 장면과 음악에 투영되었다. 그리고 이런 파리의 고혹적인 풍경은 「만약 내 어머니를 만난다면」과 같은 20세기 초의 재즈 음악과 맞물려 향수 감성의 흐릿함과 함께 관객들이 영화의 주인공을 따라 현재와 과거의 꿈속에서 헤매도록 한다. 이런 이유로 프랑스 문화 연구가인 이선우는 2021년에 출간한 『영화로 읽는 프랑스 문화』에서 〈미드나잇 인 파리〉가 지닌 세계적인 폭발성을 다음과 같이 언급한다. "파리를 배경으로 하는 영화 중 지금 이 시대에 가장 아름다운 작품으로 꼽히는 것은 우디 앨런 감독의 〈미드나잇 인 파리〉가 아닐까? 우디 앨런은 선배 감독들의 감성을 노스탤지어적 시선으로 이어받아 그 어떤 작품에서보다 아름다운 파리를 연출하는 데 성공했다. 이 영화가 개봉한 후 정말 많은 사람들이 영화 속의 파리에 홀딱 빠져서 여행을 떠났다가 오히려 실망했다는 후기가 다수 등장할 정도였다"(이선우 278).[3] 이렇게 파리는 단순한 장소가 마술적인 공간으로 다가오면서 앞으로 이 공간에서 펼쳐질 사건을 기대하게 한다. 동화같이 아련한 파스텔 톤으로 담아낸 파리의 풍경은 신비스러운 일이 일어날 것을 암시하는 미장센이다.

파리에 살기를 열망하는 길과 약혼녀의 의견 충돌

〈미드나잇 인 파리〉의 오프닝에서 약 3분간 이어지는 다채로운 파리의 풍경에 뒤이어 카메라는 프랑스를 대표하는 인상주의 화가 클로드 모네(Claude Monet, 1840~1926)의 걸작인 『수련 연작』(Water Lilies series)을 연상시키는 연못이 있는 아름다운 공원을 담아낸다. 그곳에서 주인공 길(Gil)과 그의 약혼녀 이네즈(Inez)는 서로 포옹하며 키스한다. 파리의 아름다움에 매료된 '길'은 이네즈에게 결혼하면 함께 파리에서 살자고 제안한다. 이에 화려하고 사교적이며 현재만을 중요시하는 이네즈는 결코 미국을 떠나 살 수 없다고 대답한다. 실제로 영화의 오프닝에서 길과 이네즈의 대화 장면은 파리 근교에 위치한 작은 마을 지베르니(Giverny)의 모네의 정원에서 촬영했다.

---

[3] 이선우. 『영화로 읽는 프랑스 문화』. 서울: 지성공간. 2021.

제10장. <미드나잇 인 파리>: 1920년대 파리로의 시간여행과 예술가들

주인공인 길은 약혼녀인 이네즈와 예비 장인, 장모와 파리로 여행을 온다. 본래 할리우드의 각본가인 길은 소설가로 전향하려고 하는데, 이네즈는 그 계획에 대해 부정적이다. 파리에서 살고 싶어 하는 길과 달리 이네즈는 캘리포니아주 말리부에서 살기를 원하고, 공화당 성향의 예비 장인과도 잘 맞지 않는다. 이처럼 길은 1920년대 파리라는 특정한 시공간의 과거를 동경하며 사는 상상력이 풍부한 로맨티시스트인데 반해, 결코 뉴욕을 떠나서는 살 수 없다는 이네즈와 그녀의 부모는 뉴욕으로 상징되는 미국의 물질주의 문화를 대변한다.

이네즈의 대학 친구 커플과의 파리 명소 여행

이네즈에게 툭하면 비가 쏟아지는 도저히 종잡을 수 없는 파리의 날씨는 불편하기만 하다. 이네즈는 현재 꽤 잘나가는 할리우드 각본가인 약혼남 길이 왜 안 팔릴 것이 뻔한 소설이나 쓰고 싶어 하는지 도무지 이해할 수 없다. 그들은 파리에 사는 것에 대해 잠시 의견 충돌을 일으키다가 길의 예비 장인, 장모님과의 저녁 식사 약속을 위해 레스토랑으로 향한다. 레스토랑에서 예비 장인은 프랑스 기업과의 합병을 위해 파리에 왔지만, 프랑스를 크게 좋아하지 않는다는 견해를 피력한다. 그들은 대화 중 때마침 파리를 방문 중인 이네즈의 대학 친구 캐롤과 그의 애인 폴을 우연히 만난다.

(그림 1)

(그림 2)

두 쌍의 커플은 베르사유 궁전과 더불어 파리의 명소를 둘러보지만, 길은 매번 그들과 의견 충돌을 일으킨다. 특히, 소르본 대학(Sorbonne Université)에 초청된 교수인 폴은 매우 현학적이고 잘난 척하는 속물근성을 드러내며 길을 불편하게 만든다. 이어지는 장면에서 카메라는 길과 이네즈, 폴과 캐롤이 가이드의 해설을 들으면서 프랑스를 대표하는 조각가 로댕(Auguste Rodin, 1840~1917)의 작품 『생각하는 사람』(Le Penseur)을 관람하는 장면을 담아낸다. 흥미롭게도 여기서 가이드 역할을 맡은 여성은 당시 프랑스 대통령이었던 니콜라 사르코지(Nicolas Sarkozy, 1955~)의 영부인 카를라 브루니(Carla Bruni)다(그림 1). 가이드의 해설을 듣던 중에 폴은 "로댕의 작품 다수는 아내

181

까미유(Camille Claudel)의 영향을 받았지"라고 말하며 자신의 현학적인 태도를 드러낸다. 이에 가이드가 "영향을 받은 건 맞지만 부인이 아니라 정부였죠"라고 대답한다. 폴은 "까미유가요? 아니죠."라며 가이드의 말을 무시하고 자신의 실수를 인정하지 않는다.

가이드의 확신에 찬 대답에도 폴이 실수를 인정하지 않자 길이 끼어들어 "최근에 로댕의 전기를 읽었는데, 까미유는 아내가 아니라 정부였다"라고 말하며 그들의 말다툼을 중재한다. 길은 폴의 이런 잘난 척하는 태도가 마음에 들지 않는다. 그날 밤 이 두 쌍의 커플이 헤어지기 전에 폴이 함께 춤을 추러 가자고 제안하지만, 길은 그들과 동행하려고 하지 않는다. 결국 이네즈는 그들과 함께 춤추러 가고 혼자 남은 길은 파리의 밤거리를 배회한다.

1920년대 파리로의 시간여행을 떠나는 길

길은 홀로 파리의 밤거리를 걸으면서 파리의 숨겨진 매력을 만끽한다. 그는 무심히 자정을 알리는 종소리를 듣고 있는데 홀연히 그의 눈앞에 노란색의 클래식 푸조가 나타난다. 이 차는 다름 아닌 1928년에 출시된 푸조의 '랑듀레(Landaulet) 184'라는 모델이다. 길의 앞에 멈추어 선 푸조의 차 문이 열리더니 차 안에 있는 흥에 겨운 남녀들이 길을 초대한다(그림 2). 그리고 얼떨결에 그들을 따라간 길은 잠시 후 어느 파티장에 도착하고, 미국의 대중음악 작곡가이자 싱어송라이터이기도 했던 콜 포터(Cole Porter, 1891~1964)가 피아노 앞에서 「사랑을 해요」("Let's Do It")를 연주하는 모습을 지켜본다.

1928년 발표된 「사랑을 해요」는 콜 포터가 1928년 브로드웨이에서 처음 성공을 거둔 뮤지컬 〈파리〉(*Paris*)에서 주연을 맡은 미국 여배우 이렌느 보르도니(Irène Bordoni)가 처음 불렀다. 가사에서 계속해서 반복되는 '그것'(it)은 다름 아닌 남녀의 사랑 행위, 즉 '섹스'를 뜻한다. "새가 사랑을 해요, 벌이 사랑을 해요 / 교육받은 벼룩도 사랑을 해요 / 사랑을 해요, 사랑에 빠져요"(Birds do it, bees do it / Even educated fleas do it / Let's do it, Let's fall in love)라는 가사의 시작에서부터 뚜렷이 알 수 있는 것처럼, 이 노래는 점잖게 말하면 연가(love song)이고, 좀 더 노골적으로 말하면 성교(sexual intercourse)를 제안하는 노래라고 할 수 있다. 요컨대, 「사랑을 해요」는 '남녀의 사랑 행위는 황홀하고 재미있다'라고 공개적으로 선언한 선구적인 노래다. 가사는 섹스를 가리키는 완곡한 어구, 섹스와 관련된 이중적 의미를 갖는 어구들로 채워져 있다. 노래는 도입부부터 상류층과 대중 문화에서 끌어낸 섹스에 대한 암시적이고 익살스러운 비교와 예시, 터무니없는 짝짓기 등의 어구들이 쭉 나열된다. 여기서 길이 가장 먼저 만나는 예술가는 1925년에 발표한 소설 『위대한 개츠비』(*The Great Gatsby*)로 잘 알려진 미국 작가 피츠제럴드(F. Scott Fitzgerald, 1896~1940)와 그의 아내 젤다(Zelda)이다.

피츠제럴드 부부와의 만남

피츠제럴드 부부와의 대화를 통해 길은 자신이 프랑스의 시인이자 소설가, 극작가, 영화감독이기도 했던

제10장. <미드나잇 인 파리>: 1920년대 파리로의 시간여행과 예술가들

장 콕토(Jean Cocteau, 1889~1963)를 위한 파티에 와있음을 깨닫는다. 믿기 힘든 사실에 길은 어안이 벙벙했지만, 피츠제럴드 부부가 '브릭탑'(Bricktop) 클럽에 가자는 제안에 그들을 따라간다. 그들이 도착한 '브릭탑 클럽'에는 흑인 여성 댄서가 음악에 맞춰 춤을 추며 분위기를 돋우고 있는데, 그녀는 다름 아닌 미국 출생의 가수이자 댄서인 조세핀 베이커(Josephine Baker, 1906~1975)이다(그림 3). 조세핀이 춤출 때 흘러나오는 경쾌한 노래는 그녀가 직접 부른 히트곡 「라 콩가 블리코티」("La Conga Blicoti")다. "과거로의 시간여행을 하며 길은 다른 이들의 생각을 듣고 위로받으며 현재를 인정하게 된다. 그런 의미에서 길의 여행은 파리라는 도시로의 여행이자 자신의 무의식으로 떠나는 여행이다. 우디 앨런은 <미드나잇 인 파리>를 통해 자존감을 찾지 못하며 사는 21세기 현대인들의 마음 안에 무엇이 결핍되고 무엇이 필요한지를 보여주며 1920년대 프랑스 사람들의 심리를 지켜보는 것으로 해소를 시도하고 있다. 즉, 현대인의 결핍을 건드리며 파리는 그 결핍이 해소되는 공간으로 표현하고 있다. 파리는 치유와 힐링의 도시이며 결핍으로 가득 찬 관객이 위로받고 칭찬받으며 자존감을 높일 수 있는 도시의 이미지로 형상화되고 있다. 우디 앨런은 파리의 과거 속 인물을 리얼리즘의 극대화로 끌어내어 파리를 위로받을 수 있는 도시로 만들고 있는 것이다"(이동미 183).[4]

어니스트 헤밍웨이와의 만남

'브릭탑' 클럽에서 유흥을 즐긴 후에, 길은 피츠제럴드 부부를 따라 1845년에 문을 연 유서 깊은 파리의 레스토랑인 '폴리도르'(Polidor)에 도착한다. 피츠제럴드는 '폴리도르'에 들어서며 길에게 이곳이 "파리의 명소 중 하나예요. 위스키 사워(Whisky Sour, 위스키, 레몬주스, 설탕, 선택적으로 약간의 달걀흰자를 포함하는 혼합 음료)가 기가 막히죠"라고 말한다. 페츠제럴드는 그곳에 앉아서 술을 마시는 한 남자에게 길을 소개해 준다. 이 남자는 다름 아닌 『노인과 바다』(The Old Man and the Sea, 1952)를 발표하여 노벨문학상을 수상한 미국의 작가 어니스트 헤밍웨이(Ernest Hemingway, 1899~1961)다. 길이 매우 반가워하며 인사하자 헤밍웨이는 길에게 자신의 책에 대해 어떻게 생각하는지를 묻고, 길은 그의 모든 책을 좋아한다고 말한다. 헤밍웨이는 "그렇지. 좋은 책이지. 정직한 책이니까"라며 자부심을 드러낸다. 이때 젤다가 끼어들며 "내 글 읽어봤어요? 어때요?"라고 질문한다. "잘된 부분도 있지만, 뭔가 부족해"라는 헤밍웨이의 논평에 젤다는 화난 표정을 지으면서 그곳에 있는 한 젊은 스페인 남자와 다른 곳으로 가겠다고 말한다. 이 스페인 남자는 당대에 유명한 투우사인 후안 벨몬테(Juan Belmonte)이다.

곧이어 피츠제럴드가 자기 아내 젤다가 젊은 스페인 투우사와 함께 외출한 것이 신경 쓰여 자리를 뜨자, 길은 헤밍웨이와 단둘이 대화를 나눌 기회를 얻는다. 길은 헤밍웨이와 자신의 책에 관한 이야기를 나누다가 헤밍웨이가 길이 쓰고 있는 소설에 관해 질문한다. 길은 '노스탤지어 가게'에서 근무하는 한 남자에 관한 글이라고 설명하면서 헤밍웨이에게 자신의 소설에 대한 논평을 부탁한다. 이에 헤밍웨이는

---
4) 이동미. 「우디 앨런의 여행 영화에 나타난 도시색 분석」. 『글로벌문화콘텐츠』 31 (2017): 175-91.

타인의 글은 논평하지 않는다고 말하면서 대신 당시 파리의 플뤼루스 27번가(27 rue de Fleurus)에서 카페 겸 예술가들의 아지트 역할을 했던 '스타인의 살롱'(The Stein salon)을 운영하였던 거트루드 스타인에게 그의 글을 보여주겠다고 약속한다. "제 소설을 거트루드 스타인에게 보여준다고요?"라고 흥분하면서 길은 당장 소설을 가져오겠다고 밖으로 급히 나간다. 하지만 다음에 만날 약속을 깜빡 잊은 것을 깨닫고 다시 '폴리도르'로 되돌아가려 하지만, 이제 바깥은 현재의 세계로 바뀌어 있다. 호텔로 되돌아온 길은 콜 포터의 노래를 직접 들었을 뿐만 아니라 피츠제럴드 부부를 만나고, 헤밍웨이를 만나 자신의 책에 관한 대화까지 나누는 영광을 누린 것에 황홀해한다. 그날 이후 길은 이런저런 핑계를 대면서 약혼녀와 그녀의 가족과의 모임을 멀리하고 파리의 저녁을 기다린다.

현재 세계에 되돌아온 길은 흥분하면서 믿을 수 없는 시간여행에 자신의 약혼녀도 함께 데리고 가려고 한다. 그래서 길은 이네즈와 함께 늦은 밤까지 같은 장소에서 푸조 자동차가 나타나기를 기다리지만, 차는 나타나지 않고 이네즈는 지쳐서 호텔로 되돌아간다. 이네즈가 떠난 뒤 자정을 알리는 종이 울리고 다시 헤밍웨이가 탄 노란색 푸조 자동차가 길 앞에 나타나 길은 차에 탑승한다. 차 안에서 헤밍웨이가 길에게 사랑과 죽음에 대한 자신의 철학을 이야기하는 장면은 주목할 필요가 있다. 헤밍웨이가 "죽음이 두려우면 좋은 글을 쓸 수 없네. 과거에도 미래에도 누구에게나 그럴 거야"라고 말하자, 길은 "맞아요"라고 대답한다. 계속해서 헤밍웨이가 "정말 멋진 여자와 사랑해 봤나?"라고 질문하자, 길은 "사실 제 약혼녀가 엄청 섹시해요."라고 대답한다. 이에 헤밍웨이는 "그녀와 사랑을 나눌 땐 진실한 아름다운 열정을 느끼고, 그 순간만큼은 죽음이 두렵지 않지? 진정한 사랑은 죽음을 잊게 만들지. 두려움은 사랑하지 않거나 제대로 사랑하지 않아서 생긴다네. 코뿔소 사냥꾼이나 최고의 투우사 벨몬테처럼 용감하고 진실한 사람이 죽음을 직시할 수 있는 건 열정적인 사랑으로 죽음을 맘속에서 몰아내기 때문이야. 물론 두려움은 다시 찾아오지. 그럼 또 뜨거운 사랑을 해야 하고. 생각해 보게"라고 조언한다.

'스타인 살롱'에서 피카소와 아드리아나와의 만남

헤밍웨이와 함께 한 시간여행의 둘째 날 길이 만나는 예술가는 거트루드 스타인과 파블로 피카소(Pablo Picasso) 및 다른 예술가들에게 뮤즈로서 영감을 주었던 인물인 아드리아나이다. '스타인 살롱'에 도착하자 마침 스타인은 피카소와 함께 그가 1928년에 초현실주의 스타일로 발표한 여성 초상화인 『수영하는 사람』(*Baigneuse (La plage de Dinard)*)에 관해 열띤 토론을 하고 있다. 특히 피카소의 『수영하는 사람』은 과거와 현실 모두에서 보게 되는 작품이며, 영화의 중반부부터 등장하는 주요 가상 인물인 '아드리아나'라는 여성을 형상화하고 있기에 중요한 상징성을 지닌다.

제10장. <미드나잇 인 파리>: 1920년대 파리로의 시간여행과 예술가들

(그림 3)   (그림 4)

길과 대면한 직후 스타인은 『수영하는 사람』에 관해 "누구 말이 맞는지 들어봐요? 피카소한테 이건 아드리아나가 아니라고 했어요. 보편성만 있지 객관성이 없어"라고 말하며 피카소의 면전에서 그림에 대해 날카로운 비평을 한다(그림 4). 이에 피카소는 "아니에요. 잘못 본 거예요. 아드리아나를 몰라서 그래요. 움직임과 화법을 봐요. 정확히 담아냈어요"라고 항변한다. 스타인은 "그렇지 않아요. 그림을 봐요. 넘쳐흐르는 성적 암시에 쌓여 있는 성욕, 아름답지만, 미묘함과 은은한 관능미가 없잖아요"라고 말한 직후 옆에 있는 여자를 향해 "아드리아나, 첫인상이 어때요?"라고 질문한다. 길은 아름답고 관능미가 넘쳐흐르는 아드리아나를 쳐다보고 "기가 막히게 사랑스럽네요"라고 대답한다. 여전히 『수영하는 사람』이 불만스러운 스타인은 "저건 피갈 광장의 색기 넘치는 창녀예요."라고 거칠게 비판하자, 피카소는 "원래 그렇다니까요"라고 항변한다.

이때 헤밍웨이가 아드리아나에게 다가가서 그윽한 눈길로 쳐다보며 그녀의 담배에 불을 붙여준다. 계속해서 스타인은 피카소의 프티 부르주아(petit bourgeois, 노동자와 자본가의 중간 계급에 속하는 소상인, 수공업자, 하급 봉급생활자, 하급 공무원 따위를 통틀어 이르는 말)적 시각이 아드리아나를 노리개로 전락시켰다며 피카소의 그림에 혹평을 가한다. 스타인과 피카소의 그림에 관한 토론이 끝나고 길의 소설을 읽어보라는 헤밍웨이의 요청에 스타인은 즉석에서 원고를 받아 한 문장을 읽는다. "'과거로부터'라는 이름의 가게. 그곳에선 추억을 팔고 있었다. 한 시대엔 따분하고 천박하기까지 했던 것이 단순한 시간의 흐름 속에서 신비롭고 우스꽝스러운 존재로 바뀌기도 했다." 이 문장을 들은 아드리아나는 "전 좋은데요. 벌써 꽂혔어요"라고 호평한다.

스타인이 출간 예정인 헤밍웨이의 책에 관해 그와 이야기하는 동안 아드리아나는 옆방으로 자리를 옮겨 잡지를 읽는다. 첫눈에 아드리아나에게 반한 길이 잠시 후 그녀 옆에 앉아 대화를 시도한다. 여기서 아드리아나는 길이 그러한 것처럼 "저한테 과거는 큰 매력이 있거든요. 벨 에포크 때의 파리가 제 로망이에요"라며 1920년대의 현재보다 과거 벨 에포크 시절을 동경한다고 고백한다. 카메라는 다시 현실 세계로 되돌아온 길이 이네즈와 그녀의 친구 커플과 함께 오랑주리 미술관에서 인상주의 화가 모네의 『수련 연작』을 감상하는 장면으로 전환된다. 이상하게도 네 명이 함께 다닐 때 길은 혼자 동떨어진 느낌을 받는다. 잘난 척하는 폴의 현학적인 태도에 이네즈와 캐롤은 똑똑하다면서 감탄하지만, 길은 심드렁하다. 특히 이네즈는 폴의 그림에 관한 해석에 다른 견해를 표명하려는 길의 말을 가로막으며 그의 견해를 무시하는 태도를 보인다.

앞선 장면에서도 이네즈와 예비 장모는 길의 파리에 대한 남다른 애정을 도무지 이해하지 않으려는 태도를 보인다. 그들과 쇼핑을 하던 중 바깥에는 비가 내리고, 비 내리는 파리의 거리는 길에게는 걷지 않기에는 너무 아까운 데 반해, 이네즈에겐 택시를 타지 않는 것이야말로 미친 짓이다. 길이 고심해서 고른 목걸이를 이네즈는 촌스러워서 하지도 않고, 오히려 또 자신의 취향에 맞지 않는 귀걸이를 선물할까 봐 얼굴을 찡그린다. 소설은 길이 열망하는, 반드시 성취하려는 자신의 꿈과 같은 것임에도 불구하고 이네즈에게 소설가를 꿈꾸는 길의 모습은 현실성을 잃은 방황처럼 보인다.

길과 아드리아나의 데이트

오랑주리 미술관에서 길은 자신이 직접 체험한 피카소의 『수영하는 사람』의 은밀한 배경에 대해 그릇된 해석을 하는 폴의 말을 가로막으며 그에게 일격을 가한다. 그럼에도 옆에 있던 이네즈는 길의 편이 되어 주기는커녕 그의 이야기가 황당하다는 표정을 지으면서 "자기 무슨 약 먹었어?"라며 황당한 질문을 한다. 다시 카메라는 길이 떠난 시간여행의 셋째 날을 보여준다. 이때 다시 길은 파티장에서 헤밍웨이와 아드리아나를 만나고 그녀와 단둘이서 바깥 공기를 쐬자면서 밤거리를 산책한다. 아드리아나 역시 길에게 호감을 드러내면서 둘은 급히 친밀해진다. 그들은 몽마르트르 언덕을 내려오면서 파리의 낭만적인 밤거리를 만끽하지만, 그들 앞에서 한 여자가 강물로 뛰어들려는 것을 목격하고 그녀의 행동을 제지하는데, 그녀는 바로 피츠제럴드의 부인 젤다이다.

젤다는 "스콧이 예쁜 백작부인과 바람을 피우고 자기에게 수군댔어요"라며 울먹이는데, 이는 당시 잦은 음주와 점점 악화되어 가던 신경쇠약 증세의 젤다의 실제 모습을 함축적으로 보여주는 장면이다. 이에 길은 "스콧은 오직 당신만을 사랑해요. 100퍼센트 확실해요"라고 말하며 그녀에게 진정제인 바륨(valium)을 건네며 달랜다. 여기서 길은 자신이 이네즈와 약혼한 이후부터 '바륨'을 가지고 다닌다고 실토한다. 이 말을 들은 아드리아나는 길이 이미 약혼했고 곧 결혼을 앞두고 있다는 사실에 실망한다. 아드리아나가 먼저 술집을 떠난 직후 길은 또 다른 예술가들 만나는데, 바로 오늘날 '초현실주의(Surrealism)의 대명사'로 알려진 살바도르 달리(Salvador Dali, 1904~1989)다. 달리는 길을 테이블로 초대하고 함께 술을 마시는데, 곧이어 2명의 초현실주의 예술가들이 합류한다. 그들은 미국의 초현실주의 사진작가 만 레이(Man Ray, 1890~1971)와 스페인의 초현실주의 영화감독 루이스 부뉴엘(Luis Buñuel, 1900~1983)이다. 길은 그들에게 자신이 2010년에서 과거로 시간여행을 하는 사람임을 밝히지만, 이미 초현실주의 예술 철학에 심취된 그들은 길이 미래에서 온 사람이라는 사실에 크게 놀라워하지 않는다.

이어지는 장면에서 이네즈와 그녀의 부모는 식당에서 함께 저녁을 먹지만, 길이 합석하지 않은 것에 대해 이네즈에게 질문한다. 이에 이네즈는 "일해요. 밤거리의 불빛이 영감을 준다나…"라고 빈정대고 먼저 자리를 뜬다. 길의 수상한 행동을 의심하는 예비 장인은 다음 날 사립 탐정을 찾아가 길의 수상한 행적을 의뢰한다.

제10장. <미드나잇 인 파리>: 1920년대 파리로의 시간여행과 예술가들

초현실주의와 초현실주의 예술가들

주지하듯이 초현실주의 운동의 공식적인 시작은 1924년 프랑스 시인 앙드레 브르통(Andre Breton)의 「초현실주의 선언」("Manifesto of Surrealism")과 함께 시작된다. 주목할 점은 초현실주의가 이전의 아방가르드 예술사조인 다다주의(Dadaism)에서 파생하였다는 사실이다. 제1차 세계대전 말, 예술뿐만 아니라 사회문화 전반에 대한 반발에서 등장한 다다이즘은 1916년 전통적인 가치 체계와 예술의 역할에 대한 회의를 표명한다. 그들은 예술, 미학, 정치 등 모든 것에 대한 무정부주의적 입장을 고수하며, 모든 가치 체계를 반대하였다.

브르통은 초현실주의가 시작되기 이전부터 그의 동료들인 폴 엘뤼아르(Paul Éluard, 1895-1952), 루이 아라공(Louis Aragon, 1897-1982), 필립 수포(Philippe Soupault, 1897-1990) 등과 함께 초현실주의 운동의 기틀을 마련하고 있었다. "제1차 세계대전 말, 예술뿐만 아니라 사회문화 전반에 대한 반발에서 등장한 다다이즘은 1916년에 이르러 전통적인 가치 체계와 예술의 역할에 대한 회의를 표명한다. 브르통 역시 1919년까지만 해도 프랑스 다다주의 운동의 주요 구성원이었다. 하지만, 허무주의를 외치며 기존 개념들에 대한 파괴와 반대의 운동으로 등장한 다다 운동 내에서 브르통을 중심으로 엘뤼아르, 아라공, 수포 등의 또 다른 반동 세력이 형성되었다."(심진호 122).5) 초현실주의 예술가들은 부정의 정신으로 무장한 다다(Dada)의 허무주의에 반대하였으며, 기존 체제, 관습, 이성 중심의 사회에도 역시 반발하였다. 브르통과 동료들은 현실의 문제는 허무주의가 아닌 새로운 혁명을 통해서 해결 가능하다고 주장하였다.

시간을 초월한 길과 아드리아나의 로맨스

길이 아드리아나와 사랑에 빠지면서 이네즈와는 차츰 사이가 소원해진다. 길은 서로 다른 시간대에 사는 2명의 여성을 동시에 사랑할 수 있는지 궁금해하면서 조언을 얻기 위해 이전에 만났던 여행 가이드를 찾아가서 조각가 로댕이 동시에 2명의 여성을 어떻게 사랑할 수 있었는지에 대해 질문한다. 여행 가이드는 "각각 다른 방식으로 사랑한 거죠. 아시잖아요"라고 대답한다. 이에 길은 "그건

---

5) 심진호. 『영화로 떠나는 의식주 인문학』. 부산: 세종출판사. 2023.

프랑스식이네요. 당신들은 뭐랄까…. 그런 면에서 우리보다 한참 앞서가요"라고 말하는데, 이는 사랑에 관한 미국인과 프랑스인의 시각에서의 차이점을 함축적으로 보여주는 장면이 아닐 수 없다.

사립 탐정에게 길의 수상한 행적을 요청한 예비 장인의 의뢰 후, 이어지는 장면에서 카메라는 길이 떠난 시간여행의 넷째 날을 보여준다. 자정을 알리는 종소리가 울리고 길이 차에 오르는데, 이번에 차에 있는 인물은 1922년에 434행으로 이루어진 장시 『황무지』(The Waste Land)를 발표하여 전 세계에 이름을 떨친 영국 시인 엘리엇(T. S. Eliot, 1888~1965)이다. 길이 자동차를 타는 모습을 보고 사립 탐정은 은밀하게 그의 뒤를 추적한다. 거트루드 스타인으로부터 자신의 소설에 대한 호평을 듣게 된 길은 용기를 얻는다. 다시 현재 시점으로 돌아온 길은 글쓰기에 집중하기 위해 약혼녀와 그녀의 예비 장인, 장모와 어울려 관광을 다니며 시간을 낭비하지 않으려 한다. 콜 포터의 노래 「사랑을 해요」가 배경으로 흘러나오면서 길은 혼자서 세느 강변을 걷다가 골동품을 파는 거리에 오게 된다. 길은 LP 음반을 파는 점원에게 "콜 포터 음반 있나요?"라고 질문하자, 한 젊은 여성 점원이 웃음을 띠면서 그를 기억한다고 대답한다. 이전에 길은 이네즈와 그녀의 예비 장모와 함께 골동품 가게를 둘러보던 중 이 가게에서 그녀와 잠시 마주친 적이 있다.

가브리엘(레아 세아두 분)이라는 이름의 그녀에게 길은 "당신도 포터를 알기엔 너무 젊은데"라고 질문하자, 그녀는 "파리에 대한 노래를 많이 썼잖아요"라고 대답한다. 이 가게에서 길은 오래된 LP 음반을 구입한 후에 거리를 걷다가 우연히 중고 책을 파는 가판대에서 한 권의 책에 눈길이 닿고 즉시 이 책을 구매한다. 이 책은 다름 아닌 1920년대의 아드리아나가 쓴 일기이다. 길은 즉시 여행 가이드를 찾아가 이 책의 번역을 부탁하고, 가이드는 즉석에서 책을 영어로 다음과 같이 번역해 준다.

> "파블로, 앙리 마티스와 저녁을 먹었다. 파블로는 위대한 예술가이지만, 마티스는 위대한 화가이다. 여름날 파리는 연인과 마주 앉아 있는 느낌이다. 최고 시간대의 '막심' 레스토랑에서. 최근에 만난 미국 작가와 사랑에 빠졌다. 이름은 길 펜더. 말로만 듣던 마법의 순간이 내게 일어났다. 피카소와 헤밍웨이도 날 사랑하고 있다. 하지만 뭔가 … 설명할 수 없지만 내 마음은 길에게 끌린다. 그가 순진하고 겸손하기 때문일까? 슬픈 인생에서 늘 그렇듯 그는 이네즈란 여자와 결혼한다. 꿈에서 그가 나에게 다가와서 선물을 줬다. 귀걸이였다. 우린 사랑을 나눴다."

여행 가이드의 번역을 통해 길은 자신을 사랑하는 아드리아나의 마음을 알아차린다. 호텔로 되돌아온 길은 아드리아나가 꿈에서 받았던 진주 귀걸이를 선물하기 위해 약혼녀 이네즈의 보관함에 있는 귀걸이를 꺼내 포장한 후에 서둘러 1920년대로 돌아가려고 한다. 길이 아드리아나에게 선물할 귀걸이를 급히 챙겨 호텔을 나서려는 찰나 이네즈와 동행한 그녀의 부모님과 마주친다. 예비 장인이 외출하던 중 갑작스러운 가슴 통증을 일으켜 일찍 귀가한 것이다.

예비 장모가 남편을 위해 전화로 의사를 호출하는 동안 이네즈는 길의 손에 있는 선물이 무엇인지를 묻자, 길은 특별한 저녁에 그녀에게 줄 선물이라고 둘러댄다. 이네즈는 이전에 그에게 받았던 것과 같은 액세서리인지를 묻고, 그때 받은 선물이 마음에 들지 않아 착용하지 않는다면서 부모님에게 보여주기 위해 자기 방으로 들어간다. 곧이어 이네즈는 자신의 진주 귀걸이가 사라졌음을 알게 된다. 이네즈는 여러 곳을

제10장. <미드나잇 인 파리>: 1920년대 파리로의 시간여행과 예술가들

찾다가 호텔 청소부가 몰래 가져간 것으로 의심하면서 프론트 데스크에 전화하여 진주 귀걸이 도난신고를 하려고 한다. 자신의 거짓말로 인해 문제가 커지는 것을 원치 않는 길은 화장실에서 귀걸이를 찾은 척하며 겨우 사건을 무마한다. 결국 길은 다른 보석 가게에서 진주 귀걸이를 구매해 서둘러 과거로 간다.

카메라는 다시 '스타인 살롱'에서 스타인이 야수파(Fauvism) 프랑스 화가 앙리 마티스(Henri Matisse, 1869~1954)의 그림을 500프랑에 구매하겠다는 데 동의하는 장면과 더불어 길이 자신의 소설 앞부분을 수정하여 스타인에게 전해주는 장면을 담아낸다. 길이 스타인에게 이전에 아드리아나와 함께 여행을 간 헤밍웨이의 근황을 묻자, "여행이 별로였나 봐요. 둘이 안 맞을 줄 알았어. 피카소와도 끝났고. 그녀는 지금 '데 홀'에 혼자 있어요"라고 대답한다. 이에 길은 곧장 아드리아를 만나러 '데 홀'에 간다. 길은 그곳에서 아드리아나를 발견하고, 그녀에게 다가가서 자신의 특기가 하나 있는데, 바로 여자의 마음을 읽는 것이라며 "나에 대한 당신의 미묘한 감정을 알겠어요"라고 말한다. "곧 결혼하지 않아요?"라는 아드리아나의 질문에 길은 "모든 게 불확실해졌어요. 저도 어떻게 될지 몰라요"라고 대답한다.

곧이어 길과 아드리아나는 바깥으로 산책을 하러 나가려는데, 떠나기 직전에 루이스 부뉴엘과 마주친다. 미래에서 온 길은 부뉴엘에게 영화에 관한 아이디어를 주겠다고 제안한다. 이 영화가 바로 1962년에 부뉴엘이 발표한 초현실주의 영화 <절멸의 천사>(The Exterminating Angel)이다. 길은 "어느 만찬장 손님들이 식사가 끝나고 나가려는데 나갈 수가 없는 거예요"라고 말한다. 부뉴엘이 "왜요?"라고 질문하자, "그들은 문을 나갈 수가 없어요. 들어보세요. 억지로 갇혀있게 되자 문명의 껍데기는 사라지고 남는 거라곤 그들의 본모습, 짐승이죠"라며 참신한 아이디어를 주고 떠난다. 실제로 부뉴엘은 1929년에 살바도르 달리와 공동으로 오늘날까지도 회자되는 유명한 초현실주의 영화를 만드는데, 이 영화가 바로 <안달루시아의 개>(An Andalusian Dog)다.

부뉴엘과 달리의 초현실주의 영화 <안달루시아의 개>

부뉴엘과 달리가 공동으로 연출한 <안달루시아의 개>는 상영시간이 14분으로 짧으며, 기괴하고 그로테스크한 이미지와 더불어 일관성 없는 꿈처럼 흘러가기 때문에 영화의 의미를 제대로 이해하기는 쉽지 않다. <안달루시아의 개>의 구성은 '정신의 자동 작용'(Psychic automatism)에 의한 결과물이다. 부뉴엘과 달리는 둘 다 영화에 출연했는데, 부뉴엘은 면도칼을 든 남자로, 달리는 화면을 가로질러 지나가는 성직자 중 한 명으로 등장한다. "무의식의 표출이 자동기술법에 따르고 있어 실제로 줄거리 대신에 맥락이 없어 보이는 이해 불가능한 장면들이 14분 동안 이어진다. 첫 장면은 남성이 칼을 갈고 있는 장면에서 시작해 달이 등장하고 눈을 면도칼로 자르는 끔찍한 화면으로 이어진다. 이러한 이미지들이 비논리적으로 나열되는데 시점은 갑자기 8년 후로 변화된다. 이 장면에서는 남성 손바닥의 구멍에서 개미들이 우글거리며 기어 나오다가 재빨리 해변에 누워있는 여자의 겨드랑이 털과 성게 가시로 겹치면서 빠르게 전개된다. 다른 연속 장면에서 남자는 여자의 가슴을 만지는 데 가슴은 허벅지와 알몸이 되면서 성적 대상으로 더욱 극화되면서 긴장감을 고조한다. 그 기묘한 긴장감은 남성의 얼굴이 마치 좀비 혹은 흡혈귀처럼 변하는 데서 알 수 있다. 겁탈당하던 여성이 도망가는데 그녀를 강제로 애무하던 한 남자는 성직자 두 명이 묶여있고 당나귀 사체가 올려져 있는 그랜드 피아노 두 대를 끌면서 여성에게 더욱 위협적으로 다가간다. 여성은 도망가고 남성의 손이 문틈에 끼어 개미 떼가 더욱 많이 기어 나온다."(조사라·정금희 73).6)

벨 에포크 시대로 시간여행을 떠난 길과 아드리아나

바깥에서 산책하던 길과 아드리아나는 파리의 밤이 선사하는 낭만적인 분위기에 흠뻑 빠지고, 둘은 서로 키스한다. 길은 그녀에게 진주 목걸이를 선물하고, 아드리아나는 즉석에서 그 귀걸이를 착용한다. 곧이어 한 대의 마차가 그들 앞에 도착하고, 마차 안의 남녀는 그들을 향해 "어서 타요. 늦겠어요"라고 말한다. 이렇게 그들이 탄 마차는 또 한 번의 시간여행을 하고, 길과 아드리아나가 도착한 곳은 벨 에포크 시대의 '막심 레스토랑'(Maxim's de Paris)이다. 길이 동경하던 1920년대의 아드리아나는 자신이 그렇게 동경하던 벨 에포크 시대인 1890년대에 도착하자 감격한다. 그들은 '막심 레스토랑'의 로맨틱한 분위기에 취해 서로를 끌어 안고 함께 블루스를 추면서 서로에 대한 사랑의 감정을 확인한다. 이어서 그들은 아드리아나가 꿈꾸었던 장소인 '물랑 루즈'(Moulin Rouge)에 도착하여 무희들이 추는 화려하고 선정적인 캉캉(Cancan, 1830년대 7월 혁명 이후 프랑스 파리의 무도회장에서 시초가 된 단체 무용. 경쾌하고 신나는 빠른 템포로 무용수들이 하이힐을 신고 여러 겹의 긴 스커트를 꽃처럼 흔들어서 다리를 치켜들어 점프하는 외설적인 춤을 의미함) 춤을 보면서 즐거운 시간을 만끽한다. 그리고 이곳에서 길과 아드리아나는 물랑 루즈의 화가로 알려진 툴루즈 로트렉(Henri de Toulouse-Lautrec)과 더불어 폴 고갱(Paul Gauguin)과 에드가 드가(Edgar De Gas)를 만나 서로 대화를 나눌 기회를 가진다(그림 5).

폴 고갱이 "이 시대는 공허하고 상상력이 없어. 르네상스 시대가 더 낫죠"라고 말하자, 아드리아나는 "아녜요. 지금이 황금시대죠"라고 항변한다. 그리고 나서 아드리아나는 길에게 1920년대로 돌아가는 대신 함께 이곳에 남자고 제안한다.

> 아드리아나: "길, 우리 돌아가지 말아요. 지금이 벨 에포크의 시작이에요. 파리 역사상 가장 아름답고 위대한 시절이에요."
> 길: "아드리아나, 1920년대는? 피츠제럴드, 헤밍웨이는? 난 그때가 좋아요."
> 아드리아나: "길, 그건 현재잖아요. 지루해요."
> 길: "지루해요? 난 현재가 아니죠. 난 2010년에서 왔으니까. 우리가 1890년대에 온 것처럼 난 1920년대에 잠깐 들른 거예요. 나도 당신처럼 현재를 벗어나 황금시대로 가고 싶어 했죠."
> 아드리아나: "설마 1920년대를 황금시대로 여기진 않겠죠? 난 1920년대에 살지만, 황금시대는 벨 에포크예요."

---

6) 조사라·정금희. 「'안달루시아의 개'에 드러난 초현실주의적 도상 연구-프로이드의 정신분석학을 중심으로-」. 『유럽문화예술학논집』 10.1 (2019): 69-82.

제10장. <미드나잇 인 파리>: 1920년대 파리로의 시간여행과 예술가들

길: "아드리아나, 저 사람들을 봐요. 저들은 '황금시대는 르네상스'라고 말하잖아요. 이제야 알겠어요. 사소한 거지만 내 꿈속의 불안이 뭐였는지 알겠다고요. 페니실린이 떨어진 거예요. 치과에 갔는데 마취제도 항생제도 없다고. 여기에 머물면 또 다른 시대를 동경하겠죠. 상상 속의 황금시대를."

아드리아나: "현재란 그런 거예요. 늘 불만스럽죠. 삶이 원래 그러니까. 이게 작가들의 문제예요. 난 남아서 파리의 전성기를 즐길래요. 길, 안녕!"

엔딩 시퀀스: 이네즈와의 파혼과 새로운 인연

정작 자신이 동경하던 시대를 아드리아나는 거부하고 벨 에포크를 동경하며, 아드리아나가 동경하는 벨 에포크를 드가나 고갱 같은 인물은 거부하고 르네상스 시대를 동경하고 있음을 간파한 길은 자신이 동경하는 황금시대가 사실은 현재에 대한 거부에서 연유한 것임을 깨닫는다.

(그림 5)

(그림 6)

현재로 되돌아온 길은 헤밍웨이에게 들었다면서 이네즈와 폴의 관계를 의심하며 추궁한다. 이네즈는 죽은 사람들 이야기나 지껄이는 길에게 진절머리가 나서 폴과 섹스했다고 고백함으로써 그들의 관계는 마침표를 찍는다. 이네즈와 헤어진 후 이어지는 장면들은 인생의 목표를 상실한 듯한 길의 지루한 일상을 보여준다. 길은 노천카페에 홀로 앉아 있거나 서점을 돌아다닌다. 그러다가 길은 우연히 가브리엘과 마주친다. 이전에 길과 가브리엘은 골동품을 파는 가게에서 손님과 점원으로 만난 적이 있다. 가브리엘은 가게 사장이 콜 포터의 LP 음반을 구매했다면서 며칠 전에 길을 생각하게 되었다고 말한다. 길은 왜 자신이 생각났는지를 묻고 이내 그런 식으로 자신이 기억되는 것도 좋다고 말한다. 길은 자신이 파리로 이주하기로 결심했음을 그녀에게 알려주고 같이 커피 한잔할 수 있을지 제안한다.

가브리엘이 웃으면서 길의 제안을 승낙한 직후 비가 내리기 시작한다. 비 오는 파리를 걷는 걸 원하는 길은 그녀 역시 자신과 취향이 같음을 알게 된다. 이후 길과 가브리엘은 빗속에서 함께 대화하면서 걸어가는 것으로 영화는 끝난다(그림 6). 시간여행을 통해 1920년대 파리의 낭만적인 풍경, 남녀의 사랑과 이별 그리고 새로운 인연을 마치 씨줄과 날줄을 엮어내고 그 속에 해학과 위트가 넘쳐나는 로맨틱 코미디를 창조하는 감독 중에 우디 앨런을 능가하는 대가(master)가 또 있을까?

그룹 액티비티 및 에세이 주제

1. <미드나잇 인 파리>의 오프닝에 등장하는 매혹적인 장소이자 공간으로서 파리를 감상해 보자. 관람객의 감성 코드를 강하게 자극하게 만드는 도시 파리를 통해 우디 앨런 감독이 묘사하는 파리의 장소성에 대해 토의해 보자.

2. <미드나잇 인 파리>는 1920년대 파리의 예술적 분위기를 동경하는 미국인 작가 '길'의 시간여행을 환상적으로 그려낸 영화다. 파리의 낭만적인 풍경을 배경으로 한 다른 영화와 구별되는 <미드나잇 인 파리>만이 지닌 의의와 독창성에 대해 토론하고 그 내용을 정리해 보자.

3. 영화에서 주인공 길은 홀로 파리의 밤거리를 산책하다 우연히 1920년대의 파리로 시간여행을 떠나게 된다. 길이 시간여행을 통해 만나게 되는 1920년대 파리에서 활동했던 예술가들의 면면과 그들의 대표 작품들을 요약해 보자.

4. <미드나잇 인 파리>에서 길은 시간여행을 통해 당시 예술가의 뮤즈로 활동하던 아드리아나를 만난다. 하지만 아드리아나는 길이 갈망했던 1920년대가 아닌 '벨 에포크' 시대의 파리를 더욱 동경한다. 이것에 대해 토의하고 그 내용을 정리해 보자.

5. <미드나잇 인 파리>에서 가장 인상적인 장면은 무엇이고 그렇게 생각한 이유를 적어보자.

6. 영화의 엔딩에서 길은 약혼녀 이네즈와의 결혼을 포기하고 파리로 이주하기로 결심한다. 저녁에 파리를 산책하던 길이 우연히 골동품 가게 점원 가브리엘을 만나 비를 맞으며 그녀와 함께 걸어가는 장면으로 끝나는 영화의 엔딩에 대해 토의해 보자.

제 11 장

<아메리칸 셰프>
: 푸드트럭과 미국 음식문화

스크린을 횡단하는 글로벌 문화

2014년 상영된 영화 〈아메리칸 셰프〉(Chef)는 미국의 시나리오 작가, 프로듀서, 감독이자 배우인 존 파브로(Jon Favreau) 감독이 각본, 주연, 감독에 제작까지 맡은 작품이다. 이 영화를 보고 난 후 대다수 관객들은 영화에 나오는 다채롭고 먹음직스러운 음식에 매료되면서 상당한 호평을 쏟아냈다. 존 파브로는 마블 시네마틱 유니버스(MCU) 팬들이라면 모를 수 없는 이름이다. 로버트 다우니 주니어(Robert Downey Jr.)와 함께 2008년 상영된 〈아이언 맨〉(Iron Man)이라는 영화로 MCU의 초석을 쌓은 연출자다. 존 파브로는 할리우드에서도 손꼽히는 필모그래피를 가진 감독이다. 〈아이언 맨〉 시리즈 외에도 〈정글북〉(The Jungle Book, 2016)과 〈The Lion King, 라이온 킹〉(2019) 등의 작품들도 그가 연출했다.

〈아메리칸 셰프〉는 일류 레스토랑 셰프 칼이 음식평론가와 언쟁 후 직장에서 해고된 뒤에 그의 고향 마이애미(Miami)로 내려가 성공적인 푸드트럭 비즈니스를 통해 가족 간의 유대감을 더욱 공고히 하는 이야기를 담아낸다. 최근 방송 예능 프로그램에서 '먹방'(음식을 먹는 방송)에 이어 '쿡방'(요리 방송)이 대중들의 폭발적인 관심과 공감을 유도하면서 강력한 트렌드로 자리 잡고 있다. 2018년 국내에서 100만 명 이상의 관객을 동원한 영화 〈리틀 포레스트〉도 먹방, 쿡방으로 분류되는 작품 중 하나이다. 이처럼 최근 국내외에서는 최근 음식문화 트렌드에 부합하는 요리를 소재로 한 작품이 넘쳐난다. 말하자면 '21세기 문화 코드'로 부상한 웰빙(well being) 바람을 타고 좀 더 건강하고 맛있게 사는 법에 대한 관심이 영화계까지 번져나가고 있다는 것이다.

〈아메리칸 셰프〉에 영감을 준 로이 최

존 파브로 감독의 〈아메리칸 셰프〉에 영감을 준 사람은 다름 아닌 한국계 미국인 로이 최(Roy Choi)다. 로스앤젤레스에 푸드트럭 붐을 일으킨 '고기 바비큐'의 창업자인 로이 최는 프라이팬에 각종 재료를 놓고 쿠바 샌드위치를 만드는 과정은 마치 화가가 캔버스에 그림을 그리는 것과 다르지 않다고 말하며 요리가 곧 예술이라고 주장한다. 로이는 중학교에 다닐 때 말썽꾸러기여서 부모가 군사학교에 보낼 정도였다. 20대 초반에는 마약에도 손을 댔고 한때 법대에도 다녔지만 곧 중퇴했다. 하지만 로이는 이를 극복하고 요리학교에 다니면서 인생에 새로운 전환점을 맞이하고 현재 미국에서 유명 셰프로 활약하고 있다. 2010년 '10대 최고의 신인 셰프'로 선정된 로이는 자서전 겸 요리책인 『LA 아들: 마이 라이프, 마이 시티, 마이 푸드』(LA Son: My Life, My City, My Food)를 출간했다. 그리고 CNN은 로이의 쇼 〈스트리트 푸드〉(Street Food)를 방영하기도 했다.

제11장. <아메리칸 셰프>: 푸드트럭과 미국 음식문화

존 파브로는 로이 최의 레시피를 따라하면서 "요리는 하나의 비전이며 셰프는 타고난 선생"이라고 로이에게 무한한 존경과 신뢰를 보낸다. 그는 "난 로이 덕택에 집에서 온갖 음식을 다 해 먹는다"고 자랑하기도 했다. 그리고 그는 "로이에게서 많은 것을 배웠다"라면서 "앞치마 두르는 방법도 하나의 의식이라는 것을 깨달았다"라고 말한다. 2019년부터 현재까지 인기리에 방영되고 있는 넷플릭스 다큐멘터리 시리즈 <더 셰프 쇼>(The Chef Show)는 존 파브로가 미국 푸드트럭계의 전설로 불리는 로이 최와 함께 요리 탐험을 떠나는 이야기를 담고 있다. 이렇게 영화 <아메리칸 셰프>로 인연을 맺은 존 파브로와 로이 최는 현재도 요리계의 거장을 찾아다니며 다양한 음식과 문화를 공유하고 있다.

푸드트럭의 정의와 역사

푸드트럭이란 조리 시설을 갖춘 이동식 차량으로 지역을 옮겨가며 음식을 판매할 수 있는 시설을 말한다. 미국을 시작으로 21세기 현재 세계 곳곳에서 푸드트럭이 유행하면서 다양한 국가의 사람들이 푸드트럭 시장에 뛰어들고 있다. 오늘날 푸드트럭 시장은 패스트푸드의 대표 주자인 햄버거를 포함한 미국 음식이 가장 높은 점유율을 보이지만 아시아 음식, 퓨전 요리 등 세계적으로 다양한 음식들이 푸드트럭을 통해 판매되고 있다.

푸드트럭의 원조는 1866년 미국 텍사스 목장 주인 찰스 굿나잇(Charles Goodnight)으로부터 시작된다. 카우보이들이 소떼를 몰고 나가면 들판에서 불을 피워 식사하기가 어려웠다. 그래서 굿나잇은 군용 마차에 부엌을 설치해서 카우보이들에게 고기를 구워주고 커피를 끓여주었다. 이 '밥 마차'는 '척 웨건'(chuck wagon)이라고도 불렸으며 미국인들은 이것을 첫 푸드트럭으로 간주한다.

> "푸드트럭이란 우리나라에서는 식품이나 음식을 유통하거나 판매하는 데 사용하기 위해 개조(튜닝)된 자동차를 말하며, 국토교통부는 푸드카라는 용어도 동시에 사용한다. 반면 미국에서의 '푸드트럭' 또는 '모빌트럭'은 요리가 가능한 조리 여건이 마련된 이동 수단을 말한다. 아이스크림, 냉동식품, 포장 식품을 포함하여 차량 내 주방에서 조리되어 나오는 것들을 말한다. 샌드위치, 햄버거, 감자튀김, 패스트푸드 등이 일반적이다. 최근에 팝업 레스토랑 현상에 관련한 푸드트럭은 특별하고 창조적인 메뉴와 함께 사람들에게 인기를 끌고 있다. 푸드 카트와 노상까지 포함하면 거리 음식은 외식산업에 가까워져 있으며, 현재 세계에서 약 25억 명이 푸드트럭을 이용하고 있는 것으로 나타났다."(박두희 5)[1]

뉴욕 스트리트 푸드의 대명사 '할랄 가이즈'

뉴욕의 대표 스트리트 푸드로 마천루 숲 사이사이에 노랗고 빨간 색이 뒤섞인 푸드트럭을 종종 발견할 수 있다. 특히 웨스트 53번가(W 53rd Street)에 위치한 뉴욕현대미술관(MoMA) 입구에서 한눈에 노란색의 '할랄 가이즈' 푸드트럭을 찾을 수 있다(그림 1). 여러 대의 푸드트럭이 영업 중이지만, 그중에서도 추천할 만한 음식은 단연 '할랄 가이즈'다. 매콤한 소스에 고기가 곁들여진 푸짐한 양의 중동식 요리가 바로 '할랄 가이즈'의 할랄 푸드다.

필자는 뉴욕을 방문할 때마다 이곳을 들러 맛있는 한 끼를 즐기곤 했다. 마천루 숲으로 이루어진 맨해튼 시내에서 거리 풍경을 감상하면서 야외에서 먹는 할랄 푸드는 색다른 경험을 제공해 준다. 가장 최근에는 코로나19 팬데믹이 시작되기 직전인 2020년 2월에도 뉴욕현대미술관을 들러 관람을 마친 후 이곳을 들러 맛있는 한 끼를 해결했다. 이슬람식 도축법인 '다비하'(Dhabihah) 식으로 도살한 짐승의 고기와 그 음식을 갖고 만드는 음식을 '할랄 푸드'(Halal Food)라고 한다. '할랄 가이즈'의 메뉴는 한국인들에겐 호불호가 갈리기도 한다. 하지만 저렴한 가격에 매우 푸짐한 양과 맛은 나의 입맛에 너무나 잘 맞았다.

필자가 주문한 콤보 플래터(Combo Platter)는 1인분의 양이 너무나 푸짐해서 한국 기준으로 여성 2명이 먹어도 넉넉할 정도로 많은 양이었다(그림 2). 주황색 밥과 채소 그리고 닭고기 혹은 양고기가 핫소스, 화이트 소스와 함께 커다란 은박 접시 위에 제공된다. 포장한 할랄 푸드를 들고 어디서 먹어야 할 지 고민하다가 주위를 둘러보니 많은 여행객과 현지인들이 근처 건물 바깥에 앉아 먹고 있었다. 럭셔리한 레스토랑 대신 마천루 숲속 야외에 앉아서 먹는 '할랄 푸드'와 같은 스트리트 푸드야말로 진짜 뉴욕의 맛이 아닐까?

(그림 1)

(그림 2)

1) 박두희. 『푸드트럭 정책의 효율적 실행을 위한 연구-미국 사례를 중심으로-』. 고려대학교 대학원 석사논문. 2015.

제11장. <아메리칸 셰프>: 푸드트럭과 미국 음식문화

아마추어 미술 애호가인 필자는 뉴욕을 방문하게 되면 항상 시작과 마무리를 '모마'(MoMA, 뉴욕현대미술관)에서 한다. 2020년 겨울(1월~2월)에 방문했던 기간에도 마찬가지였다. 게다가 '모마'는 플래티넘급 이상의 현대카드가 있으면 무료로 관람할 수 있으니 이보다 더 좋을 수가 없다. 보통 반나절 이상을 '모마'에서 그림을 감상하며 보내기 때문에 관람 전후 든든하게 배를 채우기에는 '모마' 바로 앞에 자리 잡고 있는 푸드트럭 '할랄 가이즈' 만한 곳은 없는 것 같다.

필자가 선호하는 메뉴는 닭고기와 양고기를 주황색 바스마티 쌀(basmati rice, 인도산 길쭉하고 폴폴 날리는 쌀) 위에 토핑한 '콤보 라이스'(Combo Rice)와 양고기를 넣은 피타(Pita)빵 샌드위치 '램 자이로'(Lamb Gyro)이다. 콤보 라이스 위에 매운 빨간색 핫소스 혹은 화이트 소스를 뿌려서 먹으면 정말 다시 먹고 싶을 정도로 중독성이 강하다. 단, 핫소스는 매우 맵기 때문에 필자처럼 민감한 위장을 가지고 있는 사람은 주의해야 한다. 채식주의자라면 병아리콩을 빚어 만든 크로켓(croquette), 즉 '팔라펠'(Falafel)로 속을 채운 '팔라펠 자이로'를 선택하면 된다. 이렇게 맛있고 양도 푸짐한 할랄 메뉴와 함께 파는 음료는 한 끼를 먹는 데 드는 비용이 7~10달러 밖에 되지 않으니 뉴욕의 살인적인 물가를 감안하면 가난한 여행객들에게는 최상의 선택이 아닐 수 없다.

뉴욕의 명물 '카츠 델리카트슨'과 파스트라미 샌드위치

(그림 3)

(그림 4)

2020년 2월 말 국내에서 코로나 팬데믹이 막 시작될 당시 뉴욕은 굉장히 평온한 분위기였다. 그때 필

스크린을 횡단하는 글로벌 문화

자는 CNN 뉴스를 보며 코로나바이러스가 미국과 아메리카 대륙에 오기까지는 한참 시간이 걸릴 것이라고 예상했다. 3월 신학기 수업을 위해 귀국을 얼마 앞두고 영화 〈해리가 샐리를 만났을 때〉(*When Harry Met Sally*)로 전 세계에 유대인 음식문화를 널리 알린 뉴욕의 유명한 샌드위치 전문점 '카츠 델리카트슨'(Katz's Delicatessen)을 방문했다. 귀국 후에 안 사실이지만 비슷한 시기에 대한민국을 대표하는 인기 아이돌 그룹 BTS가 이곳을 방문했다고 한다.

5개의 자치구(borough)로 이루어진 뉴욕시의 핵심인 맨해튼 인구는 대략 150만 명이며, 이 가운데 유대인 인구는 20.5%로 대략 31만 명이다. 역사적으로 이들 유대인이 뉴욕의 음식문화에 끼친 영향은 매우 막대하다. 한마디로 뉴욕 음식의 역사는 유대인 음식의 역사라고 해도 과언이 아니다. 1888년 오픈한 레스토랑 '카츠 델리카트슨'은 뉴욕의 유대인 음식의 위상을 보여주는 대표적 예라 할 수 있다. 로어 이스트 사이드(Lower East Side) 2번가 지하철역에서 가까운 '카츠 델리카트슨'은 대개 '카츠 델리'로 불린다(그림 3). 무엇보다 이 레스토랑의 일품요리는 단연 '파스트라미(Pastrami, 양념한 소고기를 훈제해 차게 식힌 것) 샌드위치'다.

사실 '카츠 델리카트슨' 레스토랑은 영화 〈해리가 샐리를 만났을 때〉가 상영되기 이전부터 뉴요커 사이에서 명성이 자자했다. 50여 개 테이블에 250명을 동시에 받을 수 있다는 레스토랑의 벽면은 마릴린 먼로, 폴 뉴먼, 비틀스, 빌 클린턴, 버락 오바마 전 대통령 등 1천여 장에 이르는 유명 인사의 방문 기념사진으로 도배돼 있다(그림 4). '카츠 델리'는 유대인 코셔(Kosher, 코셔란 유대인의 율법을 따르는 정결한 음식을 의미함) 스타일의 '델리'(고급식품을 파는 가게라는 뜻을 지닌 '델리카트슨'의 줄임말로 햄, 소시지 등의 육가공품과 치즈, 가벼운 식사 거리인 샐러드, 샌드위치 등의 조리 식품을 판매하는 레스토랑을 의미함)로 러시아 이민자에 의해 시작되었다. 냉장 시설이 발달하지 않았던 1800년대에 '카츠 델리'만의 탁월한 훈제 및 염장 등의 고기 저장 기술의 발달이 지금의 명성을 낳았다. '카츠 델리'를 방문한 고객들은 문 앞에서 나눠주는 티켓을 들고 요리사들에게 직접 주문을 하게 된다. 주문한 음식을 만드는 동안 바로 눈앞에서 고깃덩어리를 썰어서 무료 시식 샘플까지 제공한다. 스모키향이 진하며 육즙이 풍부한 '파스트라미 샌드위치' 1인분의 양은 동양인에게는 너무 많아 2명이 나눠 먹어도 될 정도로 넉넉하다. 『뉴욕, 쿨하게 맛있다』라는 책에서 저자 차승희는 다음과 같이 말한다.

> 『뉴욕타임스』의 저명한 음식평론가 프랭크 브루니(Frank Bruni)는 카츠 델리를 과거와 현재를 연결해 주는 '뉴욕의 DNA'이자 '살아있는 박물관'과 같다고 했다. 뉴욕을 닮은 델리 중의 델리, 카츠 델리. 뉴욕 음식문화의 중심이 되고 있는 유대인 식문화를 들여다볼 수 있는 곳이니, 놓치지 말자.(차승희 171)[2]

---

[2] 차승희. 『뉴욕 쿨하게 맛있다』. 서울: 한스미디어. 2010.

제11장. <아메리칸 셰프>: 푸드트럭과 미국 음식문화

<아메리칸 셰프>의 유명 셰프 칼 캐스퍼의 위기

영화 <아메리칸 셰프>의 오프닝은 군침 도는 요리를 만드는 로스앤젤레스 브렌트우드(Brentwood)의 고급 레스토랑의 유명 셰프 칼 캐스퍼(Carl Casper, 존 파브로 분)가 경쾌한 음악을 배경으로 요리하는 모습을 보여주며 시작한다. 여기서 흘러나오는 멜로디는 루이지애나(Louisiana)주 뉴올리언스(New Orleans)의 마디그라(Mardi Gras, 프랑스어로 '뚱뚱한 화요일'이란 뜻. 매년 '재의 수요일' 하루 전날이 재즈의 발상지 뉴올리언스에서 개최되는 마디그라 축제일이다) 인디언 부족 '야생 목련'(The Wild Magnolias)이 부른 「존 형이 떠났어요」("Brother John is Gone")라는 노래다. 오프닝에 사용된 「존 형이 떠났어요」처럼 <아메리칸 셰프>의 OST에는 미국 남부와 더불어 이국적인 중남미의 정서가 물씬 풍기는 명곡들이 수록되어 있다.

마이애미 출신의 칼과 마찬가지로 그의 부유한 전처 이네즈(Inez, 소피아 베르가라 분)의 아버지도 쿠바계 미국인들이 밀집해서 사는 마이애미의 리틀 하바나(Little Habana)의 클럽에서 가수로 활동하며 우리에게 이국적인 중남미 음악을 들려준다. 칼은 이네즈와 이혼 후 낡은 아파트에 혼자 살며 아버지로서의 의무감 때문에 초등학교에 다니는 10세 아들 퍼시(Percy)와 가끔 시간을 보낸다. 칼은 아들과 함께 장을 보러 나갔다가 무심결에 다음 달 뉴올리언스(New Orleans)로 함께 여행하기로 약속한다. 영화에서 아들과 함께 여행을 떠나기로 약속한 장소인 뉴올리언스는 부자 관계를 더욱 끈끈하게 연결해주는 연결고리로서 역할을 한다. 자신의 음식에 남다른 자부심을 가지고 있는 칼에게는 아들과의 약속보다 음식평론가의 평가가 더 중요하다.

어느 날 칼과 그의 동료들은 술집에서 유명한 음식평론가이자 푸드 블로거(blogger)인 램지(Ramsey)가 칼의 음식을 혹평하는 기사를 휴대폰으로 함께 본다. 램지는 온라인 콘텐츠로 유행을 이끄는 사람인 '인플루언서'이기도 하다. 칼의 음식에 호평을 보여준 다른 평론가들과 달리 램지는 "터무니없는 가격에 진부한 요리를 내놓고 있다"라며 악평을 쏟아냈다. 램지의 악평에 매우 자존심이 상한 칼은 집에 돌아와 아들 퍼시를 위해 음식을 준비하다가 아들로부터 사회관계망서비스(SNS) 트위터(Twitter)에 대해 배우게 된다(그림 5). 그리고 칼은 아들에게 부탁하여 바로 트위터에 가입한다. 칼은 음식을 논평한 글을 읽다가 램지가 자신의 음식에 대해 악평을 쓴 글을 보게 된다. 이에 분개한 칼은 램지의 트위터 계정에 "당신은 얼굴에 좋은 음식을 처발라줘도 못 알아볼 인간이야"라는 험한 욕설을 날린다.

트위터 초보인 칼은 자신이 보낸 메시지가 개인적인 메시지일 뿐이라고 생각한 것이다. 칼은 리트윗(retweet)한 자신의 글이 램지뿐만 아니라 모든 사람들에게 보인다는 것을 알지 못한다. 다음 날 아침 아들 퍼시가 일어나서 트위터를 보다가 "아빠, 밤사이에 팔로워가 1,653명 생겼어"라고 말한다. "팔로워가 뭐냐"고 묻는 칼에게 아들은 "1,653명에게 아빠 글이 보인다는 거야"라고 설명한다. 칼이 트위터에 램지를 공격하는 리트윗을 날림으로써 하룻밤 새 유명인이 된 것이다. 더욱이 칼의 리트윗에 다른 사람들이 다시 글을 올리면서 램지와의 개인적인 싸움은 걷잡을 수 없이 커지게 되었다. 칼은 다음날 주방에서 동료들과 이 문제에 대해 의논하다가 "오늘 밤에 다시 오는 게 어때? 당신을 위해 새 메뉴를 개발했으니까, 개새끼야"라는 트위터를 날리며 램지에게 선전포고를 한다.

직장에서의 해고와 가족들과 마이애미로의 여행

트위터를 통한 칼의 공개적인 결투 신청에 그가 일하는 레스토랑은 당일 예약이 모두 다 찼다. 레스토랑 오너 리바(Riva)는 칼에게 "주중에 이렇게 많은 예약이 잡힌 건 오픈한 이래로 처음이야"라고 말하며 앞으로 온라인에 글을 올리려면 자신의 허락을 얻어야 한다고 요구한다. 나아가 칼에게 트위터로 사과해야 하며 당일 평소와 똑같은 메뉴를 내놓으라고 명령한다. 이에 칼은 "주방은 나의 구역이고 그렇게 합의를 보았지 않느냐"라고 말하며 리바에게 맞선다. 리바는 칼에게 자신의 말을 따르든지 아니면 떠나든지 선택하길 원한다. 리바의 강압적인 요구를 참지 못하고 칼은 주방을 박차고 나간다. 아무것도 모른 채 레스토랑을 찾은 램지는 평소와 똑같은 메뉴에 당황한다. 코스가 다 끝나가고 램지가 '초콜릿 라바 케익'을 먹을 무렵 칼이 나타나 그에게 욕설을 퍼붓는다(그림 6).

(그림 5)

(그림 6)

이 사건은 여과 없이 온라인에 올라오고 결국 칼은 직장을 잃는다. 레스토랑에 온 손님들이 램지와의 설전을 휴대폰으로 촬영하여 온라인에 올린 것이다. 이로 인해 트위터 팔로워가 2만 명까지 늘어난 칼이 "계정을 삭제하겠다"고 하자 홍보 전문가는 만류한다. 백수가 된 칼은 새로운 직장을 구하기 위해 전화로 전처에게 당분간 아들 퍼시를 돌봐달라고 간청한다. 그리고 아들에게 방학 때 뉴올리언스를 함께 여행하기로 한 약속을 지킬 수 없게 되었다는 사실을 털어놓는다. 아들은 괜찮다고는 말하지만 실망한 기색이 역력하다. 칼이 실망해 있는 아들을 달래기 위해 전처의 집을 방문하자 전처는 아들과 함께 마이애미에 살고 있는 아버지를 보러 가는 길에 칼이 함께 동행하기를 제안한다.

마이애미 '리틀 하바나'와 푸드트럭 사업

결국 아들과의 약속을 지키기 위해 칼은 그들과 함께 마이애미로 향한다. 그곳에서 전처의 아버지가 가

제11장. <아메리칸 셰프>: 푸드트럭과 미국 음식문화

수로 일하는 리틀 하바나(Little Habana)의 클럽을 방문하고 모처럼 다같이 즐거운 시간을 보낸다. '리틀 하바나'의 클럽에서 볼 수 있듯이 2019년 기준으로 미국 내 쿠바계 미국인(Cuban Americans)의 인구는 대략 240만 명이며, 그들 대부분은 쿠바와 지리적으로 가까운 플로리다 주에 거주한다. 특히 마이애미는 미국 내에서 '라티노'(Latino = 히스패닉)들이 밀집해 사는 대표적인 도시로 전체 인구의 70%를 차지한다. 또한 마이애미의 '라티노' 중에서 거의 절반은 쿠바계 이민자들이 차지한다. 미국 인구 조사에서 이들도 라티노로 분류되고, 가톨릭 신자가 다수이며 거의 대다수가 백인이기 때문에 쿠바계 이민자 본인들도 미국 사회의 주류라고 생각하는 경우가 많다.

칼은 전처의 소개로 그녀의 전남편이 일하는 회사로 찾아가서 그로부터 한 대의 낡은 푸드트럭을 얻는다. 칼은 아들의 도움을 얻어 이 푸드트럭을 수리하고 개조하여 본격적으로 사업을 해나가려 결심한다. 이전 직장에서 부주방장이었던 마틴(Martin, 존 레귀자모 분)의 도움으로 칼은 쿠바 샌드위치(Cubanos)를 파는 푸드트럭 사업을 시작한다. 푸드트럭을 타고 마이애미에서 출발하여 뉴올리언스, 텍사스주 오스틴(Austin)을 거쳐 로스앤젤레스로 여행하는 동안 칼과 아들 퍼시는 서로를 깊이 이해하고 부자 관계를 더욱 견고히 다져 나간다.

퍼시가 셰프로서 아빠를 존경하고 함께 일을 하게 되면서 그동안 소원했던 부자 관계는 더욱 가까워진다. 하지만 낡은 푸드트럭을 새롭게 리모델링하는 작업을 단둘이서 하기에는 너무 벅찼다. 어느 날 무거운 자재를 트럭에 싣기 위해서 도움이 필요한 순간이 온다. 칼은 이때 한쪽에서 쉬고 있는 라티노 노동자들에게 도움을 청해본다. 하지만 그들은 들은 척도 하지 않는다. 이렇게 난관에 부딪혀 있을 때 이전 레스토랑의 부하 직원 마틴이 부주방장의 자리를 마다하고 도와주러 나타난다. '라티노'인 마틴이 한쪽 구석에 쉬면서도 칼을 도와주지 않던 노동자들에게 스페인어로 도움을 요청하자마자 단체로 도움을 주면서 푸드트럭은 금세 말끔한 제 모습을 갖춰갔다. 마이애미에서 주류 인종을 구성하고 있는 '라티노'들의 끈끈한 우애를 엿볼 수 있는 장면이다. 이들의 수고에 보답하기 위해 칼과 마틴은 정통 쿠바식 샌드위치를 만들어 대접하기로 한다. 쿠바 샌드위치를 처음 맛본 아들과 마틴 그리고 라티노 노동자들 모두 그 맛에 빠져버린다. 그리하여 푸드트럭의 메뉴는 바로 그 자리에서 '쿠바노스'(Cubanos = 쿠반 요리), 즉 '쿠바 샌드위치'로 정해졌다.

'엘 헤페'(El Jefe)라는 이름의 푸드트럭 정면에 표기되어 있는 '쿠비노스'라는 용어에서 단적으로 알 수 있듯이 쿠바노스 중에서 가장 유명한 요리가 바로 쿠바 샌드위치다. 그런데 불행하게도 쿠바에 가서도 쿠바 샌드위치를 즐길 수 없다. 피델 카스트로(Fidel Castro)에 의해 쿠바가 공산화되자 미국이 1961년부터 외교관계를 끊었기 때문이다. 쿠바에 대한 오랜 경제제재로 인해 쿠바 샌드위치는 리틀 하바나에 와야 제대로 된 요리를 맛볼 수 있는 것이다. 원래 쿠바 샌드위치는 미국 플로리다주 키웨스트(Key West)와 이보 시티(Ybor City)와 탬파(Tampa)를 비롯하여 쿠바에서 대중적으로 많이 먹는 샌드위치이다. 사탕수수와 담배 공장 등에서 일하던 쿠바 노동자들이 쿠바에서 가져왔다. 나중에는 쿠바 망명자와 추방자들이 마이애미로 가져왔다.

'라티노' 노동자들에게 인기를 끈 쿠바 샌드위치의 시연이 끝난 직후 칼은 본격적으로 마틴과 아들과 함께 쿠바 샌드위치를 팔면서 마이애미에서 로스앤젤레스까지 긴 로드 트립을 시작한다. 칼은 아들에게 맛있는 쿠바 샌드위치 만드는 방법을 알려준다. 그에 의하면 쿠바 샌드위치는 안에 돼지고기와 햄, 큼지막한 피클, 치즈, 머스타드가 들어간다. 다른 샌드위치와의 가장 큰 차이점은 버터를 그릴과 샌드위치에 충분히 발라 '파니니'(panini, 이탈리아식 샌드위치)처럼 굽는다는 점이다.

영화에서 보는 것처럼 "쿠바 샌드위치는 두꺼운 돼지 생목살을 오렌지 주스와 여러 가지 향채를 넣어 간 소스에 오랜 시간 담궈 두었다가 높은 온도의 오븐에서 한 시간 이상 구워내 버터를 바른 바게트 사이에 마구 구겨 넣어 꾹 눌러 만드는 것이 기본이다"(정다운)3). 이렇게 만들면 빵은 더욱 바삭해지고 치즈는 더욱 맛깔스럽게 녹는다고 칼은 아들에게 자신만의 노하우를 가르친다. 칼이 가장 먼저 쿠바 샌드위치를 팔기 시작한 곳은 마이애미의 사우스 비치(South Beach)다. 마이애미와 팜비치(Palm Beach) 등 플로리다주에 있는 도시들은 쿠바 이민자를 비롯해 중남미에서 건너온 '라티노'들이 밀집해 살고 있다. 이들에게 쿠바 샌드위치는 고향의 향수를 떠올리게 하는 정감 어린 음식이다.

뉴올리언스 관광과 음식

원래 잠깐 동안 푸드트럭 사업을 도와주려 했던 퍼시는 아버지가 마틴과 함께 다른 도시를 횡단하면서 로스앤젤레스로 가려는 여정에 동참하길 원한다. 결국 퍼시는 어머니 이네즈의 허락하에 퍼시는 방학 기간 푸드트럭의 주방 직원으로 아버지와 함께 일할 수 있게 되었다. 다음 날 그들의 첫 목적지는 마이애미의 사우스 비치다. 쿠바 샌드위치를 포함한 쿠바 요리 판매가 시작되자마자 몰려드는 인파로 그들은 바쁘게 일한다. 장사가 잘 되려는 찰나 주변을 순찰하던 경찰이 나타나 칼에게 영업 허가증을 보여달라고 요구한다. 마침 이 경찰은 SNS를 통해 칼의 얼굴을 알고 있어 함께 사진찍기를 요청하고 칼은 이에 응한다. 사우스 비치에서 영업을 순조롭게 마친 후 칼은 이전에 퍼시에게 약속했던 뉴올리언스로 향한다.

미국에서 가장 이국적인 도시를 꼽자면 단연 뉴올리언스(New Orleans)를 들 수 있다. '재즈의 발상지'로 알려진 뉴올리언스에 도착한 직후에 그들은 시내 관광을 하며 유명한 '카페 드 몽드'(Café de Monde)로 가서 뉴올리언스의 명물 도넛 베네(Beignet)를 사서 맛본다. "베네는 아카디언(Arcadian, 옛 프랑스 식민지였던 캐나다 남동부 지역 주민)에 의해 전해진 것으로 겉면에 설탕 가루를 잔뜩 뿌려낸 사각형 모양의 도넛이다. 따끈하게 튀겨 나오며 설탕도 많이 달지 않고 부드러워 살살 녹는다. 베네는 1인분에 3조각이 나온다. 이곳에 처음 찾아온 사람이 베네를 먹을 때는 설탕가루를 입으로 불고 소원을 비는 관습이 있다고 한다"(박수지 188)4). 베네를 먹은 후에 칼과 퍼시가 돌아왔을 때 그들은 푸드트럭에 사람들이 줄지어 기다리고 있는 것을 보고 놀란다. 칼과 마틴은 예상치 않게 이렇게 많은 사람들이 오게 된 것은 퍼시가 트위터를 통해 홍보했기 때문이라는 사실을 뒤늦게 안다. 베네 맛에 반한 칼은 푸드트럭 메뉴에 베네를 추가하여 판매한다(그림 7).

---

3) 정다운. 「'정다운의 영화 속 음식이야기' : <아메리칸 셰프> 쿠바 샌드위치 만들기」. 『매일신문』. 2020.05.06.

4) 박수지. 『텍사스&루이지애나 미국 속의 또 다른 미국』. 서울: 넥서스Books. 2016.

제11장. <아메리칸 셰프>: 푸드트럭과 미국 음식문화

(그림 7)

(그림 8)

뉴올리언스와 재즈의 역사

재즈의 역사를 이야기함에 있어서 뉴올리언스는 재즈 최초의 스타일을 탄생시킨 중심지로써 음악적, 인종적, 문화적으로 매우 중요한 도시였다. "뉴올리언스는 여러 문화가 범벅된 멜팅 포트(Melting Pot)였다. 프랑스인, 아프리카인, 크레올(Creole, 흑백혼혈을 의미하지만 미국에서는 단순한 흑백혼혈의 의미보다 케이준 비슷하게 프랑스 문화의 영향을 받은 루이지애나 흑인들을 지칭하는 어휘로 쓰이고 있음) 음악이 마구 뒤섞여 재즈가 태어났다. 재즈 잡지 『다운비트』(Downbeat) 발행인을 21년간 지낸 척 수버(Chuck Suber) 교수는 뉴올리언스는 남부의 '흑인 자유 사회'였고, 그만큼 '흑인 자유 음악가'가 많아 재즈가 발전했다"고 말했다. 필자는 2018년 여름 전설적인 재즈 뮤지션 루이 암스트롱(Louis Armstrong)을 기리는 '사치모 섬머 페스트'(Satchmo Summerfest)에 참가했다. 마침 이때 뉴올리언스가 도시 설립 300주년을 맞이한 뜻깊은 해이기도 해서 감회가 남달랐다. 뉴올리언스 관광의 중심지이자 나이트라이프를 대표하는 버번 스트리트(Bourbon Street)와 메인 거리인 커넬 스트리트(Canal Street) 곳곳에 거리 악사들의 흥겹고 멋진 연주는 재즈 매니아인 나를 기쁘게 했다(그림 8). 낡고 허름한 건물과 카페, 공연장 등이 골목골목 들어선 거리 풍경도 이국적이다. 건물 밖에 발코니가 나와 있는 모습이라든가, 스페인이나 프랑스풍의 건축물이 특히 많은데, 이것은 루이지애나주의 역사와 깊은 관련이 있다.

뉴올리언스는 비엔빌(Bienville)의 남작인 장 밥티스트 르 모인(Jean-Baptiste Le Moyen)에 의해 1718년에 건설되었다. 이 도시는 남부지향적인 특징이 있으며 북부의 앵글로 색슨 문화보다 프랑스, 스페인 문화에 더 가깝게 접해 있었다. 특히 프랑스 문화를 가장 많이 받은 이곳은 항구도시이면서 군사적 요충지였으므로 자연스레 군악대가 발달한 도시였다. 1803년 루이지애나 주가 미국 영토로 편입되기 전에 프랑스와 스페인의 영토였는데 프랑스인과 스페인인은 물론 아메리칸 원주민, 크레올인 그리고 여러 인종의 아프리카 이주민들의 도시였다. 결국 이러한 역사적 배경은 유럽과 아프리카의 음악이 함께 섞이고 공존하는 재즈 형성의 최적의 장소가 되는 큰 원동력이 되었다. 뉴올리언스는 1897년부터 사창가로 불렸던 스트로빌(Storyville)에서 음악을 찾던 포주들과 돈이 필요한 흑인 연주자들이 만난 곳이었다. 하지만 해군은 1917년 1차 세계대전 때 병사들의 성병을 막기 위해 이곳을 폐쇄했다. 하루아침에 일자리를 잃은 재즈 뮤지션들은 일자리를 찾기 위해 미시시피 강을 건너고 캔자스시티와 시카고를 거쳐 뉴욕까지 그 일터를 옮겨 나갔다.

뉴올리언스에서는 각 민족들의 민요와 춤, 행진곡, 종교적 찬송가들이 혼재에 있었으며, 1900년대에는 인구 20만 명에 약 30개의 오케스트라가 활발한 활동을 할 만큼 음악과 문화적 토양이 탄탄하게 쌓여있었다. 또한 뉴올리언스에는 춤과 음악이 지나칠 정도로 성행했는데 헨리 A. 크먼(Henry A. Kmen)은 그의 저서 『뉴올리언스 음악』(Music in New Orleans)에서 뉴올리언스를 거의 2세기 동안 음악과 춤에 흠뻑 젖어 있는 곳이라고 묘사했다. 이렇듯 춤과 음악은 그들의 주된 문화였고 그것을 즐기는 것은 그들에게 너무나 자연스러운 모습이었다.

뉴올리언스는 미국에서 가장 음악적인 도시였으며 가장 활발한 문화적 교류가 있었던 곳인 만큼 그곳에서는 그들만의 특이한 음악적 배경이 생겨났다. 흑인집단과 백인집단이 미국적 변형을 통해 새롭게 창조된 것이다. 결국 흑인 노예들의 전유물이었던 흑인영가와 블루스(Blues) 그리고 서구인들의 클래식, 다양한 민족음악이 함께 혼합되면서 뉴올리언스 스타일이 자연스럽게 탄생되었다. 재즈뿐만 아니라 뉴올리언스에는 미쉐린 스타 레스토랑은 없지만, 개성 강한 음식이 넘쳐난다. 자연환경과 독특한 역사 덕분이다. 루이지애나주의 옥토와 미시시피강, 멕시코만에서 온갖 푸진 먹거리가 올라온다. 프랑스·스페인이 오랫동안 점령했고, 아프리카·라틴아메리카 이주민이 많아 다양한 식문화가 어우러졌다.

뉴올리언스를 여행하면 꼭 먹어봐야 할 음식을 소개하겠다. 뉴올리언스에서만 맛볼 수 있는 다양하고 이국적인 음식은 뉴올리언스 여행의 중심, 프렌치쿼터(French Quarter)의 식당이나 시장에서 쉽게 찾을 수 있다. 뉴올리언스의 1,400개가 넘는 레스토랑 중에서도 적어도 50년, 길게는 100년 이상의 역사를 가진 선별된 레스토랑들이 행사장 곳곳에서 훌륭한 요리를 선보인다. 방문객들은 검보(Gumbo), 잠발라야(Jambalaya), 포보이(Po Boy) 등 이름도 생소한 음식과 칵테일 새즈락(Sazerac), 허리케인(Hurricane) 등 다른 어떤 도시에서도 맛볼 수 없는 특색 있는 미식 세계를 탐닉할 수 있다.

뉴올리언스에서만 맛볼 수 있는 음식은 대개 '케이준 푸드'(cajun food)라고 불린다. 비유를 한다면 전라도 음식처럼 미국 사람들도 케이준 푸드 하면 맛있는 음식으로 선호하고, 이곳으로 오게 되면 빠짐없이 음식 탐방을 한다. '크레올(Creole) 음식'의 대표 주자인 '검보'는 프랑스, 아프리카, 카리브해 식문화가 한 그릇에 오롯이 담긴 음식이다. '검보'는 루이지애나에서 나는 싱싱한 해산물이나 고기, 야채 등 다양한 재료를 집어넣고 걸쭉하게 끓인 요리이다. 얼핏 보면 카레 같지만 맛은 전혀 다르다. 검보는 해산물이나 고기와 고추, 양파, 오크라 등을 넣고 뭉근하게 끓여낸다. 새우 육수로 만든 검보는 구수하면서도 개운한 맛이 난다. 자극적이면서도 입맛을 돋우는 루이지애나의 대표적 요리 가운데 하나이다. 검보와 함께 크레올 음식을 대표하는 메뉴는 '잠발라야'다. 검보가 덮밥 같다면 잠발라야는 비빔밥 혹은 볶음밥에 가깝다. 스페인을 대표하는 음식인 '빠에야'(paella)와도 비슷하다. 조리법은 간단하다. 돼지고기(혹은 베이컨)와 소시지, 해산물과 셀러리·양파 등 각종 채소를 넣고 쌀과 함께 볶아 먹는다. 기호에 따라 매콤하게 먹기도 한다. 포보이(Po Boy)는 뉴올리언스 뿐만 아니라 미국 남부 전역에서도 먹는 샌드위치다. 가장 중요한 재료는 맛난 바게트 빵과 해산물 튀김이다. 양상추, 토마토와 프랑스식 소스인 레물라드(remoulade)도 곁들인다.5) 뉴올리언스에서는 새우튀김을 넣는 게 일반적이다. 바게트부터 튀김까지 바삭바삭한 식감이 일품이다. 후식으로는 영화 <아메리칸 셰프>에서 칼과 아들 퍼시가 '카페 드 몽드'를 방문해서 먹는 베네와 치

제11장. <아메리칸 셰프>: 푸드트럭과 미국 음식문화

커리(Chicory) 커피가 있다. 베네와 환상적인 궁합을 이루는 것이 바로 치커리 커피다. 18세기 커피의 쓴맛에 적응하지 못한 프랑스 이주민들이 치커리 뿌리를 함께 끓여서 마셨다고 한다.

뉴올리언스의 카니발 '마디그라'

'재즈의 발상지'인 뉴올리언스 곳곳에 프랑스와 스페인 문화의 흔적이 남아 있다. 더욱이 뉴올리언스는 미국에서 가장 맛있는 음식의 도시로 불리는 곳이다. 뉴올리언스 음식이 유명한 것은 그곳에 케이준(Cajun, 원래는 캐나다 아카디아 지역에 거주하던 프랑스계의 사람들을 말하는 것으로 오늘날 미국 루이지애나 지방의 요리 스타일을 의미함)이 있기 때문이다. 뉴올리언스 중심가인 프렌치쿼터 주변은 마치 타임머신을 타고 18세기 프랑스로 돌아간 듯 풍광이 매우 이국적이다. 흑인 인구가 70% 이상을 차지하는데, 18세기부터 아프리카에서 잡혀와 노예로 정착한 사람들의 후손이다.

미국에서 가장 큰 축제이자 세계 3대 축제 중 하나로 불리는 마디그라(Mardi Gras)는 크리스마스 이후 12번째 밤(1월 6일)인 예수공현축일부터 부활절 이전의 40일 사순절 전까지 열리는 카니발이다. 매년 전 세계에서 유명한 축제가 많이 열리지만, 마디그라 축제는 '지상 최고의 공짜 쇼'라 불릴 만큼 오늘날 미국인뿐만 아니라 전 세계인들이 어울릴 수 있는 축제가 되었다. 마디그라 축제의 가장 큰 재미는 참가자들이 공짜 목걸이나 장식품을 수집하는 것이다(그림 9). 이런 관습은 1870년대부터 시작되었는데, 축제 기간에 목걸이만 해도 수십만 개가 도심 곳곳에 뿌려진다.

(그림 9)   (그림 10)

"19세기 후반부터 구슬 목걸이(Beads)와 장난감을 서로 던져주는 풍습이 있었다. 여성들은 2층 난간에 모여 있는 남성들에게 구슬 목걸이 등을 달라고 외치고, 남성들이 구슬 목걸이를 던져준다. 여성들이 멋진 구슬 목걸이나 선물을 받기 위해 과감히 자신들의 가슴을 보여주는 모습도 축제 기간에는 드물지 않게 볼 수 있는데, 익숙지 않은 사람에게는 충격적일 수 있다. 보통 구슬 목걸이의 색깔도 보라색, 황금색, 녹색의 3가지이다."(박수지 170)

---

5) 심진호. 『영화와 음악으로 배우는 아메리카 문화』. 부산: 호밀밭. 2019.

오스틴에서 맛본 텍사스 바비큐

　뉴올리언스에서 성공적인 쿠바노스 요리 판매를 마친 후 그들은 텍사스주의 주도인 오스틴(Austin)으로 향한다. 퍼시는 트위터에 자신이 찍은 사진을 올리고 '엘 헤페' 푸드트럭을 홍보하기 시작한다. 푸드트럭이 SNS를 통해 입소문이 퍼지면서 그들이 가는 도시마다 사람들이 몰려와 줄을 서기에 이른다. 텍사스주는 미국에서 알래스카주 다음으로 면적이 크다. 대한민국의 약 7배 정도라고 하니 그 크기가 어느 정도인지 짐작할 만하다. 인구는 약 2,800만 명으로 미국 내에서 캘리포니아주 다음으로 많다. 흔히 '바비큐의 원조'로 알려진 텍사스 바비큐는 미국의 목장과 카우보이 문화를 대변한다. 영화에서 칼과 퍼시 그리고 마틴이 함께 오스틴의 한 레스토랑에서 시식하는 장면에서 나오는 요리는 텍사스식 훈연 바비큐, 즉 '브리스킷'(brisket)이다.

　'브리스킷'의 겉모습은 새까맣게 탄 것처럼 보인다. 돼지고기 앞다리나 목심 등 큰 덩어리 부위를 사용하는 풀드포크(pulled pork)와 함께 대중적인 바비큐 요리 중 하나로 꼽히는 브리스킷은 소고기의 가슴 부위인 양지머리를 뜻하는 말로 양지머리로 만든 바비큐 요리를 말한다. "양지머리는 소가 서 있거나 이동할 때 체중의 약 60%를 지탱하는 부위로 근육량이 많다. 기름기가 없기 때문에 구우면 질겨져 한국에선 주로 국거리나 장조림용으로 쓴다. 양지머리로 바비큐를 하는 이유도 이 때문이다. 브리스킷은 길게 썰어 소스와 곁들여 부드러운 육질을 느끼며 먹거나 풀드포크와 마찬가지로 빵 사이에 넣어 먹는다"(박종관 n.p.)[6]. 텍사스주는 멕시코에 가까운 특성상 음식도 영향을 받아 잘게 썰거나 슬라이스한 비프 브리스킷에 할라피뇨(Jalapeno, 멕시코 고추)와 체다 치즈로 속을 채운 훈제 비프 소시지가 곁들여 나온다.

　칼 일행이 오스틴에서 유명한 바비큐 맛집 '프랭클린 바비큐'(Franklin Barbeque)에서 브리스킷을 맛보는 장면에서 등장하는 안경을 쓴 애런(Aaron)이라는 이름의 사람은 실제로 이곳 사장님이라고 한다(그림 10). 마이애미, 뉴올리언스, 오스틴을 거치는 동안 칼과 퍼시는 부자간의 행복한 시간을 만끽한다. 오스틴에서 그들의 여행이 끝나갈 무렵 칼은 퍼시에게 여름이 끝나면 다시 바빠져서 지금처럼 시간을 많이 보내지 못해도 너무 실망하지 말라고 말한다.

〈아메리칸 셰프〉 엔딩 시퀀스

　로스앤젤레스에 도착한 후 퍼시는 다시 아버지와 떨어져 지내게 된다. 칼은 다시 홀로 쓸쓸하게 퍼시가 보내준 그동안의 여정을 담은 동영상을 본다. 마음에 동요를 일으킨 칼은 퍼시에게 전화를 걸어 주말에만 퍼시가 푸드트럭을 도울 수 있으며, 그 보수는 대학 진학을 위해 통장에 저금할 것이라는 조건으로 다시 부자간의 끈끈한 관계를 이어간다. 영화의 엔딩 시퀀스에서 퍼시가 주말에 푸드트럭 일을 돕고 전처 이네즈까지 거들어주면서 행복한 시간을 보내고 있을 때 램지가 다시 얼굴을 비춘다. 이네즈는 그에게 정색하며 팔 것이 없다고 말하지만 그는 잠시 할 말이 있다고 칼을 불러낸다. 칼은 자존심에 상처를 입은 이전

---

[6] 박종관. 「기다림의 맛 ... 육즙이 Cook 터진다」. 『한경경제』. 2021.10.08.

제11장. <아메리칸 셰프>: 푸드트럭과 미국 음식문화

의 사건을 언급하며 램지에게 강한 적대감을 드러낸다. 하지만 램지는 당시 결투 신청을 장난으로 여겼고, 혹평을 쓰는 것은 연기에 불과했다고 밝히면서 실제로는 칼의 열성팬이었음을 고백한다.

램지는 이전 직장에서 지배인 리바 아래서 만들었던 칼의 어떤 요리보다 현재의 쿠바 샌드위치가 제일 맛있다고 극찬한다. 그런 후 그는 칼에게 자신이 블로그를 판매하여 얻은 수익으로 땅을 샀기에 그곳에서 함께 동업을 하자는 매력적인 제안을 제시한다. 칼은 램지의 투자 제안을 수락하여 푸드트럭 이름과 동일한 '엘 헤페'라는 레스토랑을 차린다. 새로 오픈한 레스토랑에서는 흥겨운 라틴 음악과 함께 칼과 이네즈와의 재결합을 축하하는 파티가 열린다. 영화는 라틴 락의 거장 그룹 산타나(Santana)의 「오예 코모 바」("Oye Como Va")라는 곡을 배경으로 파티를 즐기는 사람들 가운데서 재결합을 축하하며 함께 춤추는 칼과 이네즈 그리고 부모 사이에서 행복해하는 퍼시를 비추며 해피 엔딩으로 끝난다(그림 10). 음식을 모티프로 한 로드무비 형식의 영화로 <아메리칸 셰프>만큼 훌륭한 영화가 또 있을까?

스크린을 횡단하는 글로벌 문화

그룹 액티비티 및 에세이 주제

1. 푸드트럭의 역사를 살펴보고 오늘날 전 세계에 미친 푸드트럭과 스트리트 푸드의 의의와 잠재력에 대해 토론하고 그 내용을 정리해 보자.

2. 음식을 주제로 한 다른 영화와 구별되는 <아메리칸 셰프>만이 지닌 독특한 매력이 무엇인지 기술해 보자.

3. <아메리칸 셰프>는 푸드트럭 붐을 일으킨 한국계 미국인 로이 최로부터 영감을 받아 만든 작품이다. 로이 최의 성공 신화를 살펴보고 그의 비즈니스가 어떤 점에서 전 세계 많은 사람들에게 롤모델이 되고 있는지 토의해 보자.

4. <아메리칸 셰프>에서 가장 인상적인 장면은 무엇이고 그렇게 생각한 이유를 적어보자.

5. <아메리칸 셰프>에서 주인공 칼은 아들과 함께 푸드트럭에서 쿠바 샌드위치를 팔며 미대륙을 횡단한다. 쿠바 샌드위치와 더불어 영화에 나오는 미국 남부의 독특한 음식문화에 관해 토의하고 그 내용을 정리해 보자.

6. <아메리칸 셰프>에 나오는 먹음직스러운 음식들과 흥겨운 OST는 우리들의 오감을 자극시킨다. 영화 속의 음식과 음악이 영상과 결합하여 어떤 분위기를 창출하는지 토의해 보자.

제 12 장

<블라인드 사이드>
: 새로운 가족과 가족애가 만든 NFL 스타

스크린을 횡단하는 글로벌 문화

2009년에 개봉한 영화 〈블라인드 사이드〉(The Blind Side)는 현존하는 최고의 미식축구 선수 중 한 명인 마이클 오어(Michael Oher, 1986~)의 실화를 기반으로 한 마이클 루이스(Michael Monroe Lewis)의 논픽션 『블라인드 사이드: 게임의 진화』(The Blind Side: Evolution of a Game)를 바탕으로 한 작품이다. 저자 마이클 루이스는 언더독 야구단의 신화를 그린 『머니볼』(Moneyball, 2011)을 통해 국내 독자들에게 강렬한 눈도장을 찍은 바 있다. 이 책에서도 저자는 '천재 이야기꾼'의 면모를 맘껏 발휘한다. 스포츠 세계의 내밀한 이야기와 주인공 마이클 오어를 중심으로 전개되는 일련의 사건들을 솜씨 좋게 엮어냈다. 언론인 출신 베스트셀러 작가 말콤 글래드웰은 『블라인드 사이드』를 두고 "얼핏 보기에는 풋볼에 관한 이야기 같지만 실제로는 사랑과 구원에 관한 비범한 이야기"라는 극찬했다.

존 리 핸콕(John Lee Hancock, 1956~)이 각본과 감독을 맡아 연출한 〈블라인드 사이드〉는 2010년 제82회 아카데미상에서 작품상과 여우주연상에 노미네이트 되어 여우주연상(샌드라 블록 분)을 수상하였다. 미국 출신의 저널리스트이자 작가인 마이클 루이스는 말콤 글래드웰이 '천재 이야기꾼'이라고 극찬한 논픽션 분야 베스트셀러 작가이자 저널리스트다. 프린스턴(Princeton) 대학에서 예술사를 전공하고 영국 런던정치경제 대학에서 경제학 석사학위를 받았으며, 우연한 기회를 통해 1980년대 월가 최고 투자은행 살로먼 브러더스에 입사해 세일즈맨으로 일했다. 그 경험을 토대로 1989년에 반자전적 논픽션 『라이어스 포커』(Liar's Poker)를 펴내 베스트셀러 작가가 됐다. 이후 저널리스트로 변신해 『이코노미스트』, 『월스트리트 저널』 등에 글을 썼으며, 시사주간지 『스펙테이터』 미국판 편집인을 맡았고, 『뉴 리퍼블릭』 주필로 지냈다. 최근 '규칙 위반(Against the Rules)'이라는 제목의 팟캐스트를 제작했으며 『블룸버그』에 칼럼을 기고하고 있다.

가난한 흑인 가정에서 태어난 주인공 마이클 오어의 유년기는 도망과 가난으로 얼룩져 있다. 마약중독자 어머니는 그를 비롯한 열세 명의 성이 다른 아이들을 제대로 돌보지 않았고, 이들은 위탁 가정을 전전할 수밖에 없었다. 어느 곳에서도 진정한 환대를 받지 못했던 마이클은 어디론가 도망치기 일쑤였다.

이러한 악조건 속에서도 그는 제2의 '마이클 조던'이 되리란 믿음을 갖고 있었다. 그러다 친구 아버지인 빅 토니의 도움으로 백인 중심의 브라이어크레스트 크리스천 스쿨에 전학을 가고, 이곳에서 숀과 리 앤 투오이(Sean & Leigh Anne Tuohy) 부부와 만나게 된다. 이 부부는 거구의 갈 곳 없는 흑인 소년 마이클을 가족으로 받아들인다. 피부색은 물론 하나부터 열까지 모두 다른 이들이 한 지붕 아래 살게 된 이후, 예상치 못한 일들이 벌어진다.

제12장. <블라인드 사이드>: 새로운 가족과 가족애가 만든 NFL 스타

논픽션 『블라인드 사이드: 게임의 진화』는 유목민과 같은 생활을 하던 빈민가 흑인 소년이 가족을 만나 NFL 슈퍼 루키가 된, 드라마 같은 실화를 담고 있다. 훗날 슈퍼볼 우승팀의 주역으로 성장하는 마이클 오어 선수의 감동 실화는 2010년 영화를 통해 국내에 소개돼, 많은 이들의 '인생 작품'으로 꼽혔다. 원작 『블라인드 사이드』는 영화 그 이상이다. 영화에서 볼 수 없던 풍부한 에피소드와 생생한 인물 묘사가 저자의 촘촘한 취재를 바탕으로 재현되었을 뿐만 아니라, 스포츠 세계를 관망하는 통찰력 있는 시선까지 읽어 낼 수 있다.

사실 영화의 제목이자 동명의 원작 소설의 제목이기도 한 '블라인드 사이드'란 미식축구(American Football)에서 쓰이는 전문 용어로 '볼 수 없는 사각지대' 또는 '보이지 않는 소외된 곳'을 의미한다. 미식축구 경기에서 쿼터백(Quarterback, 미식축구 공격팀의 핵심은 '야전사령관'인 쿼터백이다. 쿼터백은 감독으로부터 받은 지시를 허들(Huddle, 경기 중 모여 회의하는 것)을 통해 선수들에게 전달하는 역할을 한다. 실제로 마이클 오어는 미국 테네시주 멤피스(Memphis)의 빈민가에서 태어났다. 얼굴도 모르는 아버지는 교도소에서 숨졌고 어머니는 마약에 빠져 가정을 버렸다. 위탁 가정에 맡겨졌지만, 번번이 적응에 실패하고 달아난 오어는 학교도 11번을 옮겼다.

노숙을 밥 먹듯 하던 오어에게 어느 날 멤피스 지역의 여성 부호 리 앤 투오이가 구원의 손길을 내밀었다. 투오이는 오어를 직접 집에 데려와 재우고 먹였다. 투오이는 오어가 보호 본능이 강하다는 것을 알았고 미식축구에 소질이 있음을 발견했다. 영화에서도 투오이는 오어에게 "날 지키듯이 쿼터백을 지켜"라고 말하며 그를 응원했으며 정식으로 입양 절차를 밟아 양아들로 삼았다. 이 스토리는 미국 사회에 큰 울림을 줬고 영화까지 제작됐다. 투오이 역을 맡은 샌드라 블록(Sandra Bullock)은 이 영화로 아카데미 시상식과 골든 글로브 시상식에서 여우주연상을 수상했다. 영화보다 더 영화 같은 실화를 바탕으로 한 스토리에 총 3억 달러가 넘는 수익을 거둘 수 있었다.

노숙자 생활을 전전하던 오어는 대학에 진학, NFL 신인 드래프트에서 볼티모어 레이븐스(Baltimore Ravens) 유니폼을 입었고, 테네시 타이탄스(Tennessee Titans)를 거쳐 캐롤라이나 팬서스(Carolina Panthers)로 향했다. 팬서스에서는 맹활약을 펼치며 2016년 팀에 슈퍼볼까지 안겼다. 하지만 그는 2017년 뇌진탕 치료 약 10통을 공개하면서 "여기에 있는 모든 약이 뇌를 위한 것"이라는 글을 올렸다가 삭제하기도 했다. 오이는 애틀랜타 팰콘스와의 경기에서 미리에 부상을 당했고, 뇌진탕으로 사무국이 정한 복귀 절차를 통과하지 못해 시즌을 마칠 때까지 출장하지 못했다.

<블라인드 사이드>는 거대한 몸집으로 인해 '빅 마이크'(퀸튼 아론 분)로 알려진 한 불우한 흑인 청소년 마이클 오어의 청소년기를 그린다. 그 과정에서 미국 사회의 최상위 계층을 차지하고 있는 전형적인 미국의 WASP(White Anglo-Saxon Protestant, 앵글로색슨계 백인 신교도; 미국 사회의 주류를 이루는 지배 계급으로 여겨짐) 가정이 '빅 마이크'(마이클 오어)를 보살펴 주고 닫혀있던 그의 마음을 열어 그를 성공으로 인도한다는 감동적인 이야기이다. 몸무게가 155kg 나가는 거구의 18세 흑인 청년 마이크를 양아들로 받아들여 그가 훌륭한 미식축구 선수가 될 수 있도록 물심양면으로 돕는 엄마로 등장하는 '리 앤 투오이'의 모정은 피부색을 초월하여 진한 감동을 가져다준다.

내셔널 풋볼 리그(National Football League)

〈블라인드 사이드〉는 처음부터 NFL로 알려진 내셔널 풋볼 리그(National Football League)의 실제 미식축구 게임을 보여주며 시작한다. '블라인드 사이드'는 미식축구 용어로 쿼터백이 보지 못하는 공간을 말한다. 미식축구는 '미국의 4대 스포츠'로 불리는 미식축구, 야구, 농구, 아이스하키 중에서도 가장 많은 사랑을 받고 있는 가장 미국적인 운동경기다. 미식축구는 미국의 국기라고 부를 정도로 국민 스포츠의 반열에 올라 있다. 미국의 4대 스포츠 중 야구, 농구, 아이스하키의 인기를 다 합쳐도 NFL의 인기를 따라올 수 없다고 할 정도이니 미국에서 NFL의 인기를 가늠할 수 있다.

'스포츠 미디어 워치'의 조사에 따르면, 2019년 상반기까지 가장 많은 시청자를 텔레비전 앞으로 불러모은 스포츠 행사 순위 10위 안에 모두 NFL 경기가 포함될 정도로 압도적인 인기를 자랑했다. 그중 역시 1위는 매년 미국에서만 70% 이상이 시청하는 슈퍼볼(Super Bowl) 경기이다. NFL은 1920년 미국 오하이오주 캔턴시에서 아메리칸 프로페셔널 풋볼 어소시에이션(American Professional Football Association)이라는 이름으로 처음 결성되었다. 결성 당시 총 참가팀은 11개 팀이었다. 1922년부터 지금의 이름인 내셔널 풋볼 리그, NFL이라는 이름을 사용하기 시작했다. 이후 1970년에 NFL과 AFL이 통합에 합의하면서 지금의 모습으로 발전하게 됐으며 통합 리그 아래 현재까지 내셔널 풋볼 컨퍼런스(NFC), 아메리칸 풋볼 컨퍼런스(AFC)로 권역을 나눠서 각 권역별로 16개 팀씩 총 32개의 팀이

제12장. <블라인드 사이드>: 새로운 가족과 가족애가 만든 NFL 스타

리그에 참가한다.

현재 NFL은 매년 9월 초에 개막해서 팀별로 정규 경기를 16경기 치르게 하고 있다. 이듬해 1월부터는 각 권역별 우승자를 가리는 플레이오프를 상위 6개 팀이 치른다. 그리고 2월 첫째 주 일요일에는 권역별 우승팀 2팀이 대망의 미식축구의 최강자를 가리는 슈퍼볼 경기를 단판 승부로 치르고 있다.

슈퍼볼과 빈스 롬바르디

미국 프로미식축구 NFC 우승팀과 AFC 우승팀이 겨루는 챔피언 결정전. 슈퍼볼은 매년 2월 첫째 주 일요일에 열리는 미국 최대 스포츠 이벤트로 전 세계에서 수억 명이 넘는 시청자들을 끌어모은다. NFL(National Football League, 북미 프로미식축구 리그) 초기의 명감독인 빈스 롬바르디(Vince Lombardi)의 이름을 따서 '롬바르디컵 대회'라고도 한다. 그는 "풋볼은 1인치의 게임이고 그 1인치는 챔피언을 만든다"(Football is a game of inches and inches make the champion)와 같은 후대에 귀감이 될 많은 명언을 남겼다.

> "Winners never quit and quitters never win. Winning isn't everything, it's the only thing. Winning is habit. Unfortunately, so is losing."[1]
> 승리자는 결코 포기하지 않으며, 포기하는 사람은 결코 승리할 수 없다. 승리는 전부는 아니지만, 유일한 것이다. 승리는 습관이다. 그리고 불행히도 패배도 그렇다.

빈스 롬바르디와 영화 <애니 기븐 선데이>

1999년에 개봉한 영화 <애니 기븐 선데이>(*Any Given Sunday*)는 베트남 3부작 <플래툰>(*Platoon*), <7월 4일생>(*Born on the Fourth of July*), <하늘과 땅>(*Heaven & Earth*)과 인간의 내재된 욕망을 섬뜩하게 해부한 <내추럴 본 킬러>(*Natural Born Killers*), <U턴>(*U Turn*) 등으로 잘 알려진 명장 올리버 스톤(Oliver Stone)이 잠시 시선을 옮겨 미식축구의 현장을 실감나게 담아낸 영화다. 무엇보다 <애니 기븐 선데이>는 빈스 롬바르디(Vince Lombardi, 1913~1970)의 모습을 은유적으로 담아낸 영화다. 빈스 롬바르디는 슈퍼볼이 처음 열린 1967년부터 2년 연속 우승을 차지한 그린베이 패커스팀의 감독이다. 그는 슈퍼볼이 시작되자마자 2년간 우승을 차지한 것을 비롯해 총 5차례 우승을 차지했다. 또 감독 재임 기간 74%라는 놀라운 승률을 기록하며 팬들에게 강한 인상을 남겼다. 슈퍼볼 우승 트로피의 명칭에 그의 이름, 즉 "롬바르디컵 트로피"이 붙은 이유다.

수많은 스포츠 지도자들 중에 롬바르디처럼 우승 트로피에 자신의 이름이 달린 감독은 없다. 미국인들이 롬바르디를 최고 지도자로 손꼽고 있다는 증거다. 그가 죽은 지 50년이 다 되어가지만,

---

1) Tugend, Alina. "Winners Never Quit? Well, Yes, They Do." *The New York Times*. August 16, 2008.

롬바르디는 아직도 미국 스포츠 사상 가장 우수한 지도자를 묻는 여론조사에서 대부분 1위를 차지한다. 〈애니 기븐 선데이〉에서 롬바르디를 환기시키는 감독으로 나오는 배우 알 파치노(Al Pacino)는 시합을 앞둔 선수들에게 다음과 같이 말한다. "인생은 1인치의 게임이란 걸 알게 될 거야. 풋볼도 그래. 인생이든 풋볼이든 오차 범위는 매우 작아서, 반걸음만 늦거나 빨라도 성공할 수 없고, 반 초만 늦거나 빨라도 잡을 수 없어. 모든 일에서 몇 인치가 문제야. 경기 중에 생기는 기회마다 매분, 매초마다 그래. 우리는 그 인치를 위해 싸워야 돼."

2024년 제58회 슈퍼볼(Super Bowl)

2024년 슈퍼볼은 미국 라스베이거스 얼리전트 스타디움에서 개최했다. 2회 연속 우승에 도전하는 캔자스시티 치프스와 4년 전 패배를 설욕하고자 벼르고 있는 샌프란시스코 포티나이너스 간 맞대결로 화제를 모았다. 결과는 캔자스시티 치프스가 2년 연속 슈퍼볼 우승컵을 들어 올렸다. 25-22로 샌프란시스코 포티나이너스를 꺾은 캔자스시티 치프스는 통산 4번째 우승을 차지하며 새로운 왕조 시대를 열었다. "이번 슈퍼볼에 대한 관심이 커진 이유로 톱 가수 테일러 스위프트(Taylor Swift)를 꼽을 수 있다. 테일러 스위프트는 현재 캔자스시티 선수 트래비스 켈시(Travis Kelce)와 공개 연애 중이다. 최근 켈시의 경기를 응원하기 위해 10차례나 경기장을 찾았다. 캔자스시티가 볼티모어를 따돌린 경기에서는 승리가 확정되자마자 그라운드로 내려가 켈시와 포옹을 나누기도 했다. 하지만 스위프트의 디 에라스(The Eras Tour) 투어 일정과 슈퍼볼 일정이 겹치면서 참석 여부가 불투명했는데, 자신의 전용기로 지구 반 바퀴를 도는 약 8,900km 강행군을 소화하면서 연인 트레비스 켈시가 출전한 슈퍼볼을 직관했다"(국대마케터 n.p.).

미국 시청률 조사 회사인 닐슨은 2019년 슈퍼볼 시청 인구가 1억 2백만 명이라는 조사 결과를 발표했다. 역대 슈퍼볼 TV 시청자 수 1위는 뉴잉글랜드 패트리어츠와 시애틀 시호크스가 맞붙은 2015년으로 1억 1,440만 명을 TV 앞으로 끌어모았다. '코드 커팅'(cord cutting, 비싼 케이블 서비스를 끊는 것)이 난무하고 광고만 나오면 '노룩패스'(no look pass, 농구경기 등에서 상대방이 눈치채지 못하게 패스하는 사람을 보지 않고, 패스를 하는 페이크 기술)하는 시대에 채널을 돌리지 않는 1억 명의 시청자가 눈에 불을 켜고 있는 슈퍼볼은 광고주들의 각축장이 될 수밖에 없다.

'슈퍼볼 하프타임 쇼'(Super Bowl Halftime Show)는 2쿼터 종료 후 쉬는 시간에 열리는 음악 공연이다. 마이클 잭슨, 폴 매카트니, 롤링 스톤즈, 프린스, 레이디 가가, 마룬 5 등 당대 최고의 가수들만이 무대에 오르기 때문에 대중의 관심이 집중된다. 제58회 슈퍼볼에서 어셔(Usher)는 경기의 하프타임 퍼포머(performer)로 나와 라스베이거스를 뒤집어 놓았다. 이 때문에 라스베이거스 시내에 머물렀고 마침내 오랜 연인인 제니퍼 고이코치아와 결혼 허가증을 취득했다. 어셔와 제니퍼는 2020년에 딸을, 2021년에 아들을 둔 사실혼 관계다. "올해 슈퍼볼은 역사상 가장 많은 시청자를 TV 앞으로 모았다. CNN에 따르면 1억 2,340만 명이 이번 슈퍼볼을 시청했다. 이는 지난해 시청자 수 1억 1,510만 명보다 7% 증가한 수치다. 미국 현지에선 시청자 증가 원인을 스위프트 덕이라고 보고 있다. 스위프트가

제12장. <블라인드 사이드>: 새로운 가족과 가족애가 만든 NFL 스타

지난해 9월 켈시가 뛰는 경기장을 찾은 이후 스위프트의 팬덤인 '스위프티'도 미식축구에 관심을 돌리기 시작했다. 특히 10~30대 여성 시청률이 급증했다는 분석이다"(박신영 n.p.)[2].

<블라인드 사이드> 오프닝: 가난한 흑인 소년과 백인 어머니의 결연

2009년에 개봉한 영화 <블라인드 사이드>는 미국 남부 테네시주 멤피스(Memphis)가 배경이다. 샌드라 블록은 이 영화에서 열연을 펼침으로써 제82회 미국 아카데미 시상식에서 여우주연상, 제16회 미국 배우 조합상의 영화 부문에서 여우주연상, 제67회 골든 글로브 시상식에서 여우주연상, 제15회 크리틱스 초이스 시상식에서도 여우주연상을 수상하며, 이 영화에서만 총 4개의 상을 수상하는 영광을 누렸다. <블라인드 사이드>에서 샌드라 블록은 NFL 스타 마이클 오어의 백인 엄마 리 앤 투오이 역할을 감동적으로 재현함으로써 관람객에게 깊은 인상을 남겼다. 또한 남자 주인공 '빅 마이크' 역할을 맡은 신인 배우 퀸튼 애런(Quinton Aaron)은 실제로 NFL 수비수를 능가하는 거대한 체격, 키 203cm, 몸무게 214kg을 지니고 훌륭한 연기를 펼침으로써 영화의 품격을 높여주는 데 크게 이바지했.

<블라인드 사이드>의 주인공 흑인 청소년 마이클 오어는 1986년 미국 테네시주 빈민가에서 태어났다. 친모는 마약 중독자이고, 친부는 교도소에 수감 중이었으며, 형제는 12명에 달했다. 거리를 떠돌았던 마이클은 2002년 보호기관 도움으로 고등학교에 진학하며 인생이 바뀌게 된다. 영화의 오프닝에서 카메라는 빅 마이크가 어린 시절 마약 중독에 걸린 엄마와 강제로 헤어진 후 여러 가정을 전전하며 어려운 삶을 살아가고 있음을 담아낸다. '빅 마이크'라는 별명에서 단적으로 알 수 있듯이, 거대한 몸집에도 불구하고 남다른 운동 신경을 지닌 마이클은 그를 눈여겨본 미식축구 코치에 의해 백인 상류층들이 다니는 윈게이트 크리스천 스쿨(Wingate Christian School)이라는 사립학교로 전학하게 된다. 하지만 마이클은 어린 시절에 겪은 가난과 폭력의 트라우마에 시달리며 학교에서 적응하지 못하며 성적 미달로 운동은 시작할 수도 없게 된다. 급기야 그를 돌봐주던 마지막 집에서조차 머물 수 없게 된 마이클. 이제 그에겐 학교, 수업, 운동보다 하루하루 잘 곳과 먹을 것을 걱정해야 하는 암울한 미래만이 남았다.

리 앤 투오이의 보이스오버: NFL 수비수의 중요성

<블라인드 사이드>의 오프닝은 영화의 주인공인 리 앤 투오이(Leigh Anne Tuohy)의 보이스오버 내레이션을 통해 'NFL 명예의 전당'에 이름을 남긴 스타 수비수 로렌스 테일러(Lawrence Taylor)의 '쿼터백 색'(quarterback sack, 수비팀의 라인맨이 공격팀의 쿼터백을 태클하는 것을 말함. 공격의 핵심인 쿼터백이 큰 부상을 입으면 중대한 전력 손실이기 때문에 각 구단마다 쿼터백 색 저지 방안을

---

[2] 박신영. 「미국 최대 스포츠 축제, 슈퍼볼의 경제학」. 『한경비지니스』. 2024.

마련하기 위해 고심하고 있음) 장면을 보여준다. 현역 시절 'LT'라는 애칭으로 불리며 상대팀에 공포의 대상이었던 테일러는 1987년과 91년 자이언츠를 수퍼볼 챔피언으로 이끌었고 1986년 리그 MVP, 1981, 82, 86년 '올해의 수비수'로 선정되는 등 현역 시절 NFL 최고의 라인배커(Linebackers, 수비라인맨의 뒤에 서서 공격수들을 차단해 내는 포지션을 말함)로 명성을 떨쳐 명예의 전당에 오른 바 있다. 영화에서 리 앤은 1985년 11월 8일 로버트 케네디 추모 스타디움(Robert F. Kennedy Memorial Stadium)에서 열린 뉴욕 자이언츠와 워싱턴 레드스킨스(Washington Redskins)의 실제 경기 장면에서 수비수 로렌스 테일러가 상대팀 쿼터백을 태클하는 장면에 대해 상세히 설명한다. 경기 시작 휘슬 4초 만에 레드스킨스의 전설적인 쿼터백 조 테이스만(Joe Theismann) 선수가 들것에 실려 나가는데, 이는 뉴욕 자이언츠팀의 수비수 테일러가 '블라인드 사이드' 지역에서 쿼터백 색을 성공시켰기 때문이다. 하지만 이 '쿼터백 색'으로 인해 테이스만은 영구 장애를 입게 되고, 그로 인해 NFL 선수 생활을 마감하게 된다.

〈블라인드 사이드〉는 미국의 기자이자 논픽션 작가인 마이클 루이스가 출판한 동명의 논픽션 『블라인드 사이드: 게임의 진화』를 각색한 작품이다. 영화의 제목인 '블라인드 사이드'는 미식축구 용어인데, 원작을 쓴 마이클 루이스는 이 책에서 다음과 같이 설명한다.

> "공이 스냅된 뒤 첫 번째 뼈가 부러질 때까지 걸리는 시간은 5초보다는 오히려 4초에 가깝다. 원 미시시피('미시시피'라는 단어를 발음하려면 딱 1초가 걸린다고 가정하여, 지금부터 3초를 세라고 하면 '원 미시시피, 투 미시시피, 스리 미시시피'라고 말하는 식으로 숨바꼭질 등에서 시계없이 초를 셀 때 사용하는 구호). 워싱턴 레드스킨스의 쿼터백 조 타이스만이 뒤로 돌아서 러닝백 론 리긴스에게 공을 넘겨준다…. 여러분이 생각하기에는 프로 풋볼에 두려움이라는 요소가 차마 끼어들 여지가 없을 듯해 보인다. NFL(미국미식축구리그)에 입성할 정도의 선수들 같으면 그런 감정 따위에는 완전히 면역이 되었으리라고 가정할 것이다. 그러나 자이언츠의 수석 코치 빌 파셀스는 선수들의 두려움이야말로 경기에서 큰 역할을 한다고 믿는다. 선수들 역시 마찬가지다. 그들은 동료 로렌스 테일러에게 상대방 선수들이 보인 반응을 가까이서 똑똑히 목격했기 때문이다."(마이클 루이스 20-21)[3]

> "이즈음이 되자 상대편 팀에서는 오로지 테일러 한 사람에 대처하기 위해 갖가지 새롭고도 창의적인 방법을 동원해서 선수들을 배치했다. 레드스킨스는 특히나 적절한 사례라 할 수 있다. 레드스킨스를 이끌고 이 신인 선수를 처음 상대한 때인 1981년에 조 깁스는 테일러가 블로커를 마치 허깨비 취급하면서 쉽게 젖혀 버리는 모습을, 그리고 결국 쿼터백 조 타이스먼을 뒤에서 때려눕히는 모습을 지켜본 바 있었다…. 테일러는 수비에 혼란을 주기 위해서 번번이 포지션을 바꾸었지만, 그래도 본인과 코치가 가장 좋아하는 위치는 자기 팀의 오른쪽 자리, 즉 상대팀 왼쪽 자리였다. '제가 그를 거기에다 놓는 가장 큰 이유는, 오른쪽 자리가 바로 쿼터백의 '블라인드 사이드'이기 때문이었습니다.' 빌 파셀스의 말이다. '대부분의 쿼터백은 오른손잡이이기 때문이죠. 어느 누구도 자기 뒤쪽에서 엉덩이에 일격을 당하고 싶어 하지는 않을 테니까요.' 로렌스 테일러는 똑같은 이야기를 더 간결하게 표현했다. '제가 미쳤다고 상대방이 저를

---

[3] 마이클 루이스. 『블라인드 사이드』. 박중서 옮김. 서울: 북트리거. 2020.

제12장. <블라인드 사이드>: 새로운 가족과 가족애가 만든 NFL 스타

빤히 볼 수 있는 쪽으로 접근하겠어요?' 하지만 그는 곧이어 이렇게 덧붙였다. '제가 리그에 들어갔을 때에만 해도 그걸 블라인드 사이드라고 부르지는 않았습니다. 그 당시에만 해도 그냥 오른쪽 자리라고 불렀죠.'"(마이클 루이스 27-28)

이처럼 오늘날 미식축구에서 수비수가 상대편 팀의 쿼터백을 태클로 저지시켜 공격을 무력화시키는 것은 매우 중요한 전술로 여겨지고 있다. 이에 수비수가 상대편 팀의 블라인드 사이드에 침범하여 쿼터백 색을 달성하는 것을 봉쇄하는 창의적인 전략도 계속해서 연구되고 있다. 무엇보다 리 앤 투오이는 테일러와 테이즈만의 실제 시합 영상과 함께 상대편 팀의 쿼터백을 태클할 수 있는 포지션의 중요성을 언급하면서 신체적 조건을 구체적으로 언급하는 대목은 주목할 필요가 있다. "우선 유명한 선수들의 이름을 나열하며 주목받는 레프트 태클(Left tackle)의 공통된 신체 조건으로는 '일단 몸집이 커야 하고, 큼직한 엉덩이와 두꺼운 허벅지, 긴 팔과 거대한 손, 그리고 빠른 발을 가진 선수이어야 이상적이다'라고 설명하는 부분이다"(안동수 111)[4]. 미식축구에서 파생된 용어인 '블라인드 사이드'에 관한 리 앤 투오이의 내레이션 직후 한 사무실에서 거구의 흑인 소년이 한 여성이 대화를 나누는 장면이 등장한다. 이 소년이 바로 영화의 주인공 마이클이다.

곧이어 마이클을 심문하는 여성은 자신이 "당신이 처한 이상한 곤경(odd predicament)을 조사하러 여기에 왔다"라고 말한다. 마이클은 이 자리가 불편한 듯 빨리 자리를 벗어나려고 하는 장면으로 영화의 '복선' 역할을 한다. 그리고 <블라인드 사이드>의 후반부에 다시 같은 장면이 반복되면서 해답을 제시한다. 이 여성은 NCAA의 입학담당 부조사관으로 마이클의 미시시피 대학(University of Mississippi) 입학에 부정이 있을 수 있다고 판단하여 그에 대한 진실규명을 위해 조사하는 역할을 담당하고 있다.

윈게이트 크리스천 스쿨에 전학을 온 마이클

NCAA 부조사관의 대면 직후 "2년 전"(two years before)이라는 자막과 함께 카메라는 다른 흑인들과 함께 자동차 뒷좌석에 앉아 있는 마이클의 모습을 보여준다. 타고난 운동 신경을 지닌 거구의 흑인 청년 마이클은 마약중독에 빠진 어머니와 어린 시절 강제로 떨어져 위탁 가정을 전전하며 정해진 거처 없이 살아가고 있는 초라한 처지에 직면해 있다. 마이클은 우연히 상류층 자제들이 다니는 사립 고등학교인 '윈게이트 크리스천 스쿨'(원작에서는 브라이어크레스트 크리스천(Briarcrest Christian) 스쿨의 미식축구 코치의 눈에 들어 운 좋게 그 고등학교에 입학은 하게 되지만, 첫날 수업부터 유색인 학생은 찾아볼 수 없는 낯선 환경에 쉽게 적응하지 못한다(그림 1).

마이클을 가르치는 선생님들도 마이클의 학업 수행 능력에 대해 걱정하며 그가 이 학교를 무사히 졸업할 수 있을지에 회의감을 표출한다. 마이클이 입학한 첫날에 본 퀴즈 시험을 백지로 제출하고, 이를

---

[4] 안동수. 「영화 [블라인드 사이드]의 대사분석을 통한 사회상과 스포츠스타 만들기」. 『한국 엔터테인먼트산업학회논문지』 14.7 (2020): 107-19.

스크린을 횡단하는 글로벌 문화

본 생물 과목 담당 선생님은 교무실에 와서 동료 선생님들에게 마이클이 쓰레기통에 버리고 간 "하얀 벽"이라는 글을 쓴 쪽지를 읽어주면서 새로운 환경에 스트레스를 받고 있는 마이클의 미래에 대해 걱정한다. 마이클 루이스의 원작에서 새로운 학교에서 마이클이 겪게 된 어려움이 다음과 같이 묘사되어 있다.

> "신장 195센티미터에 체중 160킬로그램의 흑인 아이가 백인 아이들을 위해 설립된 학교에 다님으로써 얻게 되는 전술적인 불이익이 하나 있다. 그가 다른 사람들을 만날 경우, 본인보다는 오히려 상대방 쪽이 첫 만남을 훨씬 더 생생하고 자세하게 기억하기 마련이라는 것이었다." (마이클 루이스 403)

> "마이클 오어가 전학 온 학교에서의 처음 몇 주에 관해 기억하는 것은 공포와 혼란뿐이었다. 그에게 백인 아이들은 생김새가 모두 엇비슷해 보였다. 마이클은 비록 글을 읽기는 싫어해도, 글을 쓰기는 좋아했다. 자기 자신에 관한 에세이를 쓰라는 과제를 받고 나서 마이클은 전학 온 첫날을 소재로 삼았다. 그는 이 글의 제목을 '하얀 벽'이라고 불렀다. 그 도입부는 다음과 같다. '가만 보니 사방이 하얀색이었다. 하얀 벽, 하얀 바닥, 그리고 하얀 사람들—선생님들은 당신들의 말을 내가 전혀 알아듣지 못한다는 것도 모르고 계셨다. 나는 어느 누구의 말도 듣기 싫었다. 특히 선생님들의 말은 더했다. 그분들은 숙제를 내주시면서, 그 문제들을 나 혼자서 풀어 오기를 기대하셨다. 나는 그때까지 한 번도 숙제를 해본 적이 없었다. 나는 화장실에 가서 거울을 바라보며 말했다. 이건 마이클 오어가 아니야. 난 여기서 벗어나고 싶어.'" (마이클 루이스 404)

마이클이 미식축구를 하기 위해서 가장 시급히 해결해야 할 문제는 턱없이 낮은 성적부터 올려야 하는 것이다. 학교에 다니는 대부분의 백인 학생들도 그를 피하고 선생님들 중에서도 '품격 떨어지는 학생을 받아들여 왜 모두를 피곤하게 하냐'라고 불평 일색이다. 그렇게 마이클은 정해진 기한 내 성적을 올리지 못하고 기독교 학교에서 퇴학 처리될 위기에 직면했는데, 그를 유심히 지켜본 생물학 선생님은 동료 교사들에게 마이클이 "낙제할지도 모르지만, 모자란 애는 아니에요"라고 말하며 마이클에게 기회를 주자고 설득한다(그림 2).

(그림 1)

(그림 2)

제12장. <블라인드 사이드>: 새로운 가족과 가족애가 만든 NFL 스타

마이클 루이스의 원작에서 이 생물 교사는 매럴린 비어즐리라는 여선생으로 영화에서 묘사되는 것처럼 마이클의 책을 챙겨주고 시험 문제를 말로 읽어주며 그의 학습을 장려한다.

"새로 온 아이의 갖가지 실패에 관한 이야기를 전해 들은 심슨 교장은 이 아이의 삶의 경험에 얼마나 많은 전공이 자리 잡고 있는지를 새삼 깨닫게 되었다. 마이클 오어는 대양(ocean)은 무엇인지, 또는 새 둥지가 무엇인지, 또는 이빨 요정이 무엇인지조차도 모르고 있었다. '세포'라는 단어의 뜻도 모르는 상황에서 10학년 생물 과목을 배울 수 없었으며, 명사와 동사라는 이름조차도 처음 들어보는 상황에서는 10학년 영어 과목을 배울 수도 없었다. 마치 그는 웃자란 16세 소년의 모습으로 이 지구상에 뚝 떨어진 외계인 같았다."(마이클 루이스 79)

"바로 그때 브라이어크레스트의 생물 교사인 매럴린 비어즐리가 어쩔 줄 몰라 하면서 그레이브스를 찾아왔다. 마이클에게 다시 한번 주간 생물 시험을 치르게 했는데, 아무 소용이 없었다는 것이었다. 그는 아무 답변도 내놓지 못했다. '그 애가 도대체 뭘 알고 뭘 모르는 지를 우리가 한번 확인해 봐야 하겠어요.' 생물 교사의 말이었다. 비어즐리는 생물 수업 시간에 자기 대신 시험 감독을 해 달라고 그레이브스에게 부탁했다. 그 사이에 자기는 마이클을 데리고 별도의 방에 들어가서 구두시험을 치르겠다는 것이었다…. 그로부터 한 시간 뒤, 매럴린 비어즐리가 깜짝 놀란 표정으로 그레이브스 사무실에 찾아와서 이렇게 말했다. '걔가 알아요. 제니퍼, 걔가 수업 내용을 안다고요!' 실제로 마이클은 뭔가를 분명히 알고는 있었다. 다만 이때까지는 자기가 뭔가를 이해했다는 기미를 전혀 보여주지 않았기 때문에 비어즐리는 그가 수업 내용을 얼마나 흡수했는지를 알고 나서 도리어 깜짝 놀랐다. 마이클의 두뇌가 완전히 죽은 것이 아니었다. 다만 수업 시간에 어떻게 배워야 할지를 몰랐을 뿐이었다. 비록 그렇다 하더라도 그는 F 학점이 아니라 어떤 시험에서 C를 받고, 학기말에 D+를 받을 정도로는 생물학에 대해 잘 알고 있었다."(마이클 루이스 79-81)

하지만 매일 밤마다 먹을 것을 구하고, 잘 곳을 찾아 헤매는 마이클에게 공부는 사치처럼 느껴진다. 어느 날 백인 상류층 투오이 부부는 어린 아들과 함께 그들의 딸 콜린스(Collins)의 배구 시합을 보려고 학교 체육관을 방문한다. 11월 넷째 주 추수감사절 하루 전날 밤, 마이클은 콜린스의 배구 경기를 보려고 온 투오이 가족이 앉은 체육관의 맞은편 스탠드에서 반팔 티셔츠를 걸치고 외롭게 앉아 있다. 마이클은 현재 머물 거처의 부재로 인해 추위와 굶주림을 떨치려고 이곳에 온 것이다. 배구 경기가 끝나고 사람들이 체육관을 빠져나가자 사람들이 먹고 간 음식을 주워 담는데, 이 장면을 숀 투오이가 지켜본다. 마이클 루이스의 원작에서는 이 장면이 다음과 같이 서술되어 있다.

"숀 투오이는 브라이어크레스트의 체육관 스탠드에 앉아서 농구 연습을 구경하고 있는 마이클 오어를 처음 보자마자 이렇게 생각했다. 이제 이 소년이 나아갈 곳이라곤 위로 올라가는 것 밖에는 없다고. 문제는 과연 어떻게 해야 그를 거기까지 데려갈 수 있느냐 하는 것이다. 숀은 전형적인 미국인 성공담의 주인공이다. 맨손으로 시작해서 부자가 된 사람이었다. 당시 그의 나이는 43세였다. 머리가 벗겨지기는 했지만 아직 대머리라는 소리를 들을 정도까지는 아니었고, 배가 나오기는 했지만, 아직 뚱뚱하다는 소리를 들을 정도까지는 아니었다…. 숀의 딸 콜린스는 브라이어크레스트의 3학년이었으며, 장대높이뛰기 종목에서 테네시주 챔피언이었다. 숀은 자기 딸 덕분에 흑인 학생들과 지속적인 인연을 맺게 되었다."(마이클 루이스 82)

리 앤 투오이 가족과 함께한 마이클의 추수감사절

어느 춥고도 바람 부는 날 아침, 숀은 아내 리 앤과 함께 차를 타고 이스트 멤피스의 큰길 가운데 하나를 따라가고 있었다. 바로 그때 저만치 어느 버스에서 그 덩치 큰 흑인 소년이 내리는 것이었다. 평소와 같이 청 반바지에 티셔츠 차림이었다. 숀은 그를 손가락으로 가리키며 부인에게 말했다.

'쟤가 바로 내가 이야기했던 그 애야. 저기 있는 애. 빅 마이크.'
'아. 그런데 반바지를 입고 있잖아.' 그녀의 말이었다.
'어, 그래. 저 녀석은 늘 저것만 입더라고.'
'숀, 지금은 눈이 내린다고!'
실제로 눈이 내리고 있었다. 아내의 고집 때문에 남편은 차를 길가에 세웠다. 숀이 다시 한번 마이클에게 자기소개를 했고, 곧이어 리 앤을 그에게 소개해 주었다.
'어디 가는 길이냐?' 숀이 물었다.
'농구 연습이요.' 빅 마이크가 말했다.
'마이클, 너는 원래 농구 연습 안 했잖아.' 숀이 말했다.
'알아요.' 소년이 말했다. '하지만 거기는 불을 때잖아요.'
숀은 그게 무슨 뜻인지 바로 알아듣지 못했다.
'체육관 안은 편하고 따뜻하다고요.' 소년의 말이었다.

"다시 차에 올라타 출발하면서 숀은 아내 쪽을 흘끗 바라보았다. 리 앤의 얼굴에는 눈물이 줄줄 흐르고 있었다. 문득 그는 이런 생각을 했다. '아이고, 이런 집사람이 그만 넘어가 버리게 생겼군.'"(마이클 루이스 90)

마이클 루이스의 원작에서처럼 영화에서 리 앤 투오이는 차가운 날씨에 반팔 셔츠만을 걸친 채 체육관으로 향하던 '마이클'을 발견한다. 평소 불의를 참지 못하는 확고한 성격의 리 앤은 자신의 아이들과 같은 학교에 다니는 마이클이 지낼 곳이 없음을 알게 되자 집으로 데려와 하룻밤 잠자리를 내어주고 함께 추수감사절을 보낸다(그림 3). 갈 곳 없는 마이클을 보살피는 한편 그를 의심하는 마음도 지우지 못하던 리 앤이지만, 시간이 흐르며 마이클의 순수한 심성에 빠져든 리 앤과 그녀의 가족들은 그를 마음으로부터 받아들이기 시작한다.

제12장. <블라인드 사이드>: 새로운 가족과 가족애가 만든 NFL 스타

<블라인드 사이드> 속 추수감사절과 블랙 프라이데이

　미국에서는 매년 11월 넷째 주 목요일에 추수감사절(Thanksgiving Day)을 기념하고 있다. 대한민국의 추석과 같은 개념으로 한해를 무사히 지내고 추수를 감사하며 이웃과 음식을 나누는 의미인 추수감사절은 미국 최대의 명절이자 다음 해 경제 지표를 미리 알아볼 수 있는 중요한 분기점이 된다. 1621년 영국에서 미국으로 이주한 청교도들(Pilgrims)은 척박한 토양과 향수병을 이겨내고 비로소 농사에 성공한다. 주위의 같은 처지의 이웃들과 그 당시 떼려야 뗄 수 없었던 이웃인 아메리카 인디언들을 초대해 한해의 감사를 나누고 선교의 의미도 갖추었던 추수감사절은 그 이후 중부, 서부까지도 그 문화가 확산되어 미국 최대의 명절이 되었다. 평소 연중무휴로 오픈하는 가게, 백화점 등도 추수감사절과 크리스마스만은 휴일로 하고 쉰다. 약 4천만 마리 이상의 칠면조가 하루에 소비되며, 일주일 전부터 예약을 통해 질 좋은 칠면조를 추수감사절 당일 아침, 겨우 잠깐 오픈한 슈퍼마켓이나 레스토랑의 창구를 통해 픽업할 수 있다.

　추수감사절 다음날은 블랙 프라이데이(Black Friday)로 새벽 5시부터 백화점들이 문을 열기 시작한다. 일반 전자제품 매장들은 번호표를 나눠주고, 6시부터 추첨 등을 통해 무료 상품들을 먼저 풀고, 나머지 번호표의 번호 순서대로 입장을 한다. 태블릿 PC, TV, PC, 가전제품 등의 인기 순서로 사람들이 많이 몰리며 99달러 가격의 대형 TV나 9달러짜리 노트북 등 상상하기 힘든 가격에 실제로 판매를 한다. 미국인들이 이 세일 기간 중 소비한 금액과 양, 추세 등이 세일 후 집계되어 다음 해 신상품에 반영되기도 하고, 매 분기 바뀌는 소비자 지수 등에 큰 영향을 미친다.

서로를 알아가는 리 앤과 마이클

　사실 리 앤 투오이는 흑인에 대한 확고한 편견을 지니고 자라났지만, 나중에 가서는 그런 편견을 내던지게 되었음을 고백한다. 정확히 언제부터 그렇게 되었는지는 본인도 알 수 없었고, 다만 이렇게 말할 뿐이었다.

> "'저는 자기 피부색이 뭔지도 모르는 남자랑 결혼했거든요.' 그녀의 아버지는 멤피스에 주둔한 미국 육군 소속 장성이었으며, 본인이 흑인을 두려워하고 혐오하는 만큼이나 딸도 똑같이 하도록 키웠다…. 하지만 마이클 오어가 브라이어크레스트에 다닐 즈음이 되자, 리 앤은 딱히 이상하다거나 어색하다는 느낌 없이 그 흑인 아이와 손을 붙잡고 다닐 수 있을 정도가 되었다. 이 아이는 일종의 신입생이었다. 입을 옷도 변변치 않았다. 추수감사절 방학 동안 머물러 있을 만한 따뜻한 집도 없었다. 물론 그녀는 이 아이를 데리고 나가서 옷을 몇 벌 사주었다. 다른 사람들에게는 지나친 자선 행위인 것처럼 보일 수도 있었다. 하지만 리 앤의 입장에서 한 아이에게 옷을 입히는 것이야말로 여유 있는 사람이라면 누구나 마땅히 해야 할 일이었다."(마이클 루이스 91-92)

마이클에 대한 주류 백인 상류층의 편견과 마이클의 '보호 본능'

리 앤의 친구이자 가끔 함께 식사를 하는 백인 상류층 부인들과의 대화에서도 이 크리스마스 카드가 화제가 된다. 리 앤이 마이클의 법적 후견인이 되려는 것을 인지하고 리 앤에게 "백인의 양심가책인가요?"(Is this some kind of white guilt thing?)라고 질문한다. 리 앤은 마이클로 인해 행복해하는 자기 모습을 통해 오히려 마이클이 고마운 존재라고 설명하며, 그를 존중해 줄 것을 친구들에게 요구하지만, 다른 친구가 딸 콜린스를 생각하라며 어떻게 한 집에서 '검은 애'(Black boy)와 함께 잠을 잘 수 있냐고 하자, 리 앤은 "부끄러운 줄 알아라!"(Shame on you!)라고 말하며 자리를 일어선다.

리 앤의 가족들, 즉 리 앤의 남편 숀, 딸 콜린스 그리고 막내아들 SJ의 따뜻한 애정으로 말미암아 마이클은 생애 처음으로 진정한 가족의 의미를 깨닫게 된다. 마이클은 가난으로 인해 제대로 된 교육을 받지 못해 학습 능력은 고작 5%에 불과했지만 유일하게 98%의 높은 분야가 있었는데 그것은 바로 '보호 본능'이다. 이것은 리 앤과 가족들을 보호하려는 장면에서 여실히 드러난다. 마이클이 친모를 만나러 흑인들이 모여 사는 빈민가에 갔을 때, 차에서 내리려는 리 앤을 단호히 저지한다. 또한 그가 생애 처음으로 자기 얼굴이 새겨진 운전면허증을 발부받아 차를 몰고 동생 SJ와 물건을 사러 시내로 외출했다가 갑자기 나타난 트럭 때문에 사고를 당한다. 큰 사고였지만 조수석에 타고 있던 SJ는 경미한 상처만 입는다. SJ를 보호하기 위해 본능적으로 에어백이 터지는 것을 자기 오른팔로 막았기 때문이다.

마이클의 보호 본능을 일깨우는 리 앤의 훈육

처음에 마이클은 큰 덩치에도 불구하고 연습에서 자기 팀의 쿼터백을 보호하지 못하는 타고난 '순둥이' 기질을 보이며 감독과 코치를 답답하게 한다. 이를 지켜보던 리 앤이 나서서 마이클에게 자동차 사고에서 본능적으로 동생 SJ를 보호한 것처럼 쿼터백도 가족이라 생각하라고 충고한다(그림 4).

(그림 3)

(그림 4)

제12장. <블라인드 사이드>: 새로운 가족과 가족애가 만든 NFL 스타

마침내 마이클은 '보호 본능'을 유감없이 발휘하여 쿼터백의 블라인드 사이드(=사각지대)를 막아주는 매우 뛰어난 '레프트 태클'(Left Tackle) 선수로 성장한다. 미식축구에서 쿼터백 다음으로 비중이 큰 포지션이 바로 쿼터백을 엄호하고 쿼터백이 볼 수 없는 사각지대를 보호하는 역할을 담당하는 레프트 태클이다. 마침내 유명 대학의 감독들이 모두 그에게 눈독을 들인다. "누군가를 헤치는 것과 폭력을 싫어했던 마이클은 자신을 돌봐주고 소속감을 갖게 해준 가족과 팀을 동일시하게 되는데, 그 팀에 해를 끼치는 대상이라고 여겨지는 상대팀, 소위 적들로부터 지켜내야 한다는 보호 본능이 자극받을 때 경기장에서의 합리적 폭력은 극대화되었던 것을 볼 수 있다. 즉, 마이클은 자신의 가족과도 같은 팀을 보호하기 위해 '합리적 폭력'을 선택하였고, 그것은 자신의 입장에서 지극히 '정당한 것'이라고 생각할 수 있다. 그렇기 때문에 코치는 선수들에게 팀을 자신의 분신이나 가족 나아가 국가와 동일시하는 상징 과정을 통해 선수들에게 희생과 헌신의 분위기를 조장하며, 선수들은 이를 명예스럽게 수용하고 기대 이상으로 동조하게 된다"(안동수 115).

마이클을 위한 가정교사 채용과 미시시피 대학 입학

탁월한 수비수로서 마이클의 자질을 본 여러 대학의 감독과 코치들은 마이클을 본교에 입학시키려고 서로 치열한 신경전을 벌인다. 테네시 대학, 루이지애나 주립대학(LSU), 미시시피 대학 등에서 미식축구 관계자들이 직접 투오이 집을 방문하고 마이클의 입학 조건으로 장학금과 복지 혜택 등 파격적인 대우를 약속한다. 하지만 대학에 입학하기 위해서는 고등학교 평점이 최소 2.5 이상이 되어야 했고, 마이클이 넘어야 할 최대 난제는 D학점을 받았던 문학 시험의 성적을 최대한 올리는 것이다. 이를 위해 리 앤은 민주당 지지자인 수 미첼을 가정교사로 채용한다.

"마이클 오어가 NFL에 들어가려면 그보다 먼저 대학에 들어가야 했다. 그리고 대학에 들어가려면 NCAA의 학력 기준을 충족시켜야 했다. NCAA에서는 ACT(대학입학학력고사) 점수와 평균 학점을 가지고 일종의 슬라이드제를 택하고 있었다. 즉 ACT 점수가 높아지면 GPA(평균 학점)는 낮아도 그만이었다. 마이클의 ACT 점수가 불과 12점임을 고려하자면, GPA가 2.65는 되어야만 대학에서 풋볼을 할 수 있었다. 그런데 그의 2학년 평균 학점은 0.9였다. 투오이 가족의 집에 들어와 살기 시작한 3학년 말에는 성적이 더 나아진 덕분에, 누적 평점이 1.564로 올랐다…. 다음 날 아침이 되자, 그녀는 얼른 학교에 가라며 그를 문밖으로 밀어냈다. 곧이어 리 앤은 수 미첼을 과외 교사로 채용했다. 마이클 오어의 평균 학점을 철저히 점검하고 그가 백인과 접하는 경험을 넓혀 주는 안내자로서, 수 미첼은 여러 가지 장점을 지니고 있었다. 그녀는 35년간 멤피스에서도 가장 험악한 지역의 여러 군데 공립학교에서 교사로 재직한 바 있다."(마이클 루이스 270-71)

마이클은 결국 미시시피 대학을 선택한다. 미시시피 대학으로 진로를 선택한 이유는 가족의 일원으로서

스크린을 횡단하는 글로벌 문화

일체감을 유지하기 위해서이다. 곧 다가올 마지막 기말 에세이 시험에서 마이클이 좋은 성적을 얻는 것이 유일한 방법이기에 가정교사 수(Miss Sue)는 그에게 적합한 책의 목록을 알려주다가 영국 시인 테니슨(Alfred Tennyson)이 쓴 「경기병 여단의 돌격」("The Charge of the Light Brigade")이라는 시를 언급한다. 그때 거실에서 TV를 보던 숀이 갑자기 이 시의 구절을 크게 낭송한다.

숀이 「경기병 여단의 돌격」을 죽음의 계곡으로 알려진 루이지애나 주립대학의 미식축구 경기장과 연관시켜 리더의 중요성을 강조하는 내용의 대화 속에서 마이클은 "리더가 잘못 판단한 걸 아는데 왜 모두 명령에 따라 진격하죠?"라고 질문한다. 이에 숀은 "병사들의 임무는 의심하지 말고, 이유도 묻지 말고, 임무를 다하고 죽는 것뿐이다"라고 대답한다. 결국 마이클의 기말 에세이 과제의 주제는 「경기병 여단의 돌격」이 선정되었다.

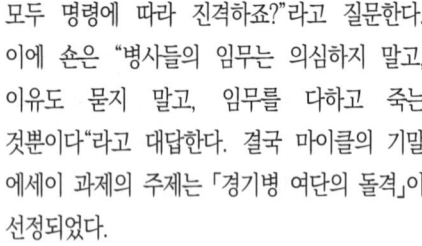

사실 '경기병 여단의 돌격'(The Charge of the Light Brigade)은 크림 전쟁(Crimean War, 1853~56)의 일부인 '발라클라바 전투'(Battle of Balaclava)에서 발생한 비극적인 사건이다. 1854년 10월 25일 영국의 카디건 중장이 기병 673명을 이끌고 무모하게 러시아 포병대를 공격했다. 돌격을 마친 이후 군대를 소집했을 때, 여단에서 여전히 말에 올라탄 이는 195명뿐이었다. 현대 전쟁사에서도 널리 회자되고 있는 이 막장 '경기병 여단의 돌격' 사건으로 인해 당시 러시아군에 맞선 연합국이었던 영국, 프랑스, 튀르크군이 어처구니 없이 패배를 당했다. 이 역사적 사건에 영감을 얻은 영국 시인 테니슨은 「경기병 여단의 돌격」이라는 시를 썼다.

반 리그만, 반 리그만, / 반 리그만 더 앞으로,
죽음의 계곡으로 / 6백 명은 나아갔다.
"경기병 여단, 전진! / 포대를 향해 돌격!" 그가 외쳤고.
죽음의 계곡으로 6백 명은 나아갔다.

"경기병 여단, 전진!"
단 하나라도 동요한 이가 있었는가? / 그럼에도 병사들은 알았으리라
누군가 실수했다는 것을. / 그들은 토를 달지 않는다
그들은 이유를 묻지 않는다 / 그들은 그대로 행하고 죽을 뿐.
죽음의 계곡으로 / 6백 명은 나아갔다.

제12장. <블라인드 사이드>: 새로운 가족과 가족애가 만든 NFL 스타

오른쪽에는 대포, / 왼쪽에도 대포,
앞에도 대포 / 우레 같은 일제사격에
포탄과 파편이 몰아쳤으나,
대담하고 침착하게 나아가는 그들,
죽음의 턱 밑으로,
지옥의 아가리를 향해 / 6백 명은 나아갔다.

그 영광이 그 언제 잊히랴? /그들의 맹렬한 돌격을 보아라!
온 세상을 놀라게 한, / 경기병대의 돌격에 영광 있으라!
경기병 여단이여, / 그 고결한 6백 명에 영광 있으라!

가정교사 수와 숀은 「경기병 여단의 돌격」을 낭송하며 마이클에게 영감을 불어넣는다. 다시 말해 「경기병 여단의 돌격」을 미식축구에 비유해서 해석하면, 전쟁터에서 병사는 미식축구 경기장에서 뛰는 11명의 운동선수들로 치환된다. 미식축구 선수들은 잘못된 작전으로 인해 팀이 질 것을 뻔히 알면서도 무능한 감독과 쿼터백의 작전이고 전략에 대해 어떤 반항도 하지 않고 그저 따를 뿐이다. 쿼터백을 제외한 나머지 10명의 선수들은 그저 맹목적으로 작전과 전략을 따르는 것이 그들의 임무라고 여긴다.

수는 소파에 앉아 숀이 마이클에게 「경기병 여단의 돌격」에 대한 적절한 비유를 들려주는 것을 흐뭇하게 듣고 있다. 이 시에 대해 질문을 하고 경청하는 과정에서 마이클은 영감을 얻게 되었고 마침내 기말시험 에세이에서 훌륭한 글을 써 내려간다. '용기'와 '명예'에 관한 마이클의 글은 그의 육성으로 우리에게 전달된다.

"용기란 무엇인지 알기 힘들다. 잘못된 목표 앞에서 용기를 낼 수도 있지만, 어른들이나 코치나 선생님에게 물어볼 수도 없다. 그들이 규칙을 세우니까. 그들은 가장 잘 알 수도 있지만 어쩌면 그들도 잘 모를 수 있다…. 언제나 남이 하라는 대로 해야만 할까? 왜 하는지도 모르고 시키는 대로 할 때도 있다. 누구라도 용기를 가질 수 있다. 하지만 '명예'야말로 사람을 움직이는 원동력이다. 그것은 진정한 자신이고, 자신이 원하는 모습이다. 의미 있는 목표를 위해 죽는다면, 명예와 용기를 모두 갖게 된다는 것이 좋다. 명예를 위한 일에 용기를 내야 한다. 그리고 우리를 이끄는 사람들, 즉 우리에게 무엇인가 하도록 요구하는 사람들도 그런 마음을 갖기를 원한다."

마이클의 고교 졸업과 리 앤과의 갈등

'용기'와 '명예'에 관한 마이클의 글은 자신이 명예롭게 생각하는 것을 위해 자신의 모든 것을 헌신할 수 있다는 스포츠 윤리의 핵심을 꿰뚫는 것이고, 결국 엄격한 문학 교사의 마음을 움직여 마이클은 졸업하게 된다. 마이클의 경우를 보면, 아무리 출중한 운동 실력을 갖춘 학생도 학교가 정한 학업에서 최저 평점 2.5를 받아야 한다는 사실은 학교의 기능이 무엇인지에 대해 우리에게 많은 시사점을 주고 있다. "우리는 흔히 스포츠를 '총성 없는 전쟁'이라고 표현하며 쇼비니즘적인 민족주의적, 국수주의적 측면에서 이용하는 경향이 있다. 폭력을 싫어했던 마이클은 스포츠를 통한 사회화 과정을 통해 서서히 합법적인 폭력에 익숙해지고, 이념 간의 전쟁처럼 실익을 위한 스포츠에서의 명예와 용기를 언급하며, 의미 있는 목표를 위해 죽을 수 있다면 명예와 용기를 모두 얻을 수 있어 좋다고 표현한다. 이는 스포츠 윤리의 측면에서 중요한 부분이라 할 수 있다"(안동수 114).

한편, 영화의 오프닝에서 등장한 NCAA 조사관은 마이클의 입양과 진학 과정에서 투오이 부부가 개인적인 이득을 위해서 마이클을 이용했는지에 대해 의구심을 가지고 조사한다. 조사관은 마이클의 성적 향상을 위해 채용한 가정교사 수까지 모두 미시시피 대학 출신이고, 그들 모두 거액의 장학금을 미시시피 대학에 지원하고 있기 때문에 마이클과 같은 실력 있는 선수가 입학할 경우 학교 홍보에 큰 도움이 될 것이라고 판단한 것이다. 이런 이유로 조사관은 남부의 백인 후원자들이 가난하지만, 재능 있는 흑인 선수들의 법적 보호자가 되어 자신들이 후원하는 모교에 입학시키려는 시도가 있을 수 있다는 가정 때문에 마이클의 입양에도 그러한 의도가 있었는지에 대해 파악하기 위해 마이클을 심문한 것이다. 영화에서 마이클은 조사관에게 왜 누군가가 자신을 미시시피 대학에 보내려 했는가에 대해서만 질문을 하고, 왜 마이클 자신이 미시시피 대학에 가고 싶어했는지에 관해 질문하지 않은 것에 반문한다. 그리고 지금의 본인을 있게 해준 사랑하는 가족이 다닌 학교이기 때문에 스스로 선택했다는 답변으로 모든 의문점이 해소된 듯 조사는 마무리된다.

NCAA 조사관과의 조사 직후 마이클은 바깥에서 기다리고 있는 리 앤을 만난다. 마이클은 화난 표정으로 이제까지 자기 의지와는 상관없이 리 앤 가족이 특별히 그들이 애정을 가지고 있는 미시시피 대학에 진학하도록 강요했는지 질문한다. 리 앤은 "마이클, 제발 내 말 좀 들어봐"라고 설득하지만, 마이클은 "어디 거짓말을 해요!"라고 화를 내면서 황급히 자리를 떠난다. 이렇게 리 앤 부부가 졸업한 미시시피 대학교로의 진학을 고려하던 중 마이클은 NCAA 조사관으로부터 부모로 생각한 투오이 부부가 자신을 이용해 그들이 졸업한 학교로 자기를 진학시켜 이익을 챙기려는 것이라는 이야기에 상처를 입은 마이클은 리 앤과 잠시 불화를 일으킨다.

엔딩 시퀀스: 리 앤과의 화해 그리고 마이클의 NFL 입단

NCAA 조사관과의 대화 후, 마이클이 미시시피 대학으로의 진학에 대해 잠시 고심하는 동안 리 앤은 손곽의 대화에서 한 번도 마이클의 의사를 물어보지 않았다는 것을 후회하며, 이제라도 무엇이든 마이클 자신이 원하는 삶을 살도록 선택권을 주는 것이 옳다고 판단한다. 그래서 마이클이 원하는 팀을 선택하도록 하고 그보다 근본적으로 미식축구 자체를 좋아서 하는 것인지에 대한 기본적인 질문에서부터 다시 대화를 나눈다(그림 5). 이렇게 진심 어린 대화를 통해 갈등과 오해가 풀리고 마이클은 리 앤과 그녀의 남편이 졸업한 미시시피 대학에 입학해 NFL 선수로 눈부신 활약을 펼친다.

제12장. <블라인드 사이드>: 새로운 가족과 가족애가 만든 NFL 스타

(그림 5)

(그림 6)

흥미롭게도 <블라인드 사이드>의 엔딩 신에서 실제 마이클 오어의 모습이 나온다. 그는 미시시피 대학을 졸업하고 2009년 NFL 드래프트에서 1라운드 23번째로 볼티모어 레이븐스(Baltimore Ravens)에 입단해 슈퍼볼 우승 반지를 끼기도 했다. 영화에서 마이클이 NFL 명문 구단인 볼티모어 레이븐스에 지명되는 장면(그림 6)에서 흘러나오는 경쾌한 노래는 미국의 5인조 블루스 락(Blues rock) 그룹인 '캔드 히트'(Canned Heat)의 히트곡 「시골로 가고 있어」("Going Up The Country")이다. 이 노래는 마이클 앞에 펼쳐질 희망찬 미래를 암시하는 듯하다.

나는 시골로 가고 있어, 자기도 가고 싶지 않아?
나는 시골로 가고 있어, 자기도 가고 싶지 않아?
나는 어떤 곳으로 가고 있어, 전에는 본 적이 없는

물이 와인과 같은 맛이 나는 곳으로 나는 가고 있어, 가고 있어
물이 와인과 같은 맛이 나는 곳으로 나는 가고 있어
우리는 강물 속으로 뛰어 들 수 있고, 항상 술에 취해 있을 수도 있어

나는 이 도시를 떠날 거야, 빠져나갈 거야
나는 이 도시를 떠날 거야, 빠져나갈 거야
이 모든 소란과 싸우는 사람으로부터, 내가 확실히 머물 수 없다는 걸 알잖아

이제, 자기야, 너의 여행 트렁크를 꾸려, 우리가 오늘 떠나야 하는 걸 알잖아
정확히 우리가 가는 곳이 어딘지 말할 수 없어, 하지만
우리는 심지어 미국을 떠날 수도 있어
그것은 내가 하길 원하는 새로운 게임이야

네가 달리거나 비명 지르며 울어봐야 소용없어
내 집을 가지고 있는 한 너도 집이 있으니까

〈블라인드 사이드〉의 엔딩에서 리 앤의 내레이션으로 명문 구단에 지명되어 NFL 스타가 된 마이클과 대조적으로 나락에 빠진 그의 친구에 관한 이야기를 들려주면서 우리에게 많은 생각을 하게 만든다. 한 명은 NFL에 입성하여 스타의 길을 걷고 있는 반면, 다른 한 명은 이미 이 세상의 사람이 아니기 때문이다. 21세기가 되던 생일에 그는 갱들 조직의 싸움에 연루되어 살해당한 것이다. 단순히 그의 기구한 운명이라고 볼 수 있지만, 만약 그에게도 마이클과 같은 새로운 가족이 있었더라면 어떠했을까? 그래서 리 앤의 내레이션은 우리에게 소중한 만남과 가족의 중요성을 강조하고 있는 듯하다. "누구에게나 그럴 수 있었다. 내 아들 마이클도 그럴 수 있었다. 근데 아니었다. 신에게 감사해야겠다."

스포츠 영웅을 모티프로 삼은 훌륭한 영화들이 많이 있지만, 〈블라인드 사이드〉가 우리에게 특별한 감동을 선사하는 것은 리 앤의 마지막 말에서 찾을 수 있다. 마이클이 리 앤 가족을 만나지 못했더라면 그의 삶은 재능도 꽃피워 보지도 못하고 수많은 다른 흑인 소년들과 마찬가지로 나락에 빠져 불행한 삶으로 종결되지 않았을까? 서로 다른 인종, 계층 간의 소통의 어려움을 극복하고 마이클이 미식축구 스타로 성공을 이루게 물심양면으로 성원을 아끼지 않은 리 앤과 그녀 가족의 용기 있는 선행은 우리에게 많은 교훈을 선사한다.

제12장. <블라인드 사이드>: 새로운 가족과 가족애가 만든 NFL 스타

그룹 액티비티 및 에세이 주제

1. 영화 <블라인드 사이드>는 미국의 4대 스포츠로 불리는 미식축구를 배경으로 하고 있다. 미국 스포츠에서 차지하는 미식축구의 역사와 의의를 기술해 보자.

2. <블라인드 사이드>는 미국 작가 마이클 루이스가 출판한 동명의 논픽션을 각색한 작품이다. 스포츠 영웅의 삶을 조명한 기존의 영화들과 차별성을 보여주는 존 리 핸콕 감독이 연출한 <블라인드 사이드>의 독창성에 대해 토의해 보자.

3. <블라인드 사이드>는 미국 내에서 만연한 흑인에 대한 편견 및 인종차별을 엿볼 수 있다. 영화에서 실제 인종차별을 보여주고 있는 장면을 찾아 토론하고 그 내용을 정리해 보자.

4. 실제 주인공인 마이클 오어의 불우했던 어린 시절의 삶은 미국 내 흑인들이 처한 빈곤한 삶과 문제를 단적으로 보여준다. 백인 새어머니 리 앤 투오이와 가족이라는 결연관계를 맺기 이전 가난과 가정폭력이 만연했던 오어의 가족사를 통해 미국 내 흑인들이 직면한 문제점에 대해 토의해 보자.

5. 미국 내 백인 상류층을 지칭하는 와스프(WASP) 출신의 여성 리 앤 투오이는 어떤 점에서 다문화를 지향하는 우리 사회에 역할모델(role model)이 되는지 토의해 보자.

6. 오늘날 스포츠계에 여전히 성행 중인 인종차별과 인종 간의 화해를 모티프로 삼은 영화들을 찾아보고, 이런 작품들과 구별되는 <블라인드 사이드>가 지닌 독창성이 무엇인지 토의해 보자.

제 13 장

<아메리칸 스나이퍼>
: 스나이퍼의 역사와 미국의 영웅주의

스크린을 횡단하는 글로벌 문화

2015년에 개봉한 영화 〈아메리칸 스나이퍼〉(*American Sniper*)는 미국의 전설적인 저격수 크리스 카일(Chris Kyle, 1974~2013)의 일대기를 담아낸 수작이다. 할리우드의 대표적인 보수주의자로 알려진 거장 클린트 이스트우드(Clint Eastwood, 1930~) 감독이 연출한 〈아메리칸 스나이퍼〉는 이념 논쟁에 휩싸이며 관객들의 폭넓은 관심을 받는 데 성공했다. 이 영화는 북미에서만 누적 수익 1억 1천만 달러를 기록했다. 국내에서도 34만 명 이상의 관람객을 끌어모았다.

〈아메리칸 스나이퍼〉는 제39회 일본 아카데미상(우수 외국 작품상), 제24회 MTV 영화제(최고의 남자배우상), 제87회 미국 아카데미 시상식(음향편집상), 제20회 크리틱스 초이스 시상식(액션영화 남우주연상) 등에서 수상했다. 이 영화는 네이비 실(Navy SEAL) 대원으로 활동했던 크리스 카일의 자서전 『아메리칸 스나이퍼: 미군 역사상 가장 치명적인 저격수의 자서전』(*American Sniper: The Autobiography of the Most Lethal Sniper in U.S. Military History*)에 바탕을 둔 작품이다.

미국의 특수부대 네이비 실과 크리스 카일

크리스 카일이 속한 '네이비 실'은 바다(Sea), 공중(Air), 지상(Land)을 의미한다. '네이비 실'은 미 해군 소속 정예 특수부대로 기초과정은 입교 준비기간을 포함하여 8개월을 소요하며, 수료율은 최저 10%에서 대략 25% 정도이다. 30세의 늦은 나이에 입대한 크리스 카일은 복합골절 수술로 팔에 철심이 있었기 때문에 처음에는 네이비 실 신체검사 과정에서 탈락했다. 하지만 1999년 24주 과정 네이비 실 기초교육 훈련(BUD/S) 과정에 입교했고, 이후 이어진 심화 과정을 통해 2001년 3월에 233기 교육 과정을 최종 수료했다.

'네이비 실'이 가장 강렬하게 우리에게 각인된 것은 2011년 5월 1일 파키스탄 아보타바드(Abbottabad)에서 이슬람 극단주의 테러 조직 알카에다(Al-Qaeda)의 지도자인 오사마 빈 라덴(Osama bin Laden)을 사살한 사건이다. '네이비 실'의 활약상을 그린 영화로는 2013년에 상영된 〈론 서바이버〉(*Lone Survivor*)가 대표적이다. 이 영화는 2005년 아프가니스탄에서 진행된 '레드윙 작전'에 바탕으로 두고 있다. '네이비 실'은 해군 수중폭파팀을 의미하는 UDT(Underwater Demolition Team)에 기원하고 있다는 사실은 중요하다. 이는 크리스 카일의 자서전에서도 뚜렷이 드러난다.

"우리 소대는 실전에 투입되기까지 1년가량 대기해야 했으며, 실전에 투입될 때는 오사마 빈

제13장. <아메리칸 스나이퍼>: 스나이퍼의 역사와 미국의 영웅주의

라덴이 아니라 사담 후세인(Saddam Hussein)을 상대로 싸우게 되었다. (네이비) 실과 우리의 임무가 어떤 것인지 민간인들이 많이 궁금해한다는 것을 안다. 사람들 대부분은 우리를 완전히 바다에서만 임무를 수행하는 해상특공대로 이해하면서 우리가 배에서 수상이나 해안선에 위치한 목표물만 제거하는 것으로 알고 있다. 사실 임무의 상당수가 바다와 관련이 있다는 점은 인정한다. 어쨌든 우리는 해군 소속이기 때문이다. 앞서 간략하게 말했듯, 실은 해군 수중폭파팀, 통칭 UDT에 기원하고 있다. 제2차 세계대전 중에 창설된 UDT 잠수부대는 아군이 공격을 가하기 전 먼저 적의 해안을 정찰하는 임무를 비롯하여 적의 항만시설에 침투하거나 적 군함에 림펫 기뢰를 설치하는 등 다양한 수중 임무를 수행하기 위해 특별 훈련을 받은 부대였다. 이들은 제2차 세계대전과 전후 시기를 주름잡은 거칠고 잔인한 전투 잠수부들이었으며, (네이비) 실은 이들의 계보를 이어받은 것을 자랑스럽게 여긴다."(크리스 카일 71-72)[1].

크리스 카일과 이라크 전쟁

1999년 25살의 나이에 미 해군에 입대한 크리스 카일은 2001년 미 해군 특수부대 네이비 실(Navy SEAL: sea, air and land)로 배치되어 기초 수중폭파/실(Basic Underwater Demolition/SEAL) 과정을 수료했다. 그해 크리스는 타야(Taya)라는 여성을 만나 첫눈에 사랑에 빠지고, 그들은 다음 해인 2002년 3월에 결혼한다. 그들이 서로 사랑에 빠져 행복한 순간을 만끽하던 2001년 9월에 '9.11 테러'(9/11 Attacks)가 일어난다. 투철한 애국관을 지니고 있던 크리스는 TV로 '9.11 테러'로 인해 미국 자본주의의 상징이었던 월드 트레이드 센터가 붕괴되는 모습을 지켜보고 충격을 받는다.

사실 9·11 테러 이전에 당시 제43대 미국 대통령인 부시(George W. Bush, 1946~)는 이라크를 미국의 국익에 반하는 정책을 추구하는 위협적 독재국가 정도로만 인식하고 있었다.

"비록 이라크는 미국이 관리하는 테러 지원국 리스트에 올라있기는 했지만, 이라크 문제는 미국의 최우선 순위의 국가적 과제에서 빗어나 있었다. 당시 CIA에서 판단한 미국 안보에 대한 주요 위협은 첫째, 아프가니스탄의 성역에서 활동하고 있는 오사마 빈 라덴과 그의 알카에다 조직으로서, 빈 라덴의 테러 행위는 즉각적으로 고려돼야 할 중대한 위협이고 그가 어느 형태로든 미국의 이해가 닿는 곳을 공격하리라는 것은 의심할 여지가 없다고 보고 있었다… 그러나 9·11 테러 사건으로 인해 이라크의 위험은 오사마 빈 라덴 다음으로 미국의 안보에 위협이 되는 요소로 부각되었다. 9·11 테러로 인해 부시는 국민의 안보를 최우선적인 과제로 여기게 되었는데, 이 테러 사건은 그로 하여금 극단적 상황, 최악의 시나리오를 가정한 대비책을 강구하게 할 정도로 경악스럽고 충격적인 경험이었기 때문이다. 즉 9·11테러 사건을 계기로 후세인이 가지고 있는 위해요소가 미국에 매우 위협이 될 수 있다는 시각이 강화됨으로써 부시는 이라크에 대한 공격이 불가피하다는 인식을 하게 된 것이다. 그러므로

---

[1] 크리스 카일. 『아메리칸 스나이퍼』. 양욱 옮김. 서울: 플래닛미디어. 2014.

이라크와의 전쟁을 결정할 최종 권한을 갖고 있던 부시의 안보의식의 변화에서 전쟁의 원인을 찾을 수 있다."(이주봉 37)[2]

2003년 3월 20일 이라크 전쟁(Iraq War, 2003~2011)이 시작되자 크리스는 2003년 네이비 실 소속의 스나이퍼로 파견되어 전설적인 명성을 쌓았다. 2003년 3월 20일 시작된 이라크 전쟁은 조지 W. 부시 미국 대통령이 전격전을 벌여 불과 두 달이 지나지 않은 5월 1일에 전쟁은 종식되었다. 그러나 미군은 이라크의 여러 도시들을 완벽하게 점령하지 못했고, 반군들의 끈질긴 투쟁으로 전쟁은 8년 뒤인 2011년 12월에야 실제로 마무리되었다. 미군은 바그다드 점령 직후 독재자 후세인을 몰아내고 그를 추종했던 소수파 '수니파' 바스당원들을 탄압했다. 미국은 국민 65%를 차지하고 있는 다수파 '시아파' 무슬림들에 의해 새로운 민주주의 국가인 이라크가 만들어지리라 생각했다. 하지만 이런 발상은 큰 오산이었고 오히려 시아파 반군을 중심으로 내전이 격화하게 되었다.

2012년 출간된 크리스 카일의 자서전 『아메리칸 스나이퍼: 미군 역사상 가장 치명적인 저격수의 자서전』에서 크리스는 네이비 실 소속의 저격수로서 이라크 전쟁에 4차례에 걸친 파병 기간(약 1,000일) 동안 공식적으로 160명의 반군을 사살했다. 비공식적으로는 250여 명이 넘는 적을 사살한 공로로 크리스는 여러 무공훈장과 함께 '전설'이라는 별칭으로 불리며 동료 미군 병사들에게 존경과 감사의 대상이었다. 크리스 카일의 자서전과 영화 〈아메리칸 스나이퍼〉의 가장 중요한 차이점은 "자서전 속의 실제 크리스 카일은 영화 속 크리스 카일의 캐릭터보다 훨씬 더 강경하게 미국의 종교적, 국가적 이데올로기를 대변하는 인물이라는 점이다"(강형민 8)[3].

2003년부터 '네이비 실' 소속의 스나이퍼로 참전한 크리스 카일은 2004년부터 '팔루자 전투'(The Battle of Fallujah)에 참가하였다. 이라크의 작은 도시 팔루자에서 2004년 4월과 11월에 발생한 이 두 차례의 전투는 이라크 전쟁 중 안정화 작전의 성공 여부가 달린 전환점이었다. 사담 후세인 정권이 붕괴한 이후 이라크 전역에서 반군 세력이 팔루자로 몰려들었고, 이들은 이후 알카에다 테러 조직과 연계하여 더욱 위협적인 세력으로 성장하였다. 미군은 이들을 해산시키려 하였으나, 오히려 2004년 3월 말에 반군 세력이 미국인 네 명을 살해하는 등 팔루자의 상황은 더욱 악화되었다.

팔루자에 집결한 반군 세력을 진압하기 위해 2004년 4월 초에 이 도시에 투입된 미 해병부대는 4천여 명에 달하는 반군의 저항에 부딪혀 도시 장악에 실패하였다. 이후 미국의 공격을 막아내고 첫 번째 전투에서 승리한 팔루자의 반군 세력은 이라크 내부에서 강력한 반미 세력의 상징으로 부상하였다. 하지만 이들이 이라크 안정화 작전의 걸림돌이 될 수 있다고 판단한 미국은 2004년 11월에 두 번째 공세(제2차 팔루자 전투)에 나섰다. '제1차 팔루자 전투'(First Battle of Fallujah, 2004년 4월 4일~5월 1일)의 실패를 분석하여 압도적인 병력과 장비를 동원한 미군은 이라크 보안군과 원활한 연합작전을 수행하여 반군 세력 제압에 성공하였다.

---

2) 이주봉. 『이라크전쟁 원인에 관한 연구: 투키디데스의 분석방법을 중심으로』. 고려대학교 대학원 석사논문. 2010.
3) 강형민. 「클린트 이스트우드의 *American Sniper*에 나타난 제국주의 담론에 대한 탈식민주의적 연구」. 『현대영미드라마』 29.1 (2016): 5-33.

제13장. <아메리칸 스나이퍼>: 스나이퍼의 역사와 미국의 영웅주의

크리스는 팔루자 전투에서 40명 이상의 급진 이슬람 반군을 사살하면서 점점 명성을 올렸다. 크리스의 뛰어난 저격 실력에 질려버린 반군 측은 크리스에게 21,000달러의 현상금을 내걸었다. 하지만 끊임없이 반군을 괴롭혔던 덕분에 현상금이 80,000달러까지 치솟기도 했으며, '라마디(이라크 저항 세력의 거점 지역)의 악마'(The Devil of Ramadi)라는 별명으로 불렸다. 크리스 카일의 자서전 『아메리칸 스나이퍼』는 『뉴욕타임스』 베스트셀러 목록에 37주간 오르며 미국 독자들의 인기를 끌었다. '미군 역사상 가장 치명적인 저격수의 자서전'이란 부제가 달린 그의 자서전에서 알 수 있듯이, 크리스 카일은 미 국방부의 공식기록에 따르면 대략 160명의 적을 사살해 종전의 미군 최고 기록(베트남전 당시 109명)을 갈아치웠다. 그는 이 자서전에서 255명을 저격했다고 주장한다.

『아메리칸 스나이퍼』에서 크리스는 동료들의 목숨을 구하기 위해 적들을 반드시 제거해야 할 대상으로 삼았기 때문에 전쟁에서 벌어진 살인 행위에 대해 고뇌나 갈등을 보이지 않았다. 그는 여러 인터뷰를 통해서도 일관되게 이런 냉혈한 모습을 보여주었다. 한마디로 자서전 속 크리스는 "이라크 전쟁에 대한 당시 미국의 부시 행정부의 입장과 주장을 대변하는 제국주의의 화신과 같은 병사"(강형민 8)라 할 수 있다. 크리스 카일의 자서전에 바탕을 두고 있는 동명의 영화 <아메리칸 스나이퍼>는 9.11 테러의 여파로 발생한 아프가니스탄 전쟁과 이라크 전쟁을 역사적 배경으로 전쟁과 그 속에서 크리스가 겪는 전쟁 후유증의 문제를 그려내고 있는 작품이다. 영화의 오프닝은 크리스가 이라크 전쟁이 발발한 해인 2003년 제1차 파병 기간에 스나이퍼로 활약하는 장면을 담아낸다. 2003년 이라크 남부의 도시 나시리아(Nasiriya)가 바로 오프닝 장면의 시공간적 배경이다.

<아메리칸 스나이퍼> 오프닝 시퀀스: 플래시백 기법

저격용 총에 달린 스코프로 무슬림 여자와 어린 소년을 조준하여 저격할 준비를 하는 크리스의 모습을 클로즈업으로 포착한 영화 <아메리칸 스나이퍼>의 오프닝은 매우 인상적이다. 저격을 준비하는 크리스가 내뱉는 거친 숨소리는 관객들에게 극적인 긴장감을 한층 높여준다(그림 1). 카일의 자서전과 영화화된 <아메리칸 스나이퍼>의 가장 중요한 차이점은 자서전 속의 실제 크리스 카일은 영화 속 크리스 카일의 캐릭터보다 훨씬 더 강경하게 미국의 종교적, 국가적 이데올로기를 대변하는 인물이라는 점이다. 자서전에서 크리스는 자신이 이라크에서 죽인 반군에 대해서 조금도 양심의 가책을 느끼지 않으며, 오히려 자신이 죽인 반군을 '야만인들'(savages) 혹은 '악마들'(evils)로 부르며, 자신의 살육 행위들을 조국인 미국을 위해서 한 행동들로 정당화한다. 게다가 크리스는 미국의 부시 행정부가 표명한 전쟁의 명분에 대해서 한 치의 의심이나 회의도 하지 않는 인물이다.

이전에 이라크 전쟁을 소재로 삼은 영화들과 비교해 보면, <아메리칸 스나이퍼>는 훨씬 강경 보수 우파적인 색채가 강한 영화라고 할 수 있다. <아메리칸 스나이퍼>는 2009년 제82회 아카데미상 시상식에서 최우수 작품상을 수상한 영화 <허트 로커>(*The Hurt Locker*)와 영화의 주제 및 소재에 있어서 상당히 유사한 작품이라고 할 수 있다. 영화의 오프닝에서 수류탄을 들고 미군을 향해 달려가는

스크린을 횡단하는 글로벌 문화

어린 소년을 크리스가 저격하려는 찰나 카메라는 플래시백(Flash Back) 기법을 통해 사냥총으로 사슴을 쏘아 명중시킨 어린 시절의 크리스의 모습을 담아낸다(그림 2). 텍사스주 북동부 오데사(Odessa) 출신의 크리스는 자신이 잡은 사슴으로 다가가면서 순간적으로 잠시 총을 내려놓는다. 이 순간 뒤에서 따라오던 아버지는 충고한다. "총을 절대 맨바닥에 내려놓지 않는다!" 이에 "네, 아버지"라고 말하는 크리스에게 "끝내주는 한방이다, 아들아. 너는 소질이 있어!"라고 크리스의 아버지는 격려해 준다.

(그림 1)

(그림 2)

플래시백 기법의 사용 역시 이를 위한 장치라 할 수 있다. 클린트 이스트우드 감독은 전투 장면과 회상 장면을 교차시켜 크리스의 심리적 고통과 전후에 겪는 외상 후 스트레스를 효과적으로 전달하고 있다. 특히 영화의 오프닝에서 이라크 소년을 겨누고 있던 장면이 유년 시절 크리스가 아버지와 사슴 사냥을 하던 장면으로 바뀌는 부분이 좋은 예라 할 수 있다. 플래시백은 내러티브 장치로서 시간상 이전의 시기로 되돌아가 이야기하는 것을 말한다. 요컨대 "플래시백은 해당 내러티브 안에서는 가장 명확하게 주관적인 순간들이라 할 수 있으며 주로 정신 작용이나 역사에 대한 개인의 해석과 밀접하게 관련되어 있다. 한마디로 플래시백은 주관적 진실이자 과거를 통해 현재를 설명하는 것이다. 크리스의 유년 시절을 보여주는 것은 관객을 그의 비밀을 바라보는 증인의 위치에 놓이게 하고 크리스는 우리로부터 정신분석을 받는 일종의 환자가 되도록 만든다."(정윤길 248)[4].

〈아메리칸 스나이퍼〉에서 이스트우드는 숭고한 대의를 위해 목숨을 걸어야 하는 상황에 처해 있는 군인들과 그들 주변 인물들의 비애를 탁월하게 담아낸다. 이것을 앵글에 담아내기 위해 이스트우드는 자신의 전매특허인 '시선과 시점 숏'을 사용한다. 사실 이 기법은 서부영화에서 익숙하게 사용되는 것인데, 1960년대 이래 수많은 서부영화의 주연 배우이자 감독 및 제작자로 활동했던 이스트우드는 자신만의 고유한 시선으로 바꾸어 의미화하고 있다.

---

[4] 정윤길. 「포스트 9·11 시대와 이스트우드주의: 〈그랜 토리노〉와 〈아메리칸 스나이퍼〉에 나타난 서부영화의 신화 내면화하기 연구」. 『영어권문화연구』 9.3 (2016): 227-55.

제13장. <아메리칸 스나이퍼>: 스나이퍼의 역사와 미국의 영웅주의

"저격 장면이 많은 만큼 영화라는 특성이 있음을 감안하더라도 이 영화에서는 시점 쇼트와 클로즈업 기법이 많이 사용되고 있다. 시점 쇼트는 특정 인물의 주관적인 견해를 재현하도록 의도된 카메라 기법이다. 이 방식에서 관객은 인물이 보는 것을 본다. 시점이 주인공에게 귀속되면 동정이 되고 적대자에게 귀속되면 공포가 된다. 클로즈업은 등장인물의 심리 상태나 사고 과정에 접근하도록 해준다. 감독은 관객이 인물에게 근접하면 할수록 관객이 느끼는 동정심은 더 늘어나게 된다는 점을 클로즈업 기법을 통해 활용하고 있는 것이다."(정윤길 246)

이것은 클로즈업이 인물의 내면 공간에 허용된 사람들을 위해 준비된 물리적 근접도를 우리에게 주기 때문이다. 이것은 오프닝 시퀀스에서 다가오는 미군을 향해 수류탄을 던지려는 소년과 여성을 저격하여 사살하는 장면에서 극명하게 입증되고 있다. 어린 소년이 로켓포를 집어들 경우 어쩔 수 없이 저격해야 하는 점에서 제발 들지 않기를 간절히 바라는 크리스의 내면을 감독은 방아쇠를 당기는 그의 표정과 숨소리를 익스트림 클로즈업(extreme closeup)으로 포착한다.

크리스는 스코프(scope, 조준을 쉽고 정확하게 할 수 있도록 총포의 몸통 위에 붙이는 원통으로 둘러싼 렌즈를 의미함)로 무슬림 여자와 소년을 주시하며 발포 명령을 전달받기 위해 본부와 무선으로 연락을 취한다. "여자의 팔이 움직이지 않는다. 무언가 들고 있다. 여자가 수류탄을…. 러시아 RKG 수류탄을 꺼내 아이에게 전달한다. 보이는가? 그쪽에서 확인 가능한가?"라고 질문한다. 이에 본부는 "확인 불가, 교전 수칙대로 판단하여 실행하라!"라고 명령한다. 결국 크리스는 미군을 향해 달려와 수류탄을 던지려는 이라크 소년을 저격하여 사살한다. 그리고 나서 쓰러진 소년에게 다가와서 그의 옆에 있는 수류탄을 집어 미군에게 던지려는 무슬림 여자도 사살한다. 여자가 던진 수류탄은 미군에게 도달하지 못하고 중간에서 터진다. 아군에게 아무런 피해 없이 성공적으로 적들을 제거한 것이다. 스코프로 포착한 소년의 죽음은 전쟁의 잔혹함을 가장 잘 담아낸 장면으로 강렬한 여운을 남긴다.

크리스의 여자 친구와 이별 그리고 군입대

영화의 오프닝 시퀀스는 실제로 군대에 입대하기 전 크리스가 목장의 일꾼 신분으로 로데오에서 우승하면서 카우보이로서 누리는 삶을 보여준다. 카우보이로서 크리스는 전국을 돌아다니며 명성을 얻고 즐거움을 만끽한다. 하지만 정작 자신의 고등학교 시절부터 사귀고 있는 애인 새라(Sarah)는 그가 로데오 경기에서 우승해 돌아온 당일 집에서 낯선 남자와 바람을 피우다가 발각된다. 이에 크리스는 불같이 화를 내며 그녀와 절교한다.

타야와의 사랑과 결혼

뒤이어 카메라는 애인과 헤어진 크리스가 직접적으로 군대에 입대하게 된 계기를 보여준다. TV에 보도된 1998년 케냐와 탄자니아에 있는 미국 대사관에 대한 폭탄 테러로 80명이 죽고 1,700명 이상이 부상당했다는 뉴스는 크리스를 분노하게 만든다. 테러 보도 내용을 분노에 찬 얼굴로 쳐다보던 크리스를 클로즈업한 카메라는 다음 장면에서 입대 지원소를 찾아 미 해군 최정예 특수부대인 네이비 실에 지원하는 크리스의 모습을 담아낸다. 이 장면에 뒤이어 카메라는 네이비 실의 기초훈련과정을 이수한 크리스가 한 바에서 운명의 사랑인 타야(시에나 밀러 분)를 만나는 장면을 담아낸다. 자서전에서 크리스는 첫눈에 사랑에 빠진 타야와의 만남을 다음과 같이 묘사하고 있다.

"독자들은 첫눈에 사랑에 빠졌다는 말을 믿을지 모르겠지만, 나는 2001년 4월 타야(Taya)가 샌디에이고 클럽의 바 앞에서 친구와 대화를 나누는 모습을 보기 전까지는 그 말을 믿지 않았다. 그녀는 검은색 가죽바지를 섹시하고도 세련되게 입고 있었다. 내 눈엔 그 조합이 어울려 보였다. 당시 나는 막 실 3팀에 합류한 상태였다. 아직 훈련을 시작하진 않았으므로, 나는 실 대원이 되기 위한 진정한 과정에 돌입하고 팀 내에서 내 위치를 확보하기 전에 주어진 한 주간의 휴가를 즐기고 있었다. 타야는 우리가 처음 만났을 당시 한 제약회사에서 외판원으로 일하고 있었다. 원래 오리건(Oregon)주 출신이지만 위스콘신(Wisconsin)주에서 대학을 나왔으며, 우리가 만나기 몇 해 전 서부 해안으로 이주해 왔다…. 타야와 대화를 나누면서 그녀가 똑똑하고 유머 감각이 있다는 것도 알았다. 그 순간 나는 그녀야말로 앞으로 나와 계속 함께 할 사람이라는 예감을 느꼈다."(크리스 카일 63)

흥미롭게도 자서전에는 타야의 이야기도 함께 나온다. 크리스와 사랑에 빠진 타야는 "그[크리스]는 감정에 대해 대화하기를 별로 즐기지 않았지만, 내가 감추고 있는 무엇인가를 끄집어내는 적절한 타이밍을 잘 잡는 감각이 있었다"(크리스 카일 68)라고 고백한다.

타야와의 결혼과 9.11 테러

2001년 4월 샌디에이고의 바에서 크리스는 타야에게 첫눈에 반했고, 그들은 마침내 다음 해인 2002년 3월 결혼했다. 하지만 영화에서 볼 수 있는 것처럼, 그들이 서로 사랑에 빠져 결혼식을 올리기 전해인 2001년 9월 9.11 테러가 발생했고, 이어진 이라크 전쟁의 발발로 인해 크리스는 2003년 이라크 나시리아(Nasiriya)로 첫 파병을 떠난다. 첫 파병 이후 크리스는 계속하여 2004년, 2006년, 2008년에 각각 팔루자(Fallujah), 라마디(Ramadi), 바그다드(Baghdad)에 스나이퍼로 총 4차례 파견되어 수많은 동료 미군들의 목숨을 구하는데 혁혁한 무공을 세웠다.

제13장. <아메리칸 스나이퍼>: 스나이퍼의 역사와 미국의 영웅주의

영화의 오프닝에서 무슬림 여자와 어린 소년을 저격하여 사살하는 장면은 바로 크리스의 첫 파병 때 일어난 사건이다. 영화는 이후 총 4차례의 파병을 거치면서 전쟁 기계처럼 변해가는 크리스와 그런 남편을 곁에서 지켜보며 힘들어하는 아내 타야의 모습을 보여준다. 이렇게 이스트우드 감독은 전쟁의 참혹함과 트라우마로 고통받는 한 인간의 내면적 갈등 및 가족의 고통 등의 메시지를 우리에게 탁월하게 전달하고 있다.

이슬람 수니파 테러리스트 단체들: 탈레반, IS, 알카에다

극단 이슬람주의를 펼치는 이슬람국가(IS, 급진 수니파 무장단체인 이라크-레반트로 ISIS로 불리기도 함), 탈레반(Taliban), 알카에다(Al-Qaeda)는 모두 이슬람 최대 종파인 수니파다. 이슬람권은 양대 교파인 수니파(Sunni, 85%~90%)와 시아파(Shi'a, 10%~15%)로 구분된다. 같은 종파임에도 불구하고 IS는 탈레반 및 알카에다와 갈등 관계에 있다. 같은 이슬람 종파라고 해도 추구하는 노선이 다르면 대립한다는 것을 알 수 있다. 2001년 9·11테러를 일으킨 알카에다는 미국을 포함한 서방을 주적으로 간주한다. 같은 무슬림은 공격하지 않는 알카에다와 달리 IS는 시아파나 자신들과 뜻을 달리하는 모든 무슬림을 철저히 적으로 본다. 반면 탈레반과 알카에다는 우호 관계다. 9·11테러를 일으킨 빈 라덴을 탈레반이 보호하면서 미국이 아프가니스탄을 침공하는 계기가 됐다.

종파 갈등을 빚어온 이슬람권이 2021년 8월 15일 탈레반에 의해 친미 정권이 붕괴된 아프가니스탄 사태를 계기로 다시 분열될 우려가 커지고 있다. 사우디아라비아, 이집트, 요르단 등 미국과 가까운 국가들도 탈레반의 아프가니스탄 장악에 신경을 곤두세우고 있다. 수니파 맹주인 사우디아라비아는 1996년 탈레반이 처음 집권했을 당시 파키스탄, 아랍에미리트와 함께 탈레반을 합법 정부로 승인했다. 이슬람 3대 성지 중 '메카'와 '메디나'라는 2대 성지를 모두 보유한 사우디아라비아를 탈레반 측도 의식할 수밖에 없다. 이슬람권의 오래된 종파 갈등도 여전하다. 이슬람권에서 수니파와 시아파로 분리된 이유는 이슬람 창시자인 무함마드의 후계자에 대한 의견이 엇갈렸기 때문이다. 사도 무함마드는 사우디아라비아의 고대 도시였던 메카와 메디나를 통일하고 이슬람 국가를 설립했다. 그런데 그의 여러 아들이 모두 어린 나이에 죽으면서 후계를 결정하지 못했다. 아들에게 권력을 물려주던 중동의 전통 때문에 무함마드의 사촌인 알리가 후계자로 거론됐다. 시아파는 이슬람교 창시자인 무함마드의 친족인 알리의 후손이 진정한 후계자라고 주장한다.

아프가니스탄 사태로 관심을 받는 또 다른 나라는 카타르다. 카타르는 미군의 중동 공군기지 중 최대 규모인 알우데이드 공군기지가 있을 정도로 미국과 깊게 협력하지만, 탈레반과 하마스(Hamas, 본래 이스라엘에 저항하는 무장단체였던 팔레스타인 자치정부의 집권당)의 연락사무소도 있는 곳이다. 탈레반은 카타르 내 각국 외교공관이 모인 도하의 '뉴디플로매틱' 구역에 2013년 사무소를 개설했다. 탈레반이 해외에 개설한 첫 사무소였다. 미국 등 서방은 유사시 탈레반과 소통할 수 있는 안전한 통로를 원했고, 중동의 중재 외교 중심지를 꿈꾸는 카타르 또한 이를 지원한 것이 맞아떨어졌다. 하마스의 대외사무소 또한 카타르의 수도 도하에 있다.

이라크 전쟁과 크리스의 4번의 파병

크리스와 타야가 결혼식을 올리던 행복한 순간을 보여주는 다음 장면은 '첫 파병'(Tour One)이라는 자막과 함께 크리스가 동료 군인들과 함께 이라크의 소도시 팔루자에 도착하는 모습을 담아낸다. 실제로 크리스의 첫 파병은 이라크 남부 도시 나시리아(Nasiriya)였지만, 스나이퍼로 두드러진 활약을 보인 장소는 다름 아닌 팔루자였기 때문에 이스트우드 감독은 크리스의 '첫 파병'지를 팔루자로 선택한 것 같다. 크리스가 동료 병사들과 트럭을 타고 이동하는 장면에서 옆에 있는 동료는 "스나이퍼는 해병과 한 팀으로, 해병 1사단이 수색을 마칠 때까지 장거리 사격보호를 할 겁니다"라고 말한다. 크리스에게 이런 말을 전하는 병사는 그의 전우 마크 리(Mark Lee)이다. 그리고 급진 이슬람 반군들이 "스나이퍼에게 현상금을 걸어서 각국에서 당신을 죽이러 올 겁니다"라고 말한다. 이 대목에서 반군들에게 가장 극악한 공포의 대상은 바로 미군 스나이퍼라는 사실을 명백히 알 수 있다.

바로 이곳에서 카메라는 크리스가 미군을 공격하려는 무슬림 여자와 소년을 저격하여 사살하는 장면을 보여준다. 그러고 나서 크리스의 뛰어난 활약상과 더불어 심지어 전투가 진행되는 도중에도 고국에 있는 아내 타야와 자주 통화하는 모습을 통해 크리스의 남다른 가족애를 보여준다. 출산을 앞둔 만삭의 타야와 통화하던 도중 반군들에게 기습을 받고 크리스가 전화기를 떨어뜨렸고, 이 순간 그의 안위를 걱정하며 울먹이는 타야의 모습을 담아낸 장면은 매우 인상적이다.

반군 스나이퍼 무스타파와의 조우

영화를 위해 변조된 캐릭터인 무스타파(Mustafa)는 이라크인이 아니라 시리아인으로 설정됨으로써 마치 이라크의 반군이 전체 이슬람 세력의 결집체인 듯한 상징성을 부여한다. 클린트 이스트우드 감독이 무스타파를 올림픽에 출전하여 사격 종목에서 금메달을 획득한 전력이 있는 인물이라는 점을 강조한다. 그럼에도 불구하고 크리스의 호적수로서 무스타파는 이슬람/기독교의 성전이라는 미명 하에 미국의 적, 즉 테러리스트가 된 부정적인 인물로 그려진다(그림 3).

크리스가 지닌 이슬람과 무슬림에 대한 편향적인 태도는 극단 이슬람 반군의 태동 원인에 대한 고찰 없이 그들을 뒤틀린 종교관을 가진 '광신도들'로 간주하는 그의 사상에서 명백히 드러난다.

> "나는 이슬람에 대해서 별로 아는 바가 없었다. 기독교 신자로 자란 입장에서 당연히 수 세기 동안 종교 분쟁이 있어 왔다는 정도는 알고 있었다…. 그들은 우리가 무슬림이 아니라는 이유로 증오했다. 우리가 그들의 독재자를 쫓아내 줬음에도 이들은 우리를 죽이고 싶어 했다. 그저 우리가 그들과 다른 종교를 믿고 있다는 이유 때문이었다. 종교라는 것은 자고로 관용을 가르쳐야 하는 것 아닌가?…. 우리가 싸운 광신도들은 그들의 뒤틀린 종교관 외에는 그 무엇에도 가치를 두지 않았다. 또한 놈들의 절반은 그저 말로만 종교를 가장 중시한다고

제13장. <아메리칸 스나이퍼>: 스나이퍼의 역사와 미국의 영웅주의

떠들었을 뿐, 대다수는 기도도 제대로 하지 않았다. 이놈들 중 상당수는 우리와 싸우기 위해 약에 취해 있기도 했다. 반군의 대부분은 겁쟁이들이었다. 이들은 정기적으로 마약을 복용해 용기를 북돋았다. 약 없이 혼자서라면 이들은 아무것도 아니었다."(크리스 카일 118-19)

크리스의 첫아들 탄생

2004년 팔루자에서 스나이퍼로서 무공을 세우고 귀국한 크리스는 만삭의 타야와 함께 병원에 있다. 크리스와 타야는 의사로부터 뱃속의 아이가 아들이라는 사실을 전해 듣는다. 병원을 나와 차를 타고 집으로 향하던 중에 타야가 출산통을 느끼자 크리스는 바로 병원으로 되돌아간다. 건강한 사내아이를 출산하자 크리스와 타야는 더할 수 없는 기쁨을 만끽한다(그림 4).

(그림 3)

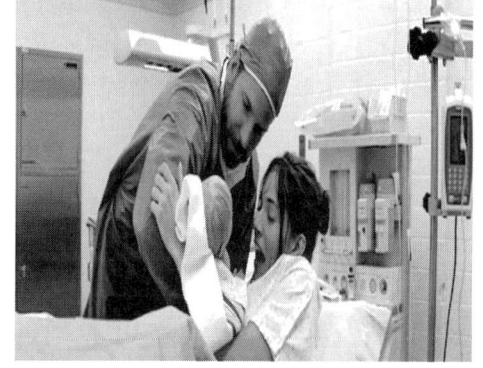
(그림 4)

이후 집으로 되돌아온 크리스가 비디오를 보고 있는데, 다름 아닌 반군 저격수 무스타파가 미군을 저격하여 사살하는 모습을 담은 영상이다. 타야가 들어와서 이 장면을 보자 크리스는 급히게 TV를 끈다. 그리고 타야는 "그날 우리 통화하던 날 그게 바로 저 사람이야? 맞아? 크리스, 얘기해 줘. 안 해준다고 날 지키는 게 아냐"라고 말한다. 이에 크리스는 "난 네가 영향받는 게 싫어. 이 새끼들 '야만인들'(savages)이야"라고 대답한다. 이 장면에 뒤이어 카메라는 크리스의 '두 번째 파병'(Tour Two)을 담아낸다. 크리스는 군 비행장에서 우연히 동생을 만나 반갑게 해후를 나눈다. 군 지휘관과 함께 헬리콥터로 이동하던 중 크리스는 십자가가 그려진 반군들의 전단지를 본다. 지휘관은 "자네가 이라크에서 가장 현상금이 많네"라고 말한다. 옆에 있던 다른 장교도 "당신 머리가 18만 달러요. 축하하네!"라고 말한다. 이에 크리스는 "제 아내에겐 비밀로 하시죠. 꽤 큰 액수니까"라고 대답한다.

241

반군 스나이퍼 무스타파와의 숙명의 대결

크리스의 '두 번째 파병'에서는 반군 스나이퍼 무스타파와 피할 수 없는 숙명의 대결이 서서히 다가오고 있음을 여러 전투 장면을 통해 보여준다. 크리스는 팀을 꾸려 이라크 알카에다의 지도자 자르카위(Abu Musab Zarqawi)의 오른팔 격인 '도살자'(Butcher)를 제거하기로 결심하고, 이에 지휘관은 크리스를 지원하며 모든 정보를 제공한다. 도살자의 근거지를 감시하기 위해 들어간 민간인 주택의 주인 남자는 크리스와 실 대원들을 식사 자리에 초청할 정도로 환대한다. 크리스는 즐거운 식사 도중 주인의 팔꿈치가 닳아 있는 것을 눈치채고 홀로 집안을 수색하다가 거실 바닥에 숨겨둔 다량의 무기를 발견한다. 크리스와 팀원들은 주인 남자가 반군의 일원이라는 점을 알고 그를 협박하여 도살자의 근거지를 추적한다. 주인 남자는 근거지 바로 앞에서 미군에 총을 쏘며 저항하지만, 팀원의 총을 맞고 즉사한다. 이에 마을 사람들은 미군이 무고한 시민을 학살했다며 시위에 나선다. 이에 크리스는 "그가 편을 잘못 고른 거지, 그게 전부야"라고 그의 죽음을 폄하한다.

한편, 도살자의 근거지에서 발견된 포로로 잡힌 아군 병사들에 대한 비인간적 고문의 증거와 무참히 훼손된 시신들은 전쟁의 잔혹함과 비인간적 만행을 보여주는 매우 충격적인 장면이다. "크리스가 도살자 일당을 전멸시킨 후 조용히 휴대폰으로 무스타파에게 상황을 전하는 젊은 무슬림 여성 등, 영화에 등장하는 모든 무슬림 캐릭터는 믿을 수 없고, 잔인하고, 음모를 꾸미는 인물들로 설정"(강형민 22)되어 있다.

크리스의 둘째 딸 탄생과 아내 타야의 불만

아들과 함께 트럭을 수리하기 위해 들렸던 마트에서 크리스는 우연히 매즈(Mads)라는 상이군인을 만난다. 그는 이라크 팔루자 전투에서 크리스가 자신을 구했다고 감사를 표하며 크리스의 어린 아들 콜튼(Colton)에게 다가와 무릎을 꿇고 "네 아버지, 영웅이야. 맞아 날 구해주셨어"라고 말한다. 매즈가 크리스의 아들 콜튼에게 전하는 메시지는 마치 크리스가 국가를 위해 헌신한 대의가 대를 이어 그의 아들에게까지 이어지기를 염원하는 듯하다. 이어서 매즈는 크리스에게 거수경례하면서 "가족 모두가 당신의 헌신에 감사드립니다"라고 말하며 그의 업적을 칭송한다.

한편, 둘째 딸아이를 출산한 부인 타야는 크리스가 사랑하는 가족 곁을 떠나 목숨을 건 위험한 전장인 이라크로 파병 나가는 것이 늘 불만이다. 타야에게 삶에서 중요도의 순위는 신, 가족, 국가이지만 크리스에게는 신, 국가, 가족이기 때문이다. 영화를 통해 크리스는 자신의 신념인 신, 국가, 가족의 중요도 순위를 동료 실 대원들에게도 그대로 전파한다. 바로 이 점에서 동료 실 대원인 마크 리(Marc Lee)와 대조를 이룬다. 마크는 신학대 출신으로 해군에 입대하기 전에 "거의 목사가 될 뻔했던" 이력을 가지고 있는 인물이다.

제13장. <아메리칸 스나이퍼>: 스나이퍼의 역사와 미국의 영웅주의

마크는 기독교 신앙에 회의적인 인물로 기독교 신앙에 대한 확신이 이라크 전쟁의 정당성에 대한 확신으로 이어지고 있는 크리스와는 다르다. 마크는 중사로 승진한 크리스의 주도로 이라크 알카에다의 지도자 자르카위의 오른팔 격인 '도살자'를 제거하기 위한 작전회의를 마치고 막사를 나가는 길에, 크리스에게 "네 성경책이 총알이라도 막아 주냐?"라고 물으며 그의 종교와 이라크 전쟁에 관한 회의적인 시각을 드러낸다. 크리스의 절친 마크는 크리스와 함께 도살자의 부하들을 추적하던 도중 갑자기 날아든 적군의 총에 죽는다. 마크는 바로 직전 적군 스나이퍼 무스타파(Mustafa)에게 저격당해 중상을 입고 쓰러져 병원으로 후송된 동료 실 대원 비글스(Biggles)의 복수를 다짐한다. 크리스와 동료 실 대원들은 급하게 무스타파를 찾기 위해 곧바로 반군 지역의 한 건물에 들어갔다가 오히려 반군의 매복에 걸려 총격세례를 받는다. 바로 이때 창문을 통해 날아든 반군의 총탄에 마크가 피격당해 현장에서 즉사한 것이다.

크리스는 마크의 관이 실린 군용기를 타고 귀국해서 국립묘지에서 열린 마크의 장례식에 참석한다. 크리스는 마크의 죽음의 이유에 대해서 단순히 마크가 반군의 매복에 걸려서 죽게 된 것이 아니라고 아내에게 이야기한다. 마크가 죽기 2주 전에 자기 어머니에게 보낸 편지에서 드러낸 기독교에 대한 회의가 그를 약하게 만들었고, 결국 이것이 그를 죽음에 이르게 했다고 크리스는 단정한다.

호적수 무스타파의 죽음과 크리스 일행의 극적인 탈출

이라크에서의 제4차 파병에서 크리스와 동료 저격수들은 반군들이 우글거리는 곳에서 무스타파를 발견한다. 결국 무스타파는 마지막 전투 장면에서 크리스에게 저격당해 살해된다. 이때의 거리는 무려 2,100야드(약 1.9킬로미터)였고, 사용한 크리스의 소총은 맥밀런 Tac-338(McMillan Tac-338)이었다.

> "1.9킬로미터라는 거리에 약간의 변수가 더해져 있어서, 그를 맞추기 위해서는 엄청난 행운이 필요했다. 엄청난 행운 말이다. 아마도 바람의 우측 편차를 수정하느라고 방아쇠를 일부러 잡아당겨서 그랬을지도 모르겠다. 이미 내가 이라크에서 제일 운수가 좋은 놈이어서 그런지 모르겠다. 어쨌든 간에 내가 망원조준경을 통해서 본 광경은, 탄환이 그 이라크인에게 명중해서 놈이 벽에 부딪친 뒤에 바닥으로 쓰러지는 것이었다. '와우.' 나는 중얼거렸다. '어휴, 재수도 억세게 좋은 새끼.' 소대장이 말했다. 1.9킬로미터였다. 지금 생각해도 놀라운 일이다. 엄청 운 좋은 저격이었다. 한 발에 그자를 맞추는 건 불가능한 일이었다. 어쨌거나 명중했다. 그게 내가 이라크에서 세운 최장거리 저격기록으로 팔루자에서 쐈던 것보다도 더 먼 거리였다."(크리스 카일 420)

크리스가 "임무 완수"(Mission accomplished)라고 말하며 무스타파를 저격하여 살해하는 데는 성공했지만, 그와 실 대원들은 위치가 발각되어 수많은 무슬림 반군들에 포위당해 위기에 처한다. 본부에서 지원을 나온 헬리콥터가 미사일을 발사했지만, 모래폭풍으로 시야가 방해되어 표적물을 맞추는

데 실패한다. 모래폭풍이 휘몰아치는 가운데 크리스와 동료들이 가까스로 험비(Humvee, 1980년대부터 미군이 사용하고 있는 고기동 다목적 차량)에 올라타고 전투지역을 떠난다. 카메라는 크리스가 땅바닥에 버리고 떠난 총, 성경책, 철모를 연이어 보여준 후 크리스의 총에 맞아 건물 옥상 위에 비참하게 죽어 있는 무스타파의 시체를 의도적으로 교차편집으로 담아낸다.

크리스 카일의 저격용 소총들

영화의 후반부에 무스타파를 저격하여 제거하는데 사용한 크리스의 총 맥밀런 Tac-338처럼 크리스가 사용한 저격용 소총들은 우리에게 호기심을 증폭시킨다. 이에 대해 크리스는 자서전에서 다음과 같이 밝히고 있다.

> "많은 사람들이 무기에 대해 물어보면서 내가 저격수였을 때 무슨 총을 썼고, 무엇을 배웠으며, 어떤 총을 선호했는지 알고 싶어 한다. 전장에서 나는 임무와 상황에 맞춰 총을 골랐다. 저격교육단에서 기본적인 무기 종류 전반에 대해 배웠기 때문에, 이 무기들은 모두 쓸 준비가 되어 있었을 뿐만 아니라 임무에 맞는 총을 고르는 법도 알고 있다. 저격교육단에서 나는 네 자루의 기본 총기를 사용했다. 두 자루는 탄창 삽입식 반자동으로, 5.56구경 저격총인 Mk-12와 7.62구경 저격총인 Mk-11이었다. 그리고 내가 애용하는 .300 윈체스터 매그넘(Win Mag)이 있다. 이 또한 탄창 삽입식이지만 대신 볼트액션(Bolt-action)식 총이다. 위에 말한 다른 두 총처럼 소염기가 장착되어 있었다. 쉽게 말하자면 마치 자동차 머플러처럼 총신 끝 쪽에 포 섬광을 막고 총알이 발사되는 소리를 줄여주는 장치가 들어있다는 뜻이다. 내게는 소염기가 달린 50구경도 한 정 있었다."(크리스 카일 134-35)

엔딩 시퀀스: 크리스의 전역과 부조리한 죽음

영화의 엔딩은 크리스가 전역한 후에 아들, 딸과 함께 시간을 보내면서 참전 군인의 재활을 돕는 봉사활동을 하는 장면을 보여준다(그림 5). 자서전에서 자신이 뇌리에 깊이 남아 있는 안타까움은 이라크에서 적으로부터 구한 병사들이 아니라 살리지 못한 병사들이라는 크리스의 고백은 진한 감동을 준다.

> "귀국해 있는 동안, 나는 스트레스와 전투상황에 관한 꽤나 재미있는 과학연구 프로그램에 관여하게 되었다. 가상현실을 사용하여 전투가 사람의 몸에 어떤 영향을 미치는지 검사했다. 그들은 내 경우에는 특히 혈압을 추적 관찰했는데, 아니면 혈압 측정만이 내 관심을 끌었던 것인지도 모른다. 시뮬레이션을 보면서 나는 헬멧과 특수장갑을 사용했다. 기본적으로 비디오

제13장. <아메리칸 스나이퍼>: 스나이퍼의 역사와 미국의 영웅주의

게임이었지만 꽤 멋졌다…. 내가 크게 감명받은 시뮬레이션이 하나 있었다. 여기에는 해병대원이 총을 맞고 쓰려져서 비명을 질렀다. 내장이 파열된 것이다. 그 장면을 보자, 내 혈압은 유례없이 올라갔다. 과학자나 의사가 아니더라도 왜 그런지 알 수 있었다. 팔루자에서 내 팔에 안겨 죽은 녀석이 떠오른 것이다. 사람들은 내가 수백 명의 생명을 살렸다고 말한다. 하지만 한마디 하자면, 내가 기억하는 건 살린 사람이 아니다. 살리지 못한 사람들을 기억하게 된다. 그 사람들에 대해 말하게 되고, 그들 얼굴과 상황은 가슴에 영원히 남는다."(크리스 카일 432-33)

영화의 엔딩은 전장에서 영웅으로 칭송받았던 크리스가 정작 모국에서 이라크전 참전용사로부터 허무한 죽임을 당하는 부조리한 죽음을 담아낸다. 군대에서 전역 후 타야의 바람 대로 크리스는 자신과 아들, 딸과 함께 시간을 보내며 모처럼 가족애를 다지는 시간을 가진다. 크리스는 이라크전에 참전 후 심리적 외상 후 스트레스장애(PTSD)에 시달리는 한 해병의 어머니로부터 아들을 좀 도와달라는 부탁을 받고 2013년 2월 2일 그와 사격을 함께하면서 대화하기 위해, 사격장으로 갔다가 거기서 그 해병의 총격으로 즉사한 사실을 자막으로 보여준다. 즉, 영화에서 크리스가 살해당하는 장면을 자막으로 대체하고 있듯이 "크리스는 그가 도우려던 참전용사에 의해 살해당한 것"이다.

(그림 5) (그림 6)

실제로 성대하게 치러진 크리스의 장례식 다큐멘터리 영상으로 대체된 영화의 엔딩은 가슴 뭉클한 감동을 선사한다. 특히, 영화의 엔딩 크레딧은 미국의 최고 인기 스포츠인 미식축구 프로팀인 달라스 카우보이(Dallas Cowboys) 스타디움에서 수많은 인파가 운집한 가운데 성대한 장례식을 치르는 장면을 담아낸다(그림 6). 장군도 아닌 일개 미군 중사에 불과한 크리스 카일이 남녀노소 할 것 없이 전체 미국 국민의 존경을 받으며 최대의 환대를 받으며 작별을 고하는 장면은 너무나 인상적이다.

크리스가 자신이 돕던 참전용사의 손에 부조리하게 죽게 되는 새드 엔딩은 크리스 역시 전쟁의 피해자로서 전쟁이 어떻게 그와 그의 가족 나아가 미국에 상처로 남겼는지에 관한 메시지를 은유적으로 담아내고 있다. "<아메리칸 스나이퍼>는 미국의 전쟁 영웅인 크리스에 대한 맹목적인 영웅화나 추모를 위한 것이 아니라 한 참전 군인의 죽음에 대한 성대하면서도 최대한 예우를 갖춘 진혼곡"(정윤길 245)이라 할 수 있다. 미국이라는 나라가 조국을 위해 전사한 군인을 어떻게 대하는지 그리고 이런 전사자들에 대한 국가정상급 예우와 추모행사가 오늘날 미국이 세계 최강국의 지위를 더욱 공고히 하는 밑거름이 되었다는 점에서 우리에게 깊은 여운을 남긴다.

제13장. <아메리칸 스나이퍼>: 스나이퍼의 역사와 미국의 영웅주의

▲ 그룹 액티비티 및 에세이 주제

1. <아메리칸 스나이퍼>는 이라크 전쟁을 배경으로 실제 '네이비 실'에 복무하며 명성을 떨친 전설적인 저격수 크리스 카일에 관한 이야기를 보여준다. 영화에서 이라크 전쟁의 양상이 어떻게 묘사되고 있는지 토의해 보자.

2. 영화의 오프닝에서 크리스 카일이 미군을 공격하려는 무슬림 여자와 어린아이를 조준하여 살해하는 장면은 충격적이다. 실제로 이라크 전쟁에서 미군은 물론 저항군으로부터 학살 및 인권유린을 당했던 이라크 민간인들에 대해 토론하고 그 내용을 정리해 보자.

3. <아메리칸 스나이퍼>에서 가장 인상적인 장면은 무엇이고 그렇게 생각한 이유를 적어보자.

4. 클린트 이스트우드 감독은 영화에서 주인공 크리스가 전투 중 전우들의 죽음을 목격하고 이에 대한 트라우마로 고통을 받는 모습을 담아낸다. 이에 관해 토론하고 그 내용을 정리해 보자.

5. 영화의 엔딩에서 감독은 크리스 카일의 유해를 실은 운구차가 이동하는 실제 영상을 담아낸다. 이 장면에서 그에게 부한한 경의를 표하는 미국인들의 모습은 진한 감동을 선사한다. 전쟁 영웅에 대한 미국인들의 남다른 존경심에 대해 토의해 보자.

6. 9.11 테러 이후 아프가니스탄과 이라크 전쟁을 모티프로 삼은 영화를 찾아보고 <아메리칸 스나이퍼>와의 공통점과 차이점에 대해 토론하고 그 내용을 정리해 보자.

예듀컨텐츠·휴피아
CH Educontents·Huepla

제 14 장

<힐빌리의 노래>
: 가난한 백인 하층민과 교육의 중요성

스크린을 횡단하는 글로벌 문화

2020년에 상영된 영화 〈힐빌리의 노래〉(*Hillbilly Elegy*)는 미국의 계층 문제를 비롯한 미국 사회에 대한 깊은 성찰을 담아낸 작품이다. 〈힐빌리의 노래〉는 〈뷰티풀 마인드〉(*A Beautiful Mind*), 〈다빈치 코드〉(*The Da Vinci Code*), 〈인페르노〉(*Inferno*) 등의 영화로 유명한 론 하워드(Ron Howard, 1954~) 감독이 연출을 맡은 넷플릭스 오리지널 영화로 자수성가한 법조인이자 벤처사업가 J.D. 밴스(James David Vance, 1984~)가 2016년에 출간한 동명의 자서전(혹은 자전적 회고록) 『힐빌리의 노래』를 원작으로 한다.

영화의 제목이기도 한 '힐빌리'(Hillbilly)란 용어는 애팔래치아산맥 서부에 위치한 주들, 즉 켄터키, 오하이오, 펜실베이니아의 러스트 벨트(rust belt) 지역에 사는 가난하고 소외된 백인 하층민을 지칭하는 은어(slang)다. 그리고 엘레지(elegy)란 비가(悲歌), 즉 '슬픈 노래'라는 뜻이기에 원제인 '힐빌리 엘레지'는 '힐빌리 지역에 사는 미국의 백인 노동자 계층이 부르는 슬픈 노래'를 의미한다. J.D. 밴스의 자서전 『힐빌리의 노래』는 출간 당시 「뉴욕타임스」 55주 연속 베스트셀러였을 뿐 아니라 『워싱턴 포스트』, 『선데이 타임스』 등 수많은 매체가 이 책을 '2016년 최고의 책'으로 선정했고, 마이크로소프트 고문 빌 게이츠와 데이비드 브룩스(『뉴욕타임스』), 데이비드 아로노비치(『타임스』), 이안비렐(『인디펜던트』) 등의 유명 칼럼니스트, 페이팔(Paypal) 창업자 피터 틸(Peter Thiel), 하버드대 경제학과 교수 그레고리 맨큐(Gregory Mankiw), 예일 로스쿨 교수 에이미 추아(Amy Chua) 등 미국 사회의 오피니언 리더들도 앞다퉈 찬사를 보냈다.

오늘날 미국 정·재계의 주류인 '와스프'(WASP-White Anglo-Saxon Protestant, 앵글로 색슨계 백인 개신교도) 중심 지배체제 속에서 문화적 단절, 사회 자본의 부재라는 척박한 태생적 한계를 딛고 일반적인 복지제도와 장학금만으로는 거의 불가능한 꿈을 성취한 것이다. 빈곤과 무너져 가는 가족의 위기를 벗어나 인간 승리를 일구어낸 J.D. 밴스의 자전적 회고록인 『힐빌리의 노래』는 무려 55주 동안 베스트셀러 1위 자리를 지켰다.

『힐빌리의 노래』의 의의와 영향력

예일대학교 로스쿨의 교수이자 밴스의 멘토로서 후일 밴스가 자신의 인생에 영향을 끼친 가장 중요한 인물로 언급한 예일대 로스쿨 교수이자 『타이거 마더』(*Battle Hymn of the Tiger Mother*, 2011)의 저자인 에이미 추아는 이 책에 관해 "한 소년이 중독으로 얼룩진 불안한 애팔래치아 가정에서 예일 로스쿨에 진학하기까지의 여정을 아름답고 설득력 있게 기록한 회고록인 『힐빌리의 노래』는 충격적이고 애통하고 고통스러운 동시에 너무나도 웃기다. 충격적인 진실 속에서 진정한 희망을 던져준다는 측면에서 굉장히 주목할 만한 책이다"라고 추천했다. 또 다른 비평가 앤 마리 슬로터(Anne-Marie Slaughter)는 이 작품에 투영된 사회적·정치적 의미에 대하여 주목했다. 이는 밴스가 훗날 미국 백인 노동자 계층의 인기를 업고 제45대 미국 대통령에 당선된 도널드 트럼프가 소속된 공화당 상원의원에 당선되어 트럼프의 노선을 지지하는 정치인으로 활동하고 있기 때문이다. 슬로터는 "『힐빌리의 노래』는 회고록으로서 스코틀랜드계 아일랜드 혈통의 미국 노동 계층의 한 사람이 망가진 가정, 약물 남용, 가난, 그리고 자기

제14장. <힐빌리의 노래>: 가난한 백인 하층민과 교육의 중요성

파괴라는 배경을 딛고 해병대, 오하이오 주립대학교, 그리고 끝내 예일대 로스쿨로 어떻게 성공해 나갔는지에 대한 이야기"라고 논평했다(1)[1].

밴스가 쓴 『힐빌리의 노래』의 서두를 살펴보면, 저자의 출신배경이자 '불행의 중심지'로 상징되는 '힐빌리'라는 개념과 애팔래치아 지역의 가난한 백인 노동계층의 불행한 삶을 조명하는 것으로 시작한다. "나는 백인이긴 하나, 북동부에 거주하는 미국의 주류 지배 계급인 와스프(WASP)는 아니다. 나는 스코틀랜드계 아일랜드인의 핏줄을 타고난 데다 대학 교육을 받지 못한 수백만 백인 노동 계층의 자손이다. 우리에게 가난은 가풍이나 다름없다. 닉슨 대통령 이후로 미국 정치가 재정립됐던 건 그레이터 애팔래치아(Greater Appalachia, 웨스트버지니아에서 텍사스 북부를 아우르는 곳) 지역이 민주당에서 공화당으로 지지 정당을 바꿨기 때문이었다. 백인 노동 계층의 미래가 가장 어두운 곳 역시 그레이터 애팔래치아 지역이다. 저조한 사회적 신분 상승에서부터 빈곤과 이혼, 마약 중독에 이르기까지 내 고향은 오만가지 불행의 중심지다"(『힐빌리의 노래』 24-25)[2]. 힐빌리 지역은 또한 1970년대까지 미국 제조업을 이끌었던 철강 및 자동차 제조업체 지역인 러스트 벨트(Rust Belt)와 지리적으로 밀접하게 맞물려 있다. 러스트 벨트는 미국 중서부 지역과 북동부 지역의 일부 영역을 표현하는 호칭이다. 자동차 산업의 중심지인 디트로이트를 비롯해 미국 철강 산업의 메카인 피츠버그, 그 외 필라델피아, 볼티모어, 멤피스 등이 이에 속한다. 대체로 미시간, 인디애나, 오하이오, 펜실베이니아가 이곳에 속한다.

한때 번영의 상징이었으나 지금은 쇠락한 미국 북동부 공업 지역 '러스트 벨트' 일대가 '살인 벨트'(murder belt)로 전락하려는 조짐을 보인다. 최근 CBS와 『뉴욕타임스』 등은 "러스트 벨트 일대 살인 사건 발생률이 솟구치고 있다"고 보도했다. 미국 내 범죄 발생률은 1990년대부터 꾸준히 감소하는 추세지만 유독 러스트 벨트만은 늘 전체 평균을 웃도는 범죄율을 유지했다. 최근엔 상황이 악화하는 추세다.

범죄와 살인 벨트로 변모된 러스트 벨트

러스트 벨트는 석유 산업에서도 중요한 역할을 했다. 그 대표적인 도시가 클리블랜드다. "이 도시를 석유 산업의 중심지로 만든 사람이 바로 그 유명한 존 데이비슨 록펠러(John Davison Rockefeller)다.

---

1) Slaughter, A. M. "The lessons of *Hillbilly Elegy*." *New America Weekly*. 2015.
2) J.D. 밴스. 『힐빌리의 노래』. 김보람 옮김. 서울: 흐름출판. 2017.

그가 1870년에 클리블랜드에 동업자들과 함께 설립한 '스탠더드 오일사'는 석유, 생산, 운송, 정유, 마케팅 분야에서 독보적인 경쟁력을 가지고 있었다. 1890년에는 미국 내 88퍼센트의 시장 점유율을 기록하며, 석유 산업에서 독점적 위치를 차지했다…. 러스트 벨트라고 불리는 또 다른 요인을 경제 구조 변화에서도 찾아볼 수 있다. 경제 구조가 서비스 산업 및 IT 산업 중심으로 이동하면서, 제조업 중심이던 이 지역은 신규 산업 분야로의 전환에 어려움을 겪었다. 이러한 침체한 환경은 여러 가지 사회 문제들을 야기했으며, 이 지역의 쇠퇴를 한층 더 심화시켰다. 러스트 벨트의 강력 범죄율은 미국 전국 평균보다 높아, CBS 뉴스에 따르면 미국 내 1인당 살인 범죄율이 가장 높은 5개 대도시 중 3개가 러스트 벨트에 속한다"(김상조·민현석 189-90)[3]).

    2018년 발표한 통계 자료에 따르면 미국 내 살인 사건 발생률이 가장 높은 대도시 5개 가운데 3개가 러스트 벨트에 속해 있었다. "인구 10만 명당 64.6명이 살해당한 세인트루이스(St. Louis)가 1위였고, 볼티모어(Baltimore), 디트로이트(Detroit), 클리블랜드(Cleveland) 등이 뒤를 이었다. 러스트 벨트 지역에서 살인 사건이 느는 주요 원인은 부유했던 과거와 몰락한 현재 사이에서 주민들이 느끼는 박탈감이다. 지금은 '녹(rust)이 슨 일대'라는 뜻의 '러스트 벨트'로 불리지만, 이 지역은 1960년대까지만 해도 호황을 누리는 공장 지대였다. 1960년 디트로이트의 1인당 소득은 미국 내에서 가장 높았다. 하지만 제조업이 쇠퇴하고 공장들이 인건비가 싼 해외로 이전하면서 일대는 쇠퇴의 길을 걷기 시작했다. 클리블랜드 주립대학 인구이동 센터 리치 피파 리넨 소장은 『뉴욕타임스』에 "자신이 사는 삶의 공간이 쇠락해 가는 것을 목격할 때 주민들은 경제적 위기뿐 아니라 실존적 위기감을 느끼게 된다"고 말했다. 벼랑 끝에 몰린 위기감과 박탈감에서 오는 분노가 밖으로 표출돼 범죄로 이어진다는 것이다"(오윤희 n.p.).[4]

    J.D. 밴스의 자서전 『힐빌리의 노래』는 미국의 계층 문제를 비롯한 미국 사회에 대한 깊은 성찰에서 탄생한 작품이다. 이 작품의 서두는 주인공 밴스가 어린 시절을 회상하는 내레이션으로 시작한다. 밴스는 오하이오주 미들타운(Middletown)에서 출생하였는데, 당시 오하이오는 몰락한 공업지대인 '러스트 벨트'에 속하는 지역이다. "통계적으로 볼 때 힐빌리들의 미래는 참혹하다. 운이 좋으면 수급자 신세를 간신히 면하고 운이 나쁘면 약물(마약) 과다 복용으로 사망하기 십상이기 때문이다. 대부분이 고등학교 중퇴자들에다 주변 사람들에 대한 폭발할 듯한 분노를 이기지 못해 망가지기 직전까지 내몰린 사람들이 그들이다. 밴스는 정신적·물질적 빈곤이 청소년기 아이들에게 어떤 정서적 영향을 끼치는지를 우리 독자들이 이해하기를 바랐다. 일자리와 희망이 빠른 속도로 사라져 가는 마을에서의 삶이 자포자기 직전까지 이르게 되는 순간의 느낌을 알리고 싶어했다"(오연진 10)[5]).

    밴스는 알코올 중독자인 할아버지와 난폭한 성격의 할머니, 약물중독에 빠진 한때 간호사였던 엄마 베브(Bev), 그리고 누나 린지(Lindsay)와 함께 하층민으로서의 삶을 살아야만 했다. 마약 중독에 빠져 아예 자식 양육권을 포기하다시피 방치해 버린 엄마와 수시로 바뀌는 아빠 후보자들, 그리고 가난과 가정

---

[3] 김상조·민현석. 『(콘텐츠로 풀어 낸 알기 쉬운) 미국 문화』. 서울: 북스힐, 2024
[4] 오윤희. 「제조업 무너지니… 살인 벨트 된 '러스트 벨트'」. 『조선일보』 2018
[5] 오연진. 『The Outsiders와 Hillbilly Elegy에 나타난 멘토링(Mentoring)과 성장에 대한 연구』. 부산대학교 대학원 석사논문. 2023.

제14장. <힐빌리의 노래>: 가난한 백인 하층민과 교육의 중요성

폭력, 욕설, 윤리와 문화의 붕괴라는 현실을 대면하며 우울과 절망 속에서 성장기를 보낸다. 다행스럽게도 다혈질에 괴팍한 성격이긴 하지만 교육에 대한 남다른 열정과 손자에 대한 따뜻한 애정을 보이는 외할머니의 적극적인 보살핌 덕택에 한때 비행 청소년의 길로 접어들면서 엄마 베브의 인생을 되풀이할 것 같은 상황을 모면한다. 이후 해병대에서의 절도 있는 생활로 자신감을 얻고 긍정적 정서를 회복하면서 지속적인 외할머니의 훈계와 헌신으로 미국 사회 내에서 성공적인 삶을 이루어 낸다.

『힐빌리의 노래』의 프롤로그에서 J.D. 밴스는 이 책의 단지 한 개인의 회고록이 아니라 애증으로 얽힌 가족의 관계 자신의 가족사, 즉 "가족의 회고록"이라는 사실을 강조한다.

> "지금의 내가 있기까지 물심양면으로 도와준 가족들이 없었더라면 여기서 내 이야기도 전할 수 없었으리라. 그런 의미에서 이 책은 단지 개인의 회고록이 아니라 애팔래치아에서 태어난 어느 힐빌리 가족의 눈으로 본, 기회와 신분 상승의 역사를 담은 가족의 회고록이라고 할 수 있겠다. 2세대 이전에 우리 외조부모님은 찢어지게 가난한 상황에서 서로를 사랑했다. 둘은 주변에 깔려 있던 지독한 가난에서 탈출하겠다는 희망을 품고 결혼하자마자 북부로 이주했다. 훗날 그들의 손자(나)는 세계 유수의 교육기관을 졸업했다. 이것이 간략한 줄거리다. 자세한 이야기는 책장을 넘겨 읽어보길 바란다. 사생활을 보호하기 위해서 일부 등장인물의 이름을 바꾸었으나, 기억을 최대한 살려 그동안 목격한 세상을 가능한 한 정밀하게 묘사했다…. 물론 나도 선입견이 없다고 자신 있게 말할 수는 없겠지만, 내 책에 등장하는 거의 모든 사람은 하나같이 뿌리 깊은 결점을 지니고 있다. 살인을 시도했던 사람도 있고 실제로 살인에 성공한 이도 있다. 신체적으로든 정신적으로든 자녀를 학대한 사람도 있고 한때는 지속적으로든 약물을 남용한 사람도 있다. 그러나 나는 이들을 사랑한다."(『힐빌리의 노래』 32-33)

밴스는 켄터키주 산골 마을 잭슨(Jackson)에서 더 나은 기회를 찾아 오하이오주 미들타운(Middletown)으로 이주한 조부모님과 유년 시절을 함께 했던 기억을 책의 제1부 "내 인생의 뿌리, 힐빌리에 관하여"에서 "모순투성이"였던 당시 잭슨의 상황에 대해 다음과 같이 회상한다.

> "우리 조부모님은 1940년대 말 잭슨을 떠나 오하이오주 미들타운에서 가정을 꾸렸고, 훗날 나 또한 그곳에서 나고 자랐다. 나는 열두 살이 될 때까지 매해 여름방학과 휴일의 거의 대부분을 잭슨에 가서 보냈는데, 친구와 가족을 그리워하는 할모를 따라 잭슨에 갈 때마다 할모가 아끼는 사람들이 점점 줄어든다는 사실을 깨닫게 됐다. 시간이 흐르면서 우리는 무엇보다 힐모의 어머니를 돌봐드리러 잭슨에 갔다…. 진실은 냉혹하다. 그중에서도 산골 사람들에게 가장 냉혹한 진실은 자신의 처지를 솔직히 털어놓아야 한다는 것이다. 잭슨은 믿을 수 없을 만큼 상냥한 사람들로 가득하다. 그러나 약물 중독자도 널려 있고, 여덟 명의 아이를 만들 시간은 있었지만, 부양할 시간은 없는 사람이 최소한 한 명 이상 있다. 잭슨의 경치는 두말할 것 없이 아름답지만, 환경 폐기물과 마을 곳곳에 널린 쓰레기가 그 아름다움을 가린다. 열심히 일하는 사람도 있지만, 많은 이가 푸드스탬프(Food Stamp, 정부가 저소득층에 지급하는 식료품 구매

권)에 의지한 채 살아가며 땀 흘리는 노동에는 관심을 보이지 않는다. 잭슨은 블랜트가 남자들 만큼이나 모순투성이다."(『힐빌리의 노래』 40-54)

힐빌리 지역에 만연한 마약(약물) 중독

아울러 밴스는 켄터키주 토박이였던 외조부모님에 대해 언급하면서 힐빌리 지역에 만연한 가장 큰 문제점으로 마약(약물) 중독을 지적한다. 밴스는 마약 중독이 어떻게 가정을 파괴하는지에 대해 신랄하게 비판하고 있다.

> "훨씬 더 가난한 애팔래치아 지역을 떠나 오하이오, 미시간, 인디애나, 펜실베이니아, 일리노이 등지로 대거 이주한 힐빌리들을 따라 이들의 가치관도 널리 퍼졌다. 실제로 내가 자란 오하이오 미들타운에는 켄터키 이주자들과 그 자녀들이 얼마나 많았는지 그런 아이들은 친구들 사이에서 '미들터키'(Middletucky)라고 불리며 놀림감이 되기도 했다. 켄터키 토박이였던 우리 외조부모님은 더 나은 삶을 찾아서 미들터키의 길을 택했고, 어떻게 보면 더 나은 삶을 이루었다. 그러나 달리 보면 끝내 과거에서 벗어나지 못하기도 했다. 잭슨에 만연한 약물 중독이 이들이 큰딸에게까지 손을 뻗어 성인 시절 내내 그녀를 괴롭혔다. '마운틴듀가 좀먹은 구강'은 특히 잭슨에서 심각한 문제였지만, 외조부모님은 미들타운에 와서까지도 동일한 문제를 겪어야 했다. 우리 엄마가 9개월 된 내게 펩시가 든 젖병을 물리는 모습을 할모가 봤던 것이다."(『힐빌리의 노래』 55-56)

영화 〈힐빌리의 노래〉의 중반부에 초등학교 시절의 밴스는 어머니가 동거 중인 남성과 마약을 복용하다가 환각 작용을 일으키며 동네 사람들이 지켜보는 거리에서 난동을 부리다가 경찰에 연행되는 충격적인 장면을 직접 목격했다. 이것은 자서전 『힐빌리의 노래』에서 더욱 구체적으로 볼 수 있는데, 여기서 밴스는 힐빌리 지역에 만연한 마약 중독과 이에 대한 문제를 해결하는 데 필요한 적절한 교육 프로그램을 날카롭게 제안하고 있다.

> "얼마 전에 내 모교인 미들타운 고등학교의 선생님들과 만나 대화를 나눴다. 선생님들은 현 사회가 교육계에 너무 많은 자원을 너무 늦게 쏟아붓고 있다면 이런저런 우려를 표했다. 한 선생님은 내게 말했다. '이 나라 정치인들은 오로지 대학밖에 모르는 것 같다니까. 대학 교육이 물론 아주 유용하지만, 우리 동네 학생들 같은 아이들은 대학을 나오는 데 필요한 노력을 전혀 하지 않는다는 게 문제인데'…. 그러므로 성공적인 정책 프로그램을 개발하려면 먼저 우리 선생님들처럼 아이들이 어떻게 생활하는지를 충분히 인지해야 할 것이다. 이런 학생들의 진짜 문제는 가정에서 어떤 일이 일어나느냐(혹은 일어나지 않느냐)와 관련이 있다."(『힐빌리의 노래』 390-91)

제14장. <힐빌리의 노래>: 가난한 백인 하층민과 교육의 중요성

러스트 벨트 지역의 여성 철강 노동자의 목소리

2020년에 출간된 『러스트 벨트의 밤과 낮』(Rust: A Memoir of Steel and Grit)이라는 책의 저자 엘리스 골드바흐(Eliese Goldbach)의 제철소 용광로에서 노동자로서의 삶은 『힐빌리의 노래』에서처럼 현재도 진행 중인 러스트 벨트 지역이 처한 현실을 보여준다. 골드바흐의 고향 클리블랜드는 한때 디트로이트보다 앞서 자동차 산업으로 호황을 누렸지만, 지금은 벌겋게 녹이 슨 공장 건물처럼 쇠락해가는 도시이다. 어린 그녀에게 제철소는 썩은 달걀 같은 악취가 나서 그 옆을 지나갈 때면 코를 손가락으로 사 쥐어야 하고 '악당처럼 불길해' 보이는 과거에 속한 곳이었다. 그러나 2016년 봄, 골드바흐는 자신이 일하게 되리라고는 꿈에도 생각지 않았던 그곳 제철소의 일원이 된다.

주목할 점은 그녀가 처한 상황은 『힐빌리의 노래』에서처럼 미래가 없는 수 대째 이어져 오고 있는 "길을 잃은 처지"가 된 백인 노동 계층이 처한 비루한 삶이라는 사실이다. 골드바흐가 "철강 노동자가 되기로 결심한 것은 밀레니얼 세대의 현실과 무관하지 않다. 미국의 사회학자 제니퍼 실바(Jennifer M. Silva)가 쓴 『커밍업 쇼트』(Coming Up Short)를 보면 그들은 이전 세대처럼 교육을 마치고 취직, 결혼, 출산이라는 예측 가능한 성인의 삶을 꾸리지 못한다. 대신 불안한 노동시장과 안전망이 파괴된 사회에 내던져진 채 '길을 잃은 처지'가 된다. 골드바흐 역시 대학교를 졸업한 뒤 변변한 일자리를 구하지 못하고 페인트칠 아르바이트로 근근이 먹고살면서, 기대만큼 가능성이 무한하지 않음을 알게 된다. 사회에 나와 맞닥뜨린 현실은 그 어떤 것도 여의치 않다. 안정적인 일자리는 나의 것이 아니고, 그나마 가진 것을 잃을까 봐 결혼이나 출산을 쉽게 결정할 수도 없다. 그러나 골드바흐는 성인이 되지 못한 채 무력감에 빠져 불안정한 서비스 임시직을 전전하는 대신, 부모나 조부모 세대의 작업 현장인 제철소로 들어가 과거의 것으로 치부하던 산업 노동자의 삶을 시작한다"(『러스트 벨트의 밤과 낮』 424-25)[6].

러스트 벨트와 트럼피즘

"트럼피즘(Trumpism)이란 반기득권(anti-establishment) · 반다원주의(anti-pluralism) 레토릭을 구사했던 트럼프 대통령에 대해 유권자들이 지지를 보내며, 그를 "미국을 다시 위대하게"(Make America Great Again) 이끌 수 있는 지도자로서 추앙하는 현상을 의미한다. "이러한 측면에서 트럼피즘은 우파 포퓰리즘의 사례로서 논의 되어왔는데, 이는 트럼프 대통령이 내셔널리즘(nationalism)과 토착주의(nativism) 관점에서 무슬림, 라티노 등 소수인종 집단을 적대적 집단으로 상정하며 인종과 문화의 균열선을 정치화시킨 우파 포퓰리즘, 즉 트럼피즘을 형성하였기 때문이다(Winberg 10)[7]. 이에 따라 트럼피즘은 유색인종, 이민자 집단 및 엘리트 기득권 집단과 대비되는 '근면하고 세금을 성실하게 내는'

---

[6] 엘리스 골드바흐. 『러스트 벨트의 밤과 낮: 여성 철강 노동자가 경험한 두 개의 미국』. 오현아 옮김. 서울: 마음산책. 2020.

[7] Winberg, Oscar. "Insult Politics: Donald Trump, Right-Wing Populism, and Incendiary Language." *European Journal of American Studies* 12.2 (2017): 1-11.

백인 중산층, 특히 블루칼라 집단이 존재한다고 상정하며 이들 간의 적대적 구도를 형성하였다"(Lowndes 197)(정구연 148)8). 결과적으로 트럼프는 백인 블루칼라 중산층 집단의 경제적 지위 쇠퇴와 인구학적·문화적 변화에 대한 반발과 분노, 그리고 공포와 혐오를 조성하며 트럼피즘을 확산시킴으로써 선거에서 이들을 지지층으로 결집할 수 있었고, 2016년 미국의 제45대 대통령에 당선되었다.

밴스의 트럼프 지지와 상원의원 당선

베스트셀러가 된 자서전 『힐빌리의 노래』로 유명한 J.D. 밴스가 2022년 3월 공화당 상원의원 후보 경선에서 승리했다. 밴스는 이전에 도널드 트럼프에 대하여 '미국의 히틀러', '바보' 등으로 부르며 조롱했으나 이후 친트럼프 계파로 전향하였다. 2018년 2월에 밴스는 『파이낸셜 타임스』와 인터뷰를 했는데, 트럼프에 대해 오하이오, 펜실베이니아, 동부 켄터키와 같은 지역들에서 광범위하게 존재하는 힐빌리의 좌절을 인식하는 몇 안 되는 정치인으로 언급하며 이전보다 트럼프에 대해 우호적인 스탠스로 바뀌었다.

2020년 미국 대통령 선거에서 밴스는 트럼프 대통령 재선을 지지했다. 조 바이든의 대통령 당선 이후 부정선거 음모론자가 되었다. 2021년 1월 25일에 연방상원 오하이오주 롭 포트먼 의원이 정계 은퇴를 선언하였고, 2021년 2월 밴스가 연방상원 출마 선언을 했다. 그리고 피터 틸(Peter Thiel)이 슈퍼팩(Super PAC, 미국에서 '특별정치활동위원회'로 불리는 민간단체)을 출범시켜서 밴스를 지원사격 했다. 2021년 5월에는 선대위를 꾸리고 2021년 7월에는 피터 틸과 함께 트럼프 전 대통령의 마라라고 별장에 찾아가서 2016년의 행적을 공식적으로 사과한 후에 선관위에 후보 등록을 했다. 2022년 4월에 도널드 트럼프가 밴스 후보를 지지했으며, 5월에 오하이오 재무장관 출신 조시 맨델, 현직 주상원 의원 래리 돌란 후보 등을 제치고 공천을 받는 데에 성공했다. 밴스를 기회주의자로 여기던 트럼피스트들이 트럼프의 지지 선언 이후 밴스 후보를 밀었기 때문이다. 2022년 11월 본선에서 밴스는 연방 하원의원 출신 팀 라이언 후보에 맞서 53%가 넘게 득표하면서 연방 상원의원으로 당선되었다. 그리고 본서를 쓰는 2024년 8월 현재 39세의 밴스는 지난달 7월 15일 2024년 미국 대통령 후보 도널드 트럼프의 러닝메이트(부통령)로 지명되었다.

---

8) 정구연. 「트럼피즘과 트럼프 독트린: 이민자 인식에 대한 포퓰리즘의 영향력 분석」. 『한국과 국제사회』 6.2 (2022): 147-76.

제14장. <힐빌리의 노래>: 가난한 백인 하층민과 교육의 중요성

1952년 리처드 닉슨 이후 최연소 부통령 후보이고, 당선 시 미국 역사상 세 번째로 젊은 부통령이 된다.

2016년 예상을 뒤엎고 트럼프가 제45대 미국 대통령으로 당선되자 수많은 세계인은 비로소 『힐빌리의 노래』에 깊이 투영된 트럼피즘의 뿌리와 강력한 힘을 간파했고, 트럼프가 기존의 주류 공화당 정치인들을 전부 압도적으로 깨부수고 이후 힐러리를 이기고, 미국 대통령이 되게 하는 데 가장 막강한 원동력이 된 미국 저소득층 백인 노동자들의 실체에 대해 알기 시작했다.

오프닝 시퀀스: 오하이오주 미들타운에서의 추억

2020년에 상영된 영화 <힐빌리의 노래>의 원제인 '힐빌리 엘레지'는 '힐빌리 지역에 사는 미국의 백인 노동자 계층이 부르는 슬픈 노래'를 의미하는 것으로 현재 미국 상원의원이 된 J.D. 밴스가 쓴 동명의 자서전에 토대를 둔 작품이다. 밴스는 도입부에서 자신이 천재이거나 특출나게 뛰어난 사람이라서 지금의 위치에 오른 것이 아님을 밝히고 있다. 밴스의 신분 상승은 오로지 그의 주변에 있는 몇몇 사랑하는 사람들이 시궁창 같은 삶 속에서 허덕이는 자신을 지속적인 애정과 적극적인 신뢰로써 구원해 주었기 때문이라고 거듭 강조하고 있다.

무엇보다 밴스는 그의 성공에 결정적인 방향타 역할을 한 인물로서 그가 '할모'(Mamaw)라고 부른 외할머니의 헌신적인 사랑과 조언자의 역할, 즉 멘토링(mentoring)을 자서전 『힐빌리의 노래』에 걸쳐 일관성 있게 설명하고 있다. 전형적인 힐빌리 지역인 오하이오주 미들타운에서 태어난 밴스는 알코올 중독자인 외조부모님, 약물중독에 빠진 한때 간호사였던 엄마와 누나와 함께 하층민으로서의 삶을 산다. 밴스의 어머니 베브(Bev)는 18살에 임신을 했기 때문에 대학 진학을 포기했고 고등학교를 졸업한 후 남자친구와 결혼했다.

베브와 그녀의 두 번째 남편 사이에서 밴스가 태어났다. 이후 베브의 부모는 이혼을 택했고, 밴스의 아버지는 다른 여자와 결혼했다. 밴스의 어머니는 수많은 아버지 후보들을 저자의 인생에 결부시켰다. 밴스의 생애는 폭력과 우울과 불안이 난무했는데, 이는 가난이 파생시킨 결과였다. 마약 중독에 빠져 아예 자식의 양육 의무를 포기해 버린 엄마와 수시로 바뀌는 아빠 후보들, 그리고 가난과 가정 폭력, 욕설, 윤리와 문화의 붕괴라는 현실을 대면하며 우울과 절망 속에서 성장기를 보낸다. 다행스럽게도 다혈질에 괴팍한 성격이긴 하지만 교육에 대한 남다른 열정과 손자에 대한 따뜻한 애정을 보이는 외할머니의 적극적인 보살핌 덕택에 밴스는 한때 비행 청소년의 길로 접어들면서 엄마의 인생을 되풀이할 것 같은 상황을 모면한다. 그리고 밴스는 미들타운(Middletown) 고등학교를 졸업한 직후인 2003년에 미국 해병대에 입대했다.

<힐빌리의 노래>: 자서전에서 영화로

밴스는 해병대에서 절도 있는 생활로 자신감을 얻고 긍정적인 정서를 회복하면서 자신감을 얻고 긍정적

스크린을 횡단하는 글로벌 문화

정서를 회복하면서 마침내 미국 사회 내에서 성공적인 삶을 성취한다. 론 하워드 감독이 연출한 영화 〈힐빌리의 노래〉의 오프닝은 밴스의 자서전과 마찬가지로 초등학교 시절 정기적으로 여름방학을 보냈던 켄터키주(Kentucky)의 "힐빌리 마을, 잭슨(Jackson)"의 외증조할머니네 집에서 밴스가 체험한 소중한 추억을 보여준다. 자서전 『힐빌리의 노래』에서 밴스는 잭슨에서의 추억을 다음과 같이 회상한다.

> "잭슨은 켄터키 남동부 탄광촌의 중심부에 위치한 6,000명 정도의 인구가 사는 소도시다. 있는 것이라고는 고작 법원 하나와 그나마도 패스트푸드 체인점인 식당들, 그리고 상점 몇 군데가 전부라서 소도시라고 부르기도 뭣할 정도다. 주민들은 대부분 켄터키 15번 고속도로로 둘러싸인 산골 마을이나 트레일러 파크(Trailer park), 정부 공급 주택, 작은 농장 또는 내 어릴 적 가장 소중한 추억의 무대가 된 산골 농가 같은 곳에서 산다…. 우리 조부모님은 1940년대 말 잭슨을 떠나 오하이오 미들타운에 가정을 꾸렸고, 훗날 나 또한 그곳에서 나고 자랐다. 나는 열두 살이 될 때까지 매해 여름방학과 휴일의 거의 대부분을 잭슨에 가서 보냈는데, 친구와 가족들 그리워하는 할모를 따라 잭슨에 갈 때마다 할모가 아끼는 사람들이 점점 줄어든다는 사실을 깨닫게 됐다. 시간이 흐르면서 우리는 무엇보다 할모의 어머니를 돌봐드리러 잭슨에 갔다. 우리는 할모의 어머니를 '블랜턴 할모'라고 불러서 할모와 구분하려 했지만, 그래도 헷갈릴 때가 있었다."(『힐빌리의 노래』 39-40)

밴스에게는 여름방학 기간 잭슨의 외증조할머니 '할모'(글렌 클로즈분) 집에서 보낸 추억이 가장 소중한 추억으로 남아 있는 것은 고향 미들타운에서 자신의 엄마 베브(에이미 애덤스 분)와 맺는 불편한 관계 때문이다. 영화에서처럼 그의 엄마는 남성 편력자이자 마약(약물) 중독자로, 이는 어린 시절부터 밴스에게는 숨기고 싶은 가정불화의 가장 큰 원인이 되었다.

> "잭슨은 나와 누나, 할모가 진정한 고향이라고 여기는 유일한 동네였다. 오하이오도 좋았지만, 그곳을 떠올리면 온통 끔찍한 기억뿐이었다. 오하이오에서 나는 모르는 사람이나 다름없는 남자와 차라리 모르는 게 나았을 뻔한 여자에게서 버림받은 자식이었지만, 잭슨에 가면 모두가 알고 있는 가장 터프한 여성과 가장 노련한 자동차 정비공의 손자였다. 엄마는 연례 가족 모임이나 이따금 장례식이 있을 때만 켄터키에 갔는데, 그때마다 할모는 엄마에게 제발 아무 문제도 일으키지 말라고 당부했다. 잭슨에서 엄마는 소리를 질러서도 싸워서도 누나를 때려서도 안 됐으며, 특히 남자를 들여서는 '안'됐다. 할모는 엄마의 다양한 연애 상대를 매우 못마땅했고, 그들 누구도 켄터키에 들이지 못하게 했다. 오하이오에서 자라는 동안 나는 수많은 아버지 후보자들을 아주 능숙하게 상대해 냈다…. 엄마와 사귄 지 사흘 만에 프러포즈했던, 이해할 수 없는 켄 아저씨를 위해서는 그의 두 아들에게 상냥한 형제가 돼주었다. 그러나 어떤 행동도 진심이 아니었다."(『힐빌리의 노래』 42-43)

제14장. <힐빌리의 노래>: 가난한 백인 하층민과 교육의 중요성

밴스의 '할보'와 '할모'의 꿈과 현실

카메라는 밴스의 청소년기까지 미들타운에서의 삶을 보여주면서 밴스가 자신의 외조부모의 꿈을 회상하면서 "두 분이 어떤 더 나은 삶을 찾아 23번 도로를 달렸는지는 몰라도 끝내 찾지 못하셨다. 미들타운에서는 다들 조금 달랐다. 뭔가 빠진 것처럼 말이다. 아마 희망이었을까?"라고 자문하는 장면을 보여준다. 자서전 『힐빌리의 노래』에서 밴스는 미들타운으로 이주한 '할보'와 '할모'의 고군분투로 인한 경제적 성공과는 대조적으로 그들 자녀의 실패한 삶에 대해 다음과 같이 언급한다.

"그래도 할보와 할모는 땀 흘려 노력하는 것이 더욱 중요하다고 믿었다. 두 분은 사는 게 녹록지 않다는 걸 알았으며, 무엇인가 이루려고 할 때 본인들과 같은 부류의 사람들이 더 오랫동안 고생할 가능성이 높다는 걸 알았다…. 지역 공동체 사람들은 이러한 신념을 공유했고, 1950년대 들어 그 신념이 맺은 결실이 드러났다. 두 세대 만에 힐빌리 이주자들은 수입과 빈곤선에서 원거주자를 완전히 따라잡았던 것이다. 힐빌리의 경제적 성공은 그들이 겪고 있던 문화적 불안을 감추었다…. 그러나 자식들은 달랐다. 우리 엄마 세대는 중서부 공업 지역에서 자란 첫 번째 세대로서, 걸쭉한 사투리나 교실 하나짜리 산골 학교와는 거리가 멀었다. 엄마 세대 사람들은 수천 명의 학생들과 함께 현대식으로 건축된 고등학교에 다녔다. 우리 조부모님의 이주 목적은 켄터키를 벗어나 자식들에게 유리한 조건에서 시작할 수 있는 환경을 만들어주는 것이었고, 유리한 입장에서 출발한 자녀들이 차례차례 원하는 바를 이뤄가기를 기대했다. 그러나 자녀의 삶은 그들의 바람대로 풀리지 않았다."(『힐빌리의 노래』 76-77)

법학도 밴스와 우샤와의 로맨스

밴스의 단상을 통해 미들타운에서의 삶 속에는 경제적 성공을 이룬 외조부모님이 꿈꾸었던 다음 세대 자녀의 보다 나은 삶에 대한 "희망"이 사라졌음을 알 수 있다. 이 장면 직후, 카메라는 14년 후인 2011년 예일대학교 로스쿨에 다니면서 아르바이트로 푼돈을 벌며 고학하는 밴스를 보여준다. 식당에서 접시를 설거지하는 일을 마친 후에 밴스는 학교 도서관으로 가서 공부를 하는 한 여학생 앞에서 대화를 나누는데, 이 여성이 현재 밴스의 여자친구이자 훗일 그의 부인이 되는 우샤이다.

밴스는 청소년기까지 보냈던 미들타운에서 자신의 배경과 정반대의 배경, 즉 정상적으로 가족 구성원이 유지되고 가족이 화합하며 건전하게 가정을 꾸려나가는 배경을 누구보다 열망하는 인물이다. 현재 그의 여자친구인 우샤는 이런 배경을 가진 집안의 여성이었기 때문에 밴스는 그녀에게 거의 집착하듯이 강하게 끌렸다. 하지만 점점 우샤와의 로맨스가 진행되면서 그녀와 다투게 될 때 밴스는 자신의 집안 대대로 내려오는 스트레스, 슬픔, 두려움, 불안이 내면에서 일어나고 있음을 알게 된다. 감추고 싶은 자신의 가정에서의 부정적인 과거 경험에 대한 상기가 새로운 갈등을 유발할 것 같은 상황에서도 밴스는 우샤의 지혜로운 판단과 사려 깊은 배려로 모든 난제를 잘 해결해 나갈 수 있는 동기를 얻게 된다.

이어지는 장면에서 밴스는 로스쿨 학과장에게 자신이 세 군데서 아르바이트를 하고 있지만, 여전히 다음 학기에 낼 수업료 및 기타 금액에서 21,000달러가 모자란다고 고충을 털어 놓는다. 이에 학과장은 "펌 워크는 어떻게 돼 가? 여름 단기 직원 급여는 3만 달러도 훨씬 넘어. 이번엔 일자리를 구할 거야. 넌 할 수 있어"라며 조언과 격려를 해준다. 그날 저녁 명문 로펌인 워싱턴 디시(Washington D. C.)의 깁슨 던 앤드 크러쳐(Gibson, Dunn & Crutcher, LLP) 채용 담당자들이 예일대학교에 와서 유능한 차세대 법률가를 찾기 위해 뉴헤이븐 최고급 식당에서 열린 만찬에 참석한 밴스는 생애 처음으로 가장 값비싼 식사를 하게 된다. 밴스는 고위층 인사들의 만찬 테이블의 식사 예절을 몰라 매우 곤혹스러운 상황에 처한다.

"그때 나는 '반짝거리는'(sparkling) 물이 '탄산이 든' 물이라는 걸 처음으로 알았다. 수치심이 몰려왔으나, 운 좋게도 무슨 일이 일어났는지 쭉 지켜봤던 사람은 딱 한 명뿐이었고 같은 반 여학생이었다. 정말 다행이었다. 이제 더 이상의 실수는 없었다. 한숨 돌리자마자 앞에 놓인 식기로 눈을 돌렸다가 이상한 점을 발견했다. 양식기가 아홉 개씩이나? 이상했다. 숟가락이 왜 세 개나 필요하지? 버터 바르는 칼은 왜 여러 개가 있을까? 그러다가 영화에서 본 장면이 떠오르며 양식기의 배치와 크기에 사회적 관습이 녹아있다는 게 생각났다. 나는 양해를 구하고 화장실로 들어가서 내 정신적 지주에게 전화를 걸었다. '빌어먹을 포크들은 도대체 어떻게 써야 해? 머저리 같아 보이고 싶지 않은데.' 수화기 너머로 우샤가 말했다. '바깥에 있는 것부터 사용하면 돼. 음식이 바뀌면 포크도 바꾸고. 아, 그리고 뚱뚱한 숟가락은 수프 먹을 때 쓰는 거야.' 우샤의 답변으로 완전무장한 나는 미래의 고용주들을 현혹시킬 준비를 마치고 식탁으로 돌아갔다."(『힐빌리의 노래』 342)

고향으로 향하는 밴스와 사려 깊은 우샤

만찬이 끝난 직후, 누나인 린지가 밴스에게 전화를 걸어 엄마가 이번에는 헤로인에 손을 대서 재활센터에 엄마를 다시 입원시키기로 했다는 소식을 알려준다. 엄마를 위해 제발 와달라는 누나의 간곡한 부탁에 밴스는 다음 날 오전 면접이 예정된 상태지만 차를 몰고 고향 미들타운으로 향한다. 한동안 잊고 지냈던 엄마에 대한 소식을 접한 밴스는 눈앞에 먹구름이 낀 듯 암담한 심정이다.

마약에 다시 손을 대게 된 엄마를 생각하자 밴스의 모든 희망이 끝내 무너져 내리는 것 같은 심정이 들었다. 하지만, 이런 상황에서조차도 밴스는 긍정과 희망으로 생각을 바꾸려 노력한다. 밴스의 내면에 있는 염세적인 태도를 없애려고 평생 애써왔던 사람이 그의 '할모'였고, 그런 면에서 그의 평생에 지속되는 멘토가 된 할모의 노력은 성공적이라 할 수 있다. 물론, 현재 밴스가 푹 빠져있는 여자친구인 우샤의 사랑과 이해도 밴스의 부정적인 시각을 긍정과 희망으로 바꾸는 데 큰 영향을 미친다.

우샤는 밴스와 통화를 하다가 그가 중요한 면접 하루 전에 고속도로의 주유소에 있다는 사실을 알고

제14장. <힐빌리의 노래>: 가난한 백인 하층민과 교육의 중요성

놀란다. 하지만 곧이어 밴스가 마약 중독에 빠진 어머니를 보살피기 위해 어쩔 수 없이 미들타운으로 향한다는 것을 알고 매우 사려 깊은 배려와 사랑의 마음을 전한다. "밴스는 로스쿨 재학 시절 태어나서 처음으로 미들타운의 외부인이 된 것 같은 느낌을 받았는데, 그때의 자신을 이방인으로 만든 요소는 다름 아닌 '낙관'이라고 생각했기 때문이다. 밴스는 살면서 힐빌리 가정의 단상인 "산 넘어 산", "혼돈은 혼돈을 낳는다" 같은 순간이 오면 늘 과거를 받아들이고 인생이 여기서 끝나는 게 아니라고 생각하면서 괴로웠던 어린 시절을 극복할 수 있다는 희망과 용기를 떠올렸다. 그리고 자신의 주변에 긍정의 요소를 가진 사람들과 항상 진정성 있는 대화를 나눈다. 게일 이모, 위 이모, 린지 누나 등이 그들이다. 이는 마치 밴스가 어릴 적 아빠와 그의 부인인 셰릴 아주머니의 가정에 무작정 이끌릴 때의 경우와 유사하다"(오연진 54).

어린 시절 밴스가 받은 상처

밴스의 할모에게도 꿈이 있었다. 그러나 그 꿈을 이룰 기회가 없었는데, 할모의 꿈은 사랑하는 아이들이라는 대상과 관련되어 있다. 노년이 되어서 할모 인생의 삶의 기쁨은 오로지 손주들로부터 얻는 것처럼 밴스의 눈에 비친다. 할모가 특히 아이들에게 지대한 애정을 보이며 훈육하는 것은 한국인의 정서적 경험과 매우 부합한다. 밴스가 항상 위(Wee) 이모라고 부르는 로리(Lori)가 태어난 이후부터 할보는 상습적으로 술을 마시면서 난폭한 술주정뱅이로 바뀌기 시작하자, 이때부터 할모는 외부세상으로부터 자신을 철저히 고립시키기 시작하게 된다. 그리고 할모는 이때부터 자신의 삶을 온통 아이들에게 쏟아부으려고 노력한다. 하지만 그녀의 딸 베브가 기대에 부응하지 못한 채 결혼의 실패와 마약 중독에 빠져 자녀들을 제대로 보살피지 못하는 것을 보자 할모는 매우 참담한 심경에 빠지게 된다.

밴스의 유년기 전체가 거의 불안과 갈등의 연속이었지만, 어린 밴스가 견뎌내야 하는 가장 힘들고 무서운 고통의 상황이 일어난다. 약물 남용에 알코올 중독으로 정서가 불안정한 엄마 베브가 분노로 화가 머리끝까지 치솟아 밴스를 거의 죽일 듯한 속도로 차를 몰며 밴스에게 같이 죽자고 한 사건이다. 밴스가 무심코 내뱉은 어떤 말이 그녀의 분노를 유발시키면서 그에게 폭행을 가하며 위협한 것이다. 밴스는 가까스로 차에서 뛰쳐나와 도망친다. 그는 도망가다가 어떤 집을 발견하고 그 집 주인에게 "우리 할모한테 전화 좀 걸어주세요! 엄마가 지금 저를 죽이려고 해요"라고 외치며 도움을 요청한다. 베브는 그 집 문을 부수다시피 강제로 열었고, 집주인이 경찰에게 전화를 걸어 경찰이 출동한다.

결국, 출동한 경찰에 의해 베브는 수갑이 채워져 경찰차 속으로 끌려간다. 베브가 자녀 폭행 혐의로 경찰서로 끌려가려는 찰나 할보가 차를 몰고 할모와 누나와 함께 현장에 도착한다. 밴스가 울먹이며 그들 곁으로 다가오자 할모는 밴스를 아무 말 없이 꼭 껴안아 준다. "할모의 품이 밴스의 마음에서는 제자리를 찾은 것이고 진정한 애정을 느끼며 안도감을 보장받는 유일한 장소이다. 할모의 사랑만큼 큰 멘토링 효과는 없다. 빈번하게 바뀌는 남편 또는 남자친구와의 갈등과 불화에다 매번 마약을 하면서 밴스에게 사과를 하고 다시는 그런 일이 없을 것이라 맹세해 놓고도 또다시 번번이 약속을 깨는 엄마의 악순환적 행태에도 끝까지 딸 베브에 대한 '희망'을 포기하지 않는 사람이 할모이다. 할모와 밴스가 따로 살게 된 경우에도 일주일에 몇 번씩 할모 집에 들르면 그럴 때마다 할모는 "무슨 일이 있어도 밴스, 너를 사랑한다는 것을 잊지 마라"(137)라고 하면서 늘 배우고 학업을 성실히 수행하는 것이 얼마나 중요한 일인지에 대해 설교를 빼먹은 날이 없다"(오연진 22).

영화에서 볼 수 있는 것처럼 힐빌리 가정의 교육과 관련된 모순은 어릴 때 아이들에게 열심히 공부는 시키지 않고 자녀들의 성적이 나쁘면 화를 내는 일은 있지만, 아이가 공부에 집중할 수 있도록 평화롭고 건전한 환경을 조성하려고 노력하는 일은 극히 드물다는 사실이다. 이렇게 지역사회에 만연한 악습이 교육에 미치는 악영향을 이미 체험한 할모는 딸 베브의 실패를 거울삼아 손자인 밴스의 교육이 얼마나 중요한지를 체득하고 몸소 실천하고자 노력하는 중이다.

미들타운의 병원에 도착한 밴스

내일 오전에 중요한 면접을 앞둔 밴스는 린지와 통화하면서 이미 '할모'는 돌아가신 상태이고, 곁에서 엄마를 간병할 유일한 사람이 누나밖에 없다는 사실을 알고 고민한다. 결국 밴스는 차를 몰고 코네티컷주 뉴헤이븐(New Haven)에서 미들타운까지 무려 10시간이 넘는 장거리 운전에 나선다. 그렇게 미들타운에 도착한 밴스는 곧바로 엄마 베브가 있는 병원에 달려간다. 밴스가 성인이 되어서까지도 베브는 변하질 않았다. 현재, 베브가 안정적인 상태에 있기에 중환자들을 위해 병실을 24시간 내 비워달라는 간호사의 요청에도 불구하고 베브는 며칠 더 병원에 머물러야 한다며 실랑이를 벌이고 있다. 게다가 베브는 의료보험을 갱신하지 않아서 현재 보험도 없는 상태다.

병원에서는 입원 수속도 하지 않고 병실을 차지하고 있는 베브를 내보내고 싶어하지만, 딱히 갈 곳도 없는 베브는 담당 의료진의 요청을 무시하고 막무가내로 병원에 남겠다고 주장한다. 거기다 중요한 면접 자리도 내팽개치고 먼 곳까지 달려온 아들에게 명문 예일대에 갔더니 고작 배운 게 이 정도냐며 비아냥 거리기까지 한다. 그리고 베브는 "린지 말로는 여자친구가 있다는데. 이름이 뭐냐?"라고 질문하자 밴스는 대답하지 않고 병실을 나간다. 그리고 내일 오전의 면접을 확인하는 전화가 와서 통화 중인 밴스는 면접을 연기할 수 있는지를 문의하자 그렇게 할 수 없다는 대답을 듣는다. 옆에서 이 대화를 듣게 된 누나는 밴스의 처지를 안타까워한다.

할아버지의 죽음과 장례식에서의 추억

이 장면 직후, 카메라는 다시 밴스의 유년 시절을 보여주는데, '할보'가 심장마비로 죽었을 때이다. '할보'의 운구행렬에서 밴스는 보이스오버(voice over)를 통해 "그때까지는 몰랐다. 할아버지가 엄마를 얼마나 지켜주셨는지. 이제 엄마의 유일한 방패가 사라진 셈이었다"라는 사실을 들려준다. 자서전에서 밴스는 부모님의 이혼으로 아빠가 부재한 상황에서 자신에게 아빠 역할을 한 할보에 대해 깊은 애정을 피력한다.

제14장. <힐빌리의 노래>: 가난한 백인 하층민과 교육의 중요성

"내가 엄마나 누나, 할모에게 화를 낼 때면 평소와 다르게 불같이 화를 내던 할보의 모습도 떠올랐다. 할보가 언젠가 내게 말했던 것처럼 '자기 집안의 여성들을 대하는 태도를 보면 그 남자를 알 수 있다'는 이유에서였다. 지난날 집안 여성들을 온당하게 대우하지 못했던 본인의 경험에서 얻은 지혜였다. 장례식장에서 나는 할보가 내게 얼마나 소중한 존재였는지 모든 사람에게 말하기로 마음먹고 자리에서 일어났다. '제게는 아빠가 있었던 적이 없습니다.' 그리고 차근차근 말을 이었다. '그러나 그 자리엔 언제나 할보가 있었고, 할보는 제게 남자가 알아야 할 것들을 가르쳐줬어요.' 그러고서 나는 할보가 내 삶에 어떤 영향을 미쳤는지 간략하게 말했다. '할보는 누구라도 부러워할 만한 최고의 아빠였습니다.'"(『힐빌리의 노래』 218-19)

'할보'가 돌아가시고 난 후, 엄마 베브의 삶은 더욱 추락으로 향해갔고, 밴스 가족에게 엄마는 포기하고 싶은 무거운 짐으로 다가온다. 어느 날 병원의 간호사로 근무했던 베브는 무책임하게 동료가 가져온 롤러스케이트를 타고 병원 로비를 흥에 겨워 질주하는 직무 유기를 범함으로써 병원의 간호사직에서도 해고된다. 이보다 밴스에게 더욱 충격적으로 다가온 것은 엄마가 마약에 중독되어 길거리로 뛰쳐나가 고함을 지르면서 자해하는 행위를 수시로 지켜봐야만 한 것이다. 같은 동네의 사람들이 놀라서 지켜보는 가운데 신고를 받고 출동한 경찰과 의료진에게 엄마가 끌려가는 것을 곁에서 지켜본 밴스에게 이 충격적인 사건은 오랜 기간 트라우마로 남게 되었다.

미들타운에서 밴스의 과거와 현재

밴스는 알고 있는 병원의 의사를 만나 부탁하지만, 그 의사 역시 병실이 부족하다고 말하며 몇 시간만 더 연장해 줄 테니 중독 처방전을 받아 베브를 다른 곳으로 옮겨주기를 요청한다. 이에 밴스는 여러 곳을 수소문하고 어렵게 부탁해서 당분간 베브가 치료를 받을 수 있는 거처를 마련했지만, 바로 이 순간 베브가 안 들어간다고 말하며 자리를 떠난다. 부족한 은행 잔고로 인해 여러 장의 신용카드 돌려막기로 겨우 결재를 막 끝냈는데 안 가겠다고 하니 밴스는 정말 미칠 지경이다(그림 1). 밴스는 너무 화가 나서 이제 더 이상 못 하겠다고 소리치며 떠나려고 하자 누나는 그에게 아직 그가 모르는 과거의 이야기를 전해준다. 엄마의 유년 시절에 술주정뱅이가 된 할보가 집에 와서 할모에게 폭언과 폭행을 행사하는 것을 목격하면서 로리 이모와 엄마 또한 아픈 기억을 가지고 있다는 것이다.

밴스는 다시 할보의 죽음 이후에 엄마가 문란한 생활을 하면서 크나큰 가정불화를 가져온 아픈 과거를 회상한다. 베브는 여러 명의 남자와 얼마 동안 동거하다가 헤어지기를 반복했는데, 어느 날 밴스는 엄마가 그동안 동거했던 맷 아저씨와 이별하고 이름도 처음 들어본 켄 아저씨와 결혼해서 그의 집으로 들어가 살기로 했다는 소식을 접하고 충격을 받는다. 밴스에게 가장 심각한 문제는 켄 아저씨의 집의 온실에서 처음 본 것은 대마였고, 밴스 나이 또래 남자도 대마를 몰래 피운다는 점이다.

"이듬해 학교를 일찍 마치고 돌아온 어느 날, 엄마는 내게 결혼 소식을 알렸다. 나는 엄마와 맷 아저씨의 관계가 어떤지 잘 알고 있었으므로 놀라지 않을 수 없었다. 아마 눈에 보이던 것만큼 상황이 나쁘지는 않았던 모양이라고 생각하며 엄마에게 말했다. '솔직히 맷 아저씨랑 곧 헤어지실 줄 알았어요. 거의 매일 싸우시잖아요.' 엄마는 더 놀라운 대답을 들려줬다. '그게, 그 사람과 결혼한다는 게 아냐.' 켄 아저씨는 한국에서 태어나 미국인 참전 용사 부부에게 길러진 사람이었다. 아저씨네 집으로 들어간 첫 주에, 나는 자그마한 온실을 살펴보다가 우연히 꽤 큰 대마를 발견했다. 내게 이 이야기를 들은 엄마는 켄 아저씨에게 말을 전했고, 그날 해가 지기 전에 대마는 토마토로 바뀌어 있었다. 나와 마주쳤을 때 아저씨는 한참을 더듬거렸다. '의료 목적이란다. 걱정하지 않아도 돼.'"(『힐빌리의 노래』 209)

엄마에 대한 밴스의 커지는 분노

켄 아저씨의 집에서 생활하면서 밴스는 의붓형제가 된 아저씨의 아들이 그를 대마로 가득한 온실로 데려와서 "우리 아빠도 맨날 피워. 내가 슬쩍해도 몰라. 여기에 두거든"이라며 대마초가 든 병을 보여주며 "너도 취해볼래?"라고 권유한다. 밴스에게는 이 상황이 너무나 낯설다. 이런 환경에서 생활하게 되면서 밴스의 삶은 당연히 벼랑 끝에 몰리게 된다. "바닥을 친 출석률은 곧 약물 실험으로 이어졌다. 심각한 건 아니었고, 내 손으로 구할 수 있는 술, 그리고 켄 아저씨의 아들과 내가 찾아낸 대마초 정도였다. 최종적으로 나는 토마토와 대마를 구분할 줄 알게 됐다"(『힐빌리의 노래』 212). 그러던 어느 날 아침 엄마가 간호사 협회에서 면허 갱신을 위해 긴급하게 소변 샘플이 필요하다며 밴스의 소변을 요청하면서 그의 분노를 폭발시키게 만든다(그림 2).

(그림 1)

(그림 2)

"엄마가 나를 찾아와 소변 한 통을 받아달라고 했던 날 아침에 할모가 모든 사실을 알게 됐다. 전날 할모네 집에서 자고 일어나 등교 준비를 하고 있는데 엄마가 미친 사람처럼 헐레벌떡 날뛰며 집 안으로 들어왔다. 간호사 협회에서 간호사를 대상으로 불시의 소변 검사를 실시하여

제14장. <힐빌리의 노래>: 가난한 백인 하층민과 교육의 중요성

이를 통과한 이들에게만 면허를 갱신해 줬는데, 그날 아침에는 엄마에게 전화해서 일과를 마치기 전에 소변 검사물을 제출하라고 통보했던 것이다. 할모의 소변은 십 수가지 처방 약물로 오염돼 있었으므로 엄마가 소변을 부탁할 사람은 나뿐이었다…. 분노가 치밀었다. 엄마에게 깨끗한 소변이 필요하거든 신세 조지는 짓일랑 때려치우고 본인의 방광에서 받아다 써야 할 게 아니냐고 따졌다. 할모에게는 엄마를 가만히 보고만 있어서 이 지경까지 온 거라고, 30년 전에 할모가 호되게 다그쳤으면 자기 아들에게 소변을 달라고 하는 일은 없지 않았겠느냐고 따져 물었다. 엄마에게 아주 형편없는 어머니라고, 할모에게도 마찬가지로 형편없는 어머니라고 소리쳤다. 할모의 얼굴에서 핏기가 가시더니 할모는 내 눈조차 마주하려 하지 않았다. 정곡을 찌르는 내 말에 상처를 받은 게 분명했다."(『힐빌리의 노래』 218-19)

'소변 샘플 사건'은 올바른 부모의 훈육과 교육이 없는 아이들이 얼마나 쉽게 망가질 수 있는지를 보여주는 단적인 예로서 할모에게 큰 위기의식을 불러일으켰다. 밴스는 수시로 대마초를 피워대는 켄 아저씨의 아들과 사귀면서 대마초를 피우게 되고, 또래의 비행 청소년들과 어울리게 되면서 스스럼없이 나쁜 행동을 하면서 그 또한 점점 더 비행 청소년이 되어간다. 결국, 밴스와 일행은 큰 사고를 일으키고 그들은 감옥에 갈 위기에 처한다.

한편, 노환과 폐렴으로 병원에 입원한 할모에게 린지가 찾아와서 밴스가 점점 더 나쁜 길로 빠진다고 한탄하면서 "그는 내가 필요했을 텐데 옆에 있어 주질 않았어요"라고 죄책감을 고백한다. 이 순간 할모는 자신이 늪에 빠져 방황하는 손자를 구해야 한다는 사명감을 느낀다. 병원에서 퇴원한 직후 할모는 느닷없이 켄 아저씨 집을 방문한다. 할모가 밴스의 방문을 열자, 당시 의붓형제와 대마초를 피던 밴스는 급히 대마초를 감추려고 하지만, 할모는 알아차린다. 그리고 밴스에게 자신과 함께 살든지 아니면 이곳에서 계속 살던지 택하라고 요구한다. 밴스는 할모의 제안이 이곳에서 탈출할 수 있는 유일한 길임을 알고 할모와 함께 살겠다고 말한다.

할모네 집에서 계속 살기로 한 이후, 밴스는 비로소 자신의 진정한 삶을 발전시킬 수 있는 시작을 하도록 만든 직접적인 계기가 되었다고 밝힌다. 밴스에 따르면 할모와 함께 사는 집이 안겨준 평화로움 덕분에 밴스는 스스로 안전하다고 느끼는 공간에서 마음의 안정을 찾고 비로소 숙제도 할 수 있었고, 학교 공부와 아르바이트에 집중할 수 있게 된다. 후일 밴스는 자서전에서 "무엇보다 할모와 살면서 가장 좋았던 점은 내가 할모의 마음을 이해할 수 있게 되었다는 것이다"라고 고백한다.

"할모와 함께 사는 일 자체는 매우 좋았지만, 동시에 할모는 여러 단계에 걸쳐 내 인내심을 시험했다. 나는 여전히 할모에게 짐이 되고 있다는 근심을 떨치지 못해 힘들었다. 무엇보다도 할모는 성질이 급하고 입이 험해서 같이 살기 힘든 사람이었다. 내가 제때 쓰레기를 갖다버리지 않으면 할모는 단박에 내게 소리쳤다. '느려터진 굼벵이처럼 꾸물거리지 말라고 했어, 안 했어!' 또 내가 숙제를 깜빡하고 안 하고 있으면 할모는 나를 '돌대가리'라고 부르며 공부라도 하지 않으면 쓸모없는 사람이나 진배없다고 다그쳤다."(『힐빌리의 노래』 218-19)

밴스는 할모가 유익한 경험이 될 거라며 돈의 가치도 배울 겸 아르바이트를 해보라고 권함에 따라 동네 식료품 잡화점에서 점원으로 일하는 경험을 가진다. 아르바이트하면서 밴스는 미국의 계층 분화를 더욱 깊이 알게 되고 그럴수록 자신이 속한 빈곤층을 향한 분노와 탐구의 수위도 높아졌다. 정부 보조금에 기대 사는 사람들과 성실한 노동으로 힘들게 살아가는 사람들 사이에 존재하는 사회 부조리에 대한 인식도 갖게 된다.

할머니의 훈육과 밴스와의 갈등

할모의 훈육을 받게 된 밴스가 마음을 잡고 공부와 아르바이트를 병행함으로써 새롭게 발전할 수 있는 계기를 마련한 데서 알 수 있듯이, 힐빌리의 지역에 만연한 가난의 대물림과 마약 중독은 가정에서 자녀들에 대한 올바른 훈육과 교육의 부재에서 연원한다고 할 수 있다.

"가정은 혼돈의 도가니다. 마치 미식축구를 관람하기라도 하듯 소리를 지르거나 서로에게 언성을 높인다. 마약에 빠진 식구가 집집마다 적어도 한 명씩은 꼭 있다. 아버지인 경우도 있고 어머니인 경우도 있으며 둘 다인 경우도 있다. 스트레스를 특히 더 받을 때면, 어린 자녀가 보고 있든 말든 다른 식구들 앞에서 서로를 때리기까지 한다. 옆집에서 무슨 일이 일어나는지 다 듣고 있다. 우리에게 재수가 없는 날이란 싸움을 멈춰 달라며 이웃 주민이 경찰에 신고하는 날이다. 자녀들은 위탁 가정으로 보내지지만, 결코 오래 머무르는 법이 없다. 우리가 아이들에게 사과하기 때문이다. 아이들은 우리가 정말 미안하다고 사과하는 말을 믿는다…. 우리는 어릴 때 공부를 열심히 하지 않고, 부모가 됐을 때도 자녀들에게 공부를 시키지 않는다. 자녀들의 학교 성적은 형편없다. 성적을 핑계로 화를 내는 일은 있지만, 자녀가 공부에 집중할 수 있도록 집을 평화롭고 조용하게 유지하려고 노력하는 일은 없다."(『힐빌리의 노래』 244-45)

할모가 쇼핑을 마치고 집에 돌아온 어느 날 전형적인 힐빌리 가정 출신의 아이들이 그녀의 집 계단에 앉아 밴스와 이야기를 나누고 있다. 이 모습을 본 할모는 첫눈에 이들이 비행청소년임을 알고 "너희 '미시시피' 철자는 알아? 꺼져. 다시 오면 차로 밀어버릴 테니 절대 오지 마"라고 고함치며 그들을 내쫓는다. 이에 밴스는 "뭐 하시는 거예요? 제 친구들이라고요"라며 반발하지만, 할모는 "이젠 아냐. 나중에 나한테 감사할 거다"라고 단호하게 말한다. 밴스가 올바른 길을 가도록 그의 곁에서 나쁜 친구들을 없애주려는 할모의 사려 깊은 행동이 아닐 수 없다.

제14장. <힐빌리의 노래>: 가난한 백인 하층민과 교육의 중요성

밴스의 올바른 마음가짐과 학업 향상

할머니 집에서 생활하며 조용한 분위기 속에서 밴스가 공부에 집중하게 됨으로써 성적이 오른다. 하지만 가난한 형편이 그의 발목을 잡는다. 밴스가 어려운 수학 문제를 풀기 위해서는 계산기가 필요한데, 현재의 경제적 상황은 도저히 180달러나 하는 계산기를 살 수가 없는 형편이다. 그의 자서전에서와 달리 영화에서는 더욱 극적인 상황을 연출하기 위해 밴스가 전자제품 가게에서 그렇게 갖고 싶었던 계산기를 살펴보다가 충동적으로 훔쳐 달아나다 가게 주인에게 발각되는 장면을 보여준다. 이번에도 할모가 달려와서 그 계산기를 구매해서 사건을 해결한다. "당시 최고의 그래핑 계산기는 텍사스 인스트루먼트에서 출시한 신제품 TI-89였고, 우리 집은 휴대전화는커녕 비싼 옷 한 벌도 살 수 없는 형편이었지만 할모는 결국 내 손에 그 계산기를 쥐여줬다. 그때 나는 할모가 교육을 얼마나 중요하게 생각하는지를 깨달았다…. 그 시절 누구에게도 방해받지 않고 할모와 함께 지낸 3년의 세월이 나를 절망에서 구해냈다. 그때는 할모와 함께한 시간이 내 인생을 어떻게 바꿔놓을지 전혀 몰랐다. 할모집으로 들어오자마자 내 성적이 오르기 시작했다는 사실도 눈치채지 못했으니, 우리가 서로 일생의 친구가 되어가고 있다는 것 또한 알았을 리 없다."

영화에서는 돌아오는 차 안에서 밴스는 자신의 언행에 사사건건 간섭하는 할모에게 "할머니 정말 싫어요"라고 말하며 언쟁을 벌인다. 최선을 다해 공부를 열심히 해야 한다고 강조하는 할모에게 "엄마도 공부 잘했는데 저렇게 됐잖아요. 공부하는 게 무슨 소용 있어요?"라고 밴스는 항변한다. 이에 할모는 "알지도 못하면서 지껄이지 마. 기회가 중요한 거야. 노력하지 않으면 기회는 오지도 않아"라고 대답한다. 계속해서 밴스가 "할머니가 무슨 상관이에요?"라고 질문하자, "내가 영원히 살겠냐? 나 죽으면 이 가족은 누가 챙기겠어? 나도 너희 엄마가 그렇게 될 줄은 몰랐다. 행복하게 잘 살 줄 알았어. 하지만 여기저기 치이더니 결국 포기해 버리더라. 노력조차 그만뒀어. 알아. 나도 잘한 건 없지. 하지만 넌, 이제 선택해야 해. 성공하고 싶은지 아닌지?"라고 단호하게 말한다(그림 3). 밴스는 할모의 거칠지만 지혜로운 조언에 무언가 깨달은 표정을 짓는다.

이이지는 장면에서 카메라는 한가롭게 소파에 누워서 게임에 몰두하는 밴스의 모습을 보여준다. 할모는 "일어나서 할미 안 도와줘?"라고 부탁하지만 밴스는 들은 척도 하지 않는다. 바로 이때 가난한 가정을 방문하여 무료 음식을 전해주는 복지 직원이 노크를 하고 할모와 대화하는 모습을 담아낸다. 직원은 할모에게 1인분의 음식을 주고 떠나려 하지만, 할모는 그에게 "이것만 주나? 손자까지 있다고 했는데. 지금 사정이 좋지 않아. 이번 달엔 약도 못 샀어. 혹시 뭐라도…"라며 그를 설득해서 과일과 스낵을 추가로 얻어낸다. 그렇게 얻은 음식을 할모는 식탁에 올려놓고 밴스와 함께 식사한다. 이 모든 과정을 곁에서 지켜본 밴스는 할모가 자신을 위해 그렇게 헌신하는 모습에 감동한다. 이것을 계기로 카메라는 밴스가 새롭게 마음을 가다듬고 성실히 공부와 집안의 허드렛일은 물론 아르바이트까지 병행하는 장면을 보여준다. 특히, 할모가 거금을 내고 구매한 계산기를 옆에 두고 열심히 수학 문제를 푸는 모습을 클로즈업하여 보여준다.

스크린을 횡단하는 글로벌 문화

(그림 3)　　　　　　　　　　　　(그림 4)

얼마 후 학교 시험에서 밴스는 대수학 시험에서 반에서 1등을 했다고 말하며 자랑스럽게 시험지를 할모에게 보여준다. 할모는 그 시험지를 받아 소파에서 한참을 응시하며 뿌듯해한다. 자신을 엄마와 동거남 켄 아저씨의 집에서 끌고 나온 이유를 밴스는 마침내 깨닫게 된 것이다. 〈힐빌리의 노래〉에서 가장 감동적인 장면은 바로 이 장면이 아닐까? 희망도 없고, 탈출구도 보이지 않는 전형적인 힐빌리 가정의 무기력한 관습에서 탈피하여 올바른 교육이라는 최고의 선물을 선사함으로써 손자에게 희망찬 미래를 열어준 할모의 모습은 미래 세대를 위해 자신을 희생하면서까지 교육에 아낌없는 투자를 통해 반세기 전만 해도 가난했던 대한민국을 오늘날 선진국의 반열에 올려놓은 조부모님 세대를 강하게 환기하기에 남다른 감동을 선사한다. 이런 이유로 토머스 포드햄 연구소(Thomas Fordham Institute)의 선임연구원인 로버트 폰디시오(Robert Pondiscio)는 밴스의 자전적 회고록 『힐빌리의 노래』에 대해 "교육직 종사자와 교육 정책 수립가의 필독서다. 이 책은 교육기관의 역할의 중요성과 제 역할을 못 하는 현재 교육기관의 문제점을 상기시킨다"라는 찬사를 보낸다.

에이미 추아 교수의 현명한 조언

가정에서는 '할모'가 애정 어린 훈육으로 밴스를 올바른 길도 인도한 것처럼, 밴스가 예일대 로스쿨에서 공부할 때 인생의 등대 역할을 한 인물이 있는데 바로 에이미 추아 교수이다. 추아 교수는 밴스가 최근 연애를 시작해 여자친구인 우샤에게 푹 빠져 있는 것을 알아차리고 현명한 조언을 해준다. 힐빌리 출신의 보잘것없는 집안 배경 때문에 이 당시 밴스는 재판 연구원(judicial clerkships)이라는 경력으로라도 내가 예일대 로스쿨에 어울리는 사람이라는 걸 증명해 보이려고 했다. 그런데 이 시기에 에이미 추아는 밴스에게 전혀 다른 차원의 선택지를 제시하면서 그의 삶에서 최우선이 되어야 할 것을 고찰하기 위해 지혜로운 새로운 시야를 여는 멘토링을 제공하게 된다(그림 4).

제14장. <힐빌리의 노래>: 가난한 백인 하층민과 교육의 중요성

"나는 그때 사회적 자본의 진가를 알게 됐다. 교수님이 판사에게 전화를 걸어 내게 꼭 면접 기회를 주라고 했다는 말을 하려는 게 아니다. 그전에 교수님은 내게 진지하게 할 말이 있다고 했다. 그러더니 아주 노골적으로 말했다. '지금 J.D.는 합리적인 이유로 재판연구원에 도전하는 것 같지 않아요. 오로지 경력을 쌓겠다고 이러는 것 같은데 물론 그래도 상관은 없지만, 이 경력이 J.D.의 진로에 크게 도움이 되지 않거든요. 대법원의 송무 변호사(litigator)가 되고 싶은 게 아니라면 이 자리에 그렇게 집착할 필요 없어요…. 이건 두 사람의 관계를 무너뜨릴 만한 자리예요. 내 의견을 묻는다면 나는 우샤를 우선순위에 두고 밴스에게 정말로 적합한 일을 찾아보라고 권하고 싶네요.' 전에 들어 본 적이 없는 최고의 조언이었다. 나는 조언을 기꺼이 받아들이고, 교수님에게 내 신청서를 철회해달라고 부탁했다."(『힐빌리의 노래』 353)

엔딩 시퀀스: 우샤와의 새로운 삶

한편, 엄마 베브는 마약 중독자 치료를 위한 요양원에 가지 싫다며 잠시 모텔에서 지내게 된다. 그런데, 잠시 밴스가 모텔 바깥으로 나갔다가 돌아오니 베브가 화장실에서 은밀하게 마약을 발에 주사하려는 모습을 목격하고 주사기를 빼앗아 변기에 버린다. 곧이어 중독 증상이 심한 베브는 침대에 누워 흐느껴 울면서 밴스에게 같이 있어 달라며 손을 뻗는다. 밴스는 엄마의 손을 잡으면서 미들타운에서 과거와 현재를 받아들이면서 엄마를 이해하려고 노력한다.

"어떤 일련의 사건이 나를 그 모텔로 불러들였는지 정확히는 모르겠으나, 굵직한 맥락은 알고 있었다. 엄마가 다시 마약을 복용하기 시작한 것이다. 아마 아편제였던 것 같은데, 엄마는 그 마약을 사려고 다섯 번째 남편이 상속받은 재산에 손을 댔다가 집에서 쫓겨났다. 둘은 결국 이혼 절차를 밟고 있었고, 엄마는 갈 데가 없었다. 다시는 엄마를 돕지 않겠다고 맹세했던 나였지만, 그런 나도 변했다. 쉬운 일이 아니었으나, 나는 수년 전에 등졌던 기독교 신앙을 다시 탐구하는 중이었다. 그러면서 처음으로 엄마가 어렸을 때 얼마나 마음의 상처를 입었는지 헤아리게 됐고, 그런 상처는 평생 치유되지 않는다는 것도 알게 됐다. 그래서 엄마가 곤경에 빠졌다는 소식을 들었을 때, 엄마에게 싫은 소리를 주절대거나 전화를 끊지 않았다. 대신 내가 먼저 돕겠다고 나섰다…. 엄마를 돕는 건 어렵지 않았다. 과거의 내 모습을 차분히 받아들이면서, 나는 초등학생 시절부터 날 괴롭혀 왔던 문제를 바로잡을 수 있었다. 이해심을 갖고 엄마의 어린 시절을 이해하면서 엄마가 약물중독을 극복할 수 있도록 인내심 있게 도울 수 있게 된 것이다. 그러나 그 추잡한 모텔을 상대하기는 힘들었다. 그리고 계획했던 만큼 적극적으로 엄마의 재정을 관리하려니 내가 가진 것보다 더 큰 인내심이 필요했다."(『힐빌리의 노래』 379-80)

스크린을 횡단하는 글로벌 문화

　엄마의 손을 잡으면서 밴스는 그녀에게 사랑한다고, 행복하자고, 최선을 다해 돕겠다고 약속한다. 하지만 우샤와의 행복한 미래를 위해 더 이상 여기에 머물 수는 없기에 돌아가야 한다고 말한다. 그러자 베브는 아들의 손을 놓는다. 베브는 그렇게 아들은 스스로의 삶이 있으며, 그의 행복한 미래를 위해 자신이 짐이 되지 않게 놓아주어야 한다는 것을 받아들이는 듯하다. 그리고 새벽부터 10시간이 넘는 운전을 하는 동안 우샤는 그가 졸음운전을 하지 않도록 계속 전화로 대화를 나눈다. 영화의 엔딩에서 밴스는 보이스오버를 통해 "내겐 구원이 필요한 일이 두 번 있었다. 처음엔 할모께서 구해주셨다. 두 번째로 날 구한 건 할모의 가르침이다"라고 역설한다. 밴스에게 할모는 다름 아닌 '구원의 은총' 그 자체였다. 마침내 면접 대기실에서 가까스로 도착한 밴스가 자신의 이름이 호명되는 것을 듣고 대기실로 향하는 모습을 비추며 영화는 끝난다.

제14장. <힐빌리의 노래>: 가난한 백인 하층민과 교육의 중요성

그룹 액티비티 및 에세이 주제

1. 영화 <힐빌리의 노래>는 쇠락한 공업지대인 러스트 벨트 지역의 가난한 백인을 지칭하는 은어인 '힐빌리'가 직면한 문제에 대한 주제를 담고 있다. 현재 미국 내 도시의 슬럼화 및 황폐화를 상징하는 장소이자 호칭으로 각인되는 러스트 벨트 지역의 문제점에 대해 토의해 보자.

2. <힐빌리의 노래>는 현재 미국 상원의원으로 활동하는 J.D. 밴스의 동명 자서전을 영화화한 작품이다. 자서전의 어떤 부분이 영화에서 축소 혹은 강조되었는지 토론하고 그 내용을 정리해 보자.

3. <힐빌리의 노래>에서 수차례의 이혼과 마약 중독 및 자녀들에 대한 잦은 폭언과 폭행으로 신체적, 정신적 학대를 일삼는 밴스의 엄마 베브(Bev)는 자녀 양육에 무책임한 힐빌리 가정의 전형을 보여준다. 이에 대해 토론하고 그 내용을 정리해 보자.

4. <힐빌리의 노래>에서 가장 인상적인 장면은 무엇이고 그렇게 생각한 이유를 적어보자.

5. 영화에서 러스트 벨트 지역에 만연한 사회 분세점과 더불어 이에 대한 대안으로 훌륭한 훈육과 교육을 통해 신분 상승을 이룰 수 있다는 희망의 메시지는 각각 밴스의 엄마와 '할모'(Mamaw)의 대조를 통해 명백히 드러난다. 이에 대해 토론하고 그 내용을 정리해 보자.

6. 미국 내에서 가난한 백인 하층민과 마약 중독을 모티프로 삼은 영화들을 찾아보고, 이런 작품들과 구별되는 <힐빌리의 노래>가 지닌 독창성이 무엇인지 토의해 보자.

스크린을 횡단하는 글로벌 문화

2024년 9월 1일 초판 1쇄 인쇄
2024년 9월 5일 초판 1쇄 발행

저　　자 | 심 진 호 著

발 행 처 | 도서출판 에듀컨텐츠휴피아
발 행 인 | 李 相 烈
등록번호 | 제2017-000042호 (2002년 1월 9일 신고등록)
주　　소 | 서울 광진구 자양로 28길 98, 동양빌딩
전　　화 | (02) 443-6366
팩　　스 | (02) 443-6376
e-mail　 | iknowledge@naver.com
web　　 | http://cafe.naver.com/eduhuepia
만든사람들 | 기획·김수아 / 책임편집·이진훈 하지수 정민경 황수정
　　　　　 디자인·유충현 / 영업·이순우

I S B N | 978-89-6356-475-3 (13680)

정　　가 | 18,000원

ⓒ 2024, 심진호, 도서출판 에듀컨텐츠휴피아

이 책은 저작권법에 따라 보호받는 저작물이므로 무단전재와 무단복제를 금지하며, 책 내용의 전부 또는 일부를 이용하려면 반드시 저작권자 및 도서출판 에듀컨텐츠휴피아의 서면 동의를 받아야 합니다.